"十二五"普通高等院校文化产业管理系列规划教材 | 丛书总主编：胡惠林

文化政策学

（第2版）

胡惠林◎著

清华大学出版社
北京

内 容 简 介

本书运用政策科学原理和马克思主义唯物史观的理论与方法,来研究文化政策的基本运动规律和当代中国文化政策运动发展的基本内容和发展特点,探索和回答现代文化政策决策的科学化和民主化问题。

本书分为上下两编,共十二章,分别阐述了文化政策的主体和客体、选择、制定、执行和终止,以及我国社会主义文化的总政策、基本政策,统一战线和知识分子政策、文化产业政策和国家文化安全政策等。本书是作者长期从事文化产业管理实践、研究和教学的丰富经验和成果的总结。把文化政策研究的基本原理和当代中国文化政策实践有机地结合起来,是本书的最大特色。

本书可作为普通高等院校文化产业管理专业和其他相关专业的教材使用,也可用于政府文化管理部门、文化企事业单位的从业人员的继续教育和培训。

图书在版编目(CIP)数据

文化政策学/胡惠林著. —2 版. —北京:清华大学出版社,2014(2025.9重印)
"十二五"普通高等院校文化产业管理系列规划教材
ISBN 978-7-302-38020-7

I. ①文… II. ①胡… III. ①文化学-政策学-中国-高等学校-教材 IV. ①G120

中国版本图书馆 CIP 数据核字(2014)第 219831 号

责任编辑:杜春杰
封面设计:刘 超
版式设计:文森时代
责任校对:王 云
责任印制:刘海龙

出版发行:清华大学出版社
      网　　址:https://www.tup.com.cn,https://www.wqxuetang.com
      地　　址:北京清华大学学研大厦 A 座　　邮　编:100084
      社 总 机:010-83470000　　邮　购:010-62786544
      投稿与读者服务:010-62776969,c-service@tup.tsinghua.edu.cn
      质量反馈:010-62772015,zhiliang@tup.tsinghua.edu.cn
装 订 者:天津鑫丰华印务有限公司
经　　销:全国新华书店
开　　本:185mm×230mm　印　　张:24.5　字　　数:492 千字
版　　次:2015 年 1 月第 1 版　印　　次:2025 年 9 月第 8 次印刷
定　　价:69.80 元

产品编号:055201-04

总　序

文化产业管理：一门新兴的综合性大文科
——历史与建构

　　1993 年 5 月，经中华人民共和国教育委员会批准，中国内地第一个文化管理专业——文化艺术事业管理——在上海交通大学创立，同年 9 月，新生正式入学报到，开始了中国大陆高等教育史上文化管理专门人才培养的新篇章。我作为负责这一专业筹建和创立并主持该专业学科建设的责任人，有幸参与了它的全过程，经历和见证了它整整 20 年的发展史。这是我最感有意义的事。

　　新中国成立以后，我国高等教育培养了一大批文化艺术领域里的各类专门人才，有不少成为享有国际声誉的艺术家，但却始终没有培养过一名文化艺术经营管理人才。20世纪 80 年代初关于艺术表演团体改革的讨论，第一次遭遇到了"懂艺术、善经营、会管理"的文化艺术管理专门人才缺乏的障碍。1992 年党的十四大提出了社会主义市场经济体制改革的目标，第一次把培养能够满足和适应市场经济体制下文化艺术经营管理需求的高级专门人才提到了中国高等教育的面前。在经历了 20 世纪 80 年代高等教育新学科建设高潮之后，中国高等教育又迎来了一次新的学科建设的高潮。如果说 80 年代的文科学科建设高潮还主要是立足于恢复，那么，这新一轮文科学科建设高潮则全部集中于新文科创建。文化艺术事业管理专业就是这样的新学科、新专业。

　　在欧美高等教育体系中，大陆法系的这一类专业都命名为"文化管理"专业，如德国、法国、加拿大等；英美法系则称之为"艺术管理"专业，如美国、英国、澳大利亚等。中国大陆从中国文化制度体制的实际出发，把这一专业定为"文化艺术事业管理"专业。当时，我在负责这一专业的学科建设的课程体系设计时，主要参考了这两大法系一些代表性大学的专业课程设置，结合中国的情况形成了延续至今的上海交通大学文化产业管理专业课程体系的主干课程与核心框架。它们是：《文化经济学》、《文化政策学》、《文化行政学》、《文化投资学》、《文化市场营销学》、《国际文化贸易》、《文化管理学》和《文化产业学》。

这一课程体系与核心框架成为后来创办这一专业高校的主要参照。为了鲜明地界定人才培养目标和办学方向，上海交通大学文化艺术事业管理专业定位为"文化经济方向"即文化产业。因为，无论是国家政策还是社会认识，把一个新的文科专业直接命名为"文化产业管理"，时机和条件在当时都还不成熟。但这一定位一直是上海交通大学文化艺术事业管理专业始终不渝的办学目标和办学方向。即便在1999年的国家本科专业目录的调整中，把"文化艺术事业管理"、"体育管理"、"卫生管理"和"教育管理"统一合并为"公共事业管理"专业，上海交大这一办学方向都始终没有改变过。

在一无师资，二无教材的条件下，上海交通大学的领导们以对党的事业无限忠诚和科学家对国家战略需求的高瞻远瞩、领风气之先，在学校经费普遍不足的困难条件下，利用百年校庆出百本教材的机会，把文化艺术事业管理专业的教材建设列入其中，开始了学科建设的卓越起步。我国文化产业管理专业学科建设就此开始了教材建设的规范性进程。《文化经济学》这本教材作为我国文化产业管理专业的第一本教材，就是诞生于上海交大的"百年校庆"。1999年，国家"985"工程一期项目启动后，上海交通大学又把文化管理专业系列教材建设列为创新项目予以重点支持。2003年由我担任主编的"21世纪文化管理系列教材"由上海文艺出版社出版，共7种：《文化经济学》、《文化政策学》、《文化市场营销学》、《文化行政学》、《文化投资学》、《文化市场学》和《文化产业学》。我国第一个文化产业管理专业核心课程教材框架初步形成。

在差不多有10年的时间里，除了上海交通大学，国内很少有大学办这个专业。但是，作为一个有着百年历史的高等学府，它的领风气之先的努力首先得到了国家文化部的高度关注与评价。1999年12月，为迎接我国文化建设新的国家需求的到来，文化部与上海交通大学决定依托上海交通大学文化艺术事业管理专业共同创建"国家文化产业创新与发展研究基地"，时任文化部副部长李源潮和上海交通大学校长谢绳武共同担任基地主任，开创了"部校合作"的新模式。上海交大文化产业管理专业学科建设由此进入了新的发展阶段。

2002年，党的十六大提出要"积极发展文化事业和文化产业"，第一次以党的政治决议形式开启了我国文化建设与发展新时期。由中国加入世界贸易组织而激发的关于文化产业的理论与政策研究，直接导致了关于在中国大学创办文化产业管理专业的时代命题的提出。2003年12月，由上海交通大学倡议与北京大学、清华大学、山东大学、云南大学、华中师范大学、山西财经大学等7所高校联合发起的"全国高校文化产业研究与学科建设联席会议"在上海交通大学召开，包括复旦大学、北京师范大学、南京航天航空大学、南京艺术学院、深圳大学、中南大学、中央财经大学等15所的专家学者参加了联席会议。会议达成了重要共识，以15所大学文化产业研究机构的名义联合向教育部建议：创建文化产业管理专业。建议得到了教育部的高度重视和回应。2004 年，教育部正式在本科专业目录外设立文化产业管理专业。山东大学、中国海洋大学、云南大学和中国传媒大学获批成立文化产业管理专业。此后，北京大学、清华大学先后轮流主办了联席会议，参加的院校越来越多。不仅原来的被改名为公共事业管理专业的许多院校依然在办文化管理，而且全国有不少艺术院校在艺术学下面开办有艺术管理专业。全国高校形成了"文化管理"、"艺术管理"和"文化产业管理"三路大军。为了更好地推进这一新兴学科建设，推进学科建设的科学化，2005 年经筹备，在教育部高教司的支持下，"全国高校文化管理类学科建设联席会议"在青岛中国海洋大学召开。全国有 56 所院校的院系领导和专家出席了会议，山东艺术学院、云南艺术学院、天津艺术学院、鲁迅艺术学院、北京舞蹈学院等开设有艺术管理专业的艺术院校都参加了会议。会议通过了关于文化管理类学科核心课程教材体系建设，在上海交通大学课程框架的基础上，增加了《文化学概论》、《世界文化产业概要》和《文化艺术管理概论》，由云南大学出版社出版，我担任编委会主任。

"联席会议"机制的建立不仅增进了不同高校文化管理类专业学科建设的交流和联系，而且进一步扩大了文化产业管理专业学科的影响和建设，尤其是随着文化产业理论与政策研究的不断深入，以及文化产业发展在国家发展战略中的作用日显重要，文化产业管理专业在经历了 20 年的探索之后，于 2013 年被国务院学位委员会正式作为科学的学科建设纳入到整个高等学校本科专业目录，成为国家新学科和新人才培养体系的重要战略组成。根据 2013 年 12 月在安徽师范大学召开的"第 10 届全国高校文化产业专业学科建设联席会议"的不完全统计，截至 2013 年中国大陆已有 100 多所大学开设有文化产业管理专业。与此同时，大陆的文化产业学科建设也引起了台湾高校同行的广泛关注和高度认可。随着两岸和平发展的不断深入，两岸在文化创意产业领域里的合作不断深化，两岸高校文化产业管理专业的学术交流、学生培养和学科建设合作机制也应运而生，创立了"两岸高校文化产业本科专业学科建设联席会议"。它标志着一个新兴的综合性大文科在中国崛起。

文化产业管理专业是一个年轻的学科，唯其年轻，因而充满着创造性朝气。作为这种朝气的体现，一方面是关于它的学术研究，另一方面就是关于它的教材建设。中国传媒大学、山东大学、北京大学、中国海洋大学、台湾教育大学都出版了有关文化产业管理专业的系列教材，全国艺术管理院校还联合出版了艺术管理专业的系列教材。虽然，大家的着立点不一样，但是都体现出一个共同的认知：一个科学的学科建设的标志有两个：科学的课程体系和科学的教材体系。二者相辅相成缺一不可，而这两项均服务于科学的人才培养需求。正因为如此，许多大学在课程体系建设上都做了许多探索。为了能够体现和反映这种探索，在清华大学出版社组织的这套教材中我们就把这种探索的成果吸收进来了。因此，清华大学组织出版的这套"十二五普通高等院校文化产业管理系列规划教材"（共16种）是迄今为止我国文化产业管理专业学科建设和教材建设的最重要的成果。

文化产业是现代科学、现代工业文明发展与现代精神文明发展相结合的产物，它是人类社会理论掌握世界体系和表现世界体系的一种新的文明手段和方法。新兴的多学科综合性特质，使得关于文化产业管理研究和在此基础上形成的文化产业管理学科，既具有应用理论的特点，同时又具有基础学科的性质。我们不能把文化产业研究仅仅理解为是一种应用性研究。文化产业理论研究应该在学理的层面和意义上，探讨人类社会在工业文明与后工业文明时代人类社会的生存方式、发展方式、认知方式和表达方式。法兰克福学派深刻地揭示和批判了"文化工业"，为什么"文化工业——文化产业"仍然在全世界获得飞速的发展，深刻地改变着世界面貌，改变着人们对世界的了解和思维及其与世界的关系。文化产业作为一个概念的出现，集中反映和表现了文化产业这样一种人类社会现象的普遍存在，由于它和传统的文化形态生命运动和存在方式的巨大区别，这才使人们创造出这样一个概念来表达人们对这一类对象的认识。因此，它是一种新的文化表达理论形态，一种新的社会发展和运动理论及一种经济理论形态，是这些理论形态的综合成一个独立的新的学科理论形态，一种深刻的人类社会进程。

概念是对对象特征的本质概括。同时概念本身又是一个具有无限丰富性的有机生命整体。虽然人们还没有一个普遍认同的统一的文化产业定义，联合国教科文组织关于文化产业的定义至今也没有统一全世界的看法。但是，正如哲学界至今都还没有给出一个公认的"哲学"定义并不妨碍"哲学"学科建设一样，我们完全可以在不断地探索"什么是文化产业"的过程中，建立起作为科学的文化产业管理学科。这应该成为我们建立科学的文化产业学的学科认知基础。

文化产业管理的学科归属，在中国学术界迄今为止尚未有一个统一的认识，虽然，在学科目录中把它归为管理学门类下的一级学科工商管理，但是，在现阶段中国文化产业管理体制中和学科认知上，所涉及的领域和范围，远远超出了工商管理的学科范畴。在权威的国家哲学社会科学基金课题指南里，有关文化产业管理的研究课题被分别归在马克思主义、科学社会主义、哲学、经济学、应用经济学、文学、新闻传播、国际政治等学科门类内，同时在"全国艺术科学规划指南"里，又被划归在"艺术学"下的"文化管理"类。这种情况，一方面反映出中国的文化产业无论在理论上还是在实践上，都还没有展开其全部的丰富性，另一方面也反映出，无论是"哲学"、"经济学"、"应用经济学"，还是"新闻传播学"、"艺术学"，都容纳不下完整意义上的"文化产业管理"。作为一门新兴交叉学科，文化产业管理专业还很年轻，年轻到不知道究竟把它放在什么位置上，归属到哪一个学科内？在讨论文化产业管理专业学科归属的时候，我曾经提出一个建议：把"文化管理"设置为一级学科，下设"艺术管理"、"公共文化管理"和"文化产业管理"三个二级学科，以对应于"公共管理"、"工商管理"等一级学科，同时也可以克服该专业学位管理上同时跨越"艺术学"和"管理学"的交叉与不便。当然，这还需要一个过程。因此，建立文化产业管理专业的必要性就在于在原来的学科体系内，还没有任何一门学科从整体上涵盖文化产业的对象范围。在国际上也是这个情况。国际上的情况要更复杂一些，还涉及不同国家的与学科划分有关的行业分类标准和体系。这就为我们提供了一个能够充分发挥自己的想象力进行科学建构的广阔空间。

文化产业管理学科的课程体系和教材体系是一个开放性系统，单一的学科研究方法无法满足它的学科建设需要。文化产业不是一个单纯的文化现象，也不同于一般的经济产业，它是一个跨学科的研究领域，涉及文学、艺术学、政治学、经济学、传播学、管理学、法学、国际关系等学科领域。不同的学术倾向、不同的思维习惯、不同的研究方法、不同的切入角度，可以产生许多完全不同的结论和构成许多个性鲜明的学术理论体系。尤其是当中国的文化产业发育尚未成熟，在它的矛盾的丰富性还没有充分展开的时候，任何在此基础上形成的研究成果，都在科学的意义上建立科学的文化产业管理学所不可缺少的。没有充分的富于个性的文化产业理论研究和争鸣，就不可能有真正科学意义上的文化产业管理学科建设。因此，这就特别需要在文化产业理论研究的方法上的创新。可以从实证出发，通过个案研究建立文化产业理论系统，也可以从纯粹抽象的思辨出发，推演出逻辑结构严谨的文化产业学术体系。总之，现有的各种成熟的学术研究方法和手段，都应当成为文化产业理论研究的方法论。

从这个意义上说，这套系列教材提供了一个实验性的对象，它为未来形成一套具有普遍权威性的文化产业管理专业的经典教材，提供了一种包容性选择的参照。它体现了清华大学出版社在支持新学科教材建设上的大气和远见卓识。我受清华大学出版社的委托担任该系列教材的总主编，负责丛书选题设计和专家推荐，得到了同行专家的大力支持，深感责任重大。我希望能够听到和看到同行专家和使用这套教材的老师和同学们的批评，以为今后不断修改提高和完善的工作方向。科学的文化产业管理专业的学科建设是一个崇高的目标，需要很多人的共同参与，我愿与我的高校同行们共同工作，为实现这一目标而努力！

胡惠林

2014 年 3 月 5 日于上海交通大学

目　　录

上　　编

下　　编

导　论

本章学习目标

通过本章学习，学生应了解和掌握以下内容：
1. 文化政策的发生与起源；
2. 文化政策的性质与特点；
3. 文化政策学研究的对象与范围；
4. 文化政策学研究的目的与方法；
5. 文化政策学研究的理论基础与学科关系。

导言

　　政府通过文化政策对文化实行有效的监管和指导，是现代国际社会普遍的文化政治行为。作为对这一行为的普遍性规律的研究，以及在此基础上形成的文化政策理论形态和理论系统，文化政策学正日益作为现代政策科学和文艺学的重要分支，而成为学术界广泛关注的一门学科。如何结合中国的文化传统和文化国情，推动文化政策决策的科学化和民主化，建立、健全完善的文化制度及运作机制，建设具有中国特色的社会主义文化政策体系，是中国文化建设面临的一个重大课题。运用政策科学理论，结合我国的文化政策实践，分析、研究中国当代文化政策运动的历史和现状、内容和结构，探索和建构具有中国特色的文化政策学理论体系，自然地成为本书研究、追求的学术目标。

第一节　文化政策的起源和基本性质

　　文化政策是国家在文化艺术、新闻出版、广播影视、文物博物等领域实行意识形态管理、行政管理和经济管理所采取的一整套制度性规定、规范、原则和要求体系的总称，是有别于教育政策、科技政策的一种政策形态。虽然在大文化的意义上，在相对于政治和经济而言的时候，教育和科技也都有属于"文化"的范畴，但在国家管理和政策运动中，都还是分属于不同的领域的。文化政策和文艺政策就其意义关系而言，是母系统与子系统的关系，文化政策具有更为宽广的涵盖面。在当代中国，这两者经常处于一身二任，重构兼出的状况。虽然随着我国文化建设的不断深入，文艺政策这一概念已经很少使用，但却还在不同程度地存在着，因此，本书在展开论述的过程中和在使用这两个概念时，也带有这一特点。

一、文化政策的发生和起源

文化政策的发生、形成和发展是一个历史过程。它既是文化现象，又是政治现象，是一种文化政治现象；是精神现象，又是制度管理行为，是精神现象领域管理的规范和要求。

文化是人类的一种生存方式和行为方式，是人类文明成果的承载，同时也是文明本体运动的表现。相对于满足生存需要而从事的物质的获取行为而言，文化行为不仅是人的物质行为方式——从盲目的获取走向自学的生产的提升和解放，同时也是对人的物质行为关系的规范整理。原始社会没有私有制，也没有阶级对立和作为阶级统治工具的国家，但却有协调、调整人与人相互关系的行为准则，这就是氏族公社内部形成和实行的原始民主文化，一种被社会公众所共同享有习俗和习惯，它以血缘关系和原始公有制为基础，反映全体氏族的集体意志和利益，成为全体氏族成员生存和发展的共同需要。因而，遵守氏族公共事务的管理权威，就成为每个氏族成员应当奉行的义务。虽然在这当中，个人的行为可能千变万化，但绝大多数的社会（氏族的）行为总是处在"共同享有的习俗和习惯"，即文化可以接受的限度之内。习俗和习惯作为一种原始民主文化，成为限制个人行为变异的一个主要和重要的因素。法国著名社会学家埃米尔·杜尔干在谈到文化的这种限制作用时曾强调指出："我们并不总是感到文化强制的力量，这是因为我们通常总是与文化所要求的行为和思想模式保持着一致。然而，当我们真的试图反抗强制时，它的力量就会明显地体现出来。"[①]因此，从这个意义上说，文化具有规范和约束的意义，不论是价值观的还是行为心理的，从而成为人类的生存方式。这是对人类行为从无序走向有序的工种规范和整理的过程。关于它的理论，便是对这种过程的抽象和总结。同时，也正是由于这个过程的无限丰富性和复杂性，这才形成为关于它的理论的

[①] [美]C.恩伯，M.恩伯. 文化的变异[M]. 沈阳：辽宁人民出版社，1988：37.

诸种学说和学派。诸多关于文化的定义和文化的理论，也就成了盲人摸象式的理论。

　　人类从蒙昧走向野蛮，又从野蛮走向文明，就是从行为和生存方式的盲目走向自觉，从无政府走向有组织。正是这种有组织撞击并合成了巨大的物质生产力，实现了人对自然的把握，把人类社会推向前进。这是一种一旦形成便以不可遏止的惯性作用而产生的互为因果的加速过程。上升到文化本体的层面上，文化行为则又在自己的领域需要和接受规范。因为文化作为精神文明也要生存和发展并且获得与物质同样重要的价值。如果说，作为一种生存方式，文化是对人的物质行为规范和集体无意识行为（在发生学意义上，这是一个漫长的历史过程），那么，对文化行为的规范——各种价值观念体系以及制度保障，则是人类自觉的集体有意识行为。因为人类已经实践和历史地意识到、感觉到，对物质行为规范和约束的结果是社会的进步和生产力的解放和发展，是使人的物质行为合规律性和合目的性，因此，作为一种更高层次的生存方式，对文化行为的整理和规范并使之上升到规则的理性形态上，就不仅成为人的自我提升和解放的不断需要，而且也成为社会进步和人类文明发展必不可少的条件和动力。这种整理和规范，作为人的一种利益的需要，它是以一定历史阶段的形成和确立的价值系统和文化观念为基础的。这便形成了政策，形成了文化政策。恩格斯在论述法律的起源时曾说过："在社会发展某个很早的阶段，产生了这样一种需要：把每天重复着的生产、分配和交换产品的行为用一种共同规则概括起来，设法使个人服从生产和交换的一般条件。这个规则首先表现为习惯，后来便成为法律。"[①]文化政策是关于文化的法的表现形态之一。恩格斯关于法律起源的论述，给了我们正确认识文化政策的起源和文化政策的基本性质以深刻的启示。那就是，文化政策的发生和起源不是基于某种外在于文化的力量，而是文化自身为寻求生存和发展而产生的一种需要的结果，一种文化的自我规范和约束，一种历史的约定俗成。它是整个人类文明走向规范和有序的文化关系的反映。

二、文化政策是国家文化意志的集中表现

　　文化政策是文化的政治表现形态，是国家形态下人类有意识的、自觉的文化统治行为和文化政治行为，反映的是一定阶级的文化利益、愿望、要求和目的，体现的是国家的文化意志。

　　法国著名国际事务专家路易·多洛（Louis Dollot）在描述现代国际文化关系的历史演变过程时，曾经表述过这样的见解：从 20 世纪以来，文化领域已发生了三次革命。第

---

① [德]恩格斯. 论住宅问题[M]. //[德]马克思，恩格斯. 马克思恩格斯选集：第 2 卷. 北京：人民出版社，1972：538-539.

一次革命是文化发展由自发状态转而要求国家参与。国家不仅要对国民的文化生活作出一定的安排，给予必要的指导，还要建立相应的机制，制定相应的文化政策。第二次革命是随着再现手段和传播技术的发展，人民大众真正获得享受文化财富的权利，人与人之间的智力联系和精神联系得到了空前的增强。第三次革命是国际间的文化合作，文化的给予与接受的会合而形成的文化互惠，将成为主导潮流。按照这一理论，文化政策的制定（作为它的发生）属于第一次文化革命。虽然人类的这一次文化革命是个相当长的历史过程，其起始阶段距今也久远得多，而并不如多洛所说的那样，是"从 20 世纪以来"才发生的，但是，把国家对文化的参与，对文化生活的安排、指导和制定相应的文化政策看作是文化走出"自发状态"的标志性革命，则是一个深刻的见解。从而在政策科学的意义上提出了文化政策发生和文化政策性质构成的政治学基础——国家行为。

文化虽然就本体意义而言，是一种规范和约束，但是，这种规范和约束无论是形式还是内容，它都会作为人类的一种存在方式而随着人类社会的运动而运动。它既是对象，又是人的本质力量的对象化，因此，文化的发展和文化政策的发生，如果仅仅停留在文化本体的自我规范、自我约束和自我选择的集体无意识；那它也还仅仅是一种文化的达尔文主义，还不是文化政策发生并作为文化政策性质构成所应有的完型条件。由于是文化的政治形态和实现国家对文化的统治手段，文化政策只有当文化的自身运动随着人类物质生产力及运动形态的发展进入到了集团的利益和阶级需要的阶段，有了对于文化的私有制占有，成为国家行为不可缺少的一部分时才形成完型形态——它才走出"自发状态"下的前历史隧道，进入到文化统治的"自觉"空间，成为一种有意识的、自觉的文化规范——文化统治行为，一种在人类发展的某一特定的历史阶段中占主导地位的文化意志的国家体现。在这里，社会的分工和私有制的产生以及作为私有制产物——国家的出现具有特别重要的意义，它使文化的自觉和文化政策的历史发生从可能成为现实。分工，使物质文化向精神文化生成，向文化的专门性生成；国家，使原始的、朴真的文化向社会的、功利的文化生成，向文化的统治性生成。在物质生产力的发展利益分配的重构过程中，文化从经济向政治生成，从经济基础向上层建筑生成，并很快使政治成为外在的文化和经济的异己力量而与文化、经济相鼎立。劳动的分工、国家的出现和社会利益分割的集团化，第一次使文化的发展具有了目标，有了目的，获得了实现这种目标和目的外在推动力（文化内力的外化）——国家意志保障，从而使自发状态下的规范上升为自觉的有目的的文化行为。虽然在这之后的人类文明史不断证明，作为一种异己的力量，政治，进入阶级的政治，在国家行为和权力的力量倡导并推行一种文化（通过文化政策来实现）的同时，又在无情地抑制和摧毁另一种文化，但是，作为一种阶级的文化统治的结果和国家意志和权力力量的结果，它还是不可阻挡地按照自己的意志把文化推进到了今天，并成为人们的生存环境和存在方式。因此，一个阶级是占社会统治地位的物质力量，必然地也是占社会统治地位的精神力量；支配着物质生产资料的阶级，同时也支配着精神生产的资料，并且是按照它那个阶级的文化目的所需要的方式来支配。这种方式抽象为文化行为原则，上升到规范文化的理论形态上，就成为这个阶级文化政策的基本内容。因此，那些没有精神生产资料的人们的思想，一般是受统治阶级支配和统治阶级的文化政策的制约的，而国家意志则是这种力量的集中表现。

三、文化政策以国家文化战略与策略的相互作用为主要内容

国家通过对文化行为的方向和目标的有效规范，实现对文化的统治权。其中既包括国家关于文化建设、文化发展的战略性规定，即国家文化战略，也包括关于实现这一系列战略目标的阶段性和手段性的选择，即国家文化策略。正是这两个方面的相互作用生成的合力，使规范得以具体落实，推动和引导一定历史时期文化发展和文化运动的走向和格局。

国家文化战略是国家为了国家文化利益，从国际文化关系、国内文化发展全局和文化国情的实际出发，运用政治和经济对文化发展建设的筹划、规划和决策。它包括对国家文化所处时代和基本文化矛盾、文化发展规律的认识，对国际文化关系和本国文化演变规律的判断以及对内对外关系的原则和方针政策的制定，目的是实现国家文化利益，其特点是具有长期性、全局性和可延续性，是对一个较长时期的国家的政治、经济、文化全局发展和演变规律的认识和运用，是对文化环境和文化地位的分析和判断，是对实现国家文化利益和文化运动路线、原则和途径的谋划和规定。文化政策包括国家文化战略，同时还包括实现国家文化战略——文化目标的行动手段和具体措施，这就是文化政策性质构成中的另一个重要成分：文化策略。

战略和策略，两者不仅内容不同，层次和涉及的范围也不一样。没有战略规定，策略就失去服务的对象；没有行动手段和具体措施，战略的规定也就失去了实现的可能。然而，作为国家文化统治之策，文化政策不是国家文化战略与策略的简单组合，而是两者的相互作用所形成的有机整体。文化政策的生命机制就在于这两者的相互作用。这种相互作用，在国内文化关系上是相互影响和相互制约的，一定范围内属于战略方面的，在另一范围内则可能是属于策略方面的；反之，在一定范围内属于策略性的，在另一范围内则可以是战略性的。

在国际文化关系上又呈现出与别国文化政策的相互竞争和冲突以及相互协调和合作，在一领域的协调和合作，在其他领域可能就是竞争和冲突，而战略和策略之间作用力也随之而发生转换。20世纪90年代中的中美文化冲突、美加文化冲突、欧美文化冲突

以及欧美与中国文化冲突，则典型地反映这种相互作用所产生的关系转换。这种相互作用最终形成国内和国际的多边文化关系和文化格局，产生萧条和繁荣、专制和民主、停滞和发展、动乱和稳定、冲突和合作等纷繁复杂的文化现象，并联结为一个不可分割的文化体系、文化格局和文化运行秩序。因此，以国家文化战略与策略相互作用为主要内容的文化政策，对发展一国的文化和处理文化的国际关系往往起着重大甚至是决定性的作用。在我国，"文革"前、"文革'中以及"文革"后国家关于文化的不同战略以及采取的不同策略，直接导致了这三个时期文化发展的不同结果。虽然，就国家文化战略与策略相互作用本身而言，其结构的运动有着诸多内外因素，但最终对国家文化走向和对外文化关系而言，这两者也还是起决定性作用的。尤其是随着"冷战"的结束、世界正向多元化方向发展，文化的意识形态冲突将逐步转换成双边文化贸易的冲突，而冲突的实质则是进入和占领对方的文化主渠道市场。这样，知识产权问题就不只是作为法律问题，而且也越来越作为国家文化战略问题的一个重要组成部分，而在国家文化政策中占居越来越重要的地位，并进而成为一国文化建设和发展的重要政策力。

四、文化政策的直接目标和主要表现是国家文化利益与人民文化利益的统一

作为国家文化行为和政治行为，文化政策必须充分体现统治意志并以国家利益为最高利益。然而，作为文化政策主体的政府和执政党在追求最终文化目标时，不能不顾及文化在满足政治需要的同时，还必须满足全体人民的需要，要充分考虑到文化分配的公平、人民文化生活水平的提高、文化的社会稳定和文化的国际传播。因此，国家文化利益与人民文化利益的统一便成为文化政策的直接目标和主要体现。

人们在文化活动的过程中所进行的一切自觉的行为，都是为文化目的（目标、理想）服务的。为了实现或指向既定的（设定的）文化目标，人，进而阶级、集团、政党和国家，总是在不断地寻求更优化的文化组合方式和文化关系。这种组合方式和文化关系的优化状况，从某种意义上来说，代表着人的，进而阶级的、政党的和国家的文化先进性所能达到的程度。因此，为了实现自己的文化目的、文化目标和文化利益，一定的阶级或政治集团统治，总是首先设定这些文化目标和文化利益之间的关系，形成一个关于文化目的和文化利益之间的结构（传统）的观念（理想、模式）以及寻求实现这个目的的路径（原则和方向）。由于目标的选择和路径的寻求是直接服务于一定的文化目的的，一定的阶级和作为政策主体的政府在制定文化政策时就不能仅从一个向度出发考虑国家利益，而是必须以人们当下的整体性的、现实性的文化世界和文化利益为基础；并且在这个基础上建构不同阶级、阶层和社会集团之间的文化关系和组合方式，正确对待不同

文化的行为准则和方向。江泽民在中国文联第六次全国代表大会、中国作协第五次全国代表大会上的讲话中，纵论跨世纪的文化政策时就明确指出，"中国社会主义文艺发展和繁荣的最深刻原因，在中国人民的历史创造活动中"，因此，文艺工作者必须在自己的全部文化活动和艺术活动中充分"认识人民群众的利益所在"，要"在人民的历史创造中进行艺术的创造，在人民的进步中造就艺术的进步"，"使人民群众不断提高的精神需要得到满足"。与此同时，在谈到在扩大对外开放的环境中发展和繁荣社会主义文艺时，江泽民特别强调指出："国家要独立，不仅政治上、经济上要独立，思想文化上也要独立"，只有首先赢得中国人民的喜爱，具有中国风格、中国气派，才能堂堂正正地走向世界和屹立于世界文化之林"。①这就从国家利益与人民利益相统一的高度，为中国 21 世纪社会主义文艺的发展指明了方向和目标。同时也为建立适应 21 世纪中国社会主义文艺发展的文化政策融入了新的时代内容。这种为实现一定的文化目的而对目标和路径（原则、方向）的选择和建构，是一种政治的文化过程。正是这个过程，成为文化政策诞生的政治依据。在这个过程中，不论是哪一个阶级或政治集团，总是不断地依据文化的对象世界的实际情况，以精神和现实之间的关系的同一性原则，调整自己的文化方向，从而局部地以至大部分地，甚至全部地修正或改变自己的文化目的，同时也相应地改变自己的文化实践。在谈到文艺与政治的关系时，针对文艺界存在的不问政治、远离政治的不良倾向，江泽民明确指出："在面临西方国家经济、科技占优势的压力和西方意识形态渗透的情况下，所谓不问政治、远离政治，是不可能的。在文艺工作中坚持党的基本理论、基本路线和方针政策，坚持正确的创作思想，多出精品，把美好的精神食粮贡献给人民，郑重地考虑作品的社会效果，旗帜鲜明地反对资本主义和一切剥削阶级腐朽思想文化的侵蚀，反对'一切向钱看'，旗帜鲜明地鼓舞人们为壮丽的社会主义现代化事业而奋发进取，这就是马克思主义政治对文艺工作者的基本要求。"②这是中共十一届三中全会以来，中共中央就文艺与政治关系问题又一新的表述，在文艺与政治的关系问题上，根据发展了的形势提出了新的政策理论的界定。因此，每个时代，不同的阶级或政治集团，都不可能按历史上已有的方式程式化地解决本时代的文化问题，也不可能以一己的文化利益和文化目标来代替整个社会公众的文化利益和目标选择，而必然要从当下文化状况出发。所以，文化目的与文化利益关系的处理和选择，是每个时代的文化统治者必然面临的"新问题"，对这种"新问题"的确认和规定，便导致新一代文化政策的诞生和构成新一代文化政策的内容及它的全部运动。虽然就一般文化意义上而言，统治阶级的文化在每个时代都是占统治地位的，但是同样作为一般的文化意义，每

①　江泽民. 在中国文联第六次全国代表大会、中国作协第五次全国代表大会上的讲话[N]. 人民日报, 1996-12-07.
②　江泽民. 在中国文联第六次全国代表大会、中国作协第五次全国代表大会上的讲话[N]. 人民日报, 1996-12-07.

个民族都有两种民族文化，有两种文化利益。因此，就文化政策的直接目标和主要表现来看，一个阶级或政府要改造和统治另一个阶级的文化以适应自己的文化目的和建树自己的文化世界，这实际上是一个阶级对其他阶级对本阶级的文化威胁的一种"回应"，是为了更成功地适应社会发展和维护自己文化统治地位的需要，是国家文化利益与人民文化利益、集团利益与国家管理意志的综合和统一。

文化政策概念的形成，要比文化政策的实践滞后得多。在西方国家中，最初没有"政策"这个概念。现在的 Policy（政策）是随着近代资本主义的发展，从 Politics（政治）中派生出来的。"文化政策"概念的提出也就更晚了。在中国，使用"政策"和"文化政策"概念，也是由日本传入中国后从近代才开始的。政策和策略作为马克思主义的科学概念并成为政治科学和政策科学的通用术语，大约是在 19 世纪 80 年代才逐步形成的。把马克思主义关于政策和策略的概念、理论运用于中国的实际，并吸收西方现代政策科学理论中的合理因素研究中国的政策科学和文化政策学，则是 20 世纪 80 年代中期才开始的。因此，无论是对文化政策性质的真理性把握，还是对文化政策概念内涵的科学界定，都还有待作深入的研究。

通过从上述四个方面对文化政策质的规定性的分析，文化政策作为阶级和国家管理意志在文化领域里的集中反映，它是一定的阶级和国家、一定的政党和社会利益集团运用文化自我规范的客观规律，为实现一定历史时期的文化任务和文化目标而规定的文化行为准则和行为方向，是一定的物质生产方式所产生的利益和需要在文化利益分配领域中的政治表现和统一。

第二节　文化政策内容与政策结构

文化政策是国家文化治理工具和主要形式。通过文化政策内容和政策系统充分地体现和表达国家关于文化治理的主张、原则、目标以及实现途径，即构成了文化政策的主要内容，同时也建构了文化政策的系统。

一、文化政策的内容

1. 阐明文化原则

文化政策是为文化发展服务的。但是，并不是什么样的文化都是能够得到"政策服务"的。只有那些能够体现和满足大多数人的文化利益和文化的可持续发展的文化，才是文化政策服务对象。因此，阐明文化原则，表明文化态度，宣示文化理想，首先构成了文化政策的核心内容。虽然，所有这些文化政策内容会因不同国家而表现出差异性，但是，就其内容性质来说，这些内容是和这一文化政策所服务的那个对象的文化性质相一致的，而不是相背离的。

2．规划文化目标

文化政策是为解决文化发展的问题服务的。因此，文化发展的目标是什么，这是所有文化政策内容必须要规定的。规划文化目标是使所有的文化工作有一个明确的防线，解决什么问题，满足什么需求，实现什么目标，这是一切文化行为的动机和出发点。文化目标的规划是回答做什么的问题。离开了对文化目标的规划设计，文化政策也就失去了它对社会文化行为的引导作用。

3．明确文化分工

目标的实现需要具体可行的措施和途径。目标的实现需要有行为和职能上的分工，需要有合理的文化资源的分配。文化存在形式的多样性和文化表达方式的多样性，决定了任何形式和意义上的垄断都不利于文化的发展。即便像国家文化安全这样的文化政策的核心问题的解决，也需要有社会乃至公民个人与国家的共同维护才能实现。而在这个过程中，国家、社会与个人都将根据自己不同的角色而承担不同的责任。而这种文化分工只有通过文化政策这一治理工具才能得到有效的实现。

4．界定文化权利

社会是由文化主体的多元性构成的。不同的社会主体享有和拥有的文化权利是不同的。不仅自然人与法人之间享有的文化权利是不同的，而且法人与法人之间拥有的文化权利也是不同的。这些不同的文化权利主体之间享有和拥有的文化权利，在法律上既是平等的，又是有差异的。这种差异性，也就是说，不同的文化权利主体的权力行使是有范围和边界，这边界主要是通过文化政策来界定的。关于文化市场准入的政策设计，实际上所涉及的就是不同文化权利主体进入的条件。正是这种条件的设定把权力和责任关系在界定的同时区别开来的。这在中国以往涉及对思想文化领域里斗争是对斗争的对象范围的党内外区别对待就是最典型的。界定了文化权利同时也就界定了文化主体责任。

5．维护文化主权

文化政策代表国家利益，彰显国家文化主权。文化市场准入是最能够体现国家文化主权的领域。哪些领域国外投资者可以进入，哪些不可以进入和怎样进入，不同的国家都有根据本国的文化利益而制定的文化政策。例如电影配额制度、分级制度，出版物内容审查制度，国际商业演出合同制度等，不同的国家有不同的政策规定。所有这些制度设计其核心就是维护本国的国家文化主权和安全，实现本国文化利益最大化。

二、文化政策的基本特征与功能

（一）基本特征

1. 政治性与文化性

文化政策作为国家治理系统运行的重要机制，服从和服务于国家的意志、利益、任务和目标是它的本质。正是这一本质决定了文化政策的政治特性，国家的任何文化政策都是基于维护和巩固现行的政治统治。这就使文化政策具有了政治性的特征。文化政策属于公共文化产品范畴，是政府文化行政部门进行文化管理，对象是人、社会与国家的文化活动和文化行为，这是文化政策区别于其他公共部门政策最根本的特征。维护社会文化公平、正义和公民文化权益，确保社会稳定与发展的措施和手段。文化政策必须立足于整个国家和社会发展的文化需求，从全社会绝大多数人的根本文化利益出发来制定文化政策，从文化发展的基本规律来制定文化政策，这就是它的文化性。离开了文化性，就不是文化政策。

2. 合法性与强制性

文化政策是文化行政主管部门依法行使文化权力，实行国家文化治理的工具和手段。宪法和法律是它的依据。依法制定决定了文化政策的合法性，正是这种合法性使文化政策在执行中具有强制性。这种强制性集中体现在对社会团体和个人行为的规范与惩戒作用。所有公民与法人都必须以此开展文化活动，无论是公民，还是法人，都不能从事国家明令禁止的文化活动，例如开办色情网站、非法出版。

3. 公平性与效率性

文化政策属于公共政策范畴，是政府文化行政主管部门进行国家文化治理的途径与手段，其根本目标是实现社会的文化公平与正义。文化资源和文化政策资源的稀缺性，决定了文化政策在资源配置中的公平与正义内在要求。文化政策配置上的任何片面性都可能导致文化资源配置的不公平，从而有损文化政策的公正性。文化政策和文化资源的稀缺性，在规定了文化政策在文化资源配置上的公平性的同时，还要讲求它的政策效率，实现文化政策资源配置的效率最大化。

4. 稳定性与变动性

文化政策服务与文化发展的需求。文化发展是一个长期的过程，同时也是文化政策见效比较缓慢的过程。确保文化政策的长期稳定是确保文化可持续发展的重要前提，文化政策朝令夕改，不利于文化资源积累，也不利于社会文化创造活力的激发。社会文化创造活力的充分激发只有在稳定的文化政策条件下才能实现。文化政策稳定性的前提是文化政策的连续性与严肃性。文化政策稳定性特征同时还包含变动性的特征。由于文化发展本身是变动的，文化政策要有效地服务于文化发展的需求，它也必须随着文化发展的变动而变动，因此，它又是与时俱进的。

（二）主要功能

1．制约功能

无论是自然人还是法人追求自身文化利益的最大化是他们共同的属性，因而由这种属性所产生的文化行为具有无政府主义特性。文化上的无政府主义具有巨大的破坏性。因此，通过和利用公共权威，进而国家权威制定文化政策对人、社会与国家的文化行为进行规范与约束，就成为文化政策的目标。文化政策的制约功能所要达到的目标，是禁止公共文化权威部门依据社会的公共文化利益所不希望发生的文化行为发生。文化政策在规范人们的文化行为时，必然要规定什么是可以做的，什么是不可以做的，从而使人、社会与国家的文化行为都建立在一个共同的规则之上，并受之制约。

2．导向功能

文化政策具有鲜明的意识形态性，明确表明政策主体作为公共文化利益的代言人赞成什么和反对什么的价值取向。针对不同社会文化利益关系所产生的矛盾而引发出来的社会文化问题而制定的行为准则。为解决某种社会文化问题，政府依据特定的目标，通过文化政策对人们的行为和文化市场的发展以引导，避免和消除可能由于人们及社会文化行为的失范和失序而造成公共文化利益损失乃至灾难。因此，文化政策的导向功能，既是行为的导向，也是价值和思想观念的导向，包含真、善、美各个方面，引导人们的思想观念发生变化，有时甚至是根本性转变。

3．调控功能

文化主体多元必然构成文化利益多元。不同文化主体之间的利益诉求是不一样的。由于利益具有继承性，利益本身具有社会分层性特点，不同文化利益主体之间的冲突是不可避免的。通过运用文化政策，对社会文化事务中出现的各种利益矛盾进行调节和控制是文化政策运动最重要的功能。文化政策调控功能主要体现在调节和控制各种社会文化利益关系中的紧张关系，特别是基本文化权益的公平、公正，从而实现社会的稳定和发展。

4．分配功能

对社会文化资源进行权威性再分配是文化政策又一重要功能。这一功能是由文化政策作为政策的性质决定的。分配是为了确保每个人的基本文化权益都能得到保护，破除在文化资源拥有和文化权益享有方面的任何形式的垄断和霸权。除了国家处于国家文化安全的需求对国家战略文化资源的垄断和控制外，任何个人和社会组织都不应拥有文化特权。而这只能通过文化政策对文化资源的再分配才能实现。

三、文化政策系统与分类

文化政策系统是一个用以表述国家文化治理针对不同文化领域分别采取不同文化政策而形成的一个有机整体。它是一个由文化政策的纵向关系、横向关系以及交叉关系等关系形态构成的文化政治生态，并且通过这样的一个文化政治生态结构反映一个国家的文化传统、文明特色和关于文化的政治态度。文化政策系统是一个动态的过程系统，始终处于不断地运动状况之中。它不像文化法律那样具有比较稳定的生命体征，而是不断变化，并且随着文化生命运动的变化而呈现出此起彼伏的特征，因而是一个开放性的文化政治生态系统。

从文化政策的纵向关系来看，文化政策系统由文化总政策、基本文化政策和个别文化政策构成。文化总政策处于整个文化政策系统的顶端，具有规定一个国家根本文化性质、核心价值观和根本发展道路的特质；基本文化政策是基于文化总政策的规定而建立的文化发展的基本原则，是对总政策在政策方向领域里的原则规定，具有比总政策更丰富、更明确的对象性；个别文化政策是指专门针对具体文化政策领域而形成的文化政策，具有鲜明的专门性，适用于甲的文化政策，不一定适用于乙。例如对西部少数民族地区的文化扶持政策，东部发达地区就不一定适用，文化体制改革试点单位和地区使用的文化经济政策，非试点地区和单位不一定适用。这一类文化政策往往有非常明确的政策使用对象和时间表，随着对象问题的解决和政策使用到期，除非继续执行，则告终止。这是一个由上、中、下的垂直关系而形成的文化政策系统。这种关系表现在文化权力结构上，就表现为中央和地方文化治理权限分工构成的文化政策系统。

文化政策横向关系是一个由不同文化政策对象领域间的相互关系构成的国家文化治理系统。这种横向关系在中国主要表现为：文化意识形态—文化事业—文化产业三者之间的关系。这是中国文化政策基本关系。这三者之间的关系又可以表现为中国社会主义文化建设形态的等边三角关系：文化意识形态（马克思主义在意识形态领域里的指导地位）是底线，文化事业和文化产业则是体现和实现文化意识形态的两种不同形态和方式。文化事业即公共文化服务体系要维护人民的基本文化权益（由政府提供），文化产业要满足人们精神文化消费需求的多样化（由市场解决），二者都要服从于和服务于国家文化意识形态的根本要求。这种要求在更高的层面上表现为国家文化安全。由于这三者本身拥有自身的纵向构成系统，例如在文化事业（公共文化服务）系统内有图书馆、博物馆、文化馆等公共文化机构，而这些机构之间构成了它们的横向关系；文化产业系统内则有报业、出版业、发行业、电影业、娱乐业、广播电视业、网络游戏业、演出业等，它们之间形成的也是横向关系。

随着现代文化发展更深入地融入了现代社会发展和经济演化系统，不仅原有的文化边界系统正在被重构，而且原有的社会、经济系统也在转型发展中被文化重构。于是文化与科技相融合应运而生，文化金融即成为金融创新产品，同时也成为文化投融资的重要领域，由此而产生的新文化政策问题便成为原有的文化政策机制所没有涉及的全新的文化政策系统。这个系统是交叉建构的，几乎原有的文化分类都涉及了与科学技术和金融投资问题。它是由文化系统和其他领域的非文化系统构成的新兴系统。正是由于这样一个新文化政策系统的出现，文化政策系统与分类都将在未来面临重构。这是文化政策学研究面临的新课题。

与此同时，还存在着一个几乎纵横链接所有文化领域的政策问题：文化经济政策。无论是文化意识形态政策，还是文化事业和文化产业政策，它们的发展都有一个投入产出问题，就都要和现行国家经济政策发生这样和那样的政策矛盾和政策冲突，核心问题是文化财税政策、文化发展扶持政策、文化建设用地使用政策等，广泛涉及众多经济部门，没有经济部门的参与就不可能形成有效的文化经济政策。而文化经济政策的科学化程度很大程度上影响和决定了文化政策系统的运行绩效。

第三节　文化政策学研究的对象和任务

文化政策古已有之，但是，文化政策学研究与学科建设却是一个全新的课题。探讨和明确文化政策学研究的对象和任务，是文化政策学研究与学科建设的基本起点。

一、文化政策学研究提出的理论和实践背景

文化政策学研究是随着现代政策科学研究的广泛深入和文化决策的民主化、科学化问题受到普遍关注而被提出来的。

作为文化政策学研究的元理论和作为完整、系统的科学研究对象、新兴的综合性大学科理论，政策科学酝酿于 20 世纪二三十年代，产生形成于 50 年代，发展于 70 年代，至 80 年代成为世界性学术研究领域。美国著名政治学家哈罗德·拉斯韦尔和丹尼尔·勒纳合著的《政策科学：范围与方法的近期进展》一书，是这一学科创立的标志。

政策科学的提出和创立，是在西方社会如何解决资本主义世界普遍面临的社会危机的背景条件下发生的。英国经济学家凯恩斯为解决经济危机问题而提出的政府干预经济的政策主张，可以看作是现代政策科学理论建立的策源，因此，关于政策科学的理论研究和理论探索，最先是被当作解决社会危机的对策性工具和理论手段提出来的，同时也正由于这种探索和由此而形成的政策理论主张在解决相关社会危机过程中产生了积极的效果，于是"政治求助于科学，官员求助于学者"便成为一种政策趋向，而成为西方国家改进公共政策系统的普遍愿望，在西方社会政治和管理生活中凸显出来。到了20世纪60年代，随着人类社会政治、经济、文化、科技的迅速发展，各种前所未有的社会危机和冲突也进一步增多，虽然各国政治家和政策学者都为解决这些问题作出了不少努力和理论探索，然而，同科学技术的现代成就相比，人类解决社会问题的能力仍然显得十分软弱无力。某个领域、局部、方面的危机爆发及处置不当，都会引起社会系统甚或全球系统全面的反应。政治、经济、文化、科技与社会的协同发展，已经成为当代人类社会发展的重大战略问题。于是，如何认识和端正社会发展方向，改善和加强作为社会指挥系统的国家政策制定系统，控制和塑造人类自己的未来，也就成为整个政策科学研究的核心和建构科学的政策科学理论框架的基础。在这方面，继哈罗德·拉斯韦尔之后，影响现代政策科学发展最主要的代表人物是曾长期任美国兰德公司高级顾问的以色列著名政策学家叶海卡·德罗尔。他的著名的"政策科学三部曲"——《公共政策制定的再审查》（1968）、《政策科学构想》（1971）、《政策科学探索》（1971），被学术界普遍认为是政策科学研究规范化的代表作，而他于1986年发表的《逆境中的政策制定》则进一步把政策研究推进到了上层决策领域，把政策制定系统、政府中枢决策系统与统治方式综合起来纳入社会控制和调节的整体系统中考察，从而进一步使政策科学成为政府和社会把握未来、控制发展趋势的科学。

把文化政策作为科学研究的对象并形成一门学科是随着文化研究的兴起而出现的。1958年，英国伯明翰大学文化研究中心的雷蒙·威廉斯姆发表了《文化与社会》被认为开始了对文化政策"本身"的研究。其实，早在柏拉图的《理想国》中就开始了文化政策研究的历程。马克思对普鲁士书报检查制度的批判，则开启了马克思主义的文化政策思想建构。后来的西方文化研究领域中的许多问题，同时也都是重要的文化政策问题，例如，文化与社会关系问题（涂尔干、马克思·韦伯）、文化意识形态问题（马克思、阿尔都塞）、霸权理论（葛兰西）、文化工业与大众文化（阿多诺）、文化研究（雷蒙·威廉斯姆、理查德·霍加特、斯图尔特·霍尔）权力、话语权与治理（福柯）、文化资本（布迪厄）等；一些著名经济学家在他们的经济学研究中也涉及与经济发展有关的文化政策问题，如马歇尔的政府干预理论，哈贝马斯的公共领域理论，哈耶克、布坎南和阿玛迪亚·森的公共选择理论，罗纳德·H.科斯的交易费用和社会成本理论，包括像罗尔斯的"正义理论"等。虽然这些理论都不是针对专门的文化政策的，但是，都对文化政策研究与学科建设产生了深远的影响，有些研究直接影响了文化政策研究的议题设置；不仅如此，"文明冲突论"（亨廷顿）、"软实力"理论（约瑟夫·奈）、"文化多样性"理论（联合国）、"创意产业"理论等则直接影响了 20 世纪末和 21 世纪以来的文化政策研究与学科建设。2002 年美国纽约大学文化政策与文化研究教授托比·米勒和乔治·尤迪斯联合出版了《文化政策》艺术，提出了文化政策是"美学+人类学"理论，并以此为分析工具对美国文化政策架构和欧盟及联合国文化政策架构做了较为深入的研究，①2003 年英国伯明翰大学的吉姆·麦圭根发表了他的《重新思考文化政策》。他不仅把文化政策定义为"文化与权力的研究"，而且提出了"文化政策三种话语"理论：国家话语、市场话语和民众交流话语。②文化政策属于公共政策范畴，属于政策科学。然而，政策分析未能有效地进入到文化政策研究领域，文化研究与政策分析相分离，使得文化政策研究在西方迄今为止主要的还是局限在文化研究的领域里，是文化研究中的一个重要方面，还尚未形成"文化政策科学"。这与"文化政策"这一特殊的对象密切相关。

　　中国是一个政策大国，有着丰富的政策学资源和在历史基础上构筑起来的政策体系。然而，当代中国的政策科学研究和探讨则是从 20 世纪 80 年代才开始起步的。首先是中共党校系统和党委研究部门，从党建研究的角度出发，提出了应当重视政策科学研究的命题，并在观照当代国内外政治学和行政学研究发展的基础上，着手翻译、介绍国外政策科学研究的理论和方法，开始把对中国政策科学的研究纳入自己的科学研究视野。1985 年《人民日报》发表了万里的《决策民主化和科学化是政治体制改革的一个主要课题》的长文，政策科学研究被正式提上了国家和政府的议事日程。1991 年 8 月，中国行政管理学会在吉林省长春市召开了全国首届政策科学研讨会，就中国政策科学的研究和理论建设进行研讨；1992 年 10 月，作为中国行政管理学会政策科学研究分会的全国政策科学研究会，在山东省曲阜市召开成立大会，并对在社会主义市场经济体制下如何开展政策科学研究进行了热烈的讨论；1994 年 5 月 22 日，由中共中央政策研究室、国务院研究室、国务院发展研究中心和国家统计局等联合发起组织的中国政策科学研究会在北京成立，全国各省、市、自治区、计划单列市的党委政策研究室、政府研究室、经济研究中心、统计局，国务院各有关部委办的政研室、政策法规司等有关部门负责人，中共中央党校、北京大学、中国人民大学、中国社会科学院等有关方面的学者、专家共三百多人参加了

---

① [美]托比·米勒，乔治·尤迪斯. 文化政策[M]. 台北：台湾巨流出版公司，2006，中译本.
② [英]吉姆·麦圭根. 重新思考文化政策[M]. 北京：中国人民大学出版社，2010.

成立大会。这个全国性学术团体的基本任务，就是以邓小平建设有中国特色社会主义的理论为指导，深入开展对政策科学理论和各项具体政策的调查研究，探索政策研究的基本理论、基本规律和基本特点，指导和促进政策科学研究工作的开展；通过广泛的实际调查研究活动和科学的政策理论的建设，及时为我国各级决策部门提供决策指导和政策咨询意见。中国政策科学研究会的成立，标志着我国政策科学的理论研究和实践开始进入了迅速发展的阶段。虽然这些会议和这一学术团体的成立都不是单纯的关于文化政策科学研究，但是，毫无疑问，作为政策科学研究的一个重大领域，文化政策科学研究当是题中应有之义。因此，文化政策学的研究和学科的创立也就被历史地提到中国政策科学研究面前。

正是在这样的历史与理论背景下，1985年夏，在甘肃省兰州市召开的全国党校系统首届语文年会，就党校系统的文史学科建设问题，把"党的文艺政策"列入重点学科建设。这在中国尚属首次。虽然早在20世纪30年代左翼文艺运动时期，就有关于文艺政策的研究，鲁迅还专门译介了俄共（布）的《文艺政策》，许多学者在延安时期和建国以后也都发表了大量的有关这方面的研究成果，但是，在近半个世纪的中国文化建设过程中，这种研究都还仅限于文艺学的研究，还没有达到政策科学的形态，从政策科学的层面上对文艺政策和文化政策作系统研究。并且还往往混淆了文化政策问题与文艺学问题的界限，从而导致了在文艺领域里的"阶级斗争"不断。这不能不和缺乏对文化政策的科学认识和关于文化政策的科学研究有关。同时，还由于一个时期内文艺政策、文化政策在中国政治文化生活和社会文化发展中的复杂性，从而使这个领域的研究几乎成为禁区。1985年的全国党校系统语文年会第一次把文艺政策的系统研究提上了学科建设的日程；1986年8月全国党校系统在辽宁省锦州市召开了"党的文艺政策和文艺理论学术研讨会"，对该课题建设作进一步的研讨，是对这一进取的突破。1988年，胡惠林与张伊主编的我国第一部文艺政策论著《党的文艺政策概论》在上海文艺出版社出版，填补了建国以来我国文艺政策系统研究的空白；1989年中共中央党校出版社出版了魏天祥的《文艺政策论纲》。1999年，上海交通大学出版了胡惠林的《文化政策学》，这是我国第一部运用政策科学理论与文化研究相结合的方法系统研究文化政策的专门性著作，文化政策由此开始引起了学术界的广泛关注。①

早在春秋战国时期，"百家争鸣"的一个重要内容就是关于如何治理国家。儒家学说中讨论的许多理论在今天看来都属于"文化政策"范畴。

作为部门政策和政策科学研究的一个重要方面，无论是文化政策的制定实施，还是

---

① 方彦富．文化政策研究的兴起[EB]．福建论坛，2010：6.

关于文化政策科学的研究，在我国的社会主义文化事业建设中都具有特别重要的作用和地位。尤其是十年"文革"给我国文化事业建设和发展带来了灾难性后果，因此，在结束"文革"动乱后不久，文艺界就提出了党的领导与艺术民主的关系、文艺与政治的关系、关于文艺政策的稳定性和连续性等一系列文化政策问题。加强和重视文化政策科学研究，用科学的方法和民主的方法指导文化决策，领导文艺，这一来自文艺实践的迫切要求，就成为推动我国文化政策科学研究的一个更为直接和现实的原因。实践的呼唤和理论意识的崛起，共同构成了我国文化政策科学建设的理论和实践背景。

二、文化政策学研究的对象和特点

政策学是当代新兴的大学科理论之一。作为政策科学的分支学科，文化政策学是运用现代政策科学理论，研究、探讨和解决文化政策决策和运行科学化的专门性科学，是关于文化政策发生、发展过程、运动形态和基本规律的科学抽象和理论概括。文化政策运行，从它的发生到终结是一个庞大的系统工程，尤其是当代文化政策，不仅具有结构复杂、层次丰富、涉及面广、专门性强、功能综合、因素众多等特征，而且还广泛涉及政治、经济、法律、社会、管理、艺术、系统、控制、科学技术等许多领域和多种学科。同时，文化政策学的研究对象不是某个单项的、具体的文化政策，而是由上述各种特征所构成的文化政策的整个运行系统，是要从整体上，从政策科学的综合和协同的层面上，结合中国文化政策实践和文化现代化的历程，对文化政策的运动过程、生命形态、发展规律作系统的分析和研究，揭示文化政策运动的普遍规律性和文化政策的基本结构体系。因此，作为研究文化政策运动一般规律和基本内容构造规律的科学，文化政策学的研究目的是要使文化决策和文化管理民主化和科学化，从而使整个文化的发展在科学的规范和控制下既合目的性又合规律性。

文化政策学是一个有着完整研究对象和内容的学科形态。尽管文化政策科学的建设在我国还刚刚被提出，但是作为现代政策科学的一个重要组成部分，政策学固有的本质以及文化政策学所特有的研究对象还是构成和决定了它的一些基本特点，并且作为一种自身生命形态的本质特征而与其他政策学相区别。这些基本特点主要有以下三个方面。

1. 政治敏感性

以推动文化决策、文化领导和文化管理的民主化和科学化，改进文化政策制定，控制文化发展走向为核心目标的文化政策学，运用自己特有的手段和方法来分析文化政策过程，揭示文化政策运行规律，指出现实文化决策过程的失误和不足，用自己特有的理论术语和手段来探讨可行的改进方式和途径，不仅影响到文化政策生命系统的各个组成部分，而且还与整个政治体制、文化制度以及文化价值体系密切相关，必然涉及已有的文化利益分配和国家的文化意志，这就使得文化政策学不可避免地具有很强的政治敏感性。

导致文化政策学这一特点有许多因素，其中，不同文化价值观的冲突、文化决策模式的选择、已有文化利益的再分配，以及由此而导致文化权力的转移等，则直接决定了这一特点。尽管文化政策学主要的并不探讨解决关于文化的价值观问题，但是由于文化政策的制定及其内容构成本身都是受制于一定的价值观，并且也通过明确地赞成什么、反对什么、保护什么、抑制什么来倡导、推行一种文化行为和价值观念，因此，以推动文化决策的民主化、科学化，改进文化政策制定系统，控制文化发展走向为使命的文化政策学就不能不带有鲜明的价值倾向性，它所选择的政策价值方向就有可能与文化统治系统所信奉的价值观不一致，甚至相抵触，因而容易遭到文化统治者的压制和反对。由于文化政策学在为实际文化政策的决策服务时，总要提出各种备选方案，要求按照符合文化发展规律的目标，在不同的价值取向和规划设计中作出明确的选择，这就有可能与通行的文化政策模式的选择相背离，从而在传统决策模式选择的惯性作用下，遭到旧模式的本能的抵制和反对。文化政策学不仅要为文化决策提供各种信息和理论，而且还要通过已有文化政策资源配置的合理性程度的分析，提出文化利益分配和政策资源配置的科学性原则，揭示所有在这背后的动机和目的，这就必然地要危及各文化利益集团的既得利益，引起他们的强烈反应。一定的文化决策主体作为国家管理意志在文化领域的体现者，往往从属于一定的政治利益集团，因此，无论是对文化政策备选方案的分析、政策后果的评估，还是文化政策的调整和新政策的选择，往往牵涉文化乃至整个政治和意识形态决策系统的各个组成部分之间结构的分化和力量重组，从而局部乃至全部地引起文化权力的转移和更替，由此造成的反应有时甚至会改变整个文化权力格局和文化发展走向。因此，我们必须高度重视和认真对待文化政策学这种政治敏感性。

2. 很强的实践性

美国政治学家杰克·普拉诺说过："政策科学与相关学科的'纯科学'不同，它主要是一门'应用性'科学。"①文化政策学是一门介于文化理论与文化实践之间的中介科学和应用科学。在社会科学领域里，任何一种理论对于实践的指导作用，都只有借助于一定的政策形态才能完成它的使命和实现它的价值。这是社会科学理论的实践作用不同于自然科学理论的地方。因此，文化政策学的职能不在于对人们乃至社会文化规律的揭示（那是文化学的任务），而在于对人们和社会文化行为规范合理性程度的科学分析和总结，并且通过这种分析和总结，以改进制定文化政策的决策系统，从而在宏观控制和

---

① 政治学分析词典[M]. 北京：中国社会科学出版社，1986：104.

微观指导方面，实现国家对社会文化行为的有效的引导和控制。因此，无论在何种国家形态下的文化政策，它都是根据本阶级的利益和意志，从当下的文化政策问题出发，为解决这些文化政策问题而产生、存在和发展的。以此为对象的文化政策学当然也就现实地具有了这一特点。文化政策学的实践性特点表现在四个方面：第一，文化政策的研究、选择、制定和执行，反复贯穿于文化政治和文化行政过程的始终，保持政策的稳定性、连续性和时效性；第二，文化政策的研究、制定和执行，要根据国家总的文化目标和政治要求在一定时期的轻重缓急，及时作出政策倾斜，发挥文化激励或文化抑制的导向作用，以确保国家文化意志和文化意图的实现；第三，文化政策研究的成果形态常常表现为政策方案、措施和办法等，具有现实的可行性和可操作性，便于把政策变为社会公众文化行为和道德规范；第四，文化政策研究的成果，要指导文化实践，为文化实践服务，并接受文化实践的检验，在实践中完善和发展文化政策学。文化政策学如果离开了生动、具体的政策实践，就将成为无源之水、无本之本。因此，文化政策学不仅要分析、研究和解决文化政策的实践性问题，推进文化决策的民主化和科学化，而且要运用文化政策学的理论和方法，正确地指导政策实践过程，充分体现文化政策理论对文化政策实践的指导作用。

3．多学科综合性

文化政策运动是一个复杂的大生命系统。由于文化政策问题广泛涉及政治、经济、文化、艺术等领域，不同的文化政策的制定和执行又会影响于、作用于不同的社会层面，产生不同的反应，因此，要全面地推进文化政策决策的科学化和民主化，运用科学的观点和方法来研究文化政策制定和执行，规划和控制文化发展，单有或单靠一两类文化学科的知识是不行的，而是必须综合地运用政治学、行政学、社会学、经济学、管理学、行为学、法学、艺术学、领导科学以及系统论、信息论和控制论等方面的学科知识和成果。只有这样，文化政策学所追求的理论和实践的目标才有实现的可能。这就决定了，作为学科形态反映的文化政策学，必然地具有多学科综合性的特点，同时，也只有在充分选用和综合各种现代科学理论和方法的基础上，运用现代科学成果进行跨学科的综合研究，文化政策学也才可能在这个过程中获得属于现代学科的品格。正如克朗在分析政策学产生的原因时揭示的那样："越来越多的具有必要的学术素养和实际经验的学者、科学家、政策顾问都感到要有具备明显跨学科特点的政策学科。"[①]文化政策学正是属于这样的学科。

---

① 沈承刚. 政策学. 北京：北京经济学院出版社，1996：165.

三、文化政策研究的目标和任务

文化政策学学科理论建设的提出，是建立在政策科学的发展和现代文化政策的发展这两个基础上的。无论是相比较于政策科学的历史发展还是相比较于文化政策实践的历史发展，文化政策学都还处在刚刚开始创设的阶段。因此，正确认识和把握文化政策学研究的目标和任务，给予文化政策研究方向以明确的定位，就具有十分重要的意义。

在文化政策运动的全部过程中，文化政策制定是它生命价值和意义的核心，是驱动整个文化政策运行的中枢神经。文化政策制定的科学化程度，不仅反映了国家的政治制度、政府效能和文化发展的现代化程度，而且直接反映了人类控制文化发展的走向，塑造未来文化的能力，直接决定了文化政策的价值效能。虽然在文化政策运行过程中，一项合理的文化政策也会由于执行不当或不力而影响文化政策的效能，但从我国文化发展和文化政策建设的历史和现状的实际情况来看，文化政策决策的科学化、民主化问题仍然是我国社会主义文化事业建设和我国文化现代化发展的主要问题。因此，我国的文化政策学研究应通过对文化政策微观层次的透视和分析，着眼于文化政策制定系统的宏观研究，把整个文化政策制定系统的科学化作为自己研究的主要目标，并通过这种研究和研究的成果化，指导文化政策的正确制定和实施，充分发挥文化政策的功能，从而有效地控制和调节社会各阶级、阶层间相互的文化关系、文化利益，规范人们的文化行为，把握国家政治生活、国民经济建设和社会文化生活的发展方向，使国家和人民的文化利益、文化意志在宪法和法律规定的范围内得到根本的保障和切实的实现，推动整个文化事业不断地、合乎规律地向前发展。

文化政策学研究的这个目标，是文化政策学作为科学所应达到的终极境界和最高标准，它不仅规定了文化政策学研究的目的和方向，而且也规定了实现这一目标所应完成的基本任务和工作。

文化政策是由多种关系运动共同构成的一个生命系统。其中既有文化政策与其主要服务领域——文化（包括艺术）的各个构成方面的关系，同时也有属于文化政策自身构成的各个方面的关系，例如政策主体与政策客体的关系、政策价值与政策效能的关系、政策运行各个阶段的关系等，同时还有属于文化政策与政治、经济、社会等各个生态环境方面的关系，包括文化政策与政治制度、行政管理的关系，文化政策与经济体制、产业政策的关系，文化政策与条件、社会形态的关系等。这诸多方面的关系运动决定了文化政策的内容和形式，共同构成了文化政策生命运动的全过程和文化政策制定过程系统的全部运行规律。因此，把整个文化政策制定系统的科学化作为主要研究目标的文化政策学，就必然地要把对上述基本关系和基本规律的研究、揭示作为自己基本的学术任务。只有完成这一基本任务，文化政策学研究的目标也才有实现的可能。由于文化政策学关心的是文化、权力与文化权力诸方面的关系，并不局限于通过文化政策学研究为文化政策制定者提供各种研究成果供他们参照，要求他们遵照行动，而是希望告诉他们应该怎样进行文化决策，如何培养自己的决策能力以更好地制定文化政策，因此文化政策学作为科学的研究并不能像传统学科那样自由地选择自己的问题。"政策科学并不是在任何标准的学科探讨或专业探讨基础上的简单渐进的变化，它在基本假设、定向、方法、程序及态度上，都是一个根本的变革。"①现代政策科学认为，随着社会的发展，历史已经到了人类必须用理性和理智来塑造自己未来命运的阶段，而现实情况却是："在人类塑造其环境、社会以及人自身能力正迅速提高之时，利用这些能力的政策能力仍一如既往。"②文化政策学作为专门化的政策科学就是要在自己的领域里打破这种局面，实现自己的目标。

第四节　文化政策学研究的学科关系和方法

　　文化政策学研究对象是一个呈多边构成、交叉重叠的广泛系统。由于这个系统的运动几乎与现代生活的各个方面都有着深入的联系，这就决定了文化政策学不仅是多视角的，而且也是跨学科的，必须运用综合的多学科知识和成果来研究和解决文化政策问题，并且与这些学科相互渗透和影响。这些学科既包括政治学、社会学、文艺学、法学、历史学等传统学科，也包括决策学、管理学、政策学、系统论、控制论等新兴学科。学科交叉的多样性，自然也带来了文化政策学研究方法的丰富性。

一、文化政策学研究的学科关系

　　文化政策学是全新的跨学科领域。运用多学科的成果研究文化政策学，是该学科的一个显著特点。
　　1. 文化政策学研究的多元理论基础
　　文化政策学兼有政策科学、战略策略学和文艺学的多重品格。中国的文化政策学研究，必须以马克思主义的战略策略学和马克思主义的文艺学以及现代政策科学理论作为全部研究的理论基础。

---

① [美]兰德尔·李普雷. 政治学中的政策分析[M]. //张金马. 政策科学导论. 北京：中国人民大学出版社，1992：48.
② [以]叶海卡·德罗尔. 政策科学的构想[M]. //张金马. 政策科学导论. 北京：中国人民大学出版社，1992：48.

马克思主义战略策略学理论，是无产阶级及其国家政权为实现一定历史时期的战略目标而制定政策的策略学依据。根据马克思主义的基本原理，所谓"战略"，是指政党、国家对一定时期全局性任务和目标的整体性部署和政策规划，在中国，较多的是使用"总路线""总方针"和"总政策"等概念来表述。所谓"策略"，是指为实现战略任务和目标而采取的手段的方法。在中国，则常常是通过反映特定的指向领域的具体路线、方针、政策等概念来表述，如"文艺政策""教育方针"等。战略与策略的关系，反映全局与局部、长远利益与当前利益的辩证关系。两者既有联系，又互相区别。战略决定策略，策略为战略服务；战略是制定策略的依据，策略是实现战略的手段。一定范围内属于战略方面的，在另一范围内则可能是属于策略方面的；反之，在一定范围内是属于策略性的东西，在另一范围内则可以是战略性的。中国社会主义文化政策体系中"二为"方向和"双百"方针与国家大政方针政策，以及与文化系统内各政策间的关系就具有这种性质。因此，马克思主义的战略学在整个文化政策学研究中具有特别重要的指导意义。

马克思主义文艺学，是马克思主义关于文艺问题的一般学说，是研究文艺现象及其规律的科学。"坚持马克思主义，包括坚持马克思主义文艺思想的基本理论。"[①]这是包括文艺与生活、文艺与社会、创作与批评、继承与革新、文艺生产与价值规律等诸多内容的完整的科学体系。马克思主义文艺思想，既揭示了文艺发展运动的共同规律，也指明了无产阶级文艺的特殊规律。中国的社会主义文化政策，就是根据这种共同规律和特殊规律，结合对中国的文艺实践的总结、概括而制定的政策体系。因而关于文学的党性原则理论，关于"两种民族文化"理论，关于艺术地把握世界的理论，关于通过多样化和自由竞争发展精神世界的理论，关于艺术生产和物质生产发展的不平，以及关于文艺批评的标准的理论等，都具有特别重要的指导作用。

现代政策科学理论是以公共政策运动为研究对象，关于公共政策运动规律及其与人类社会发展的一般关系的系统学说，是现代人为寻求解决面临的各种社会危机和困境，规划社会发展前景，探讨如何制定优化政策，避免决策灾难化的科学。这是以现代哲学观为基础，融系统知识、合理结构和组织创造为一体，既研究不同政策的性质、成因和效果，又研究社会发展目标、方案选择及社会效果之间的相互关系，包括政策过程、政策分析、逆境中的政策制定、政府中枢决策系统和统治方式、政策制定系统的环境机制等内容的完整的大科学体系。认识和端正社会的发展方向，改善和加强作为社会指挥系统的国家政策制定系统，是它全部研究的核心。文化政策是现代政策体系中的一个特殊领域和组成部分，有着完全不同于一般政策运动的特殊个性。文化政策学的研究和学科

[①] 江泽民. 在中国文联第六次全国代表大会、中国作协第五次全国代表大会上的讲话[N]，人民日报. 1996-12-07.

建设，毫无疑问，必须把立足点建筑在这个基础上，通过对文化政策特殊个性及矛盾运动规律的生动揭示，实现对文化决策民主化和科学化的把握。然而，正如一切事物的发展一样，任何个性的运动都是普遍规律的生动体现。由于政策运动本质上是政府行为和国家意志的反映，是统治方式的具体表征，这就决定了文化政策运动不仅有无限生动丰富的个别性，而且还由于它也是政府行为和国家意志在文化领域里的反映，是国家关于文化的统治方式而不能不同时受影响于政策运动的一般规律性。文化政策学研究也不能不以现代政策科学的理论成果和方法作为自己的基础之一，并在这个基础上展开自己的思维空间和理论取向，从而获得生动具体的学术生命的存在。离开了现代政策科学这一理论基点，文化政策学也就可能成为另一种政策学说。从这个意义上说，现代政策科学与文化政策学的关系，实质上就是以一般原则指导个别研究的关系。

2．与文化学的关系

文化学是研究文化现象一般规律的科学。它是人类文化活动的抽象和理论概括，包括文化史学、文化人类学、文化社会学、文化经济学等。文化政策学是文化学的一部分，着重考察和研究文化活动中的政府决策的民主化和科学化问题，揭示在现代国家条件下文化活动的可控性品格。由于文化政策学研究的是文化领域中的国家的文化统治行为关系和文化统治原则，这种研究就必须从文化活动的特殊性出发；从这个意义上说，文化学与文化政策学的关系，是一般原则与个别对象的关系。离开了文化这一特定对象，文化政策学也就成了另一种政策科学。

3．与政治学的关系

政治学是研究政治现象及其发展规律的科学，着重于研究政府的组织结构、政府机构的行为及其过程、各种政治制度等。文化政策作为国家文化意志的体现，首先是一种政治行为，一种义化的政治行为，它表征着政府在文化问题上的鲜明态度和主张：赞成什么，反对什么；肯定什么，否定什么；提倡什么，打击什么。而所有这些态度和主张都必须通过政府的政策制定系统才能进入实际领域，因而与政府的组织、结构、制度以及政府机构的行为密切相关。文化政策学要研究和揭示文化政策运动的客观规律性，就必须要对文化的行政管理关系、文化政策的决策主体及其与客体的相互关系有深刻的了解和对政治学的科学把握。尤其是对文化政策制定的民主化和科学化问题的研究，政治学关于政策合法化的理论知识有着不可替代的作用。

4．与经济学的关系

文化政策无论是制定还是执行，都有一个投入产出关系。文化政策是一种公共产品，任何一项文化政策目标的实现都需要投入一定的人力、物力和财力，以及其他需要的社会力量，这些属于文化政策资源的投入在经济学意义上都是可以而且应该通过量化指标衡量的，都是可以通过转换为货币资本换算的，同样，文化政策绩效也是可以通过对一定的衡量标准，通过建立指标体系和文化统计计算和换算出来的。联合国教科文自制提出的关于建立"文化统计框架"这一政策理念，就包含了深刻的"文化政策经济学"的含义。2010年，澳大利亚学者戴维·索罗斯比出版了《文化政策经济学》①，既是对这一领域的开拓，同时也标志着对这一问题进行科学研究的必要性。戴维·索罗斯比虽然提出并出版了他的研究成果，但是远没有建立起关于"文化政策经济学"研究的基本范畴与理论建构，这就为中国学者研究这一问题提供了一个创造性空间和建立具有中国学者特点的"文化政策经济学"。

5. 与文化社会学的关系

在与文化政策学相平行的文化诸学科中，文化社会学是对文化政策学研究影响最大的学科之一。它对文化变迁问题的研究和对文化控制的研究，包括文化传播、抵制、文化变迁的各种因素，以及对不同社会、不同民族生活方式和价值观念的研究，都会给文化政策学关于文化政策目标、文化政策选择、文化政策执行、文化政策评估等的研究提供丰富的思想成果和广阔的思维视野。从文化社会学的层面上深入研究文化政策与文化社会，建构"文化政策社会学"，将是文化政策学研究重要的有待拓展的学科领域。

6. 与法学的关系

法是一定地域范围内，由国家制定和颁布并以国家强制力执行的社会行为规则。它是国家意志的最高体现。任何一项社会主张要成为对人们的社会行为的普遍规范，则一定要获得法的形式才有可能。由于文化政策是对人们的社会文化行为关系的一种普遍规范，它就必须获得法的品格。法学是关于法律的科学，法学的有关理论知识对于促进和研究文化政策的合法化有重要的指导意义，特别是在建立文化政策假设、提供大量与决策有关的数据、帮助人们更好地理解与人们的文化行为有关的规则的过程中，法学的相关理论和知识就成为文化政策学研究必不可少的一部分而发挥重要作用。文化政策与法学最密切的关系应该是文化法学。但迄今为止，在中国尚未有关于科学的或学科的"文化法学"研究。中国虽然也出版过几本有关"文化法学"名义的书，但都还只是对现行文化行政规章的阐释，还不是关于文化的法学理论和原理研究。这和中国文化法律不健全有关。在中国，还仅有"中华人民共和国文物保护法"和"非物质文化遗产保护法"两部文化法性质的文化法律，尚未有"文化法"，"著作权法"属于民法，不属于法学意义上的"文化法"。世界上有不少国家不仅颁布了"文化法"，而且还有"艺术法""传媒法""博物馆法"等。文化法学理论的缺席和中国文化法制不健全之间形成了一

---

① [澳]戴维·索罗斯比. 文化政策经济学. 大连：东北财经大学出版社，2013.

种必须加以突破的因果律困境。突破这一困境，求得文化法学和国家文化法制建设的同步发展，将是中国文化发展长期的历史使命。

7. 与管理科学的关系

管理科学是包括运筹学、管理控制论、系统工程学和系统分析等学科的综合性现代科学。管理科学在现代政策科学的建立和发展中作出了直接的贡献，尤其在方法论方面，特别是在现代政策科学中的系统方法的运用。因为系统方法强调各种因素和变量之间的复杂联系，强调从整体出发来考虑任何投入产生的效果，从而在提高政策分析和政策评估结果准确性的基础上，为政策的优化提供了更大的可能性。文化政策学作为现代政策科学的一个重要组成部分，管理科学这一在方法论意义上的巨大作用，当然也在文化政策学的研究中有着特殊的重要意义。

与文化政策学研究发生这样和那样的关系的，除了以上诸学科外，比较重要的还有行政学、决策学、预测学、领导科学、伦理学和心理学等。正是由于现代文化政策研究和制定需要多方面的知识，仅靠一两位高层政策制定者来推动文化政策决策的科学化和民主化是不现实的，而是必须借助各学科的专门人才，进行多"兵种"的联合协同"作战"才有可能真正实现文化政策决策的民主化和科学化，从而提高我国文化政策制定和文化管理、文化领导的水平。

二、文化政策学研究方法

文化政策学作为一门新兴的文化学和政策学的边缘学科，应该运用现有的各种成熟的科学研究方法，探讨文化政策运动的一般规律和中国社会主义文化政策的特殊规律。马克思主义唯物辩证法应该是根本的方法，同时也可运用其他的研究方法。

1. 历史与逻辑相统一的方法

这一方法要求研究文化政策现象得出的概念范畴及运动规律与历史发展的规律相一致。文化政策学本质上是一门历史性科学。其基本范畴的归纳和基本规律的揭示，都应当是文化政策运动的结果。因此，应当把历史与逻辑相统一的方法作为文化政策学研究的方法论基础。运用这一方法，就应当把关于文化政策运动规律的理论研究与文化政策发展的历史实际结合起来，把历史发展与现实运动联系在一起考察。在对历史与现实关系的理论考察和理论分析中，得出符合实际和符合规律的结论。

2. 现代系统方法

就是从系统的观点出发，按照文化政策运动本身的系统性，把对象放在系统的形式中加以考察，着重分析研究对象的整体与部分、整体与层次、整体与外部环境之间的相互作用和相互联系，从整体的联系和过程中把握对象的全部规律性。同时，在研究过程中，必须贯彻现代系统方法的目的性原则、整体性原则、相互联系和制约原则及最优化原则等。

3．多学科综合研究方法

文化政策学既然是一门交叉性边缘学科，它就不可能孤立地存在和发展，而是必然同其他相关学科相辅相成，分工发展。因此，正确认识和处理文化政策学同其他学科之间的联系，既有理论的意义，也有方法论的价值。文化政策研究涉及社会、政治、经济、文化等广泛的领域，涉及国内和国外、历史和现实等，因此，还可以运用比较研究方法等。其他如控制方法、预测方法等，也是文化政策学研究中可以广泛采用的方法。

本章小结

> 文化政策是国家在文化艺术、新闻出版、广播影视、文物博物等领域实行意识形态管理、行政管理和经济管理所采取的一整套制度性规定、规范、原则和要求体系的总称，是有别于教育政策、科技政策的一种政策形态。

> 文化政策的发生和起源不是基于某种外在于文化的力量，而是文化自身为寻求生存和发展而产生的一种需要的结果，一种文化的自我规范和约束，一种历史的约定俗成。它是整个人类文明走向规范和有序的文化关系的反映。

> 文化政策是文化的政治表现形态，是国家形态下人类有意识的、自觉的文化统治行为和文化政治行为，反映的是一定阶级的文化利益、愿望、要求和目的，体现的是国家的文化意志。文化政策以国家文化战略与策略的相互作用为主要内容，文化政策的直接目标和主要表现是国家文化利益与人民文化利益的统一。

> 文化政策作为阶级和国家管理意志在文化领域里的集中反映，它是一定的阶级和国家、一定的政党和社会利益集团运用文化自我规范的客观规律，为实现一定历史时期的文化任务和文化目标而规定的文化行为准则和行为方向，是一定的物质生产方式所产生的利益和需要在文化利益分配领域中的政治表现和统一。

> 文化政策是国家文化治理工具和主要形式。通过文化政策内容和政策系统充分地体现和表达国家关于文化治理的主张、原则、目标以及实现途径，即构成了文化政策的主要内容，同时也建构了文化政策的系统。具有政治性与文化性、合法性与强制性、公正性与效率性和稳定性与变动性相结合的特征；以及制约、

导向、调控、分配功能。

▸　文化政策学研究的主要任务和目标是实现文化政策决策的民主化与科学化。

思考题

1．什么是文化政策？它和其他政策形态的关系是什么？
2．怎样理解文化政策的本质？它有哪些特征？
3．文化政策学研究的对象范围有哪些？它的目的和任务是什么？
4．为什么要研究文化政策？

参考书目

1．张金马．政策科学导论[M]．北京：中国人民大学出版社，1992．
2．[英]吉姆·麦圭根．重新思考文化政策[M]．北京：中国人民大学出版社，2010．

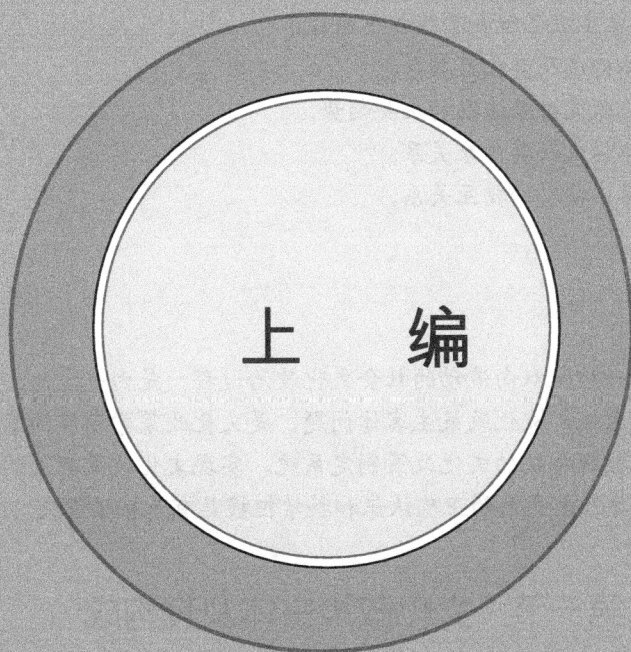

上　编

第一章

文化政策主体和客体

本章学习目标

通过本章学习，学生应了解和掌握以下内容：
1. 文化政策主体构成及其相互关系；
2. 当代中国文化政策对象运动的主要趋势；
3. 文化政策客体构成及其对象关系；
4. 文化政策主客体运动的相互关系。

导言

文化政策运动是一种呈双向流动的社会文化政治过程，是由一定的文化政策主体和客体共同构成的过程系统。文化政策主客体问题，是文化政策学研究的基本问题。改善和加强作为社会文化指挥系统的文化政策制定系统，实现文化政策决策的科学化、民主化，对文化政策主客体及其关系的正确认识和科学把握具有基础性意义。

第一节　文化政策主体及其构成

一、文化政策主体及其构成的一般理解

主体，就一般意义而言，是指有意识、有实践能力，能够把客观世界的事物变为实践和认识对象的现实的人或群体。按照政治学观点，主体即政治实体，包括政党、政府、

社会集团等。文化政策作为国家文化管理意志和文化利益的集中反映，它是由一定的政治实体和代表一定的政治实体利益的人对社会文化作为实施国家规范的文本系统。因此，所谓"文化政策主体"，是指以一定的社会文化为对象，根据一定时期的国家文化利益，决策和制定文化政策以实现国家文化目标标的人以及由这类人的群体组成的组织形态和机构形态系统。

　　文化政策主体问题主要是解决文化政策的所属问题，即解决"是谁的文化政策""谁有权制定文化政策"的问题。虽然文化政策主体构成会因不同的社会政治制度、国家形式、政党制度、文化体制而存在差异，但就文化政策主体形式运动的当代性来看，由于政府拥有对整个社会资源进行权威性分配的权力，政府对于一定的文化问题能否进入政策议程具有决定性影响，因此，通过政府行为来体现国家的文化意志，实现国家对文化的管理和统治，也就越来越成为当代社会文化政策运动的普遍特征。"政府中枢决策系统"正是在这个意义上作为政策主体的一个富有概括性的、高层政策制定实体的整体性存在，也就和作为政策主体的个体性体现的"文化政策事业家"共同构成了现代文化政策主体的两大部分。

二、政府中枢决策系统

　　政府中枢决策系统是由执政党领导机关、国家权力机关和行政机关组成的一个文化决策和文化统治体系。这是现代文化政策主体构成形式中起决定性作用的成分。文化政策不管是作为执政党的文化统治手段，还是政府的文化管理工具，本质上都应是国家文化意志和文化利益的表现和反映，代表着不同的社会阶层和社会集团共同的文化利益。一定的文化政策不仅反映了一定的政党或政府对于文化的可统治性，以及一定文化政策的制定和实施所达到的目的性程度，还反映了一定的政党或政府文化统治能力的高下。如果说，可统治性还仅仅表现为统治集团所拥有的执掌国家权力的权利，那么，文化统治能力的高下则直接表现了该统治集团作为政策主体是否具有协调和整合各种文化力量，把国家和民族文化推向前进的全部素质准备。一项完整的文化政策不仅涉及各阶层、各社会集团的文化利益和文化愿望，而且还关系到文化政策的合法性和文化发展的稳定性，因此，在政府中枢决策系统中，政党统治集团、国家立法机关、国家行政机关就成为在全部文化政策制定和主体构成中既互相联系，又互相区别，不可缺一的有机整体，正是这样一个有机整体的生命运动才使得国家文化统治和管理的有序性成为现实。

　　1. 政党统治集团

通过建立政党制度来实现对国家政权的有效掌握和对国家事务的管理，是现代民主和法制国家的主要政权形式。无论是一党专政，还是两党轮流执政，或者是多党联合执政，也无论是通过武装夺取政权，还是通过竞选获得政权，一旦成为执政党或执政党联盟，成为统治国家的政党集团，它就享有制定包括文化在内的国家一切政策的权力，当然也获得规范整个国家文化行为的文化政策决策和制定的主体资格。因此，在行使对文化的统治和管理的权力时，不管它以哪种方式制定文化政策，是由执政党统治集团直接制定文化政策，还是在执政党的纲领原则指导下由政府或国会（议会）来制定文化政策，它都是一个政党统治集团所代表的阶级文化利益和文化意志的反映，在全部文化政策决策的政府中枢决策系统中起着重要的质的规定性的指导作用。

中国是共产党领导下的社会主义国家，实行的是共产党领导下的多党合作制度。这在政党制度上是我国与西方民主和法制国家的根本区别。中国共产党的执政党地位决定了它在宪法和法律规定的范围内享有在国家所有文化政策制定中的政策主体地位和决定性作用。党对国家事务实行政治领导的重要方式，是使党的主张经过法律程序变成国家意志。从这个意义上说，党的文化政策也就是国家的文化政策。虽然，在中共十二届三中全会以后，进行政治体制改革以来，党不再包揽国家机关对国家事务的管理，然而，由于文化的意识形态性在我国政治生活和社会主义建设中具有"两手"中的"一手"的特别重要的意义。涉及国家社会主义文化事业建设、发展的一些深层次的文化政策和大政方针，中共中央及其领导机关作为文化政策决策主体依然直接发挥决定性主导作用。在中国的文化政策中枢决策系统中，这是主体中的主体，规定和制约着其他主体成分。

2. 国家立法机关

立法机关是有权制定、认可、修改、补充和废止法律的国家政权机关。在政府中枢决策系统中，它是拥有使文化政策合法化的权力的机关。任何关于文化政策的建议和主张，只有经过法律程序才能成为国家行为和国家意志，文化政策的生命存在也才能在规范社会文化行为中具有合法性。现代国家的立法机关主要包括议会、国会和人民代表大会等。在中国也称权力机关，即全国人民代表大会及其常务委员会。其主要职能是制定法律，其中包括制定或审查通过国家文化管理事务中许多重大和重要的文化法，如《中华人民共和国著作权法》《中华人民共和国文物保护法》《关于我国加入世界版权公约的决议》等，就都是全国人大及其常委会通过实施的。这些文化法一经实施，也就成为规范全体公民和机构的文化行为的政策。从法律程序上讲，立法机关是国家最高决策机关，其制定文化政策的权力应该是最大的。中央是如此，地方文化管理也是如此。由于各国的政治制度、文化制度和立法机关的组织体制不同，立法机关在制定文化法规、法律和文化政策的操作程序上也不完全相同。中国实行的人民代表大会制度是议行合一的制度，全国人民代表大会是国家最高权力机关。因此，全国人大及其常委会不仅拥有立法权，而且还拥有对国家行政、司法机关的监督、检查权，以确保行政、司法机关贯彻执行它所制定的文化法规和文化政策，把行政、司法机关的文化权力活动严格限制在国家的最高法律和政策范围之内。国家立法机关制定的文化政策具有最高的法律效力，行政机关、司法机关有关文化的法规和政策都不得与之相抵触，一旦发现，国家立法机关有权撤销、纠正。从文化法制的意义上说，国家立法机关制定的文化法律、法规和文化政策是最终的和最高的。这可以从中国加入世界版权公约等有关国际性公约的主体行为中看出。依照法律规定，执政党所制定的文化政策要成为国家主体行为，就必须经由行政机关的途径提请立法机关通过或批准，才能使执政党的文化政策变成国家文化政策面对全体公民和机构的文化行为具有约束力。载入我国宪法的"二为"方向和"双百"方针，就是通过国家立法程序而由党的文化政策变成国家文化的总方针、总政策的。

3．国家行政机关

国家行政机关即通常所说的"政府"。它是国家权力机关的执行机关，在政府中枢决策系统中，它是直接执掌国家文化行政权，从事国家文化事务管理的机关，是国家文化意志的直接体现者。如我国的国务院及其文化行政部门——文化部、广播电影电视总局、国家新闻出版总署等。就其与执政党和立法机关的一般关系和联系而言，国家文化行政机关是根据权力机关制定的法律、法规和政策及其赋予的立法权来制定文化管理法规和政策，具体引导、规范全体公民和所有社会组织的文化行为，处理和解决社会文化生活中和国家文化管理事务中经常发生的文化政策问题和文化矛盾，以确保国家文化意志在文化事业中的切实执行和国家文化事业的顺利发展，维护人民的合法文化权益和社会正常的文化秩序。国家文化管理的对象性特点，决定了国家行政机关在文化政策决策系统中的特殊地位和作用。由于政府拥有对整个社会文化资源进行权威性分配的权力，国家文化行政机关在涉及具体的文化政策问题时，将直接影响到各种文化利益的再分配、文化力量的均衡和一定社会阶段文化发展的节奏和走向。因此，政府文化政策制定的正确、科学与否，对国家和社会公众的文化利益和文化关系影响极大。在我国，为了保证文化行政机关所制定的文化政策的正确性和必要性，各级政府的文化行政机关往往设立专门的文化政策调研机构为文化政策决策的科学化和民主化服务，从而确保政府文化行政机关制定的文化政策同执政党的权力机关的文化政策在根本文化利益上保持高度的一致。

三、文化政策决策制定者和职业文化政策事业家

"政府中枢决策系统"这一视角，是从文化统治能力的一个核心方面——国家高层

文化政策制定这一政策制定的实体和过程来观察和思考文化政策主体构成的。然而，正如任何根植于政治和社会的整体一样，真正起作用和推动事物发展的并不是作为整体的"国家机器"本身，而是开动机器和执掌机器枢纽的人。在政府中枢决策系统中，究竟谁有权制定政策，或者说谁是文化政策的决策者？不管是理论上的决策者还是实际上的决策者，是政治上还是法律上的决策者，它都是决定文化政策主体运动的重要因素，是推动政府中枢决策系统运转的真正力量。因此，作为文化政策主体构成的另一个重要方面，文化政策决策制定者和职业文化政策事业家也就必然地成为我们又一个研究和考察的对象。

1. 文化政策决策制定者

文化政策决策制定者是指直接握有国家文化统治权力，控制国家文化发展走向的文化权力行使人。这是一个包括政党集团、立法机关和行政机关领袖及其核心成员在内的文化政策决策主体群。由于立法机关的领袖及有关成员在代议制运行的过程中，主要以"代议"的方式参与文化政策的决策和制定，而其领袖人物往往又是执政的或是在野的政党领袖，因此，在文化政策决策制定的实际运作过程中，执政的政党领袖和国家行政首脑及职能部门的首长在文化政策决策制定过程中的个人作用就显得尤为突出。

执政党统治集团作为政府中枢决策系统中起决定性作用的一个重要组成部分，它在国家文化生活中的执政地位和统治能力，是通过它的领袖人物及实际主管成员直接行使国家文化权力来体现的，执政党所代表的那个阶级或集团的文化利益和文化意志，也是通过它的领袖人物的文化决策制定行为来实现的。从这个意义上说，领袖是一种深刻反映着一定文化关系的特殊的权力形式。因此，这就决定了领袖作为文化政策决策制定主体的双重性：一方面，他是执政的党的集体意志和文化思想的化身；另一方面，他又是他本人文化性格的生动体现。作为执政的党的集体意志和文化思想的化身，他必须在党纲和党章规定的范围内充分行使宪法赋予的文化权力，制定党和国家的文化政策，同时，作为个人文化性格的生动体现，他又享有个人的文化兴趣和爱好的充分自由。然而，正是由于执政的党的领袖在本质上是一种特殊的权力形式，是文化关系的权力体现，在实际的文化生活中，即便纯属于领袖个人的文化爱好，但是他作为权力形式的另一种人格力量始终占据着社会公众心理的主导地位，也往往被当作是一种文化政策决策而给一定阶段、一定历史时期的文化的走向、思维和行为方式，乃至国家政治带来极大影响。自20 世纪 50 年代至 70 年代，毛泽东关于《红楼梦》和《水浒》的一些个人即兴式的评论和谈话，被借题发挥后给予中国当代文学批评的思维模式和文学建设、文学发展的价值取向所带来的巨大政策性影响就是一个相当深刻的例子。作为个人来讲，毛泽东有发表对于任何艺术作品意见的自由。对于一部作品、一种文学现象的任何一种发生在别人身上（与毛泽东相同或相似）的观点，也许都不会产生文艺评论的导向效应和政策效应，但是，正因为毛泽东是执政党的领袖，是一种特殊的文化权力形式的存在，领袖的存在掩盖了他作为具体的个人的存在，因此，纯属个人的文化兴趣和文化爱好消失了，取而代之的是他作为文化政策决策制定主体的卓越存在。虽然，清醒的执政者也常常一再声明个人的意见并不一定代表党的集体意见，但是，由于领袖作为特殊文化权力的存在形式，并且这种形式存在是得到法的承认的，在国家和社会公众的文化行为和文化心理中，领袖的文化思想、文化观点和文化意见都始终具有文化政策决策和制定的主体性。

政府首脑和国家文化行政机关首长是文化政策决策制定者构成中又一重要主体成分，也是能以个人的主体行为影响一定的文化政策运作的决策和制定者。这些人员是经由代议机关和法定程序选举和任命的，直接握有宪法和法律赋予的国家文化权力行使权，在法定的职权范围内，享有制定国家有关文化行政管理、文化经济管理和文化市场管理等法规的权力。由于政府拥有对社会文化资源进行权威性分配的权力，而执政党在有效地实现对国家的文化统治时又主要地通过国家行政机关来进行的，国家文化行政领导的作用就是组织文化决策制定过程的专业化，从这个意义上说，国家的文化行政政策决策和制定实际上掌握在他们手中。文化行政决策的制定是一个过程，一种有序的主观见之于客观的文化政治行为过程。对政府首脑和国家文化行政机关首长来说，这个过程既要与过去相联系，以保持政策的连续性，同时又要给予今后的指导，以体现新政策的开创性。由于文化本体广泛的社会性，文化行政决策的制定也与其他的社会过程相关联，同时还受到社会制约机制，以及各种不同文化需求、动机、目标和文化价值观的控制和制约。这是一个激流般汹涌的过程，是不断地以理性方式（观念的）转变为探索式的方式（可操作的），又以探索式方式转变为理性方式的过程。在这个极其复杂的过程和方式的转变中，文化行政决策制定者关于整个文化政策决策的动机和资源分析是起决定作用的关键因素，因为这不仅直接关系要把执政党关于文化的意见、意图、决策由政治领导转变为政府职能，而且还涉及整个社会文化资源和利益的再分配和重组，从组织文化政策决策制定过程的专业化意义上来说，政府首脑和国家文化行政机关首长的个人因素具有特别重要的作用，因为他全部的文化统治能力就是在这个过程中得到深刻的反映。同时，也正因为在文化决策制定的专业化过程中，政府的行政长官意志具有特别重要的意义，在文化政策决策制定系统中，政府文化行政长官及其在文化政策决策和变革中的地位和作用的主体性问题的研究，也就成为文化政策学研究必须引起高度重视的课题。

在文化政策决策制定史上，也还有这样一些杰出的伟大人物，虽然他们无论是在政界还是在文化界都没有担任什么领导职务，但由于他们在公众政治、文化生活中享有崇高的道德威望和具有巨大的影响力，他们在政治上或文化上提出的或发表的大政谋略和文化意见，往往会引起执政党统治集团和国家行政机关的高度重视，有的甚至还经由一定的法的程序和途径使这些大政谋略和文化意见成为国家的文化政策和文化发展战略实行"文治"的指导思想。这一类人物在中外文化政策发展史上都曾占有重要地位。因此，这类杰出的伟大人物也就在文化政策决策制定过程中，历史地和现实地成为文化政策决策主体构成的重要组成部分，成为一群特殊的"文化政策决策制定者"。

2．职业文化政策事业家

作为文化政策决策制定者的领袖，他们通常是在相对稳定的文化结构和政治制度下工作，受一定的制度和法的规范的约束，这就使得他们没有太多的时间、条件和可能去直接感受、熟悉和了解社会公众迫切的文化需求和亟待解决的文化问题，而决策本身的需要又要求他们必须掌握和预见到来自社会各个方面对于国家文化形势的反应，因此，建立并通过完整的决策咨询系统，利用"外脑"和"智囊"来接触广泛的和多种多样的需要，就成为领袖决策和政府决策必不可少的重要手段，并进而构成了文化政策主体中的又一群——职业文化政策事业家。

职业文化政策事业家，是指以国家文化管理和文化发展战略设计为工作对象，专门从事文化政策研究和决策咨询，为党和政府制定文化政策提供理论模式和备选方案的人员。在这些人当中，有的是专门从事政策分析的，有的是专门从事文艺理论或社会文化行为和文化发展战略研究的。他们或者供职于党、政机关的职能部门，如政策研究室、发展中心等，或者在大学和研究所从事教学和科研。因此，在结构上存在着纵、横两种不同的层次。就纵向而言，有专门从事国家文化政策和文化发展战略研究和为决策咨询的，也有专门从事地方文化发展战略研究和为地方文化政策决策提供设计意见和备选方案的；就横向而言，有专门从事文化的意识形态研究，为文化政策决策提供理论依据的，有专攻文化经济政策研究，直接为文化经济政策、文化产业政策、文化市场管理提供决策咨询的。由于职业文化政策事业家对于自己的工作对象和研究领域的历史和现实有着较多的了解，与对象现实有着密切和直接的联系，就其专门性来说，他们与社会文化现实的联系要比领袖们密切得多，就局部而言，他们对国家文化现状的了解也要比执政者深入得多。同时，又由于他们与上层有着这种特殊的关系，这些专家就不仅与领袖间保持着上下级之间工作上的联系，而且还保持着心理上的沟通。他们既知道上面在想什么，同时又了解下面在想什么和干什么。特殊的角色为他们关于文化思考的独特思维创造了条件，同时也为他们有可能提出的独创性文化理论和政策设计打下了基础。因此，职业的文化政策事业家虽然并不一定充当直接决策和制定者的角色，但他们所提出来的学术观点和理论意见给予领袖人物的心理影响，甚至比决策制定者自己思考到的还要大，这就决定了他们以不是决策制定者的角色而进入到实际决策的"阵地"，从而在"参议"

和"参与"的意义上获得了作为文化政策主体存在的价值。

第二节　文化政策客体及其对象范围

一、文化政策客体的一般特性

客体是相对于主体而言的。任何政策都有自己特定的受体和作用的对象范围。没有对象，主体就失去了存在的依据。从这个意义上说，任何主体也都是为对象的主体，文化政策主体也只有对象的存在性需要，它才是有意义的。因此，所谓"文化政策客体"就是文化政策所作用的对象，即文化政策实施的目标群体。

文化政策客体是一个范围相当广泛的指向物。然而，正如世界上一切存在的物体并非都是人的对象，都能成为作为主体的人的客体一样，并非所有的文化存在都是文化政策的对象。因此，作为文化政策客体存在的本质特征，它应当具有以下四点特性。

1. 能够满足主体关于客体发展的目的性需要

作为一种社会规范，文化政策是一种把主体意志见之于客体实践的过程，一种实现主体文化目标的过程。由于目标的设立和实现具有阶段性递进的特征，任何文化目标的设立和实现也都是根据重点突出、梯度推进的原则运动的。一定的文化目标只有符合和满足一定时期的主体性需要，它才是合目的的和有生命的，而作为这一目标的对象性范畴或载体也才能在这个意义上成为文化政策的对象，作为主体的客体而具有意义。

2. 能够满足客体自身发展的规律性需要

任何一种事物的对象性存在都有它自身发生、发展的基本运动规律。只有当它的生命运动的发展成熟到成为主体的客体，它才能对主体产生影响和发挥作用。这种影响和作用所形成的力量是不以主体的意志为转移的。因此，作为主体作用的对象，一定的文化政策客体只有当它深刻地和生动地反映和满足了这种规律性的展开，它才能不仅是现实地而且是理论地和政策地成为文化政策客体。

3. 能够反映当下文化关系发展新趋势

一定事物的对象性存在，都是一定关系的反映。文化政策作为一种利益和意志的体现，由于涉及社会文化资源和文化利益的价值分配，本质上是一种文化关系的体现，反映了在一定的社会历史条件下人与人之间、人与物之间、文化与文化之间等的文化关系。不管这种关系是意识形态的，还是经济形态的，只有当一定的文化对象的生长发展到一定程度，影响到已有的文化秩序和文化利益的平衡性，并显示出作为一种新兴文化关系的生长点，它才能引起政策主体的关注，成为主体的对象。20世纪90年代以来，我国文化经济政策和文化产业政策的产生和发展，就是为适应这种新文化关系发展的需要而日益在我国公众的文化生活中发生作用的。

4. 能够有助于文化政策价值的体现

政策价值是政策主体通过政策作用于政策客体而能够实现自己的利益和意志，以及政策客体在政策作用之下能够反映和体现政策的目标和效能。政策价值的有无和价值量的大小是政策成功与否的内在基因。文化政策作为调节社会文化生活的神经中枢，它是一定社会的政治要求、利益要求和精神要求等不同政策要求的综合反映。这些不同的政策要求是文化政策价值形成的基础。但是，这种综合要求的价值体现并不反映在主体的方面，而主要地是存在于客体身上。由于社会文化生活的丰富复杂性，并不是任何一种文化现象的存在都能够反映这些要求和体现这种价值的，只有当那些能够典型地反映出由新的文化关系而反映出来的新的价值追求和新文化秩序的整合性，才能够反映出这些要求和体现这种价值。政策客体所反映和表现出来的这种政策要求一旦为文化政策主体所确认，便形成文化政策价值而进入政策的决策和过程之中。因此，文化政策客体是否具有政策价值，是否有助于文化政策价值的体现，从这个意义上来说，它决定了文化政策的全部生命运动。

二、文化政策客体的内容和分类

对于文化政策客体一般特性的认识，是要解决文化政策的作用对象、适用范围和有效时限的问题，即要解决文化政策的针对性问题，在这当中，既包括文化政策资源、文化政策环境，也包括文化政策的未来因素等问题。正是这些构成了文化政策客体的主要内容。

一定内容的文化政策只能适用于、作用于和影响一定的对象，它是文化政策主体根据国家文化利益的需要面对目标群体提出的一种要求或作出的一种安排。例如，我国文化工作中的统一战线和知识分子政策，其作用对象是我国广大的知识分子和从事文化工作的民主党派成员，解决的是在中国共产党的领导下如何正确对待非党的文化人和知识分子问题；再如，文化经济政策，其对象范围和功能是在社会主义市场经济机制中如何解决文化行为中的经济问题。这些都是构成文化政策客体的重要内容。在现实的文化工作中，文化政策客体内容不仅指这些"事"，而且还往往落实到"人"。例如国家有关文化娱乐市场经营管理的政策，看起来政策对象是场所，是"物"，但实际上是作用于文化娱乐场所的经营者；再如国家关于在文化娱乐场所从事商业性演出必须持证上岗的规定，其作用对象就是一个个具体的"人"，即在文化娱乐场所从事演出活动的歌手、舞手、乐手、模特等。其他的诸如关于美术品市场的政策，关于书刊市场和电子游戏机市场的政策，作用的对象都是"人"。还有些文化政策，就表面现象来看，仿佛不直接与人发生文化关系，但是一接触和联系到具体的文化事件，政策直接作用于人及作为客体的对象性反应就明显地凸显出来。这在我国历次文化政治运动中表现得尤为突出。因此，作为文化政策客体内容构成的一个重要方面，必须重视文化政策客体对文化政策的反应性程度研究。因为正是这种不同的反应性程度，才构成了文化政策客体内容的丰富多样性和复杂性。

文化政策客体内容和这种丰富多样性和复杂性，不仅反映在文化政策对象的"人"和"事"方面，而且还表现在文化政策对象的"域"的方面，即一定的文化政策只能适用于一定的对象性范围。社会文化系统的存在和运动是一种巨大的和永无休止的"社会的化学反应"过程，不断地处在一种分裂、化合，再分裂、再化合的历史形态之中。文化政策对象"域"作为客体内容的存在和发展，正是在这样的过程中从无到有，从无序走向有序，从失范达到整合。在这当中，一定的量的堆积和展开是作为一定的"域"的形成和存在的必要条件，而真正具有的规定性的是在量的整合过程中表现出来的质的同构性。只有同质才能同构，也才能构成共同的"域"。而不同的文化政策客体之于主体的需要正由于其自身性质和结构的差异性而呈现出来的。文化的意识形态不同于文化的产业形态，演出市场与书刊市场相区别，而音像制品市场又不同于美术品市场；同是新闻传播业，广播电视节目市场与报业市场的差别也仍然是很大的。因此，适用于 A 市场的文化政策不一定能适用于 B 市场。一定的文化政策只能在一定的对象范围内才生效。文化政策客体这种"域"的内容构成，不仅表现在一定的时间和空间内，而且还表现在不同的时间和空间内，尤其是表现在它明确的地域性范围上。这就是国家文化政策和地方文化政策之间的对象构成性差异，一个国家的文化政策只能针对本国的文化政策对象，不能拿到别国去执行；而根据我国沿海开放城市文化市场特点而制定的区域文化政策就不一定适用于"老少边穷"地区；同样适用于少数民族地区的文化政策，由于民族文化间的差异性，也还必须因地制宜。因此，文化政策客体内容是一个比文化政策主体构成更为复杂的问题，对此需要作更多、更深入的研究。

文化政策客体的内容构成，除了它自身的主体内容外，还包括它需要的资源条件，存在的环境和发展的时间诸因素，即文化政策资源、文化政策环境和文化政策时间等要素。文化政策资源是指可以利用来促进文化政策运行活动的各种支持的条件，即政策运行成本和必需的条件，包括经费、人员、信息和权威等。这些都是外在于文化政策主体而独立存在的、实现文化政策目标必不可少的客体内容。文化政策环境是指作用到政策及其对象，而文化政策主体又不可能完全控制的外部因素和力量。它既构成文化政策对象系统的边界条件和约束条件，又影响着文化政策系统的功能。包括区位条件、文化资源、社会生态环境、经济条件、科技力量、政策制定等。文化政策客体的时间要求，是影响文化政策系统运行发展的基本要素，包括政策总目标实现的时限、政策阶段目标实现的时间安排、政策措施出台的时机等，都是构成文化政策客体的重要内容。

文化政策客体种类繁多，形式多样，按不同的标准可以有不同的分类。

按存在形态可以把文化政策客体分为意识形态客体和物质形态客体。意识形态客体主要指文化政策所作用的那些完成思想观念价值理念、情感伦理等文化意识的宣传为主要目的的文化活动对象，包括文艺创作、学术研究等，集中体现在文学、戏剧、电影、电视等对象领域。物质形态客体主要指文化政策所作用的是文化商品运行过程中以实现经济效益为主要目的的文化行为对象，包括稿酬制度、文化商品的价格标准等。它涉及所有以物化形态存在的文化商品的经济管理领域。

按产业形态可以把文化政策客体分为文化娱乐业、图书出版业、文艺演出业、电影业、新闻传播业、音像制品业、艺术品经营业等。不同的文化行业有着不同的经济运行特殊性，也就必然需要有不同的文化政策给予科学的规范和正确的引导。

按时间形态可以把文化政策客体分为历史的和现实的，按文化形态本身的差异性还可分为民族的、中国的和外国的，因而也就有少数民族地区文化政策、对外文化政策和民族文化遗产政策等。

三、当代中国文化政策对象运动的特点

文化政策客体是一个包括人和物的庞大的生命体，经常处在新陈代谢过程中，其对象范围随着文化生产和交换的发展而不断扩大，尤其像在我们国家这个文化共同体中，政策对象的运动更是充满着无限的生动性和丰富性。

1. 事业向产业转化，事业与产业并存

这是我国社会主义文化政策客体运动的一个根本性特点。在相当长的一个历史时期中，我国的文化艺术建设一直是被当作"事业"来认识和对待的，成为政治和阶级斗争的工具，因此形成的文化政策的指导思想就是"以阶级斗争为中心"。文化艺术领域被当成了阶级斗争的对象、"战场"，被看作是"阶级斗争的晴雨表"，是无产阶级与资产阶级争夺的"阵地"。文化艺术也正是在这样的文化生态环境中不断地朝着越来越政府化的方向发展。中共十一届三中全会以后，确立了"以经济建设为中心"的新的文化政策观念，文化艺术不再被看作是阶级斗争的工具，而被看作为满足人们经济文化需要

的根本性的工作。文化不只是消耗国家资金的对象，同时也是起重要作用的经济因素。1985 年国务院办公厅批转的国家统计局《关于建立第三产业的统计报告》中，把文化艺术列入第三产业的行列，2000 年 10 月，中共中央关于"十五"规划的"建议"中第一次明确提出要"推动有关文化产业的发展"，2001 年 3 月这一"建议"纳入国家"十五"规划纲要。2002 年中共十六大政治报告专论"积极发展文化事业和文化产业"，第一次比较系统地明确了我国新的文化政策课题的划分。2004 年和 2005 年，国家统计局先后颁布了《文化及相关分类指标体系》和《文化及相关分类统计指标体系》。2005 年 12 月中共中央、国务院发表了《关于深化文化体制改革的若干意见》，至此，我国社会主义文化政策客体完成了由事业向产业转化，事业与产业并存的文化政策定位。文化艺术两种存在性质的确定，使我国文化政策的内容构成和主体文化政策观念发生了质的变化。

2．由计划走向市场，计划与市场兼容

中国长期以来实行的是计划经济体制，统包统销，国家把什么都包下来。作为计划经济体制在文化上反映的结果就是政府办文化，文化建设发展完全满足于经济建设的需要，这就造成了有限的国家财政在确保经济和国防建设的前提下，对文化很难有大的投入。虽然在文化艺术的根本指导思想上也提倡"双百"方针，但是在计划经济思维模式的指导下，文化政策客体运动就仍然是在"舆论一律"的轨道上运动，结果是文化艺术事业发展缓慢，远远适应不了广大人民日益增长的对文化艺术的需求。中共十四大关于建立社会主义市场经济体制的改革目标的提出，不仅为我国的经济发展开辟了一条金光大道，而且也为我国社会主义文化艺术的发展开拓了前景无限的广阔空间。在实现了文化由副业向产业转变，文化艺术面临了第二次转型，即由计划向市场转变。在"以文养文""多业助文"等一系列文化政策的引导下，文化艺术市场迅速形成，文化政策对象范围不仅得到了空前的扩大，同时也获得了前所未有的生机和活力。文化市场成为我国统一的社会主义大市场的重要组成部分，正如《中共中央关于加强社会主义精神文明建设若干重要问题的决议》中所指出的，"要积极培育和完善文化市场"，文化政策资源和政策内容也因此进入了历史上的一个活跃期。

3．单一性向多样化转变，国办与社会办并举

由计划模式走向市场经济，文化艺术作为文化政策对象性运动的一个必然结果，就是对象客体由单一的国办模式走向多样的社会办文化模式。在事业文化和计划经济政策观念的指导下，长期以来，我国文化艺术单一的国办模式和单一的投资渠道，以及在这种规范下带有指令性的文化消费取向，导致了我国文化艺术结构单调，发展资金不足，流通领域不畅，广大人民群众日益增长的文化需求只能被限制在政府规定的文化对象领域。文化产业观念的确立和社会主义市场经济政策目标的提出，使我国的文化艺术建设

跨入了开放的多样化时代。从最初的音乐茶座，发展到今天较为完备的娱乐市场、书刊市场、演出市场、音像制品市场、影视节目市场。不仅整个文化政策对象的形态发生了巨大的转变，对象领域巨增，而且其内部的运作机制出现国家、集体、个人、合资、合作等多种所有制办文化模式共存竞争的格局。"区别情况、分类指导，理顺国家、单位、个人之间的关系，逐步形成国家保证重点、鼓励社会兴办文化事业的发展格局"①，也以其开放性的文化政策价值取向而进入了中国共产党的决议。2005年《国务院关于非公资本进入文化产业的若干决定》的颁布，使我国坚持以公有制为主体，鼓励和支持非公有资本以多种形式进入政策许可的文化产业领域，逐步形成以公有制为主体、多种所有制共同发展的文化产业格局，进入了一个全面建构的新时期。

作为以上三大特点反映的一种必然结果是：我国的社会主义文化艺术建设由低效益、慢节奏，向高效益、现代化转变；精英文化向大众文化转变；本土文化向国际市场转化；人治向法治转化，由此而带动了我国整个文化政策的全新运动和文化政策内容构架重组。

第三节　文化政策主体与客体的关系

文化政策主体与客体的关系，是文化政策运动的一对基本矛盾关系。从哲学的一般意义上来说，这对关系所揭示的就是文化政策主体见之于客体，客体反作用于主体的文化政策运动对立统一的过程。主体和客体互以对方为依存条件，并由此推动了文化政策的全部运动和发展。这是我们思考和认识文化政策主体与客体关系的基本前提。从这一基本前提出发，文化政策主体与客体关系集中体现在以下四个方面。

一、文化政策主体目标规定客体运动方向

文化政策客体运动是一个在一定的文化政策主体目标导引下的对象性运动过程。虽然作为物自体，在自身各种矛盾因素的作用下，文化政策客体有着特殊的生长规律，但是，正如一切社会存在一样，在一个统一的社会规范场内，文化政策的客体运动不仅受制于自身的矛盾运动，而且还受到来自文化政策主体目标所产生的巨大引力作用的影响，并且在这种引力作用的影响下形成了一定社会历史条件下文化政策客体运动的方向和个性。在中国文化史上，春秋战国时期，礼崩乐坏，大国争霸，诸侯混战，一些有着宏图

---

① 中共中央关于加强社会主义精神文明建设若干重要问题的决议[N]. 人民日报，1996-10-10.

大略、远见卓识的国君王侯为了实现自己的政治抱负，千方百计招揽人才，广开言路，充分发挥"士"，即知识分子的聪明智慧，一时间，知识分子成为各国王侯争夺的对象。"私学"在各国君主、各路诸侯的扶植和资助下迅速发展繁荣起来，允许私学集团"士无定主"，自由流动的文化政策，极大地推动了"百家争鸣"这一中国文化发展史上"轴心时代"的形成，并且以其辉煌的成就和杰出的文化个性而成为中国文化发展取之不尽的资源。数千年中国文化不同时期文化个性的塑造，无一不是一定历史时期文化政策主体目标引导的结果。虽然，从文化的当代意义来看，这些目标对于政策主体来说有不少也许是不自觉的、无意识的，有的甚至是始料未及的，或者根本就是大相径庭的，但是，如果没有"润色鸿业"的主体需求和政策导向，在汉武帝时代又何来汉赋的空前隆盛而致洛阳纸贵？如果没有唐承隋制，"选天下之才为天下之务"的科举政策，又何来唐的文化精英辈出、万千气象？无论是唐的乐舞、宋的文人画，还是程朱理学在明的定于一尊，清的朴学兴盛和西学东渐，都无不与一代统治者的文化政策倡导有关。

二、文化政策客体生长要求制约主体政策选择

文化政策主体的目标选择塑造了一定历史时期文化政策客体的个性，展示了一个时代不同于其他时代的文化生命的特征。然而，作为主体对象的客体在这个过程中并不是无能为力的。主体自有主体的要求，客体自有客体的生长规律，当主体的目标要求符合并与客体的生长相协和、相一致时，政策主体的目标选择就将为客体的生长提供客体自身所不具备的助动和加速，从而给予客体的完善和发展以良好的生态环境和发展空间；而当主体的目标要求背离客体生长的规律性要求，主客体之间就会发生激烈的冲突，冲突的结局将以主体的妥协而告终。中外文化发展史都告诉我们，如果说文化政策主体的目标规定了客体的发展走向，那么文化政策客体生长的规律性要求则制约了主体政策选择的内容和体制。在中国，是先有民间歌谣，尔后才有"采风"，政府设"乐府"，之后才有"诗言志"的文化政策理论和"兴观群怨"的主体政策要求，进而发展为"文以载道"的文化政策选择，主体的政策选择和发展成为客体生长的合规律的反映。在欧洲，19世纪的法国处在社会文化转型过程中文化艺术冲突最为激烈的时期。拿破仑三世及其政府为了实现稳定第二帝国展现帝国繁荣和力量的目的，公开支持美化和歌颂帝国制度、波拿巴王朝的一切文艺派别或作者，全力支持文化艺术中的官方流派，并保证其较高的社会地位，不断给予大批订货，而对与帝国体制作对的一切文艺派别则奉行明确反对的政策。然而，反对官方的文艺流派并不屈服于政府专制、强硬的文化政策，他们不仅在政治上公开抨击帝国政权，揭露社会时弊，而且在艺术上也不满足于已经达到的水平，

标新立异，力求探索新的领域。于是库尔贝"异端画展"的出现，对福楼拜、波德莱尔和欧仁·苏的审讯，乔治·桑与教权派的对抗，少数文化人士拒绝赦免，裸体画之争等，便构成了19世纪中叶法国文化艺术冲突的典型事例。正是在这样一种激烈的冲突过程中，现实主义文学的胜利和现代艺术不可阻挡地诞生，终于迫使第二帝国的文化政策逐步从文化压制走向文化宽容，并造成了19世纪法国文学艺术的真正繁荣。因此，作为对社会文化行为的规范和引导，无论从内容上还是从主体政策选择的行为机制上，都应该把自己的基础建筑在文化艺术发展的客观规律之上，只有建立在合乎规律的基础上的文化政策，才能真正实现规范文化行为的职能，才能对文化艺术的发展起到客观指导和政治保证的作用。违反文化政策客体生长要求的文化政策，必然是失败的政策。

三、文化政策角色变化和文化政策关系调整

文化政策的主客体关系是一种历史范畴，反映的是在一定的社会历史条件下，文化政策主客体双方在文化的社会关系和社会的文化关系中各自所处的角色。作为符合主客体双方在一定历史条件下的社会文化地位及权利义务要求的一种文化行为模式，在运动着的文化政策过程中，这种角色不是一成不变的，而是依存于不同的条件而发生不同的变化。在这一历史条件和时代背景下，属于文化政策主体的存在，在另一历史条件和时代背景下则可能由于社会根本角色的变化而转化成政策客体的存在，成为文化政策对象。例如，从历史上文化统治阶级与被统治阶级的关系来看，在资产阶级的文化统治和文化专政下；无产阶级及其文化是作为它的客体和对象而存在，并且受着资产阶级文化政策的束缚和约束；在无产阶级社会主义的文化统治和文化专政下，原有的文化政策的主客体的关系也就随着国家政权主体的更迭，而使原来的文化政策客体成为文化政策主体，行使国家文化权力。这是就文化政策主客体关系的历时性而言的。再就文化政策主客体关系的共时性来说，某一层次结构的文化政策主体是更上一级层次文化政策的客体，而某一层次的文化政策客体相对于更低一级层次的文化政策主体来说，又是文化政策主体。中央政权和地方政权文化行政部门的主客体关系，以及地方文化行政部门与其管辖权限范围内文化对象的关系，就是这种文化政策主客体角色转换的典型表现。因此，从运动的和系统的角度来看，在整个文化政策主客体关系运动中，既没有绝对的文化政策主体，也没有绝对的文化政策客体（注意：这是仅就作为社会主体的人和由人组成的社会组织而言）；文化政策主客体关系本质上是一定历史条件下人们的社会关系的反映，文化政策主体和客体的这种双重性是由社会组织系统多层次的复杂结构所决定的，因而，也只有在这个结构系统中文化政策的主客体关系也才是有意义的、有价值的和值得研究的，

并且也只有在这个系统中来实现文化政策主客体关系的调整，也才是可控制的。

四、文化政策客体发展多元化和主体统治方式重建

一定的文化政策总是一定历史时期文化政策主体实现对国家文化统治的一种存在样式。就其普遍性意义而言，以一定的文化价值观为核心的这种文化统治方式，只有建筑在一定的文化政策的对象性的基础上，它才能真正获得它的生命存在的形态。换言之，有什么样的客体存在，也就会有与之相适应的什么样的文化统治方式。在这里，作为对象存在的文化政策客体是在政治、经济和国际关系的影响下，并反映和折射多种利益选择的一个文化整体。全球性的两极对抗，曾经导致中国在相当长的一个时期内国家文化形态的一元化。这种文化形态无论是作为中华民族近代以来"安身立命"的价值关怀，还是作为"救亡图存"的文化选择，都是 20 世纪中国历史发展的必然结果。作为这种结果的合目的性反映，中国共产党过去所长期奉行的"文艺为政治服务"的文化统治方式，在重建中国文化的意义世界和全新价值秩序中确实产生过不可替代的历史作用。然而，国家社会生活中心由"计划"向"市场"的转移，国际两极文化对抗的消解和世界文化格局的多极化的生成，不仅要求形成和确立多种经济成分并存的经济共同体，而且也必然从文化形态上深刻地反映这一历史发展的态势。"一国两制"的提出和实施，不仅勾勒和揭示了未来中国文化构成的基本特质，而且揭示了未来中国文化统治方式重建的主导性原则。在多种经济成分和两种不同的社会制度并存的格局下，中国文化的历史发展选择就不能只有内地的社会主义文化这一个向度，而是应当包括港、澳、台在内的中华民族统一的大文化，一个多元并存的文化中国。面对文化政策客体多元发展的历史大趋势，一切爱国主义、民主主义、人道主义、科学的和进步的思想精神和道德观念，各种正当的个人愿望和个人要求，一般意义上的正义、善良、忠诚和勤劳等，只要能够使人们得到教育和启发，得到娱乐和美的享受，都应当在我们的文艺园地里占有自己的位置，都应当得到反映。这也就成为我们今天和今后相当长的一个时期内国家文化统治方式重建的必然的历史选择。

本章小结

▸ 文化政策主客体问题，是文化政策学研究的基本问题。正确认识和科学把握文化政策主客体及其关系，对于实现文化政策决策科学化、民主化，具有基础性意义。

➤ "文化政策主体"，是指以一定的社会文化为对象，根据一定时期的国家文化利益，决策和制定文化政策以实现国家文化目标的人以及由这类人的群体组成的组织形态和机构形态系统。文化政策主体问题主要是解决文化政策的所属问题，即解决"是谁的文化政策""谁有权制定文化政策"的问题。主要由政府中枢决策系统和文化政策决策制定者与文化政策事业家两大部分组成。

➤ "文化政策客体"就是文化政策所作用的对象，即文化政策实施的目标群体。文化政策资源、文化政策环境和文化政策的未来因素等问题，构成了文化政策客体的主要内容。文化政策客体种类繁多，形式多样，按不同的标准可以有不同的分类。

➤ 文化政策主体与客体的关系，是文化政策运动的一对基本矛盾关系。他们之间的相互关系集中体现在四个方面：（1）文化政策主体目标规定客体运动方向；（2）文化政策客体生长要求制约主体政策选择；（3）文化政策角色变化和文化政策关系调整；（4）文化政策客体发展多元化和主体统治方式重建。

思考题

1. 怎样区分文化政策主体与客体？它们之间的相互关系是什么？
2. 当代中国文化政策运动的基本特点是什么？
3. 我国文化政策决策中的中枢决策系统构成有哪些方面？
4. 文化政策事业家在文化政策运动中的作用是什么？

参考书目

1. 张金马. 政策科学导论[M]. 北京：中国人民大学出版社，1992.
2. 陈振民. 政策科学[M]. 北京：中国人民大学出版社，2003.
3. [英]吉姆·麦圭根. 重新思考文化政策[M]. 北京：中国人民大学出版社，2010.

第二章

文化政策选择

本章学习目标

通过本章学习，学生应了解和掌握以下内容：
1. 文化政策选择与文化发展理论演变的基本内容；
2. 文化政策选择的矛盾运动与价值取向；
3. 21 世纪文化政策选择的基本战略取向；

导言

选择什么样的文化政策来实现对文化的有效统治，实质上是文化政策主体关于文化发展道路、文化发展方向的选择，是在历史的进程中关于文化现代化的选择，也是一种文化理想的追求。这是文化政策全部运动和发展的文化动力学基础。

第一节　文化政策选择和文化发展理论演变

文化政策选择是政策主体根据一定历史时期国家和社会发展的整体利益要求而作出的关于国家中长期文化发展目标的规划，以及为实现这种目标而在文化控制、统治、管理方式上的战略性取舍行为，涉及一定时期文化性质、文化任务、文化方向、文化资源配置、文化制度等一系列根本性文化问题。文化总是社会发展的根本问题之一，连同政治和经济共同构成社会运动的基本结构。因此，一定的文化问题首先是一定的社会问题。对一定社会的基本认识，不仅决定了一个国家和政党关于一定时期政治和经济的认识及对政治和经济模式的选择，同时也影响、规定和指导一定时期国家主体、政策主体关于文化和文化政策的选择。在这里，主体关于社会发展基本理论的确立，对于文化政策和文化发展理论的选择具有特别的指导意义。

一、文化发展的基本矛盾论与文化和社会的全面发展选择

社会发展的基本矛盾论长期以来一直是我国关于社会运动和社会发展的基本理论，同时也是我国关于文化发展的基本理论。这一理论由毛泽东在《矛盾论》中创立并在《关于正确处理人民内部矛盾的问题》中得到发展。毛泽东认为，矛盾法则是一切事物发展的根本法则。社会的变化，主要是由于社会内部矛盾的发展，是社会矛盾的相互领带和相互斗争，决定了一定历史时期社会的性质，推动了社会的前进和发展。每一种社会形式和思想形式都是它的特殊矛盾和特殊本质的表现，并且正是这种矛盾运动和矛盾的特殊性，构成了不同社会互相区别的本质。因此，事物矛盾的法则，"是自然和社会的根本法则，因而也是思维的根本法则"[1]。中国共产党人必须学会运用这一根本法则来观察事物和认识事物，只有这样"才能正确地分析中国革命的历史和现状，并推断革命的将来"[2]。中国革命历史发展的实践证明，毛泽东的这一理论不仅对于指导中国革命战略决策具有方法论上的意义，而且更重要的是对于中国革命发展道路的政策选择具有根本哲学观的指导意义。用这一理论来考察中国文化和指导中国新文化的建设和发展，毛泽东在面对"中国向何处去"的历史选择和"中国文化的动向问题"的判断选择时，他的"新民主主义文化论"成为中国现代史上关于中国文化发展和文化政策选择方面的一个卓越贡献。在《新民主主义论》中，毛泽东不仅准确、深刻地分析了中国的历史特点和在这一特点下形成的中国文化的特点，提出了"民族的科学的大众的文化，就是人民大众反帝反封建的文化，就是新民主主义的文化，就是中华民族的新文化"[3]的著名论断，而且还根据和运用他的社会发展的基本矛盾理论，批判在"文化性质问题上的偏向"，提出了中国新文化发展应分两步走，即新民主主义文化和社会主义文化这一全新的中国文化发展阶段理论，并且着重指出，"我们既应把对于共产主义的思想体系和社会制度的宣传，同对于新民主主义的行动纲领的实践区别开来；又应把作为观察问题、研究学问、处理工作、训练干部的共产主义理论和方法，同作为整个国民文化的新民主主义的方针区别开来。把两者混为一谈，无疑是很不适当的"[4]。这就在历史与现实相结合的基础上，

---

[1] 毛泽东. 矛盾论[M]. //毛泽东. 毛泽东选集：合订一卷本. 北京：人民出版社，1964：310.
[2] 毛泽东. 矛盾论[M]. //毛泽东. 毛泽东选集：合订一卷本. 北京：人民出版社，1964：283.
[3] 毛泽东. 新民主主义论[M]. //毛泽东. 毛泽东选集：第2卷. 北京：人民出版社，1992：669.
[4] 毛泽东. 新民主主义论[M]. //毛泽东. 毛泽东选集：第2卷. 北京：人民出版社，1992：666.

给予当时中国新文化发展的政策选择以准确的定位，为《在延安文艺座谈会上的讲话》中关于中国共产党文化政策的选择和决策的全面展开奠定了理论基础。正是在这一政策选择和理论指导下，中国的新文化运动获得了在新民主主义时期的全面胜利。

　　《关于正确处理人民内部矛盾的问题》是毛泽东运用矛盾论考察、分析我国社会发展的矛盾运动和我国文化发展的矛盾运动的又一篇重要文献。如果说，毛泽东的《矛盾论》是提出和解决了如何认识和思考中国社会发展基本理论的哲学基础，《新民主主义论》运用这一理论解决了中国新民主主义历史时期文化发展和文化政策选择的理论，那么，《关于正确处理人民内部矛盾的问题》则是提出了用以解决和阐述关于社会主义文化发展和文化政策选择的社会主义文化论。社会主义文化论的一个显著特点，就是在提出如何正确处理人民内部矛盾的问题的同时，在意识形态领域，在文化领域提出了无产阶级与资产阶级的阶级斗争、社会主义与资本主义之间谁胜谁负的问题还没有真正解决，"无产阶级和资产阶级之间在意识形态方面的阶级斗争，还是长时期的，曲折的，有时甚至是很激烈的"①。明确指出，"百花齐放，百家争鸣"的方针，就"是在承认社会主义社会仍然存在着各种矛盾的基础上提出来的"②，是关于文化发展的基本矛盾论在文化政策选择上的集中概括和反映。"百花齐放，百家争鸣"在文化政策选择上，是一个伟大的发现和创举，具有鲜明的中国特色和思考当代中国文化发展的强烈个性。然而，也正因为这个选择是立足于中国文化发展的具体国情，带有鲜明的独立自主地发展文化的强烈个性，遭到了当时苏共中央的反对。这种反对，从今天来看，它对后来中国未能有效地执行这一政策和遵循这一选择产生了不小的负面影响。这种影响随着中苏两党在意识形态领域里分歧的公开化，以及对国内基本矛盾认识上的偏差，使得毛泽东的关于中国社会主义文化发展的基本矛盾论被简化为"两个阶级，两条道路，两种意识形态"的你死我活的斗争这一公式后，终于推演出像"文化大革命"那样重大的文化政策的抉择失误。这种失误，是关于社会主义社会发展基本矛盾论的理论失误在文化政策选择和社会主义文化实践上的表现和反映。因为在此之前中共八大通过的决议曾明确指出："社会主义制度在我国已经基本上建立起来。国内的主要矛盾已经不再是无产阶级与资产阶级的矛盾，而是人民对于经济文化迅速发展的需要同当前经济文化不能满足人民需要状况之间的矛盾。全国人民的主要任务是集中力量发展社会生产力，实现国家工业化，逐步满足人民日益增长的经济文化需要。"③

　　因此，究竟怎样认识我国社会主义发展和建设的基本矛盾，就成为在"文革"结束

① 毛泽东. 关于正确处理人民内部矛盾的问题[M]. //毛泽东. 毛泽东选集：第5卷. 北京：人民出版社，1997：389.
② 毛泽东. 关于正确处理人民内部矛盾的问题[M]. //毛泽东. 毛泽东选集：第5卷. 北京：人民出版社，1997：388.
③ 任建树. 中国共产党七十年大事本末[M]. 上海：上海人民出版社，1991：423-424.

之后，面对新的历史选择而必须回答和解决的问题。1981 年中共十一届六中全会通过的《中国共产党中央委员会关于建国以来党的若干历史问题的决议》为这一事关中国未来社会和文化发展重大课题给出答案，明确指出：我国社会主义的主要矛盾是人民日益增长的物质文化需要同落后的社会生产力之间的矛盾，在剥削阶级作为阶级消灭以后，阶级斗争已经不是主要矛盾，虽然它还在一定范围内长期存在，在某种条件下还可能激化，因此，党和国家工作的重点必须转移到以经济建设为中心的社会主义现代化建设上来。这是中国在 20 世纪 70 年代中期结束"文革"灾难进入 80 年代之后，经过短暂的反思，在总结社会主义建设的经验和教训的基础上关于社会发展道路的一个新选择。由于这一新政策选择的现实分析依然是建立在关于社会发展的基本矛盾论之上的，因此，虽也有政策的内容，但在根本指导思想上还只是完成了"拨乱反正"的任务，恢复了中共"八大"曾经提出的理论和政策主张。因此在运作指导思想上，把对经济增长的合理追求当作了社会发展的唯一模式，从而导致了我国在 20 世纪 80 年代的经济政策取得巨大成就的同时，社会发展总体上偏慢于经济的发展，特别在思想文化领域，出现了一手硬，一手软，忽视文化建设的情况，一些领域道德失范，文化事业受到消极因素的冲击。在新的历史时期，如何保持经济的持续增长和社会的协调发展便成了中国进入 20 世纪 90 年代后面临的社会发展道路的重大选择。与此同时，随着"冷战"的结束，国际格局正在向多极化方向发展，和平和发展已成为当今世界的主题，发展成为核心问题，对片面追求经济增长的发展模式的扬弃，一方面表示人类社会对解决自身问题认识的深化，另一方面也标志着人类社会发展开始进入了追求更加完善的社会的新时代。在这样的背景下，邓小平提出："应当把发展问题提到全人类的高度来认识，要从这个高度去观察问题和解决问题"[1]。他说："我们的国家已经进入社会主义现代化建设的新时期。我们要在大幅度提高生产力的同时，改革和完善社会主义的经济制度、政治制度，发展高度的社会主义民主和完备的社会主义法制。我们要在建设高度的物质文明的同时，提高全民族的科学文化水平，发展高尚的丰富多彩的文化生活，建设高度的社会主义精神文明"[2]，强调"发展才是硬道理"[3]。从"发展"的角度"来观察问题和解决问题"，这就突破原来的矛盾——斗争的思维模式，从而为如何对待和解决社会主义社会的基本矛盾提供了全新的思路。邓小平的这一主张，从 20 世纪 90 年代一开始便在中共中央一系列重大决策和政策选择中得到了迅速反映。1992 年在中共"十四大"上，江泽民明确提出了"以经

---

[1] 邓小平. 邓小平文选[M]. 第 3 卷. 北京：人民出版社，1993：282.
[2] 邓小平. 邓小平文选[M]. 第 3 卷. 北京：人民出版社，1993：377.
[3] 邓小平. 邓小平文选[M]. 1975—1982 年. 北京：人民出版社，1985：180.

济建设为中心，促进社会全面进步"①的观点，1995 年在中共十四届五中全会纵论正确处理社会主义现代化建设中的若干重大关系时，江泽民进一步提出"任何情况下，都不能以牺牲精神文明为代价去换取经济的一时发展"的观点，要求"把物质文明建设和精神文明建设作为统一的奋斗目标，始终不渝地坚持两手抓"②。中共十四届五中全会通过的《中共中央关于制定国民经济和社会发展"九五"计划和 2010 年远景目标的建议》中，第一次以党的文件形式作出"必须把社会全面发展放在重要战略地位"的决策，指出："没有经济的发展，社会的发展和精神文明建设就没有物质基础；没有社会的发展和精神文明进步，物质文明建设就没有精神动力、智力支持和思想保证，经济发展目标就难以实现"③。用"社会全面发展"的思路来解决当代中国面临的矛盾和问题，深化了人们对社会主义社会本质的认识。1996 年 10 月，中共十四届六中全会公报在回答为什么要把精神文明建设放在更加突出的地位时，明确提出："全会认为，社会主义社会是全面发展、全面进步的社会，社会主义现代化事业是物质文明和精神文明协调发展的事业"④。在这样的认识基础上，中共"十五大"在分析了当代中国社会的主要矛盾后，特别强调地指出："中国解决所有问题的关键在于依靠自己的发展"⑤。邓小平的正确主张由此成为解决当代中国社会问题、推动社会进步和全面发展的重要政策思想。既承认社会主义社会仍然存在着矛盾，又突破了原来用"斗争"方法解决这些矛盾的陈规。因此有中国特色的社会主义文化，应当"为经济发展和社会全面进步提供强大的精神动力和智力支持"⑥。这就从社会全面发展的要求，明确了社会主义文化及其政策选择，应当是有助于推动和促进包括文化在内的社会的全面进步和发展，而不仅仅是为了满足社会某一方面的需要。"只有经济、政治、文化协调发展""各个方面相互配合，实现经济发展和社会全面进步"，才是有中国特色的社会主义。⑦这是当代中国社会主义文化政策选择理论的一个重大发展。

二、文化从属论与文化的独立自主发展

文化从属于政治和经济的理论，在中国现代文化政策史上曾经是长期占据主导地位

---

① 江泽民. 在中国共产党第十四次全国代表会议上的报告[N]. 人民日报，1992-10-21.

② 中国共产党第十四届中央委员会第五次全体会议文件[M]. 北京：人民出版社，1995：26.

③ 中国共产党第十四届中央委员会第五次全体会议文件[M]. 北京：人民出版社，1995：39.

④ 1996 年 10 月 11 日《人民日报》。

⑤ 江泽民. 在中国共产党第十五次全国代表大会上的报告[N]. 人民日报，1997-09-22.

⑥ 江泽民. 在中国共产党第十五次全国代表大会上的报告[N]. 人民日报，1997-09-22.

⑦ 江泽民. 在中国共产党第十五次全国代表大会上的报告[N]. 人民日报，1997-09-22.

的文化政策理论，即使在今天或今后，这一政策理论还会在一定的条件和环境下，影响我们关于文化的社会职能的全部价值判断。"一定的文化（当作观念形态的文化）是一定社会的政治和经济的反映，又给予伟大影响和作用于一定社会的政治和经济；而经济是基础，政治则是经济的集中的表现"[①]；"至于新文化，则是在观念形态上反映新政治和新经济的东西，是替新政治和新经济服务的"[②]；"在现在世界上，一切文化或文学艺术都是属于一定的阶级，属于一定的政治路线的。为艺术的艺术，超阶级的艺术，和政治并行或互相独立的艺术，实际上是不存在的"[③]；"文艺是从属于政治的，但又反转来给予伟大的影响于政治"[④]。"这是我们对于文化和政治、经济的关系及政治和经济的关系的基本观点"，"我们讨论中国文化问题，不能忘记这个基本观点"[⑤]。这是关于文化的从属服务理论的全部经典性表述。自20世纪40年代毛泽东在《新民主主义论》和《在延安文艺座谈会上的讲话》中全面系统地提出这一理论后，中国新文化的政策选择和社会主义文化政策选择关于文化或文艺社会职能的全部价值判断都是以这一理论为指导的。从历史的进程来看，这一理论既是对中国"五四"以来文化现代化进程中关于中国革命主体问题的论争和文化主体问题的论争的总结，以及由此而涉及的中国文化现代化指向的马克思主义回答，又是运用马克思主义理论解决中国文化现代化问题而使马克思主义文化理论本土化的一个创造性贡献。因此，由此而形成的半个多世纪的中国新文化形态，无论是作为对中华民族近代以来"安身立命"的一种价值关怀，还是作为"救亡图存"的一种文化选择，从20世纪中国历史的发展进程来看，要求文化从属于并服务于政治的文化理论都有它存在的必然性和合理性，也确实曾在重建中国文化的意义世界和价值秩序中发挥和产生过中国文化所需要的那种奠基性作用。因为自鸦片战争以来的中国人的百年生活中，已经没有什么比民族的存亡更能占据他们的现实世界和意义世界了。即使在今天，面对"文明冲突"的挑战，这一理论也仍未丧失它的全部意义。

　　然而，正如一切历史上提出的口号和理论都只具有相对真理一样，用一种一成不变的价值判断去代替已经发展了的世界的文化政策选择，其局限性也是显而易见的。这不仅仅因为国内人们的社会生活已经发生了巨大的变化，文艺的服务对象已经获得了前所未有的拓宽，和平和发展已经成为当今世界，也成为当代中国的主题。因此，在文化政策选择的价值取向上，不继续提"文艺从属于政治"这样的口号，而是用一种更加符合

① 毛泽东. 新民主主义论[M]. //毛泽东. 毛泽东选集：第2卷. 北京：人民出版社，1972：624.
② 毛泽东. 新民主主义论[M]. //毛泽东. 毛泽东选集：第2卷. 北京：人民出版社，1972：655-656.
③ 毛泽东. 在延安文艺座谈会上的讲话[M]. //毛泽东. 毛泽东选集：第3卷. 北京：人民出版社，1972：822.
④ 毛泽东. 在延安文艺座谈会上的讲话[M]. //毛泽东. 毛泽东选集：第3卷. 北京：人民出版社，1972：823.
⑤ 毛泽东. 新民主主义论[M]. //毛泽东. 毛泽东选集：第2卷. 北京：人民出版社，1972：655，656，625.

文化和文艺发展规律的新文化价值论来指导发展了的社会主义新文化的实践，也就成为进入20世纪80年代后中国文化政策选择指导思想演变的必然。1979年，《在中国文学艺术工作者第四次代表大会上的祝辞》中，邓小平提出："文艺这种复杂的精神劳动，非常需要文艺家发挥个人的创造精神。写什么和怎样写，只能由文艺家在艺术实践中去探索和逐步求得解决。在这方面，不要横加干涉"①。并且引用列宁的话宣布："在文学事业中，'绝对必须保证有个人创造性和个人爱好的广阔天地，有思想和幻想、形式和内容的广阔天地'"②，"党对文艺工作的领导，不是发号施令，不是要求文学艺术从属于临时的、具体的、直接的政治任务，而是根据文学艺术的特征和发展规律，帮助文艺工作者获得条件来不断繁荣文学艺术事业，提高文学艺术水平，创作出无愧于我们伟大人民、伟大时代的优秀的文学艺术作品和表演艺术成果"③。一种合理的文化及其政策选择，一种健康的文化创造，是建立在正确的文化判断的基础之上的。这是历史的文化判断。文化判断的失当，不仅会造成关于文化政策选择的失当，干扰文化创造的理性方向，而且还会妨碍社会的全面进步。因此，对于文化政策主体而言，进行正确的文化判断和政策理论的合规律选择，树立理性的文化政策选择的价值方向，对文化创造的实现无疑具有重要的文化意义。"文革"结束留下的价值重建的空间，开创新时期而提出的文化时间要求，使被模糊了的文化艺术的生命形态恢复了本来面目。邓小平重新给予文化艺术独立品格以科学的确认，这就使得随着关于社会基本发展观念的转变而带来的关于文化社会职能基本价值判断的转变及文化政策选择的演变，由可能而成为现实。"国家要独立，不仅政治上、经济上要独立，思想文化上也要独立"④，江泽民在第六次全国文代会、第五次全国作代会上发表的这一观点，虽然是就建设具有中国特色的社会主义文化从国家和民族文化尊严而言的，然而，在文化判断及给予今后我国文化政策选择的价值取向的影响，远远超越了命题本身的意义。"只有首先赢得中国人民的喜爱，具有中国风格，中国气派，才能堂堂正正地走向世界和屹立于世界文化之林"⑤。文化既不简单地从属于政治，当然也就不能"变成人家的附属"⑥。这一命题意味深长，既包含了对在文化上独立自主，大胆探索创新的政策倡导，也包含了对在文化上盲目追崇西方文化理论的另一种"文化从属"倾向的政策批评。在中国，当然有马克思主义政治对文化的基本

---

① 邓小平. 邓小平文选[M]. 1975—1982年. 北京：人民出版社，1985：182.

② 邓小平. 邓小平文选[M]. 1975—1982年. 北京：人民出版社，1985：185.

③ 邓小平. 邓小平文选[M]. 1975—1982年. 北京：人民出版社，1985：185.

④ 江泽民. 在中国文联第六次全国代表大会、中国作协第五次全国代表大会上的讲话[N]. 人民日报，1996-12-17.

⑤ 江泽民. 在中国文联第六次全国代表大会、中国作协第五次全国代表大会上的讲话[N]. 人民日报，1996-12-17.

⑥ 江泽民. 在中国文联第六次全国代表大会、中国作协第五次全国代表大会上的讲话[N]. 人民日报，1996-12-17.

要求，建设有中国特色的社会主义文化，当然也应当博采众长，积极吸收人类文明所创造的一切优秀成果，但文化也应当有自己独立性的品格，不仅体现在文化的民族性方面，而且也反映在文化的内在价值方面。这就从内外两个既互相联系又有区别的文化层面上，为文化政策选择的价值判断提供了一个新的理论坐标，从而使"文化上也要独立"具有双重的政策学意义。这是一种由外向内，内外由冲突而整合的更具建设性和创造性的文化政策进步和政策思维空间的拓展。

三、文化革命论和文化的可持续发展

"文化革命"是近百年来中国文化发展的一个重大主题，同时也是深刻影响近代以来中国文化发展走向和主体文化选择最重要的理论之一。它滥觞于清末变革思潮，形成于五四新文化运动，而至20世纪60年代成为主宰中国文化命运的文化政策和政策理论。与"文化矛盾论"和"文化从属论"不同，"重估一切价值""再造文明"作为一种文化目标，是它原初全部意义之所在。如果说，"文化矛盾论"和"文化从属论"从来就具有政策学意义，或者说，它们本身就是作为一种文化政策选择的理论而被政策主体提出来的话，那么，文化革命则首先是作为一种文化拯救理论而先于文化政策选择理论存在的。鸦片战争以后，国运衰败，西学大举东进，儒学权威丧失，对传统价值的怀疑和传统价值结构在这种怀疑中的解体，旧价值不但丧失了作为文化信仰的感召力，而且失去了世俗规范力量的文化支撑。"数千年未有之大变局"，突然间在中国人面前提出一个全然陌生的世纪性难题：中国向何处去？中国文化向何处去？于是，拯救中国、拯救中国文化便自然地成为震荡一个世纪的主题。"打倒孔家店""再造文明"便成为由此而发动的五四新文化运动的口号和目标。新文化运动的宗旨在于为现代民主政治寻求文化价值支援，而传统文化价值和文化权威的丧失又无法承担这一使命，因此，以西方现代性为坐标，以孔德的"社会进化论"和斯宾塞的"社会有机体论"的文化进化论为理路，以民主、科学为号召，对以儒教为桢干的中国文化进行"价值重估"，从而在根本上"救治中国政治上、道德上、学术上、思想上一切的黑暗"[①]，便成为新文化运动之文化革命和中国文化重建的基本选择和方向。反对旧道德提倡新道德，反对旧文学提倡新文学，便成为与传统文化彻底决裂的文化革命的两大旗帜和显著特征。这是古老的中华文明被西学东渐所激活的划时代的一场文化复兴运动。其全方位地"拿来"西学和变革传统的文化主张。揭示了中国文化现代化的深刻的历史主题，对孔儒意识形态的狂飙突

---

① 陈独秀. 独秀文存[M]. 合肥：安徽人民出版社，1989：243.

进般的批判，使晚清以来的价值观革命直指统治国人心灵两千年的儒家文化，从而成为20世纪中国的一场意义深远的思想解放运动；毛泽东对此有过充满激情的赞美："五四运动所进行的文化革命则是彻底地反对封建文化的运动，自有中国历史以来，还没有过这样伟大而彻底的文化革命"[①]。因此，作为一种文化拯救理论，文化革命论首先是作为近代中国救亡图存、安身立命、重建民族价值系统和精神世界的反映而获得文化史上的地位的，正是由于文化革命论在近现代中国文化发展中有着如此广泛的历史的和文化社会学的认同，以及深深的文化拯救情结，当文化革命不仅仅作为推动文化进化的激进主义的文化主张，而且还作为主体之于客体的一种文化规范进入政策选择的视野，作为运用政治的力量推动社会的整体变革的手段和策略时，那么，它原初的自在的存在（历史的必然性）也就成为主体自觉的文化政治选择了。中国在20世纪60年代至70年代进行的"横扫一切盘踞在思想文化阵地上的大量牛鬼蛇神"，"彻底破除几千年来一切剥削阶级所造成的毒害人民的旧思想、旧文化；旧风俗、旧习惯"的"无产价级文化大革命"，便是这样一次以"文化革命"作为理论指导而由主体自觉发动的文化政策实践。虽说这前后相隔半个世纪左右的"文化革命"无论就发动的机制、运作的方式、文化目的等都有着很大的差异，但就"不破不立""破旧立新"的文化思维模式来说却是一致的。毛泽东在谈到五四新文化运动与中国共产党的关系时曾说过一句包含着极其丰富的历史内容的话："五四运动是在思想上和干部上准备了一九二一年中国共产党的成立"[②]。从中我们可以发现前后两个"文化革命"之间深刻的文化精神和文化思想、文化品格的渊源关系。它们的一个共同性特征就是对于传统文化的整体性否定。如果说，五四新文化运动所倡导的文化革命作为中国现代革命的主导思潮，其义无反顾的反传统精神内蕴着深刻的文化批判精神，表征着中国文化走出中世纪的理性自觉，对于打破两千年来儒学作为"官学"的文化统治，迎接世界现代文明的洗礼和挑战，实现中国价值系统的更新转化，还具有文化批判和思想解放的历史必然性和历史合理性的话，那么，半个世纪后发生在20世纪60年代至70年代间的十年"文化大革命"作为一种主体文化选择和政策实践的结果，就绝无文化的进步意义可言。因为，这场"革命"的结果不仅没有给这个民族的文化增加些什么，相反，它带来了空前的民族文化灾难，在中国现代文化发展史上留下了"有破无立"的文化空白。

虽然一般意义上的"文化革命"对于一个民族甚至全人类的进步和发展来说是一个永恒的文化主题，但是，较之"只破不立"的"文化革命"来说，创造、积累和不断丰

① 毛泽东. 新民主主义论[M]. //毛泽东. 毛泽东选集：第2卷. 北京：人民出版社，1972：660.

② 毛泽东. 新民主主义论[M]. //毛泽东. 毛泽东选集：第2卷. 北京：人民出版社，1972：660.

富更符合一个国家、一个民族和全人类的整体文化利益和文化需要。中华民族之所以在世界文化之林独领风骚，历经数千年而不衰，一个重要的因素就是它不断地给人类文明化宝库增加独一无二的文化贡献。因此，中华民族在当代要对人类作出较大的贡献，创造出与我们这个国家和时代相称的文化，就必须突破"文化革命论"的思维定势和文化情绪，走出"文化革命"的理论怪圈。这不仅是政策学的，而且同样是文化学的。兴起于 20 世纪 80 年代"文化热"的主流"观念说"和"方法论"的革命，实质上是近代以"全盘西化"和反传统主义为特征的"文化革命"思潮在当代的继续和延伸，是"文化革命"的另一种表现形态。因此，如何走出中国文化发展"不断革命"的百年怪圈，既满足当代人和社会主义现代化所需要的舆论力量、价值观念、道德规范和文化条件，为社会的全面发展和进步提供智力支持、思想保证，为中华民族未来发展提供文化积累和增加文化资源度，同时又不对人类文明所创造的一切既定的文化构成毁灭性的破坏，也就成为当代中国在走过 20 世纪的时候必须作出的跨世纪的文化选择。走文化的可持续发展道路正是在这样的历史文化背景下，成为当下中国及今后中国文化发展战略的合规律和合目的的政策选择。1995 年江泽民在谈论"正确处理社会主义现代化建设中的若干重大关系"时指出："在现代化建设中，必须把实现可持续发展作为一个重大战略"①。在确立未来中国社会发展的奋斗目标和指导方针时，中共十四届五中全会通过的《关于制定国民经济和社会发展"九五"计划和 2010 年远景目标的建设说明》中明确指出：要"坚持物质文明和精神文明共同进步，经济和社会协调发展"，"必须把物质文明和精神文明作为统一的奋斗目标"，"把社会全面发展放在重要战略地位，实现经济与社会相互协调和可持续发展"②，并且特别地强调"在建设社会主义市场经济体制过程中，在世界范围各种思想文化相互激荡的条件下，能否搞好社会主义精神文明建设，关系到我国社会主义的兴衰成败，关系到把一个什么样的中国带入 21 世纪"③。走可持续发展的道路，这是中国文化历经百年沧桑、十年反思，苦难探索而作出的又一个关于中国文化"安身立命"的历史性选择。这个选择无论是文化学的、社会学的；还是政策学的，它都是战略性的。尤其是面对西方战略学家提出的关于未来世界"文明冲突"的挑战，这种选择不仅具有本土文化战略学意义，而且具有全球性文化战略学意义。这是一个大国的最高决策者站在民族文化兴盛和全球文化发展的高度，思考本国文化图强而作出的历史性的重大抉择。这个抉择，不仅包容了近代以来"文化革命"所肩负的中国文化"安身立命"

---

① 中国共产党第十四届中央委员会第五次全体会议文件[M]. 北京：人民出版社，1995：13.
② 中国共产党第十四届中央委员会第五次全体会议文件[M]. 北京：人民出版社，1995：39.
③ 中国共产党第十四届中央委员会第五次全体会议文件[M]. 北京：人民出版社，1995：61.

的积极主题，而且为中国文化的未来发展确立了一种全新的文化观和文明观。

可持续发展作为一种理论和战略，是国际社会对工业文明和现代化道路深刻反思的产物。在当今世界，人们在追求经济增长的同时，从人类的生存环境、生活质量和长远利益出发，将社会、人口、环境、资源提上重要议事日程，不仅确认了人类自身的发展权利，而且强调人、社会与自然的协调发展。因此，可持续发展理论和战略的提出本身就是关于人类社会自身发展价值观念的一种重大的文化转型。正如国外一位学者所说："价值观念是走向持续发展社会的关键。这不仅因为它们能够影响人们的行为，而且它能决定社会发展从而决定社会的生存能力"①。把可持续发展战略引入到 21 世纪中国文化发展的价值观念中，从经济与社会全面协调发展的层面上突出强调了文化在实现这一目标过程中的不可替代的作用，同时在谋求经济、社会、文化与自然的协调发展中，维持新的文化秩序，制衡可能出现的文化生态坏境的恶化和文化污染，控制像"文化大革命"那样的重大文化灾害的发生，毫无疑问，这是中国文化及其政策主体从未有过的观念更新的政策选择，是一种新人文理性的张扬，一种在更高的层面上对中国文化未来发展及资源配置方向的主动性把握。这不仅深刻地反映了经过近百年来的艰苦文化探索，在解决"中国文化向何处去"这一世纪性命题上中华民族所已经达到的成熟，而且还深刻地揭示了这种成熟所标志的世界意义，即中国在走向未来世纪的时候，它在把握自己文化的前途和命运方面在观念变革和政策选择上与世界文明的同步性，以及它的政策主体——中国共产党和中国政府在文化决策观念和管理机制上所已经达到的科学性程度。如果说，前两项文化政策选择理论分别在文化哲学观和文化本体论方面实现了它的合规律的演变的话，那么，文化的可持续发展战略理论的提出和政策选择的确定，则标志着在如何建立文化生长和发展新秩序理论的重大转变。这个转变的实现，以及这一新文化发展秩序论的建立，标志着中国的新文化时代的到来——文化可持续发展，从而在主体的政策选择方向和机制两个方面圆满地结束于近代以来在中国的"百年文化革命"。

第二节　文化政策选择的矛盾运动和价值取向

文化政策选择是文化政策主客体关于文化的价值取向和利益取向选择的过程系统。文化政策主客体之间关于文化的价值取向和利益取向选择之间的差异性，构成了文化政策选择过程中的最一般的矛盾运动。深入地研究这种矛盾运动，是深入了解文化政策运

---

① 1997 年 2 月 21 日《光明日报》。

动规律和运动形态的重要内容，也是科学决策的重要前提。

一、国家文化意志与公众文化选择的矛盾和一致

国家文化意志是国家在一定的社会历史条件下，从一定时期的国家整体利益和目标追求出发而在文化领域形成的对于文化的要求和意愿，涉及国家的文化理想、目标追求、文化资源配置的机制和方向，社会文化秩序的结构组成和国家文化战略、国际文化关系等一系列问题，在国家和社会文化生活中具有要求强制贯彻执行的权威。它是文化政策主体——政府决定文化政策取舍的主要政策资源和价值取向，就是要选择一种国家文化意志来体现国家关于文化的根本利益要求和价值取向，并且还能为公众所接受，在社会公众的文化生活中生动地体现出来。

文化政策选择是在既定的文化土壤条件下，寻求一种新的价值目标、利益分配、文化秩序和规范理念的过程，是文化政策主体根据发展和变化了的国家文化条件调节和重组各种社会文化关系的过程，是一个以"新"换"旧"的过程。由于这个过程本质上是在广泛的意义上的主观意志诉诸于客观实践的过程，它既是国家文化意志寻求合理的体现方式和求得社会公众普遍认同的过程，同时也是社会公众对国家文化意志在多大程度上能满足自己文化需要的回应过程。这是一种文化满足的双向选择的过程。在这个过程中，由于主体和客体双方对原有文化资源配置和文化利益重组的对象关系的不同，以及对不同的文化利益要求和不同的文化价值取向的文化理解的不同，因此，必然会导致原有文化状态的失衡和文化关系的矛盾。如何最大限度地消解这种失衡和软化这种矛盾，以求国家文化意志与公众文化选择的一致，也就成为文化政策选择首先面临和解决的问题。在这里，对"约前文化因素"的认识和把握具有特别重要的意义。

所谓"约前文化因素"，是指在某种社会结构、制度或秩序定型以前，就已经内化于一定社会人群心中，并决定该结构、制度和秩序内在取向和使之合法化的文化因素。这是一种由价值观、信仰、伦理道德和文化传统等构成的深层次文化心理结构。正是这种深层次的文化心理结构，影响和规定了社会公众普遍的文化满足选择以及他们对国家文化意志的回应态度。一方面，在"约前文化因素"的惯性作用下，社会公众对于文化满足的选择具有一种先天性的"恋旧情结"，特别是当他们的文化期待在现实生活中没有得到理想的实现而造成巨大的文化满足的缺失时，这种通过对过去文化情趣的追寻而获得文化满足的"恋旧情结"表现得尤其明显，这种"恋旧情结"往往会成为实行新国家文化意志的文化阻力。另一方面，在"约前文化因素"所造成的文化压力下，社会公众同时又有渴求享受新文化生活的主观愿望，从而形成强烈的文化期待。这种寻求和渴

望得到新文化满足的文化期待，在社会转型表现得尤其突出。正是在这种强烈的"文化利己主义"的驱动下，人类社会发展史和文化发展史上的每一次大革命在开始时往往获得了社会公众广泛的文化响应和支持。无论是欧洲的文艺复兴、启蒙运动，还是中国的五四运动，都带有这种特征。然而，也正是因为社会公众普遍地渴望获得新的文化满足，历史上的文化革命的创导者在每一次发动文化革命时也总是提出一些能反映和代表这种愿望的口号来作为文化政策选择的指南，并以此来获得社会公众的文化支持而取得革命的成功。美国当代著名学者丹尼尔·贝尔在分析资本主义文化矛盾，对资本主义文化进行批判时，曾从分析当代西方资本主义社会结构入手，就资本主义文化矛盾的形成和消解的问题发表了研究成果。贝尔认为，在现代社会的三大组成部分中，政治、经济、文化各有不同的模式、轴心原则和变化特点。经济的轴心原则是效益原则，目标是最大限度地获取利润；政治领域是调节利益冲突的仲裁性领域，其轴心原则是平等原则：法律平等和公民权利平等；文化是象征性领域，它以艺术、仪式等象征性手段解释那些从生存困境中产生的，人人都无法回避的所谓"不可理喻性问题"，如悲剧和死亡等。文化领域起支配作用的轴心原则不是"经济效益"，也不是"平等权利"，而是"自我表现和自我满足"。这就造成不同领域的完全不同的方式，并产生矛盾。而政府机构则应在较为均衡的自由和平等、需求和欲求、公平和效益的基础上仲裁各方矛盾，在文化上既尊重传统，又考虑未来，恢复道德的正当性和文化的延续性，从而在这个基础上找到一种"社会凝聚剂"。虽然，贝尔的文化理论是就想解决资本主义文化矛盾而开出的"理论处方"，但他的关于政府机构作为政治力在消解资本主义文化矛盾方面所应持的立场态度和方法，对于我们探讨如何最大程度地消解在文化政策选择过程中，国家文化意志与公众文化满足的矛盾，以求得两者的一致，具有借鉴意义。就一般理论的意义而言，任何一种文化政策选择都希望能通过对国家文化意志的贯彻执行，实现政府文化的有效统治。然而，就历史实践的层面来看，一种文化政策选择如果同社会公众普遍的文化取舍倾向相分离，不能充分理解和尊重社会公众文化满足取向的现实存在，超越公众的文化需要而去追求国家文化意志的单向度实现，其结果不仅公众的文化满足没有得到合理的实现，而且国家文化意志也不可能成为人们自觉的文化行为。因此，在文化政策选择的价值取向上，既不能片面地强调进而脱离社会发展需要实际的国家意志和利益而导致像"文革"那样的严重的文化政策选择失误，同时也不能以本能式地迁就、适应公众文化满足的需要，而放弃国家对社会文化选择的约束，导致像西方现代派文化那样的"反理性"，以致丧失政府对文化的调控和调节能力，从而最终损害国家和人民的文化利益。文化政策选择的合理的价值取向，应该是国家文化意志与社会大众文化满足的一致。既实现政策主体关于国家文化的价值关怀，同时又满足社会公众对于不同文化满足自由选择的需要。只有这样，才可能有一个国家乃至地区文化建设和发展良好的文化生态环境。

二、文化统治方式与文化秩序重建的冲突和整合

选择什么样的文化政策来规范和引导文化建设和文化发展，综合体现国家文化意志，实现与社会公众文化满足的一致性，不仅是文化资源配置方向选择的合理性问题，同时也是这种方向选择的可操作和可实践性问题。如果一种正确的选择不能配置实现的机制和手段，那么这种选择就只有理论意义，而不具备可操作的实践性。在这里，文化资源配置机制的合理性问题具有比方向选择更为重要的意义。通过选择，形成和建立一套实现目标的新的文化概念系统、规范系统、组织系统以及由此构成的文化体制和制度形态，对政策主体而言，是实现方向选择的目的和政策的可实践性的重要保证。从政治社会学角度来说，这是文化政策主体实施文化统治的核心方式和形态保证。因此，文化政策选择在价值取向上，同时也是政策主体关于文化统治方式的选择。由于选择（任何形式的选择）是对当下存在的事物的价值评估和取舍，取则肯定，说明其仍有价值；舍则否定，或说明其存在不合理，或说明其价值形态已经实现和完成，失去继续存在的意义，需要以新的对象来代替。因此，文化政策选择从文化统治方式重建的层面上来说，往往意味着对现存文化关系以及由这种文化关系所形成的文化秩序的不满和改造。文化政策选择，从社会互动性层面上来说，又不仅是文化统治方式的选择，而且也是文化秩序的重建，是从文化的概念系统、规范系统和组织系统对现存文化秩序的改造。这种改造在本质上是起源于政策主体对已有的文化秩序的怀疑和否定，并试图通过对新的文化统治方式的选择和重建，实现主体关于文化资源重新配置目标的目的，因此，作为一种社会的文化互动程序，无论是在这个选择过程中，还是在那个选择过程后，这一选择将必然地导致新的文化规范系统对传统文化资源的再分配和文化利益关系的重组，也就将必然导致新文化统治方式的建立与文化秩序重建的矛盾和冲突。尤其是当程序的制定或选择与文化权力垄断或文化利益分配不公造成的不平等成为合法化时更是如此。在这种情况下，尽管文化政策主体作为新文化秩序的创建者和管理者在为新文化秩序的建立和文化资源重新配置的制度化方面尽了最大的努力，如对社会公众进行特定的文化教化，加强意识形态控制，实行某种文化鼓励或文化专制，但这种程序并不一定为社会公众在同一程度上接受。这样，那些不愿接受由新文化统治方式而形成的社会文化秩序的社会成员或群体就会采取一些非程序化的文化行动，从而导致文化统治方式选择与文化秩序重建尖锐的文化冲突。这种冲突在文化秩序从传统类型向现代类型转换的过程中，往往表现得更加突出，也更加尖锐。因此，如何最大限度地消解和削弱这种（不可避免的）冲突的烈度，

实现文化统治方式与文化秩序重建的有机整合，就成为主体在选择过程中必须解决的重大课题。在这里，"合理性"问题是两者能否在冲突的基础上实现整合的关键。

文化秩序是文化的某种有序状态。这种有序状态，就广义而言，是指社会宏观文化系统在运动变化过程中内部各个方面相对平衡、稳定和协调的状态，如一定的文化关系要适合文化生产力，这是文化的基本秩序；就狭义而言，是指一定社会历史条件下人们文化互动的有序状态，是社会成员在社会的文化交往中遵从和维护共同的文化规范和价值观念，保持相对稳定和可期待性的文化关系，引进正常有序的文化生活。这种有序状态是文化互动的历史结果和历史互动的文化结果。然而，现实的文化状态不管多么有序，都是历史文化秩序存在的一种当代形态。这种存在形态无论在观念层面上，还是在体制和制度层面（即文化统治方式层面）上，是否适应当下社会文化和主体政策发展目标的需要，便成为已有的文化秩序在现代条件下是否存在合理性的问题。当文化秩序已被认为缺乏存在价值的、混乱的、无助于人们社会目标的实现的，那么，对已有文化秩序的合理性以及由此而引起的一系列相应的文化价值观念和文化规范系统的怀疑就是不可避免的。与此同时，人们实际上形成了新的文化理想和价值目标，并希望通过对已有文化秩序的改造来实现新文化理想和文化目标，在这种状况下，文化统治方式的重建就成为文化新秩序重建的目标能否实现的关键。欧洲的文艺复兴运动和中国的五四新文化运动，就是首先从对已有文化秩序的合理性的怀疑、否定而要求文化统治方式的重建并建立新文化秩序的。在历史进程中，激烈的文化革命往往伴随着对旧文化秩序的彻底否定，对已有文化秩序的毁灭性打击，而建立文化新秩序的。但这常常导致出现"历史反拨"的现象，即在一定历史时期的一定条件的作用下，还原到原有的文化秩序上去，然后再在这一基础上重新寻求确立新的文化秩序，重建文化统治。这种"历史反拨"往往是对原有文化秩序某种合理性的确证和对文化革命"矫枉过正"的否定，是对原有的试图建立新的文化统治方式和实现文化理想的修正。即使文化统治方式具有合理性，如果不对原有的试图建立文化新秩序的政策选择目标进行合理化修正，就不可能有新的文化秩序的重建。因此，对文化政策主体来说，选择新的文化统治方式以确保国家文化意志的实现，必须建立在对已有文化秩序的改造和具有合理性的基础上，历史地、具体地确定文化秩序重建与文化统治方式选择间的合理性程度。另外，从现实过程来看，对原有文化秩序的改造和重建文化统治方式的努力，必然引起社会文化秩序的变动和转型。在这样的转型期，新旧两种文化统治方式的存在和选择与其所制约的新旧两种文化行为和文化观念之间的冲突，是导致毁灭性后果还是具有建设性前景；也取决于文化统治方式作为主体的政策选择，实现旧秩序的改造与新秩序的创立之间的历史和具体的整合统一。1978年后中国的体制改革实践已经揭示，对原有文化秩序的改革若不适度，就会陷入困境，旧秩序被破坏了，而新的秩序又确立不起来，必然形成由文化混乱而导致社会混乱，由此而导致的"历史反拨"会强化旧有体制中的不合理部分，这就无法实现政策主体所预先设定的重建文化秩序的选择目标。

不断超越已有的文化秩序结构，追求新层次的秩序结构。由此而实现人的、文化的、主体价值的不断提升，这是人类文化社会发展的一个基本动力。就其普遍性意义而言，它也是社会每个成员的潜在的实现自我价值的内驱力。因此，作为政策主体的文化统治方式的选择，重建文化秩序不仅需要体制和制度的保障，而且更重要的是需要社会公众对重建文化秩序的理解、支持，把文化统治方式的选择与社会成员重建文化秩序潜在的欲望结合起来，并在价值观、信仰、伦理道德、文化传统方面达成共识，产生相互信任的情感，达到基本的文化认同和社会合意，从而接受共同的文化互动秩序准则，实现文化统治方式的选择和文化发展的互动有序。东西方现代化的理论和实践已经揭示，文化统治方式选择和文化秩序重建与文化价值取向之间存在着密切的联系，只有当新文化秩序（作为统治方式选择的结果）与经过扬弃的文化传统（作为原有文化秩序的合理性成分）的取向相一致时，也就是只有当把现代性的文化新秩序要素纳入已扬弃的传统文化框架时，它才会为在这种文化环境中成长的社会成员所理解、接受，从而形成概念化、规范化和制度化。因此，文化统治方式和文化秩序重建，无论是作为政策主体选择的手段还是目的，都只有通过对旧方式、旧秩序中非合理成分的彻底否定，同时给予那些合理性部分以充分理解和尊重，并且以此建立起主体重建文化统治方式的合理性尺度，才能使主体的文化统治方式和文化秩序的重建拥有一种相互制衡的机制，从冲突走向整合。

三、文化控制与文化参与的对立和协同

运用文化政策的规范性功能，实现政策主体对社会文化行为的有效控制，通过政策力量来引导、约束人们的文化行为，协调个人与社会之间、公民与国家之间，以及社会各构成方面的文化关系，保证国家文化的和谐和稳定发展，是文化政策选择的又一重要价值取向。然而，在文化的变迁、发展和走向现代化的过程中，由于社会结构出现的功能障碍、关系失衡而导致的文化脱节和整合错位，必然会引发这样或那样的文化问题以及由此而产生的种种文化冲动力量。这样或那样的文化问题在社会转型期蕴含"社会价值的权威性分配"的意义，又必然地会引起不同人群和不同利益集团对解决这些文化问题的普遍性关注，从而引发旨在通过影响政府决策行为来影响分配结果的文化参与的愿望和行为。这样，重建文化秩序，就不仅仅是主体行为，而且也是客体谋求新的价值分配，改革现行文化统治方式的主动追求。因此，在文化政策主体试图通过文化政策来实

现国家文化意志，重建文化统治方式，对文化资源配置及发展走向实行文化控制的同时，作为文化政策主体对象的社会文化客体，也以一种文化反应性形态的主体心态和资格，对政策主体的文化控制过程、目标、尺度提出自己的主张和要求，实现客体的主体性文化参与，并且通过这种参与影响、改变政策主体的决策行为。文化政策的选择，或是因为主体重建文化统治的需要，或是因为社会转型而提出的文化变革的要求，抑或本身就是因为社会文化问题的发生而引发主体谋求文化控制的手段，这样，作为政策主体对象的客体关于文化参与的提出，实质上是要与政策主体分享对于文化资源配置及支配文化发展的文化权利，具有追求个体文化自由的反文化控制的意义，从而使文化参与在主体文化控制的层面上形成选择的背离，并作为一种文化力量与之相对立。消除选择的对立，使背离走向认同，实现文化控制与文化参与、文化规范与文化自由的对立统一和有机协同，也就自然地成为政策主体在选择文化政策时所努力追寻的文化境界和文化目标。

文化控制是社会控制机制的一个重要组成部分，是社会控制机制在社会文化运动和国家文化管理行为中的深刻反映和运用。美国社会学家 E.A.罗斯在率先提出"社会控制"这一概念时曾指出，社会的进步和发展取决于整个社会如何在社会稳定和个人自由之间取得平衡，为达到社会的和谐和稳定，社会必须有"控制"机制。社会控制是社会统治的手段；它规定社会生活的方式，并维护社会秩序。由此可见，运用文化政策实现政策主体对国家和社会文化行为和文化方式的有效控制，并不是某种外加于社会及社会成员个人的文化力量，而是人类社会在进步和发展过程中自觉地改造社会和约束自身行为的必然选择和发展需要。因此，文化控制具有真理性意义和不可抗性。虽然，在文化问题上，什么应该控制，什么不应该控制，控制的手段、方法、程度、范围怎样才是既合旨的又合规律的，不同的国家、民族，不同的社会形态和不同的利益群体会有不同的价值尺度，但是，为了达到共同的文化目标，社会需要其成员在一个共同的文化价值系统中规范和约束自己的文化行为，并且以此来化解社会成员间的文化冲突，则是人类社会普遍的法则。没有统一的文化控制，社会必然是混乱的。然而，在现代社会中，随着社会价值分配的巨大差异，文化的贫富不均，不同的社会群体间的利益冲突，日益明显和激烈，文化控制连同社会控制一样，在很大程度上已经成为一种具有强制性的文化权利剥夺，因此，作为对于文化控制的挣脱和对文化权利的谋求，以及通过对主体政策选择与决策行为的影响而改变社会价值分配的走向，文化参与的产生和形成也就是必然的了。但是，由于社会发展过程和物质运动过程中都包含着大量的不确定因素，而且这种不确定的因素也必然要以文化的形态表现出来，形成各种不明确的文化变量，尤其是当社会文化问题的不确定性涉及不同决策的未来形态和决定文化控制的原动力时，关于文化控制选择的文化决策就成了一种模糊的政策"博弈"。其中掺杂的不可知量和一些尚未确定文化关系所导致的最终结果，可能是违背期望或者是始料未及的，甚至还会造成不可收拾的历史后果。这就说明，当政策主体为实现有效的文化控制时，常常会由于强烈的主观意志和情感的作用，使文化控制机制在决策开始实施时便带有这样或那样的"病理因素"。正是这些"病理因素"在决策选择过程中的作用，导致了在控制过程中的控制过当而给文化发展选择和资源配置造成损害。因此，文化参与作为一种反控制的文化力量，对于主体的文化控制并不就是一种消极的、对抗的文化力量。从主体文化控制机制选择的技术性层面来说，缺乏接触反控制文化信息的途径，不能获得新的政策资源以补充文化政策资源消耗而可能带来的资源危机——控制危机，缺乏社会公众对"文化稳定和繁荣"的制度化支持，这些都可能造成文化控制机制在运作过程中的功能弱化，从而给主体的政策目标的实现带来障碍，而正是这些看不见的障碍往往成为阻遏国家文化意志的实现和文化秩序重建的巨大文化力量，这种障碍并不是由文化参与造成的，恰恰相反，是由于缺乏文化参与造成的。文化参与并不要求支持先前统一的文化资源配置的现实性存在，而是要通过对当下主体决策行为的影响，成为创造未来国家和社会文化利益的崭新力量。因此，通过文化参与来抵御文化控制过程中的决策选择的弊病，并借此对文化控制机制采取排误措施来达到控制适当，这就需要主、客体在统一的国家和民族文化目标方面的文化协同，进而消除由文化参与形成的文化张力，达到文化稳定控制和个体文化自由的共同实现。在这里，"积极冗余"的做法和"多元文化主张的并存"，是消除对抗，实现协同的一种重要机制。

所谓"积极冗余"的做法，就是在文化控制的选择和建立过程中，设立必要的"安全阀"系统。即中国古代统治理论中的所谓"子产不毁乡校"。在文化管理上，实行有控制的重合、思想探讨和部分执行上的抗性，这些都是实现国家和社会文化稳定所必不可少的内容。过多的相互抵消会导致国家文化发展的停顿，并有可能毁掉已有的文化成果；而过少的相互抗衡，社会缺乏"安全阀"系统，郁积的文化张力就无法得到适当的释放，势必造成尖锐的文化对抗和文化冲突。因此，无论是对文化控制适当的主动防范，还是对参与抗性的预设弱化，积极冗余的做法都不失为求得两者有机协同的适当机制。因此，文化政策选择的新思路的发现，和文化控制与文化参与的有机协同，常常是依赖于文化主张和政策思想多元化的撞击，而不是来源于先前的文化政策主体内部。毫无疑问，必须对那些危及国家根本文化利益、文化价值观和有损于民族基本文化道德原则的思想进行控制，文化主张和文化政策思想选择多元化，并不意味着文化参与可以给社会正常的文化生活带来过重的文化怠落和各种形式的文化喧嚣，降低文化参与的合理性程度对主体文化政策选择和决策的积极作用。正是在这个意义上，作为文化政策选择的一种重要价值取向，文化参与是为了增加社会文化秩序及其结构的稳定性系数和主体选择的科学性系数，以规范与自由的统一而最大限度地降低文化控制中的抗性，实现文化发展所必需的文化协同。

第三节　21世纪中国文化战略和政策选择

一、问题提出的文化背景

"国际范围各种精神文化力量的相互激荡和影响，使社会主义精神文明建设遇到严峻的考验。能否搞好精神文明建设，关系我国社会主义事业的兴衰成败，关系我们把一个什么样的中国带入21世纪。"这是中共中央《关于制定国民经济和社会发展"九五"计划和2010年远景目标的建议说明》中的一段重要文字。从精神文明建设的层面上提出"把一个什么样的中国带入21世纪"，这是中国的最高决策层站在民族兴亡和全球发展的战略高度思考、规划本国文化建设、文化发展而提出的一项具有战略意义的历史命题，是我们思考21世纪中国文化战略及政策选择的一个重要指导思想。

问题的提出，具有深刻的国际文化背景。

1993年美国哈佛大学著名国际问题专家塞缪尔·亨廷顿就"冷战"结束后世界格局的走向提出了"文明的冲突"论。在该年度《外交》夏季号上的《文明的冲突》一文中，亨廷顿认为，"冷战"结束后，未来世界冲突的主要根源将"不是意识形态的和经济的"，而是"文化上的"，"全球政治的主要冲突将发生在不同文明的国家和集团之间，文明的冲突将主宰全球政治"。作为"文化的统一体"和"最高的文化群体和最大范围的文化认同"，"在未来的世纪，文明的因素将成为人类社会中一切冲突之源"，他并断言："下一次战争，如果有的话，那将是文明之间的战争。"在这篇文章中，亨廷顿不仅将未来的世界形态概括为西方、儒家、日本、伊斯兰、印度教、斯拉夫—东正教、拉丁美洲、非洲等七八种主要文明的互动，而且直言不讳地将"儒家文明"视为引起未来文明冲突的主要力量，明确提出西方应联络其他文明形态对它加以遏制的全球文化战略。[①]

众所周知，不论从文明形态还是从文化构成来说，所谓"儒家文明"作为中国传统文化和中国文化精神的重要成分之一，仍然是当下中国文化构成的重要内容。"儒家文明"在亨廷顿那里，只不过是"中国文化""中华文明"的代名词。亨廷顿也许并不是熟知中国文化博大精深的专家，但是他绝不缺乏关于中国文化的一般常识及中国文化对

---

① [美]塞缪尔·亨廷顿. 文明的冲突与世界秩序重建[M]. 北京：新华出版社，1998.

东方文化、东方政治发展的深广影响。亨廷顿之所以会得出这样的结论和提出这样的挑战，也不是他没有看到不同文明形态之间的交流、融和。恰恰相反，他看到了拥有五千年悠久历史的中华文明和只有两百多年美国建国历史之间巨大的文化落差和文化威胁。在亨廷顿看来，意识形态和经济领域内东西方之间冲突的谁胜谁负的问题，随着苏联和东欧诸国的社会主义制度的解体，答案已经不言而喻，但是，一种意识形态和经济制度的解体并不意味着一种文化形态的终结乃至消亡。对于以西方文明中心论为价值导向的文化霸权主义者来说，这种文化的存在本身就是一个巨大的"威胁"。面对中华文明伟大复兴的巨大"阴影"，在国际文化专制和文化霸权表象的背后，是对东方文化复兴的深深的文化恐惧和文化自卑，是在"西方的没落"的情绪笼罩下的文化忧患。于是，站在"转变中的防卫环境的美国的国家利益"的文化立场上，亨廷顿提出了他的对策：推进西方文明内部，尤其是欧洲与北美"子文明"之间的合作，促进俄、日合作，抑制儒教，即遏制中国。文明和文化的问题成为涉及国家利益的最大问题。值得指出的是，这不只是亨廷顿个人的"文化战略"。不仅美国的国策专家布热津斯基在他的《失去控制：21世纪前夕的全球性混乱》中，从另一个角度发表了与亨廷顿几乎相同的看法，而且作为日本首相的桥本在执政后也发表了同样的言论。"文明冲突"理论成为"冷战"后西方国家，特别是美国的国际战略决策的理论向导，一种新的国际文化战略理论。美国实施的对华"知识产权战略"，可以看作是这一文化战略理论的具体化。1997年7月1日，美国公布了题为《全球网络贸易框架》的报告，提出了"互联网络自由贸易"的新概念。这是超越地缘政治和地缘文化的一个新概念，根据这个概念，传统的关于自由贸易区的地域将不复存在。美国将技术的边界视为新的西部和传播美国精神的新天地。美国率先为互联网络自由贸易确定规划，这是它运用文化手段实施文化战略，推行国家文化权力扩张的新形式。

正是在这样的国际文化背景下，中国文化发展战略的制定和21世纪文化政策选择被迅速地推到了全球各种精神文化力量相互激荡的中心。各种西方文化对中国现代化进程的深层渗透和影响，必然带来"西化"的危险。虽然，中国的现代化是中国的国情和社会主义的文化制约现代化发展方向的一种战略选择，但问题的关键是：这最终必然是一场几种文化与文明的冲突。因此，面对"文明冲突"的挑战，中国应当以怎样的文化发展战略抗衡西方文化的挑战，就直接关系到把什么样的中国文化带入21世纪，并将最终决定中国在21世纪的世界地位。

问题从两个不同的方向被提到了世纪之交的中国文化发展的面前。要完成这样一个跨世纪的历史性课题，必须在全球文化意识的观照下，置中国文化发展战略于国际文化关系新格局之中，以中华文化精神为基础，以创造和建设新文化的宏大气魄，建构21世纪中国文化发展战略和文化政策选择，从而创造融民族文化性格和世界精神为一体的中华新文化。

二、和合的文化价值观——综合理性创新

文化的核心在于价值观，道德的理论基础也在于价值观。规划和确立中国文化发展战略，选择适合未来中国文化发展的文化政策，首先就在于实现文化价值观念的根本转变和新价值体系的重建。回顾历史，重建现代价值体系，始终是中国文化现代化的母题。在急风暴雨式的阶级斗争，包括大规模的战争期间，由"帝国主义和无产阶级革命"两极对抗而形成的思维方法和价值尺度，曾经在相当长的时间内是我们认识和判断国内外文化形势，决策中国文化战略和处理国际文化关系的坐标。毛泽东的《新民主主义论》就是在这种以两极对抗为文化特征的背景下提出和创立的。它为探寻和解决把一个什么样的中国文化带入新中国，回答"中国向何处去"的时代课题，作出了划时代的贡献，为中国革命的文化发展选择提供了一个全新的文化价值观和文化思维系统，实现了自"五四"以来中国文化价值体系的革命性转变和重建，历史地成为中国新民主主义革命时期的文化纲领，从而为把一个什么样的中国文化带入新中国和怎样建设中国新文化，提供了真理性的答案和政策规划。

然而，20世纪80年代后半期以来，世界形势发生了激烈的变化。和平和发展成为当代国际社会生活的主流。世界正在向多极化方向发展。《里约宣言》和《21世纪议程》等全球性文件的签署，亚太结合会议和第一次亚欧会议的召开，都明示着：世界正逐步通过互补由对立走向对话，由对抗走向合作；虽然仍有对立和冲突，但目前更多的是融合和互补，尤其是当欧美各国深受权威主义和个人主义之害后，"第三种价值观"（儒家学说）所显示出来的人与人之间新的关系对"拯救""衰退"中的欧美文化产生了前所未有的"东方"魅力。[①]这种倾向再清晰不过地凸显了和平和发展是当今世界的主流。此外，从全球性的高科技迅猛发展的大走势看，信息社会的到来改变了人类知识的形态、内容、传播和接受方式，"数字化革命"改变了我们用以记录和传播知识的符号，"数据库的建立"又使得人类知识面临空间的选择和重新构造，全球性互联网络的开通使得任何文化封闭、封锁和阻截日益成为不可能。"世界迟早必须在地球上存在的各种伟大文明之间产生某种综合性的文明"[②]，匈牙利学者的这种预言正日渐成为普遍性的文化共识。邓小平准确地把握全球发展的走向，提出了在马克思主义理论发展史上具有创造性的"计划与市场"兼

---

① 新价值观冲击欧美[J]. 选择月刊, 1995 年 1 月号.
② 赵剑英. 世纪之交的中国文化[M]. 南宁: 广西人民出版社, 1994: 283.

容理论，用"三个是否有利于"作为权衡标准等一系列崭新的命题，自传统的两极对抗为特征的、社会价值观中的姓"资"还是姓"社"的核心问题提出了挑战。这就从经济和社会发展的层面上，为中国文化发展的思维革命和价值取向注入了全新的内容。作为这一全新价值观念在处理国际文化关系中的战略体现，1991年11月，江泽民提出"国与国之间的关系应该受到国家利益而不是意识形态左右"[①]的观点，超越意识形态和价值观念的差异，发展包括文化关系在内的国际新关系，建立国际新秩序。意识形态可以不同，而文化却可以圆融。文化不仅可以分享价值观念，而且不同的文化也可以锻炼出共同的利益和抱负。因此，"渊源于中华民族五千年文明史，又植根于有中国特色社会主义的实践"，"博采各国文化之长"，"创造出更加绚丽多彩的有中国特色社会主义的文化"[②]，便成为21世纪中国文化发展战略的新选择。中国文化的发展不能离开人类文明的共同成果。"和合"是五千年中华民族得以生生不息的最伟大的文化力量和价值体现。对于异质文化的综合，结合于现实发展需要的创造，是它全部生命机制之所在。只有以博大的胸怀包容、综合的新价值观的指引下，我们才可能在继承前人又突破陈规的基础上，作出我们的文化贡献，才可能在新的文化世纪到来的时候，赢得文化优势。中共"十五大"关于21世纪中国文化发展战略选择所体现的正是这样的一种文化价值观。

三、兼容的文化形态——主流、支流文化相容、互补

文化形态是一切文化生命体的存在样式。以一定的价值观为核心的文化生命体只有通过与之适应的构成形态生动、具体地表现出来，它才是实证的。宏阔的文化视野和博大的文化胸襟，要求21世纪的中国文化发展选择及其生命形态的兼容互补：由一元的国家主体文化为多元并存、多枝同根、多态同源、共生互动的中华新文化共同体。在这里，社会主义市场经济体制的建立，邓小平"一国两制"的创造性构想的落实，江泽民在中共"十五大"报告中提出的建设有中国特色社会主义新文化的发展战略，对于这种新文化共同体的形成具有特别重要的意义。

一个国家、一个民族没有主流文化不行。主流文化体现和引导着一国、一民族的文化精神和根本文化方向，规定着一国、一民族的文化性质。这是文化的历史生成。21世纪的中华新文化当然不能没有体现国家意志和民族精神的主流文化，不能没有以马列主义、毛泽东思想、邓小平理论为指导的先进的无产阶级文化、社会主义文化。这是以公有制为主体，以工农联盟为基础的国家政治、经济体制的必然要求，是我们国家和民族

---

① 江泽民接受《华盛顿邮报》原主编畅谈国际国内大事[N]. 人民日报，1991-11-02.
② 江泽民. 在中国共产党第十五次全国代表大会上的报告[N]. 人民日报，1997-09-22.

的文化之魂。但是只有主流文化而没有支流文化也不行。在多种所有制经济、民族区域自治和两种不同的社会制度，以及由此而产生的多种文化成分及多种文化需求还依然存在的基本国情下，要求包括中国香港、澳门甚至统一后的台湾的文化都在社会主义的文化旗帜下团结起来，是不现实的。但是，"凡是炎黄子孙，不管穿什么衣服，不管其立场是什么，起码都对中华民族有自豪感"①。他们可以在祖国统一和振兴中华的爱国主义的伟大旗帜下团结起来。因此，21世纪的中国文化发展战略和文化政策选择，就不能只有大陆的社会主义文化这一个向度，而是应当包括港、澳、台在内的，统一的中华大文化。在"一国两制"的国家形态下，21世纪的中国文化的建构就不仅要有体现国家意志和社会主义精神的文化，而且也还应有虽然未体现社会主义精神，但又是统一的中华大文化必不可少的民族团结、经济发展、社会进步、人民自由的爱国主义文化内容，其中包括作为这种文化内容生动体现的心理模式、风俗习惯、生活方式、处世态度、宗教信仰，以及相应的达到理论层次的主义、学说等，所有这些都可以看作是对国家主流文化的资源补充和文化结构的合理配置。因此，江泽民在中共"十五大"报告中特别指出："我们提倡共产主义思想道德，同时把先进性要求和广泛性要求结合起来，鼓励一切有利于国家统一、民族团结、经济发展、社会进步的思想道德。"②这不只是就"一国两制"下的21世纪中国文化形态的构成而言，即便是在社会主义文化占统治地位的情况下，21世纪的中国文化形态也还应是主流、支流文化的协同互补。主流文化影响和主导着支流文化的发展，但支流文化对主流文化的"生成""蓄洪分洪""排涝抗旱"的综合协调和均衡作用，却是主流文化在发展过程中不可或缺的重要文化力量。尤其是当国家文化生活出现大的震荡和"洪涝灾害"的时候，支流文化的"泄洪"、导流的"安全阀"作用就表现得特别明显。中华民族数千年来历经战乱和纷争而始终坚如磐石，不能不说是得益于统一的中华文化的多元构成。就民族和国家来说，有汉族、蒙古族、藏族、维吾尔族、满族和秦、晋、楚、鲁、越等；就学说和流派来说，既有儒墨，也有释道：多民族文化融合，三教九流各得其所。正是这种各具特色的文化相容互补，圆融通达而不同，才在现实和历史的张力的作用下，聚合成中华文化的博大精深和灿烂辉煌。文化有意识形态性，但并非所有的文化内容和文化形态都只属于一种意识形态。过去，我们比较重视国家主流文化的意识形态建设，而忽略了支流文化建设的重要性，使主流文化承载了本应由支流文化负担的文化责任，最终妨碍了主流文化的发展，"一个领导十二亿人口的大党，在思想文化意识形态中变得缺乏足够的影响力和主导力"③这不能不说是一个严惩的文化教训。因此，

---

① 邓小平. 一个国家，两种制度[M]. //邓小平. 邓小平文选：第3卷. 北京：人民出版社，1993：60.

② 江泽民. 在中国共产党第十五次全国代表大会上的报告[N]. 人民日报，1997-09-22.

③ 许明. 关键时刻：当代中国亟待解决的二十七个问题[M]. 北京：今日中国出版社，1997：58.

在"和合"的文化价值观的观照下，实现21世纪中国文化形态的主流，有助于、无害于中华民族和中华新文化生长的文化因素，把一切爱国主义、民主主义、人道主义、科学和进步的思想精神的道德观念等，都看作是21世纪中国文化形态构成的题中应有之义。

四、积累的文化增长方式——内源发展创新

文化资源存量的增长是文化发展的真正独立性标志。一种文化只有当它是可增长的，才是有生命力的；只有当这增长不仅可以影响一国、一民族的文化性格、文化精神的塑造和文化资源的积累，成为人类文化遗产的一部分，才能在历史前行的过程中获得它的新生态和时代性标志，在人类未来文明社会中发挥重要的作用。然而，20世纪的中国文化发展曾一直服从于政治和经济的功利需要，文化增长方式一直处于依附性状态而缺少与政治、经济的协调发展，通过自身的积累推动自身的进步的独立性品格。从50年代的"文化大跃进"，到90年代盛行的"大策划、大制作"；从向苏联的"一边倒"，而走马灯式地演练西方学说，都可以看到文化发展中的依附性品格。其结果是文化的"轰动效应"不断，却很少有文化内在资源存量的递进和积累，造成了"泡沫文化"的虚假繁荣和文化负值的增长。手段与目的的倒置，使得用以解决当代中国问题的文化资源面临严重短缺的危机。文化的经济效益超越于文化价值之上，而实质上并没再给我们的文化增加些什么。因此，中国文化在21世纪的发展应当吸取一个多世纪以来中国文化发展的成果的教训，以自身拥有的文化资源为立足点，把以文化积累为特征的文化内源发展作为根本的增长方式。21世纪文化战略所追求的发展目标，就是要通过民族的文化的质的提高和国家的文化的力的增强，不断满足人们在社会发展过程中渴望得到的对人生、世界和宇宙进一步了解和把握的终极关怀，提高国家和民族的文化资产存量。虽然，以量的扩张为主要特征的文化外延式、粗放型的增长方式，在我们这个文化资源非常丰富，同时文化还很落后的国度里，依然是一定时期内文化增长不可或缺的一个方面，但是，如果21世纪的中国文化增长不能满足人们关于世界的终极关怀的要求，不能为国家和民族的精神创造和实践创造提供新的文化资本支持和智力支持，不能贡献出划时代的、标志性的文化人物和文化作品，那么，对于像中国这样一个具有五千年灿烂文明，曾经向世界贡献过老子、孔子、屈原、李白、曹雪芹、鲁迅等一大批文化巨人的国家来说，即使在文化的量的规模获得超常的扩大，仍然不是文化的真正发展，不是文化大国，在国际文化关系中就不能获得主动地位。完整的社会资本与文化资本的统一，应当成为21世纪中国文化发展及增长方式的政策选择的基本概念。随着改革开放的步步深入，当代中国面临着一系列亟待解决的问题，这既是挑战，也给21世纪中国文化的积累性内源发展

带来了无限机遇。21 世纪的中国文化必将直面国家和民族在历史进程中的每一个事关民族前途和命运的重大问题，并且把它作为推动发展的增长点。人类发展告诉我们，一切有益于人类进步的文化遗产，都是在历史的每一个转折关头，在寻求解决时代难题的过程中形成的；也正是这些实际推动过社会和历史发展的思想、理论，才使得文化内蕴为一种巨大的力量和巨大的积累，成为人类文明的共同财富。毛泽东思想和邓小平理论之所以成为当代中国文化的主要代表，受到世界的重视，就在于它们在中华民族历史发展的关键时刻，实际地解决了时代的难题，改变了国家和民族的命运，改变了世界历史的进程和东西方文化力量的对比。这样一种文化创造所形成的文化积累，才是推动文化不断发展的内在动力。因此，以文化积累为特征的内源发展的文化增长方式，就是要通过对不断发展着的人与世界关系的崭新发现，创造出能够自立于世界学术之林的新学说，在未来可称之为"优秀传统文化"的文化新形态，一种取之不尽、用之不竭的文化资源。只有这样，我们才可能在社会的进步中造就 21 世纪中国文化的进步。

五、良好的文化生态环境——可持续发展

文化生态环境是文化生存和生长发育的条件。一定文化的价值观念、构成形态和增长方式，都只有在一定的文化生态环境中才能获得它生命运动的客观机制。这是包括政治环境、经济环境、社会舆论环境以及文化自身环境在内的一个综合文化生态系统。在这个系统中，各种文化之间、文化与非文化之间，进行着文化循环和文化生命形式的转换。它们相互制约，维持着一定的平衡关系。这种平衡就是要使各文化生命形式之间以及文化与各社会条件之间保持着文化生长所必需的文化生态系统的生命转换和循环的稳定有序。因此，不论是文化的价值观念适应，还是价值观念的文化适应，是文化的构成形态适应，还是构成形态的文化适应，是文化的增长方式适应，还是增长方式的文化适应，文化生态环境的质量状况直接关系着文化的生存、生长和发展。由于国内社会生活重心的转移，后冷战时期的到来，世界的多极化发展，人类文化活动空间的拓展，国际范围内各种精神文化力量的相互激荡提出的挑战，以及各种全球性文化问题提出来的多学科联合探索的要求，都迫切地希望为中国文化的 21 世纪发展提供新的文化生态功能和文化环境保证。这种功能和保证应当在中国 21 世纪文化发展及政策选择中获得关于文化生态环境的全面体现——文化的可持续发展，在满足当代人文化需求的同时，还能为满足后代自身发展需要提供传统文化精神支持的能力。这种能力形成文化生态环境，就是毛泽东曾充满诗意地描绘过的景象：现在春天来了，一百种花都让它开放，不要只让几种花开放。两千多年前那个时候，有许多学说，大家自由争论，现在我们也需要这个；

就是邓小平曾经指正过的：雄伟和细腻，严肃和诙谐，抒情和哲理，只要能够使人们得到教育和启发，得到娱乐和美的享受，都应当在我们的文艺园地里占有它的位置。邓小平说得好：中国要实现自己的发展目标，不在乎别人说什么，真正在乎的是有一个好的环境来发展自己。没有好的环境，建设和发展什么都搞不成。因此，我们必须坚持宪法和法律所保障的各项文化自由，提倡解放思想，独立思考，不要大家都讲一种话，都说一种观点，都信奉一种学说。要提倡和鼓励研究新问题，提出新主张，创建新学说。不能只呼吸一种文化空气。墨守成规的观点只能导致落后，甚至失败。面对21世纪中国文化发展对文化生态环境提出新要求的新特点，中国文化的跨世纪政策选择不能狭隘地只从单向度的功利角度来看文化生态环境，而是应当从以什么样的文化姿态进入21世纪的大视野清晰地认识到文化生态环境是关系到中国21世纪文化持续发展的根本性问题。文化生态环境不只是容许或阻碍文化的发展，它还广泛地影响到社会普遍的文化行为，形成社会整体对文化生态环境特殊的反应模式。因此，21世纪中国文化发展及政策选择不能只从局部的文化经济利益来处理文化生态环境问题，不能就文化环境的治理来治理文化环境，而是必须把文化生态环境的治理与文化的可持续发展统一起来，把它看成是实现文化的可持续发展的重要因素，同时又不要超过支持文化发展的文化生态系统的负荷能力。营造良好的文化生态环境的目的，就是为了确保中国文化的持续生长和持续发展。要实现这一目的，就必须首先做到文化政策的稳定性和文化政策执行的连贯性和科学性。邓小平指出，改革开放以来，在短短的十几年内，我们的国家发展得这么快，就是支持"一个中心，两个基本点"这个路线、方针、政策不变。这也是实现文化可持续发展的一个重要经验。要做到文化经济政策的不断完善，采取切实有力的措施加大对文化事业的投入，要从制度上切实创造有利于杰出人才涌现和成长的必要条件。要做到社会舆论导向的健康性，做到宽松、宽容、宽厚，充分认识、尊重、理解文化工作特别需要发挥个人创造力的特殊性，既不捧杀，也不骂杀，既不搞急风暴雨式的群众阶级斗争，也不允许各种文化污染的存在。从而形成推动新人、新说等脱颖而出的开放、竞争的良性机制。

　　文化环境问题，是直接关系到把什么样的中国文化带入21世纪和21世纪的中国文化应当在怎样的环境中发展的大问题。江泽民在中共"十五大"的报告中指出："营造良好的文化环境，是提高社会文明程度、推进改革开放和现代化建设的重要条件。"①因此，21世纪中国文化战略所追求的文化目标，必须把文化的可持续发展作为自己文化政策的"绿色"选择，努力寻求文化与经济、文化与政治、文化与社会之间的协调、平衡、稳定和适应，充分调适文化与文化之间的关系，最大限度地调动和发挥各种精神文化力

---

① 江泽民. 在中国共产党第十五次全国代表大会上的报告[N]. 人民日报, 1997-09-22.

量的积极因素和创造因素，从而全面进步，充满生机和活力的中国新文化贡献给全人类。

本章小结

- 文化政策选择是政策主体根据一定历史时期国家和社会发展的整体利益要求而作出的关于国家中长期文化发展目标的规划，以及为实现这种目标而在文化控制、统治、管理方式上的战略性取舍行为，涉及一定时期文化性质、文化任务、文化方向、文化资源配置、文化制度等一系列根本性文化问题。主体关于社会发展基本理论的确立，对于文化政策和文化发展理论的选择具有特别的指导意义。
- 文化发展的基本矛盾论与文化和社会的全面发展选择，文化从属论与文化的独立自主发展，文化革命论和文化的可持续发展，是当代中国文化政策选择与政策理论的三对基本关系，影响和制约了当代中国文化政策选择的矛盾运动与发展。
- 文化政策选择是文化政策主客体关于文化的价值取向和利益取向选择的过程系统。文化政策主客体之间关于文化的价值取向和利益取向选择之间的差异性，构成了文化政策选择过程中的最一般的矛盾运动：国家文化意志与公众文化选择的矛盾和一致，文化统治方式与文化秩序重建的冲突和整合，文化控制与文化参与的对立和协同。
- 和合的文化价值观——综合理性创新，兼容的文化形态——主流、支流文化相容、互补，积累的文化增长方式——内源发展创新，良好的文化生态环境——可持续发展，将构成 21 世纪中国文化政策的主要价值取向。

思考题

1. 文化政策选择与文化发展理论之间的关系是什么？
2. 文化政策选择矛盾运动和价值取向的内容是什么？
3. 如何理解 21 世纪中国文化战略与政策选择？

参考书目

1. 胡惠林. 中国国家文化安全论[M]. 第 2 版. 上海：上海人民出版社，2012.
2. [英]吉姆·麦圭根. 重新思考文化政策[M]. 北京：中国人民大学出版社，2010.

第三章

文化政策制定

本章学习目标

通过本章学习，学生应了解和掌握以下内容：
1. 文化政策制定的过程；
2. 文化政策问题与文化问题的联系与区别；
3. 文化政策议程的内容与结构；
4. 文化政策制定的原则和方法；
5. 影响文化政策制定的因素。

导言

文化政策制定是文化政策文本的形成设立行为。它是政府中枢决策系统运用国家文化权力，干预和影响社会整体文化行为和国家文化走向的文化政治过程，是一个根植于文化、社会和政治的整体的过程系统。文化政策制定的机制和状况如何，不仅关系到文化政策文本本身的科学性，而且直接影响到文化政策客体对政策文本的接受和执行，关系到国家文化管理行为的成败，关系到国家文化意志和文化利益的实现程度，影响到国家文化统治权威。因此，文化政策制定过程的科学化以及文化政策制定系统的现代化问题，在文化政策学研究中具有核心课题的意义。

第一节　文化政策制定的过程

过程是任何一种有机生命体的运动系统。它不仅一般地记录了事物发生发展的时间流程，而且还反映了它的发展的阶段性序列，以及造成和导致这种阶段性序列的动因和依据。因而是事物发展的一种规律性的存在。研究文化政策制定的过程系统和这个过程的运动规律，是制定科学决策文化政策制定程序的重要内容。

一、文化政策问题的确认和政策议程的建立

任何政策的制定，都是为了解决它那个领域里的问题。但并非一定领域里的所有问题都是政策问题。因此，要解决问题，首先必须确认问题的性质，即要确认政策问题，而前提则是区分不同矛盾性质的问题。

1. 文化问题和文化政策问题

文化领域里存在着许多问题，但并非所有问题都是文化政策问题。哪些是属于文化政策问题，哪些不是或暂时还不是文化政策问题，这是文化政策主体必须首先要解决的。这不仅是因为对某一文化问题的认定会直接影响到文化政策内容的本质构成，而且如果错认了问题或者问题确认超前了、扩大化了，都会导致错误文化政策的出台，以至影响甚至恶化文化问题的解决。这在中国社会主义文化建设进程中是有过教训的。因此，在文化政策的运动过程中，对文化问题和文化政策问题的理论区分具有特别重要的实践意义。

文化问题是由社会的各种文化现象的矛盾运动所产生和形成的文化状况与文化的社会期望之间的差距。它是一种社会存在现象，也是一种学术研究的对象性范畴。就其广义而言，一切社会问题都是文化问题；就其狭义或约定俗成的意义而言，是专指涉及社会和人们精神文明领域的各种文化现象所产生的文化矛盾状况。我们的研究主要是指后一种情况。

文化政策问题是由文化问题的矛盾运动而引发、产生，并需要政府中枢决策系统通过国家文化干预，即制定文化政策才能解决和处理的文化问题。它是社会文化矛盾运动的紧张状况，以及由此而引起的各种文化利益、文化价值和文化规范冲突的集中表现，并且已经发展到了如不解决势必影响国家和社会的文化进步和发展，妨碍社会公众正常的文化生活和国家正常的文化秩序和文化稳定。这类文化问题往往是由社会文化结构本身运动缺陷或社会转型、变革过程中文化结构内部出现的功能障碍、关系失调和文化整合错位、失范等原因造成的，不通过政府文化力量就难以消除和解决。

文化问题和文化政策问题是两个既互相联系又互相区别的对象领域。所有的文化政策问题都是文化问题，但并非所有的文化问题都是文化政策问题。文化问题在社会的精神文明领域无所不在，不以人们的主观意志为转移；而文化政策问题则是主体价值选择

和价值判断的结果，它以对象的条件性存在为基础，以主体的价值判断为转移。一般来说，只有那些可能引起或导致文化利益的再分配，文化价值的转移，造成主体对文化行为的失控，主体的需要和社会价值目标的实现受到文化威胁，才可能成为政策主体关注对象，纳入政策议程予以政策解决。而一般意义上的文化问题，则要广泛得多，处理起来也就宽松得多。中共中央在提出把"文艺为人民服务，为社会主义服务"作为党和国家文艺工作的总口号、总政策时曾特别指出："作为学术问题，如何科学地阐述文艺与政治的关系，人们完全可以自由展开讨论"，"作为政策，常要求文艺事业不要脱离政治，坚持正确的政治方向"，各级党委必须严格执行"党的统一的文艺方针政策"。这就是在两个不同的文化层面和对象性领域，对文化问题和文化政策问题的区别。

2．文化政策问题的确认

文化政策问题的确认是政策主体以一定社会、一定历史阶段文化发展需要为存在条件，以一定的价值尺度为标准，以一定的文化理想为目标，从质和量两个方面对文化政策问题的存在及存在形式进行分析、评估和判定的过程，是包括问题的发现、问题的界定和问题的陈述这三个阶段的过程系统。

发现文化政策问题并不是件容易的事。首先，现代社会中由于各种文化矛盾的冲突而引发的文化问题众多而繁杂，涉及领域很宽，不易认清；其次，文化领域中的许多问题常常是深潜不露，矛盾的演变和转化往往会经历一个比较复杂的过程，很难一下子把文化问题与文化政策问题剥离开来；再次，由于文化传统的不同，不同的文化问题在不同的文化背景下会产生截然不同的结果。在我国，文化领域一直是较为敏感的区域，常因文化问题而引发政治问题，这就决定了文化政策问题的发现在我国文化政策制定过程中难度的增加，因而科学地界定和准确地认定也就显得格外重要。

从中国社会主义文化政策形式和发展过程来看，文化政策问题的发现主要有以下几种情境。

（1）某些带有倾向性的文化问题引起党和国家领导人的特别注意而被发现。如毛泽东在 20 世纪 40 年代在延安时期论文艺的方向问题，80 年代中期邓小平关于反对资产阶级自由化问题，都是比较典型的例子。

（2）高校、科研和政策分析机关的专家学者、研究人员在对文化课题的探讨、分析、研究中，凭借渊博的专业知识和对社会实践的敏感性程度，对一些重大文化政策问题的发现。如 20 世纪 80 年代我国关于文艺与政治关系问题的政策调整。

（3）某个或某几个文化问题已影响到一部分人甚至大多数人的文化权利和文化利益，成为社会公众议论的中心和社会舆论关注的焦点，引起政府中枢决策系统的高度重视，成为必须解决的文化政策问题。如"扫黄打非""两手抓，两手都要硬"政策的出台。

（4）某些突发的重大文化事件、事变，也会成为政府对文化逆境的克服而立即需要加以解决的重大文化政策问题。

（5）国际上发生的能直接影响到本国文化利益和文化主权的重大事件，需要立即采取对策予以调整的问题。20世纪60年代中苏意识形态论战和90年代中美关于知识产权领域里的冲突面引发的中国相关文化政策的调整，即属此例。

（6）国家行政业务部门在执行公务、管理文化事务过程中发现的文化政策问题。例如文化体制改革以来出台的一系列文化经济政策，就是由文化计划、统计、财政等部门的工作中发现而逐步完善、解决的。

（7）其他党派。社会团体，也常常根据自己的观察、观点和利益，提出应当作为文化政策予以落实和解决的若干重要的文化问题。这类问题较集中在知识分子政策、统一战线和一些文化的社会问题上。随着现代社会的飞速发展，如何及时地发现问题，并及时地采取有效措施，防患于未然，最大限度地降低国家文化管理成本和最大限度地提高国家文化管理效益，已越来越引起政策主体的高度关注，并作为国家公共政策制定系统的重要组成部分，而纳入政府中枢决策系统的视野。

文化政策问题是一个与社会、政治、经济有着广泛联系并不断发展变化的"多媒体"。文化政策问题所处的环境是否确定，涉及政策关系的人与物的范围的大小，以及政策后果可以预测的程度等多方面的因素，决定了文化政策问题的复杂。因此，在各种文化问题发现之后，关键是要确定哪些是文化政策问题，哪些不是或暂时不是文化政策问题。这就需要对各种文化问题进行分析、比较、研究，然后才能认定，提上政策议事日程。

确认文化政策问题，是对问题的性质及存在方式的对象性认定和判断。首先，它是客观存在的一种文化情况，被人们广泛觉察和认知，具有一定广度和严重程度的文化事实；其次，这种文化情况和文化事实与人们所持的价值观念、文化规范和文化利益相对立，并产生冲突，严重危及已有的文化秩序，从而激发起人们采取行动加以解决以恢复或重建新的文化秩序；再次，采取文化行动不是个人行为而是一定主体的集体行为过程，它是一系列活动的结果。作为对象性存在，则是文化政策主体——政府中枢决策系统认为有必要运用国家或政府文化权力予以解决的文化问题。这是从整体性去把握和认定文化政策问题。在实际工作中，还需要确认问题的性质、特点和方法，即它是属于哪一类性质的文化政策问题。不同文化政策问题通常有不同的性质。有的纯属于文化的学术问题，有的属于文化问题中的政治问题，有的则可能属于文化的经济问题或宗教问题等，都必须根据对象的不同性质来确认文化政策问题的界限：是全国性问题还是区域性问题，是综合性问题还是部门性问题。由于经济状况、民族特点、历史背景和文化水平等多种原因，各区域的文化发展不平衡存在诸多差别。因此，必须针对这些差别区别对待，根据不同情况认定文化政策的对象性范围。对贫困落后的地区来说，需采取"文化扶贫"政策；对沿海大城市，文化相对繁荣，文化市场相对发达，则以怎样落实文化产业政策，实现"两个根本转变"和"可持续发展战略"认定为文化工作的重点。同时还要区分是指导性问题、分配性问题还是限制性问题。指导性问题，一般来说，具有全国意义；分配性问题，一般涉及各文化部门以及全体社会成员之间有关文化资源调整、改变和重组等，它可以是全局性的，也可以是局部性的。就现阶段中国的情况来看，在文化体制改革和转型过程中，这类性质的问题往往比较突出而又必须解决。限制性问题，是对某一具体文化行业、部门及部分社会成员的文化资源占有、利益关系和某些文化行为的控制和约束。例如对营业性娱乐场所发展的政策性控制，阶段性"扫黄打非"，对文化娱乐业从业人员实行资格考试持证上岗从业制度等，均属这一类。美国学者 J.S.利文斯顿在论述政策问题确认的重要性时曾说："问题的挖掘和确认比问题的解决更为重要，对一个决策者来说，用一个完整而优雅的方案去解决一个错误的问题对其机构产生的不良影响比用较不完整的方案去解决一个正确的问题大得多。"[①]因此，只有把文化政策问题的功能、地位、作用和性质、特点弄清楚了，才能从总体上、本质上认定和认准文化政策问题，从而为决策提供具有科学意义的对象。

3．文化政策议程的建立

文化政策问题的发现和确认，只是提出了需要采取政策性措施和需要制定文化政策的可能性，还没有成为文化政策决策主体的行为，还没有使文化政策问题成为政策现实。文化政策主体是否对该问题制定政策，关键在于是否把该政策问题列入政府中枢决策系统的政策议程。

所谓"政策议程"，就文化的决策而言，就是文化政策主体——政府中枢决策系统把一定的文化政策问题纳入政策制定范围的规划过程，从而为该问题的解决提供一个时间表和制度保障，提供文化政策问题进入政策制定过程的渠道和需要给予考虑的事项。将一个文化政策问题提到文化政策主体的议程是解决该政策问题的关键一步，只有把文化政策问题列入政策议程，纳入政策主体的规划视野和时间表，才能使文化政策、问题成为政策研究的对象和主体决策的对象，才能通过制定和执行政策使问题获得处理。从而体现出文化政策主体在国家文化行为过程中的主导作用。从这个意义上来说，文化政策议程的形成和建立的过程，实际上就是政策主体及其所代表的阶级或集团要求实现自己的文化意志和文化利益的过程，或者说，是通过文化政策议程的建立使这种要求得到

---

① 张金马．政策科学导论[M]．北京：中国人民大学出版社，1992：133．

合法性满足并通过文化政策制定予以体现的过程。

在政府中枢决策系统中,文化政策议程的类型有许多种,其中,公众议程和正式议程是两种最主要的类型。这也可以看作是文化政策议程运动的两个主要阶段。

公众议程是指社会公众普遍关心和共同议论某个或某几个文化问题,并认为应由文化政策主体采取政策措施予以解决的一种政策议程。公众议程本质上是大众文化议论过程,反映了社会公众在一定的社会条件下和文化环境中普遍性的文化意愿和捍卫自己文化利益的要求,是一种群体性的社会文化关注。如一段时间内社会公众对电子游戏机及黄色碟片对青少年身心健康侵害的议论。正是这种广泛的公众议论,形成了强大的社会文化力量,引起政策主体的高度重视,他们才将问题列入议事日程,迅速作出决策予以解决。因此,一个文化问题要进入公众议程,通常需要具备三个条件:第一,某个文化问题在社会上得到了广泛的传播、普遍的议论和密切的关注;第二,这类文化问题在相当程度上已经侵犯或损害了公众文化利益,社会公众普遍认为有必要采取某种文化措施予以解决;第三,公众依据一定制度下的文化理念,认为政府有责任运用文化行政权力解决这类文化问题,以维护社会公众的文化利益。

正式议程,也称"政府议程",是指文化政策主体把已引起社会公众广泛关注和普遍议论,或涉及国家文化秩序稳定和公众文化利益安全,确需加以解决的文化问题列入议事日程,认真进行研究并采取有效措施加以解决的过程。这个过程本质上是一种行动议程,是文化政策主体依照特定的行政或立法程序对文化政策问题进行研究和处理的实际活动,是文化政策问题解决的政策主体立项。这种立项,既可是旧项目,如历史遗留问题,或虽早已立项但迟迟未得解决的文化政策问题,也可以是新项目,即在社会和国家的文化生活发展中,在社会转型过程中,由于文化范式的转变而出现的新问题。如文化市场建设和管理中的政策问题等。按照建立过程中的各项功能活动的先后次序,正式议程又可分为以下四种类型。

(1)界定议程,由一些经过积极而且认真研究的项目所组成。

(2)规划议程,由一些已达到规划阶段的项目所组成。

(3)磋商议程,根据每一规划方案的利弊得失,与有关方面进行以求涉及多边的文化政策问题的处理达成共识。

(4)调整议程,对已进入正式议程的每一方案进行检验,根据实际情况加以修正。

公众议程是与正式议程具有完全不同的质的规定性的"文化议政"过程。一公众议程虽然表现出对某一文化问题的强烈"议政"和对自己文化利益、文化生态环境的普遍关注,也往往由某些具体的社会文化现象所触发。但它往往由一些较抽象的项目所组成,涉及对象的概念和范围也还很模糊,仅是发生问题和提出问题,有时甚至也可以是某种较为强烈的文化呼吁，可以不提出解决问题的办法或政策方案。这种议程的表现程度和"议政"的成熟性、普遍性程度，要视一定社会条件下的民主政治的宽紧度而定。在欧洲中世纪，在政教合一和文化专制主义的统治下，公众议程往往是难以形成的。正式议程则不同，它是文化的"政府议政"过程，反映的是政策主体对国家文化权力的行使和对国家文化利益、文化目的的保护，对社会文化秩序的维护，因此，它是由一些具体、比较明确的项目所组成，目的是要认定与文化政策问题有关事实的存在以及提出解决这些问题的办法、措施和方针、政策。已成为公众议程的文化问题，并不一定就是正式议程的文化问题；反之，成为正式议程的文化政策问题，也并不一定就是公众议程所关注的文化问题。有时一个文化政策问题已在公众的文化生活中成为普遍的"议政"话题，甚至也已引起有关专家学者的研究，成为研究课题，但文化政策主体并没有把它列入正式议程；而有时一个文化政策问题已经列入政府议程，却恰恰是尚未引起社会公众普遍注意的。因此，这就涉及一个问题：究竟怎样的文化问题才能进入文化政策主体的议程呢？从政策问题情境来说，一般需要具备以下五个方面的条件。

（1）文化政策问题的明显缺陷和转变。一定时期的文化政策问题是这一时期的文化问题的集中反映，因此，为解决一定时期的文化政策问题而制定的文化政策，一方面反映了文化发展历史要求的实际，另一方面也反映了文化政策主体分析、判断和解决文化政策问题进行文化决策所达到的历史水平。这就决定了无论是文化政策问题的存在还是主体的文化决策，就都只具有相对真理性。而一旦产生这种问题和形成相应决策的历史条件已经过去或在历史进程中已经显现已有决策的不足，那么，该文化政策问题的性质就会发生转变，并由此使得人们对传统的文化政策规范、政策习惯、政策原则以及许多与此相适应的文化政策产生越来越多的怀疑，成为文化发展的阻力。这里面包括了人们的文化期望、文化追求和文化的信念。政策内在动力的曲折演化，文化政策问题的实质特征发生突变，以及前所未有的新文化问题的出现和原有文化矛盾的日积月累而引起的激变和质变等，导致了新文化政策问题的产生，并引起了社会的普遍关注和文化政策主体的高度重视。这时，这个问题就可能很快进入主体的正式议程而寻求解决的措施。我国 20 世纪 70 年代末 80 年代初期关于文艺与政治关系问题的大讨论，以及最终关于这一问题的文艺政策的重大调整，"不再继续提文艺为政治服务"，就是一个较为典型的例子。

（2）社会文化资源分配重组。就社会稳定和社会文化发展的基本要求而言，社会文化资源的均衡分配和变化，是社会文化运动健康发展的重要基础，同时也是文化政策制定的一个重要资源。一定时期的社会文化资源的分配状况，既是社会文化运动自我调节的结果，又是一定主体意愿调控的产物，反映了主体的理想和追求，因而这种分配的合目的性和合规律性程度是对文化政策制定的一种约束力量，而两者的有机结合均衡运动也是文化政策制度所确定的一个目标。然而，就事物发展的客观规律来看，无论是来自文化自身的发展变化（如价值观念）导致社会文化资源分配结构的裂变，还是来自文化外部条件的变化（如政权变动）而引发对现有文化资源进行重新组合的要求，都会造成社会文化资源分配的失衡。同时，文化的分配不公或不平等竞争，使得政府对社会文化资源流动的控制的弱化和国家文化分配权力的缩小，也会导致文化政策主体制定文化政策的权力资源的短缺。因此，一方面由于社会文化资源分配的整体性失衡，另一方面由于社会文化资源分配的各文化关系体之间在市场竞争中越来越相互依赖，产生了一种"新文化市场体系"，而提出的利益重组，这两个方面之间的矛盾和冲突构成了由此而引发的新文化政策问题的显著特征，从而作为一种条件而被列入政策主体的正式议程。这类问题既可以是国际范围的（涉及世界文化市场资源分配和重组），也可以是国内范围的（文化体制改革，如中国加入世界贸易组织后的中国文化利益格局的变动）；既可以是宏观的，涉及国家整体文化利益，也可以是微观的，涉及有关文化利益团体的甚至公众个人的文化利益的。

（3）新文化发展缺少可靠的政策指南。由于社会转型、经济转轨和政治体制改革带来的巨大影响，建立文化政治和文化经济新秩序以及相应的社会文化运行机制和新文化制度，常常会显出政策准备明显不足，如何缩小日渐拉大的与传统文化运动和文化发展模式的差距，推动显示强劲发展趋势的新文化的生长，常常成为新文化发展在主体可控性方面的一个重要问题，而被文化政策主体列入正式议程。即面对迅速生长和不断壮大的新文化，包括文化观念、文化形态、文化产业、文化市场等，文化政策主体在给予政策指南方面均缺乏文化政策备选资源的足够准备。自 20 世纪 80 年代改革开放以来，对于如何在建设社会主义市场经济的同时，有效地防止社会主义精神文明建设的滑坡，使文化市场活而不乱，既繁荣又净化。就是在几经曲折之后才逐步获得解决的。至于整治一些比较突出的文化问题的多次反复，不只是因为整治不力或没有足够的文化权力等，而主要是因为缺乏系统的文化政策配套和良好的政策主张，而未能从制度、体制等方面系统地解决问题。因此，作为可靠的文化政策指南，文化政策导向的系统思想具有特别重要的意义。

（4）国际文化关系剧变形成政策真空。在现代国际关系中，任何一个国家的文化发展都不是孤立的。对外文化政策关系作为国家文化利益的国际体现，在一国文化政策的框架体系中是重要的组成部分。一个国家制定文化政策，不仅要从本国的文化国情出发，而且也要思考国际文化关系这个大背景。国内文化政策，从国际文化关系学的意义上看，它是国家的国际文化关系判断和对外文化战略的国内反映。因此，当国际文化关系发生剧烈震荡和变化，国际格局面临新的分析和组合的时期，内外文化政策的适时调整就是必不可少的。特别是在"冷战"结束后，世界正朝着多极化发展，和平和发展成为当今时代的主题，国际间政治、经济的合作和交往日益密切，使一国的文化在自我封闭和自我循环的关系中发展成为不可能。为"冷战"需要而制定的以意识形态抗争为主要特征的文化战略和文化政策，在"冷战"结束后其作用和影响受到了极大的削弱，而在新的世界格局又尚未完全形成之前，文化政策真空的出现作为政策无能几乎是不可避免的。正因为这样，如何面对变化了的国际文化关系来重新制定文化政策，作为一个重要的文化政策问题也就必然地列入政策主体的正式议程了。中共中央在《关于制定国民经济和社会发展"九五"计划和2010年远景目标建议的说明》中，论及"社会发展和精神文明建设问题"的基本政策时就特别指出："国际范围各种精神文化力量的相互激荡和影响，使社会主义精神文明建设遇到严峻的考验。能否搞好精神文明建设，关系我国社会主义事业的兴衰成败，关系我们把一个什么样的中国带入21世纪。"[①]美国哈佛大学著名政治学教授塞缪尔·亨廷顿于1993年发表于美国《外交季刊》上的《文明的冲突》，作为"冷战"后美国国策咨询课题研究报告，就是为填补"冷战"后的美国的国际文化战略决策的政策真空而作的。

（5）政治、经济和意识形态综合症。由于文化几乎覆盖了人们的社会生活和国家生活的各个方面，在这些领域里发生的任何重大事件或事变都会在文化领域里强烈地表现出来，都会引发文化政策问题的产生和文化政策的变动。这在我国的文化政策议程的建立中尤其如此。基本的文化价值观与基本社会制度之间的冲突，国家占主导地位的意识形态与各种主义、学说和信仰之间的冲突，非公有制经济基础上的文化建设与国家社会主义宏观调控之间的冲突，各利益团体的文化权利意识与社会主义文化工作伦理之间的冲突等，所有这些都不仅仅是哪一个方面的问题，而是多种成分交织在一起的综合性问题，必须给予文化的综合治理才能解决。这种综合症及其所反映出来的综合治理问题，往往是涉及国家关于一个时期、一个阶段文化发展、文化建设、文化管理的大政方针，因而也就特别容易引起决策主体的关注而列入正式议程。

文化政策问题要进入决策主体的正式议程，除了要具备一定的条件外，还需要通过一定的途径，借助于一定的形式和手段才能完成。在我国，除了文化政策问题的明显暴露或爆发，引起决策主体的高度重视而很快将此问题列入正式议程外，比较多的是出于党和国家的领导人、思想文化界权威人士或著名专家学者的预测性发动。这种预测性发动是在科学理论和现代管理科学的基础上，根据对国家文化建设发展方向和结果的估计，对社会整体发展趋势和进程的规划，和对在这个过程中所可能产生以及所需要解决的文

[①] 中国共产党第十四届中央委员会第五次全体会议文件[M]. 北京：人民出版社，1995：13.

化政策问题，超前提出对策，从而使党和政府在国家文化发展过程中掌握文化管理的主动权。特别是在社会转型期和历史转折时期，尤其需要这样的预测性发动，以避免在国家文化生活的宏观调控方面造成政策真空或缺少可靠的政策指南。毛泽东提出"双百"方针，邓小平果断提出"不再继续提文艺从属于政治、为政治服务这样的口号"，都在这方面提供了科学的范例。另外，通过民主政治过程，将文化问题列入决策主体的正式议程，在我国也是文化政策议程建立的一个重要途径和有效运作机制。通过这种途径进入的，一般有各政治组织，如民主党派、群众团体等，人民代表大会（通过提案形式），利益团体（各业务或职能部门）以及大众传播媒介等。

二、文化政策文本的建构

文化政策文本的建构，是文化政策问题获得确认并进入正式议程后，政府中枢决策系统为解决该问题而形成政策方案的主体决策行为。它是文化政策制定过程系统的核心。文化政策问题只有经由这个核心过程的工作，才能获得解决的希望。否则，即使进入正式议程，也仅具提案资格的意义，还不是本体意义的实现。

文化政策文本的建构是一项创造性的主体决策活动，它要求政府中枢决策系统的各个方面，结合文化政策问题的实际需要，充分运用各种政策资源和丰富的文化管理经验，在科学的理论和既定的政策原则指导下，寻求解决文化政策问题的最优化方案。作为一个综合性的研究、设计、规范和决策的过程，建构文化政策文本的一般程序和主要内容包括以下四个方面。

1．明确政策思想和政策原则

作为社会文化现象，一定的文化政策对象是一种客观的社会存在，而作为文化政策问题，则是一定社会历史条件下政策主体所依据和遵循的一定的思想和价值观，对文化现象进行主观价值判断的结果。不同的社会历史条件，不同的政策主体所遵循和依据的思想基础和价值观念是不一样的，因而，文化政策问题的质的规定性也是不一样的。问题的实质是对象的存在和运动发展的实际与政策主体的文化利益、文化目标和文化价值尚未实现之间的矛盾。因此，要解决一定的文化政策问题，首先要明确以什么样的要求和标准去解决，即必须首先明确解决问题的指导思想和基本原则。只有在一定政策思想和政策原则的观照下，解决文化政策问题的文化政策的制定和政策方案的出台，才是合目的的和可操作的。文化政策制定作为主体追求的一种文化目标的方式，要给予实现文化目标以实在的价值导向。因此，明确政策思想和政策原则，在全部文化政策制定系统过程中具有决定性意义。任何缺乏明确的政策思想和政策原则指导的政策，都是没有意义的，也是不能发挥任何积极作用的。

政策思想是政策主体在制定文化政策中所依据的根本指导思想。它受制于政策对象所处的历史条件下占支配地位的文化利益和文化意志，因而是由占统治地位的文化思想体系和价值观所决定的。政策原则则是在政策思想指导下的具有强制和约束意义的规定。在当代中国，马列主义、毛泽东思想是文化政策制定的根本指导思想，邓小平理论是制定文化政策的思想旗帜，而四项基本原则则是文化政策制定和文化政策问题解决必须坚持的总的政策原则。当然，文化政策问题相比较而言，总是比较具体的，是一个具体领域里的政策问题，因此，文化政策制定除了要坚持基本的政策思想和政策原则外，还必须要有关于解决具体文化政策问题的指导思想和原则，做到对具体问题的具体分析和具体解决。只有这样，才能确保文化政策制定后有效地解决问题，推动文化事业的进步和发展。

由于文化政策问题的复杂性，广泛涉及政治、经济、文化、宗教、法律、社会等领域，常常需要许多专门知识，因此，只要不违反四项基本原则，不危及社会的基本价值观和损害党和国家的文化行为能力，通过百家争鸣，使来自不同方面的各种意见相互补充、充实，就能克服文化决策中的盲目性，减少政策失误，提高政策的科学性。尤其是在我国的文化体制改革过程中，文化政策范式的创新，常常可以从丰富多样、见解迥异的政策主张中获得重要的政策资源。中国共产党经常在作出重大决策前倾听和征求党外民主人士的意见，党外人士的参政议政就是在政策制定过程中提倡政策思想多元化的生动体现。当然，毫无疑问的是，必须对那种危及国家文化安全及人民的根本文化利益、社会的根本价值观和有损于基本道德原则的思想进行控制，以确保基本政策思想和政策原则的指导作用。

2．确定政策目标，形成政策意见

文化政策问题是一定社会文化存在的实际状态和政策主体的文化价值、文化期望与想要达到的文化境地尚未实现之间的差距和矛盾的反映。制定文化政策，解决文化政策问题，就是要消除矛盾，缩小差距，实现文化发展的理想状态和理想境地。这个理想的状态和境地，就是政策主体在一定时期和一定历史阶段期望达到的文化目标。这是文化政策主体实施社会文化发展战、社会改造目的和文化管理，推动文化发展的原动力。没有这个原动力，一切关于社会进步、文化发展问题的解决，以及社会文化行为的合理控制，将是盲目、无序的，缺乏标准和依据的，因而是无价值的。所以，作为整个文化政策运动的开端和一切文化政策行为的出发点，文化政策目标的确定就成为解决文化政策问题的决定性因素，成为全部政策制定阶段的核心，不仅文化政策设计和择优要以此为基础，而且文化政策执行的指导方针和未来文化政策评估也要以此为标准。

文化政策目标与文化政策问题直接相关，一定的文化政策问题实际上规定了一定文化政策目标的走向。因此，确定文化政策目标，必须首先确定政策目标方针。文化政策目标方针是对文化政策目标的高度概括，它规定了一定历史时期内主体关于文化的总的发展方向、发展战略、发展规模和要达到的水平。文化政策目标方针是它所作用的那个文本领域的灵魂，贯穿于全部文化政策活动的始终，对文化政策运动的全局具有战略性的意义。文化政策目标方针的正确与否，决定着文化政策活动的成败。在这里，文化政策方向的正确与否有特别重要的意义。文化政策目标是一种有方向的量，即向量。按照数学原理，构成一个向量必须有大小、方向和作用点三要素。因此，文化政策目标的确定必须保证方向的正确性，防止发生方向性错误。由于一定的文化政策目标是为解决一定的文化政策问题而确定的，这就规定了文化政策目标必须是具体的、可操作的。文化政策目标的内涵必须是明确的、准确的，内涵不能有歧义，外延必须界定清楚，不能用空洞的、抽象的、口号式的语言来描述政策目标。同时，任何一种政策都有时效性。文化政策目标是一定时期内主体政策活动预期达到的成果。这"一定时期"可以是三年、五年，也可以是暂时的或相当长的，总之要有时间观念，否则对政策实施的目标管理及政策的协调和控制就失去意义。当然，政策目标期限规定的严格性程度可以根据文化政策问题的性质和要求而有所区别，具有一定程度的弹性范围。即使是需要相当长的时间才能完成的总目标，也要提出分阶段实现的政策意见和指标要求，这样，总目标才能由可能而成为现实。

确定文化政策目标，不仅要从解决文化政策问题的要求出发，而且还要从主体解决问题的能力和客观所提供的条件出发。任何目标，作为主体努力的方向、追求的理想境界和渴望实现的目的指标，都带有超前性，都是在现实基础上对可以预见的未来的规划。但是，任何目标的实现又都是有条件的，即只有当主客观具备了一定的条件，政策目标的确定才是可行的，因此，确定文化政策目标必须充分考虑实现目标所需要的各种主体条件，其中包括人力、物力、财力、信息、技术、权力等政策资源，还要充分考虑实现目标的客观条件，包括国内外政治环境，一定时期社会价值观、公众心理状态和公众文化准备程度等。在这些条件中，有可控因素也有不可控因素。只有可控因素或有利因素占主导地位时，确定的文化政策目标才具有可行性。所以，文化政策目标的确定既不能过高，也不能太低。目标要求过高，可望而不可即，就没有可行性；目标要求太低，缺乏激励机制，也就失去了超前的意义。

由于文化政策问题一般都是涉及面广、影响面大的问题，政策目标往往不是单一的，而是多个目标项目的有机组合，因此，文化政策目标的确定必须考虑各项间的一致性，不能相互矛盾、互相抵触。在文本构建过程中，在有多个政策目标的情况下，要区分政策目标的主次关系，要优先保证主要政策目标在政策资源分配上的要求，从而使各目标间形成一个配套合理、整体优化的目标体系。

3. 明确政策关系，规定政策范围

文化政策关系是文化政策与相关对象之间相互作用、相互影响的存在状态和联系，是一定性质文化利益关系的政策反映。文化政策问题的产生和出现，就某种意义而言，就是原有的文化利益关系的失衡和冲突的结果，是某种文化政策关系的紧张状况。制定文化政策，就是要从一定的文化政策目标出发，根据一定时期和阶段社会文化发展和文化利益的主体要求，理顺文化政策关系，消除文化利益体之间的紧张状态，建立社会文化发展新秩序，使之符合文化良性运动的生态要求。这里涉及的，既有文化政策的主体与客体的关系，也有主体与主体、客体与客体的关系；既有文化政策利益的整体与局部的关系，也有文化政策实施的空间与时间的关系；既包括对象范畴，也包括主体责权。由于政策关系建立的合理与否直接影响到文化政策的成效，明确文化政策关系，规定政策范围，就成为文化政策目标确立后文化政策文本建构的又一项重要内容。

文化政策主客体关系是文化政策关系系统中最重要也是最一般的政策关系，决定着其他文化政策关系的性质和走向。文化政策问题和文化政策制定就是这种关系的直接反映。因此，文化政策主客体关系不仅反映了文化政策制定与文化政策问题之间的必然联系，而且还反映了两者之间在实现新文化利益均衡所可能达到的程度。主体的愿望、要求见之于客体发展、需求的合规律性程度。"顺之者昌，逆之者亡"，是最能揭示这种关系的本质意义的。明确文化政策关系，必须首先明确文化政策的主客体关系。要明确政策主体，划定政策客体；要根据不同性质的政策的政策功能，明确主体的责任及实现这一责任的权力边界；要规定和限定政策效力的时间、空间范围，明确政策作用的对象领域和层次，不能无限扩大政策的效力范围。一般来说，除了国家关于文化的大政方针外，无论是政策主体还是政策客体，它们的对象性范围和权限边界都只有在适当的临界质量之内，才能产生和发挥最大效益。

文化政策是广泛涉及文化艺术、新闻出版和广播电影电视等领域的一个复杂的系统工程。不仅不同的文化领域有不同的文化政策问题，而且不同的文化领域有时也会有相同的文化政策问题。在我国，由于计划经济模式下长期形成的文化管理的历史局限性，各个方面的文化体制改革还须进一步深化，文化政策关系还有待于进一步理顺，"政出多门"的情况暂时还无法完全解决，上面一根针，下面千条线，甚至上面几条线，下面一根针的文化管理不顺、不畅的状况还依然存在。正确处理好各种文化政策关系，对于建立科学的中国文化政策体系和文化管理制度具有重大的意义。因此，在文化政策文本建构过程中，必须确定文化的宣传工作、事业建设和行业管理三者之间的关系，党的领导与政府文化行政管理工作的关系，各部门分工负责、分级管理、协同共管的关系。一个文化目标的实现常常有待于其他相关部门的协助，建构政策文本就要尽可能地考虑到影响文化政策实施的各种因素，建立全面的政策管理体系和政策协调关系体系，优化、合理地建构文化政策文本。

一项新的文化政策投入，必然要与现行文化政策产生某种形式、某种内容的矛盾和冲突，对于这种矛盾和冲突，在政策文本建构的思考过程中，就还必须处理和协调政策创新与文化政策连贯性和稳定性的关系，防止和避免出现"政策多变"的负面效应。只有充分理顺和协调好各种文化政策关系，才能形成文化政策的整体功能，推动和促进各项文化事业的建设和发展。

4．设计政策方案，作出政策决策

设计政策方案，作出政策决策，是文化政策文本建构过程中的第四个阶段，也是建筑在前几项基础上的综合成果阶段。

文化政策方案设计大体可分为文本内容的总体框架构想和具体方案设计两个步骤。

总体框架构想主要包括政策图标、决策依据、指导方针、基本原则和措施、政策对象范围以及政策适用时限等。由于对象领域的丰富复杂性，为确保政策方案选择的科学化，总体框架构想应当坚持备选方案多样性的原则。只有通过对一定数量和质量的备选方案的分析、对比，才能做到既坚持决策的科学性，又坚持决策的民主性，才能对所选定方案的优化程度做到心中有数。这就要求文本内容总体框架构想要尽可能地把能考虑到的备选方案都构想出来，确保备选方案在整体上的完备性。如果遗漏了某些可能的方案，那么最后选定的方案可能就不是最优的。总体框架构想还必须坚持创造性原则。政策创新是文化政策文本建构的关键性内容。文化政策的决策制定总是根据不断出现的新情况、新问题而采取的措施和行为。这些新情况和新问题常常是主体以往不曾遇到，甚至也是已有的经验所无法解决的。这就需要政策主体在构想文本内容的总体框架时，坚持实事求是，一切从实际出发的原则，大胆地根据新情况和新问题，提出新思路、新设想，拿出新方案。尤其是在当今中国，社会主义市场经济的建立所提出来的一系列建设有中国特色的社会主义文化的新问题，都是马克思主义经典作家所未曾遇到过的。这就更需要大胆地闯，大胆地去试。只有这样，主体规范才能满足和适应客体发展的需要。因此，面对不断深化的改革和不断变化的时代，文化政策文本总体框架的构想，必须为备选方案的创新而扩大政策的灵活余地和拓宽政策的自由空间。

具体方案设计主要是按照总体框架构想确定实现文化政策目标的具体途径、措施、方法和手段，包括政策界限的规定、主体的责权范围、享受有关政策的条件和义务等。具体方案设计是对总体框架构想，特别是它的创新性内容的可实践性和可操作性的安排，既要有前瞻性，富有革新精神，又要切实可行。特别是在具体方案的设计上，不能超越一定阶段和一定地区文化改革和社会改革所能承受的能力。因此，具体文化政策方案的设计，必须从不同的政策层次出发，掌握好具体的尺度，既不能过于抽象和概括，使政策实施者在执行过程中无所适从，以至偏离政策目标，也不能过于详细，限制了政策执行人的主动性、积极性和创造性。总之，要做到文化政策的指导方针与文化发展的具体实际相结合，政策创新与务实作风相结合，主观意图与实践需要相结合，原则性与灵活性相结合。

文化政策方案的初步形成，并不等于决策的形成，还必须对方案本身进行系统的分析、评估，择优选择和可行性论证，然后才能最后形成决策。所谓"分析、评估"，就是围绕文化政策目标，对已经拟定、提交讨论的各种政策方案从成本、效益及可能遇到的问题进行全面的分析、评价。就方案的有利因素和不利因素、有利条件和不利条件、可能性和不可能性进行全面、系统的分析和深入、科学的论证，比较利弊得失，在充分发扬民主，广泛征求和听取各种意见的基础上，本着实事求是、一切从实际出发的原则，综合筛选出一个最佳政策方案。政策方案择优在我国必须坚持"三个有利于"的原则、"实事求是"的原则、"四项基本原则"和"改革开放"的原则，有利于国家文化发展战略和文化目标的实现，促进文化生产力的发展，满足人民日益增长的文化需要，推动社会的全面进步和发展。在政策分析和政策论证的基础上，对择优选择的政策方案进行最后一步工作，即可行性论证。可行性论证工作，主要解决文化政策方案的政治可行性、经济可行性和技术可行性问题，要对政策方案的可接受程度，获取政策资源的可能性程度，以及政策目标在操作层面上的可实现性程度，有全面、深入的了解和把握，明确陈述方案设计主体的倾向性意见以及需要决策的备选意见。然后，由相关职能部门把制定的政策方案提交决策机关，由最高中枢决策系统作出决策，正式出台文化政策。文化政策文本建构进程至此结束。

需要注意的是，文化政策文本建构并不是一个单向直行系统，而是双向多阶段的反馈系统。在这一系统运转过程中，当某一程序出现问题时，系统就会跳回到前项步骤，或直接返回程序的起点。正是通过这样不断地反馈、调整和总结，最终制定出科学、合理、完善的文化政策。

三、文化政策采纳和合法化

文化政策采纳和合法化是文化政策制定过程中的一个关键性阶段。所谓"文化政策采纳"，是指决策主体决定接收某种文化政策方案，采取某项文化政策的行动。由于对文化政策方案采纳的得当与否，将直接影响一个时期文化运动的结构和走向、繁荣和衰落，甚至会给一个时期的社会、政治和经济带来深刻影响和巨大的变动，文化政策决策主体对政策采纳都持非常严肃的慎重的态度，没有相当的把握和对政策方案充分而周严的论证是不会轻易决定采纳某种文化政策的。在我国，曾经在一个不短的时间内一直把文化看作是为政治服务的工具，因此，在文化政策的采纳问题上，也常常因政治问题而使文化政策采纳不断出现失误，以致给我国文化事业造成不小的损失，直至像"文化大革命"那样的灾难性后果。

　　然而，问题的复杂性是在国家文化管理的实际活动中，常常有一些突发事件或是一些亟待解决的、紧迫的文化政策问题，迫使决策主体必须在短时间内迅速作出反应，提出处理问题的方针和政策。在这种情境下，文化政策决策主体，无论是政府中枢决策系统还是领导者个人，都很难按正常程序，依靠文化政策研究和咨询机关所提供的方案进行比较和选择，而是由决策主体凭借个人或领导集体的经验、智慧、政治判断力及应变和处理风险的能力，作出政策抉择。假如把这种在文化政策制定时所面临的各种形式的严重困难，在短时间内要求迅速作出决策的突发性事件和灾难称之为"逆境"的话，那么逆境中的文化政策采纳和文化政策制定当是文化政策学研究中的一个重要课题。有时，即使在正常的程序下，经过文化政策研究和咨询部门充分的准备之后，对决策主体来说，也还有一个文化政策采纳的生态环境的优化程度和时机成熟的问题，在理论上被认为是最佳政策方案，有时在实践意义上并不就是完全可行的。这种情况也常常导致决策主体不得不放弃最佳的和应该是那样的文化政策，而决定采纳虽然并不"科学化"但比较切实可行的，带有"文化妥协主义"色彩的文化政策。因此，怎样才能实现文化政策的高质量制定、文化政策采纳问题研究，必须引起决策主体的高度重视。

　　所谓"文化政策合法化"，是指文化政策被采纳后获得合法地位的过程。同时也是决策民主化的重要阶段和体现。文化政策具有对社会文化行为的规范和导向作用，带有行政约束力和强制性。由于一定的文化政策都是一定时期国家政治统治和社会管理的重要组成部分，是国家管理意志在文化领域中的反映，任何一种新的文化政策的出台，都必须符合现行政治法律结构，符合宪法精神和原则，不能与现行法律相抵触。如果违反现行国家政治和法律，势必造成国家宏观文化管理和控制的无序和失调，危害国家和人民的文化利益。因此，在现代文化政策运行中，有条不紊的文化政策关系和政策功能的展开，是以文化政策主体在宪法和法律所赋予的权力及规定的范围内的活动为前提的。而完备的文化政策文本的最后形成，不仅在内容上是合法的，在行为方式上也是合法的，即文化政策的出台必须经过相应的程序而取得合法的地位。文化政策合法化的途径因各国国情的不同而有差异。在我国，通常有以下四种情况。

1．由中共中央或中央全会决定或决议的文化政策

例如《中共中央关于加强社会主义精神文明建设若干问题的决议》（1996 年 10 月 10 日中共十四届六中全会通过）、《中共中央关于进一步做好文艺工作的若干意见》（1997 年 1 月 11 日）。在我国，中国共产党是执政党，享有宪法和法律赋予治理和管理国家的一切权力。我国宪法在规定我国政权性质时明确指出：是中国共产党领导的，以工农联盟为基础的人民民主专政；中国共产党是领导我们事业的核心力量。这不仅明确了中国共产党作为执政党的合法地位，而且也从宪法的高度明确了党的包括文化政策在内的各项政策的合法性和指导性地位。因此，由党的中央委员会作出的决定和决议也就法定地在我国人民的文化生活中和国家文化事业的发展中发挥它的规范和指导作用。

2．由全国人大及其常务委员会以决定或决议的形式所采取的政策

根据我国的政治制度，全国人民代表大会是我国的最高权力机构，在休会期间它的常务委员会代行其职权。因此，作为立法机关，它依法作出的一切决策也就合法化了。这类文化政策常常是以"法"或"管理条例"等法律的形式出现的。例如《中华人民共和国文物保护法》《中华人民共和国著作权法》等。政策与法律在本质上是完全一致的，都要体现国家意志和人民的根本利益。列宁在谈到法律与政策的关系时曾说过："法律是一种政治措施，是一种政策。"[①]彭真在谈到我国法律与政策的关系时也指出："我国的法律和政策是统一的。我们的许多政策是根据宪法和法律制定的。当然，政策比法律的范围要宽些。我们把那些经过实践检验证明是成熟了的政策，用法律形式固定下来。"[②]"双百"方针和"二为"方向就是先有政策而后成为国家法律的。根据我国宪法和法律规定，地方各级人大及其常务委员会以决议或决定的形式所采取的文化政策，同样具有合法性和合法化。

3．由国务院及其相关文化行政部门和地方人民政府及其文化行政部门，根据宪法和有关行政机关组织法规定的职权范围内决定采取的文化政策

如《营业性演出管理条例》（1997 年 8 月 11 日）、《关于进一步完善文化经济政策的若干规定》等。这类文化政策的合法化，或由国务院常务会议通过"国务院令"的形式发出（如《营业性演出管理条例》）同时具有法规性质，有的则以行政公文发出。地方各级国家机关所制定的地方性文化政策，凡法律规定不必报上级机关批准或备案的，从有关机关通过决定的时候起也就合法化。否则，必须履行报上级机关批准或备案的程序之后才合法化。

[①] [俄]列宁. 列宁全集[M]. 第 23 卷. 北京：人民出版社，1985：40-41.
[②] 1987 年 4 月 9 日《人民日报》。

4. 党和国家领导人作为决策主体重要组成部分之一，所发表的关于文化问题的重要意见或所做的重要报告

这类重要报告和意见，只有经过合法化程序的，才能获得政策形态和文化政策合法化，才能对文化工作具有指导意义和规范作用，否则，根据党和国家政治生活原则的有关规定，凡未经过集体讨论而发表的个人意见，在原则上是并不具有约束力的。

文化政策合法化是一个政策优化和对政策行为依法监督的过程，也是决策民主化、科学化的具体体现。如何通过一系列严格、科学的法定程序对文化政策决策实行有效监督，从而保证党和国家的文化政策最大限度地推动我国文化事业的健康发展，最低限度地克服因决策失误而给文化事业建设带来的损失，建立健全、高效、民主、科学的决策机制，是我国文化政策建设和文化政策科学研究的一个重大课题，这有待深入研究。

第二节　文化政策制定的原则和方法

一、文化政策制定的原则

任何政策的制定都是在一定的思想指导下，依据一定的原则进行的。所谓"原则"，是指处理问题的准则和行为所必须遵循的规范。文化政策制定原则，是指制定文化政策所依据和遵循的准则和规范。它是文化发展规律的政策学反映，决定着文化政策的结构和文化政策运动的走向。由于一定的政策是一定时期占统治地位的文化政策主体文化利益的集中反映，深刻地代表了政策主体的文化意志和文化愿望，文化政策制定原则也就必然地打上政策主体的主观愿望和选择的烙印。

文化政策制定原则是一个具有丰富内容的整体，有相对独立的体系。在这个体系中，既有属于文化政策自身的内在原则，也有属于政策制定环境要素的外在原则，包括文化政策制定的理论指导原则、政治原则、党性原则和政策制定的民主科学原则等。作为社会主义国家，中国坚持马列主义、毛泽东思想和邓小平理论的指导原则，这是建设具有中国特色的社会主义文化的根本。然而，作为一个具有特定内容和特殊规律的政策领域，文化政策制定不仅要遵循这些在中国具有普遍指导意义的原则，而且还应该遵循在现代政策科学理论和方法的基础上形成和建立的一些原则。这大体有以下五个方面的内容。

1. 文化国情适应性原则

文化是一个民族、一个国家区别于另一个民族、另一个国家的文明标志。它是由一定的文明主体，在一定的地域组成一定的实体性的社会和建立一定的社会制度，具有一

定的意识形态，遵循一定的行为模式和约定俗成地服从一定的价值规范而形成的文明体系，是一定的文明主体在长期的历史运动过程中，在与其他文明形态交往的过程中，不断地运动、变化、冲突、整合和分裂、交融的结果。文化是具有排他性的，这是一种文化区别于另一种文化的质的规定性之一。文化的排他性并不排拒不同文化和不同文明间的交流、互补和交融，但是这种交融的结果并不是把自己的文化个性消融到世界原则里去，而是在这个过程中不断地用其他文化的营养滋补和充实自己，完善自己，提高自己，不是使自己丧失个性，而是使自己的文化个性更加鲜明和突出。这是一个国家和民族赖以生存和发展的根据。因此，我们讲文化国情，是指一个国家、一个民族借以同其他民族和国家相区别的这种最基本的根据，体现在独特的历史传统，独特的文化背景，独特的政治、经济、人口条件，独特的社会性质和外部环境，以及由此而决定的独特的文化发展机制和发展速度、发展方向的文化状况的现实存在。文化政策制定的文化国情适应性原则，就是要从这个文化状况的现实存在出发，准确地把握文化国情，并从中找到适合于国家和民族文化发展需要的方针、政策和办法。对于像中国这样一个经济、文化还比较落后的社会主义大国来说尤其重要。江泽民在中共"十五大"的政治报告中论述党在提出社会主义初级阶段的基本路线和纲领的决策依据时，就曾深刻分析道：我们讲一切从实际出发，最大的实际就是中国现在处于并将长时期处于社会主义初级阶段。十一届三中全会前我们在建设社会主义中出现失误的根本原因之一，就在于提出的一些任务和政策超越了社会主义初级阶段。近二十年改革开放和现代化建设取得成功的根本原因之一，就是克服和改变了那些超越阶段的错误观念和政策，又抵制了抛弃社会主义制度的错误主张，并且强调：当代中国各项方针政策的制定，一定要以我国改革开放和现代化的实际问题、以我们正在做的事情为中心，着眼于马克思主义理论的运用，着眼于对实际问题的理论思考，着眼于新的实践和新的发展。他说："离开本国实际和时代发展来谈马克思主义，没有意义。静止孤立地研究马克思主义，把马克思主义同它在现实生活中的生动发展割裂开来，对立起来，没有出路。"[①]江泽民的这一论述具有普遍的指导意义，也是我国社会主义初级阶段文化政策制定的一个基本原则。这不仅因为超越阶段、脱离中国文化国情的文化政策，曾经在一个不短的时间里成为中国文化政策制定的一种超现实主义的思维模式，而且还因为，也更重要的是，这一文化政策制定的思维模式及由此而产生的文化政策曾经给中国的社会主义文化事业带来灾难性的后果。正确地认识国情和把握现实，从来都是制定正确的战略和策略的前提。在中国如何建设社会主义文化这个有关历史全局性的战略问题上，最大的国情实际和宏观存在，就是目前我们所处

[①] 江泽民. 在中国共产党第十五次全国代表大会上的报告[N]. 人民日报，1997-09-22.

的历史发展阶段。没有正确的主体自我定位，或者主体自我定位不准确，那么据此而提出和制定的路线、方针、政策，必然发生偏差。叶海卡·德罗尔在研究西方政治学家用西方文化模式和价值观念指导第三世界国家政策时就曾指出："西方政府模式的过分影响可能使一些第三世界国家生搬硬套地建立起一些根本不符合本国传统的政府体系。在这里，各种文化的一些主要特点并没有被西方的政治科学所理解。例如，如果不考虑到印度根深蒂固的种姓等级概念就不能真正理解和改进其政治。"①后来这些国家现代化进程所发生的实际情况，完全印证了叶海卡·德罗尔这一理论见解的正确性。因此，作为一条具有普遍意义的原则，文化国情适应性原则应当是文化政策制定科学化必须遵循的重要原则。

2．文化改造原则

文化是一个民族的灵魂，又是塑造民族灵魂的一种力量。特别是当一个民族、一个国家、一个社会面临危机和新生，试图突破种种精神束缚，挣脱思想枷锁，寻求新的变革和改造的时候，文化的力量就会像闪电和雷鸣，就会像一面旗帜，照亮人们的道路，指引人们前进的方向。这是为其他方面所无法替代的巨大的文化改造力量。纵观人类数千年文明史，每一次突变和每一次时代的跨越，以及由此而实现的社会每一次巨大的解放，最终都是通过文化对人的全面提高而实现的。意大利的文艺复兴运动，用文化之火点燃了现代欧洲新世纪的曙光；20世纪初发生在中国大地上的新文化运动，成为中国走向现代、走近世界的划时代的先声；而1978年后中国历史的大转折，最初就是从"什么是检验真理的唯一标准"这一文化命题的大讨论和思想的大解放开始的。最近二十年的历史证明，正是这样一次思想的大解放，使得中国的生产力获得了空前的发展，综合国力得到极大的增强，而文化自身也在不断地改造自己。马克思主义经典作家曾不止一次地从各个层面上，用不同的语义系统，揭示了文化改造的这种巨大力量："批判的武器当然不能代替武器的批判，物质力量只能用物质力量摧毁；但是理论一经掌握群众，也会变成物质力量。"②"代表先进阶级的正确思想。一旦被群众掌握，就会变成改造社会、改造世界的物质力量。"③文化自身的发展要求，必须不断地克服本体在进化过程中的局限性，改造和更新那些已经不适应社会进步和发展需要的价值观念、思想体系、道德规范和行为准则，以及与此相关的文化制度，从而获得重新建构自己的能力和"武器的机制"的定位；另一方面，不断发展着的社会的政治、经济变革和社会改造，也需要文化

① [以]叶海卡·德罗尔. 逆境中的政策制定[M]. 上海：上海远东出版社，1996：258.
② [德]马克思.《黑格尔法哲学批判》导言[M]. //[德]马克思，恩格斯. 马克思恩格斯选集：第1卷. 北京：人民出版社，1972：9.
③ 毛泽东. 人的正确思想是从哪里来的[M]. //毛泽东. 毛泽东著作选读：下. 北京：人民出版社，1986：839.

提供理论依据、价值指南、舆论支持和文化环境的保障。然而，这两个方面的需要有时很难通过文化本身自发的过程实现。文化在一个国家实现的程度，决定于文化满足这个国家的需要的程度。因此，作为对未来文化蓝图的设计，对当下文化行为的规范，对旧的体制、程序、观念的克服和错误的纠正，对主体文化意志的贯彻和体现，文化政策制定就必须坚持文化发行的原则，在对不断发展的文化现实实行广泛干预的同时，为文化发展和社会的全面进步提供强大的精神动力和智力支持，在充分发挥文化发展和文化创造的想象力和自由空间的同时，确保文化凝聚力量和整合力量，使之成为推动物质进步的"粘结剂"。在当代中国，社会主义初级阶段文化政策的制定，就是要反映社会主义经济和政治的基本特征，又要对经济和政治的发展起巨大的促进作用，有助于着力提高全民族的思想政治素质和科学文化素质，在提倡共产主义思想道德的同时，把主体要求的先进性与客体存在要求的广泛性结合起来，在充分吸收世界文化优秀成果的同时，坚决抑制各种腐朽的思想文化的侵蚀。坚持文化政策制定中的文化发行原则，目的不仅要促进实现主体关于未来蓝图的设想，而且要为全面推进社会的现代化体制和僵化的文化过程实行重大改造，包括大规模的社会文化改造，具有特别重大的意义。"建设性破坏"，有时就是要为文化和社会的全面发展清除各种文化障碍。尤其是面对科学技术的迅猛发展和综合国力的剧烈竞争，面对世界范围各种思想文化相互激荡，面对小康社会人民群众的日益增长的文化需求，文化已经并正在成为与政治、经济比肩而立并共同影响世界格局的重大因素。"文化力"已经作为一个全新的概念被广泛接受。当"文化力"竞争已经成为21世纪知识创新竞争的重要内容的时候，坚持文化政策制定中的文化改造原则，就是关系到把建设有中国特色的社会主义事业全面推向21世纪的战略部署。"观乎人文，以化成天下"，这是文化政策制定所必须坚持的。

3．文化效益最大化原则

文化效益问题是文化政策制定目标管理系统中的核心问题。文化政策制定，无论是作为过程还是作为结果，都是主体用以实现文化目标的手段。作为行为过程的真正价值，文化政策制定的有效性则是主体所规划的文化目标的实现性程度。而文化政策制定的根本目的，就是要通过有效的政策调节和政策控制，规范社会的文化行为，最大限度地调动各种积极的文化因素和文化力量，实现主体的文化价值追求和文化目标，满足社会的各种文化需要，创造出更多、更好的政治、经济和社会的效益，全面地推进文化艺术事业的繁荣、发展。因此，能否使文化政策在运行过程中以及结束后，最大限度地体现这一价值追求和文化目的，获得政策运行的最佳效益和最大成果，也就成为衡量政策好坏和价值高低的重要标准。而实现文化效益的最大化，也就成为文化政策制定所必须遵循的重要原则之一。

　　文化效益最大化原则，是根据文化政策的投入和产出原理而提出来的，是建筑在文化政策主客体关系的基础上的。由于现代文化的边际已经远远跨越了传统文化的域限，成为包含政治、经济和社会的广大领域，一项文化政策的出台，常常牵一发而动全身，成为拉动社会的政治、经济的"神经系统"。尽管在现代文化政策制定中有着内容和形式的区别，有着价值和目的的不同取向，但是，不管从哪个层面上看，如何以最小的投入获得最大的收益，以最小的风险获得最完美的成功，就投入和产出的目的来说，都是为了最大程度地实现主体的价值追求和满足客体的利益需要，达到产出价值的实现与形式价值的满足的有机统一。因此，正确处理文化的政治效益、文化的经济效益和文化的社会效益，正确处理主客体间产出价值与形式价值的关系，也就构成了文化政策制定效益最大化原则的基本内容。由于文化的政治效益、经济效益和社会效益最大化的实现与产出价值和形式价值的关系的处理有着直接的因果关系，体现主客体关系的产出价值与形式价值关系的科学处理，就成为落实文化效益最大化原则的关键。

　　产出价值和形式价值是文化政策制定过程中两个重要的价值范畴。产出价值是指作为政府中枢决策系统的文化政策主体输出的价值，包括文化政策对社会文化存在的作用、效果和影响的各个方面，体现的是主体的目标追求和管理意志。形式价值是指作为对象系统的接受和执行的价值，包括客体的参与性受益性，体现的是客体的权利要求和利益满足。虽然从系统分析的角度看，由于产出价值与形式价值存在交叠，以及不同价值观和利益观的差异，使得作为主体行为的文化政策制定面临两难选择——既要体现主体意志，规范客体行为，又要满足客体需要，推进文化发展，但是，从产出价值与形式价值相互作用的关系来看，文化政策制定有效性的提高，即产出价值生产力的提高，往往是以满足最低限度的形式价值为基础的。形式价值的满足性程度直接规定和影响了产出价值的增长和价值收益。这种关系，可以是止相关关系，即形式价值同产出价值两方面实现的程度同步增长，也可以是负相关关系，即实现了某种产出价值，却会造成形式方面的损失，反之亦然。或者是互不相关关系，而这种关系对文化政策制定中的主体选择没有意义。因此既能促进产出价值增长又可以满足形式价值需要的备选方案最为可取，也是最能体现文化效益最大化原则的。这就要求主体在文化政策制定过程中，在价值分析、可行性研究和整体优化的基础上，着力寻求一种既能提高产出价值又能满足提高形式价值，且又不以牺牲对方利益为代价的最有效方案，而所有各种备选方案都必须根据主要形式价值和产出价值的收益和成本来检验其可行性，从而形成明确的选择，以便作出合理的价值判断。在这个过程中，即使是在政策观点和政策主张方面，也必须注意克服专注于任何特定的形式价值或产出价值的做法。因为实践证明，专注于任何一方，对文化建设和发展来说都是弊多利少。江泽民在中共"十五大"报告中，在论及政治体制改革和提高决策效率时曾指出："共产党执政就是领导和支持人民掌握管理国家的权力"，"保证人民依法享有广泛的权利和自由"，而要实行依法治国，就要"逐步形成深入了解民情，充分反映民意，广泛集中民智的决策机制，推进决策科学化、民主化，提高决策水平和工作效率"。①这对于在社会主义条件下如何正确处理文化政策制定过程中的主体意志与客体利益的关系，最大程度地实现文化效益的更大化，具有主要的政策指导意义。因此，追求最大的政策自身价值使其发挥最佳的政策功能效力，产生出最大的政策创造价值，实现文化的政治效益、经济效益和社会效益的最大化，全面推进社会主义文化事业的繁荣发展，在任何时候都是文化政策制定所必须遵循的原则。

4. 质量适度原则

任何政策的效力和作用都是有限的。无限地适用于一切对象和一切范围的政策，不仅没有意义，而且这种企图也是有害的。对于像文化艺术这样特殊的政策领域，对它进行干预的力度过大或范围过宽都会走向事物的反面。在我国社会主义文化发展史上，几次大的文化波折和像"文化大革命"那样灾难性的后果，都是由于对文化政策问题的质、量的估计和判断超过了它实际的"最高阈限"造成的。因此，正确地把握文化政策的质（界限）和量（限度）的适度原则，在现代文化政策制定中就具有特别重要的价值。这不仅关系到文化效益最大化的实现，而且直接关系到文化改造功能的发挥和主体目标的实现。

发生或者说产生和形成文化政策问题的一个重要依据，就是它变化的阈值，而阈值的高低又取决于产生政策问题的原动力、规模以及复杂程度等因素。要解决问题，并且能够取得预期的效果，一个重要的条件就是要使实施的文化政策方案达到某种临界点，即用以投入的政策资源数量、政策涉及范围、方案作用的时间跨度、使用的政策手段和政策方案设计的完备程度，以及政策干预的力度等是否处在质、量结合的最佳区域或最佳点上。文化政策制定的特点就是往往面临一个政策质量相当高的文化政策问题，也就是说，这个问题在主体看来已经到了非解决不可的时候，因此，要想对这一问题产生影响，并企图从根本上解决它，就必须使文化政策的质量指标达到一个临界点，即最大限度和最大程度的适度，否则，过高或过低都不能奏效，都不能实现预期的目标。我国在社会主义文化建设过程中之所以在一段时期内屡遭挫折，一个重要的原因就是"扩大化"，过度地夸大了文化建设中文化政策问题在质、量方面的严重性程度，缺乏对"适应"的科学把握。正是鉴于这样的历史教训，在20世纪80年代我国文化领域几次较大的斗争中，中共中央就特别地强调把握文化政策作用对象和范围的适度性。例如在1987年初反

---

① 江泽民. 在中国共产党第十五次全国代表大会上的报告[N]. 人民日报，1997-09-22.

对资产阶级自由化的斗争中，中共中央就明确规定："这场斗争严格限于党内"，"不涉及民主党派和党外知识分子"，着重解决的是"根本政治原则和政治方向问题"，"不联系文学艺术风格技巧的探索"，"不要把思想一时跟不上改革步伐说成是僵化，也不要把思想解放中讲了点过头话说成是搞资产阶级自由化"。①这就是一个很重要的关于文化政策问题的质、量的界限，就是质、量的适度性，跨过这个"度"就会造成挫折。可见，文化政策制定中质的适度规定着政策的本质特征，指明了一项文化政策区别于另一项文化政策的根本标志，量的适度决策着政策的性质，指明一项文化政策在范围、程度等方面的限制和约束，而质、量适度就是两者的有机统一。因此，在文化政策制定过程中，必须在对对象的质的研究基础上，细致地分析文化政策问题的数量表现、数量变化，从而使文化政策在执行的过程中始终运行在适度和科学的轨道上。

5．有选择的文化激进主义原则

有选择的激进主义原则，是著名的国际政策学者叶海卡·德罗尔提出的旨在应付和克服"逆境"的政策原则。其实，从德罗尔关于"逆境"是指"那些由具有积极特征的变化所引起的政策紧张状态"，而这种"政策紧张状态"又是由"政策问题的转变和跃变"②造成的这一前提所含的质、量系统来看，这一原则不只适用于"逆境"的应付和克服，而在政策制定中具有普遍原则的意义，是文化政策制定中的一条重要原则。

文化政策问题的性质由于社会历史的原因发生变动甚至剧变，使得人们对遵循传统的文化政策规范、原则以及许多方针政策发生怀疑和动摇，以至在行为上偏离原有的轨道，形成新的政策问题。这是文化政策产生和制定的一个普遍性条件。特别是那些包括了人们的文化的期望、追求和信念而发生的改变，政策内在动力在这种改变的力的作用下发生的曲折演化——文化政策问题的本质特征发生的剧变，以及由此产生由新政策问题所造成的政策制定真空，表坝为对一些文化政策问题的瞬时的政策无能的时候，这种转变和跃变就使得那些相对简单的政策制定模式，片面的渐进主义和相互割裂的政策调适在实践中行不通。因此，无论在主观意志上还是在客观需要上，解放思想，打破成规，开拓进取，积极改革，有选择的文化激进主义就成为一条切实可行的途径。

政策制定，尤其是文化政策制定，相对于不同的对象主体来说，都具有激进的意义，区别只是在程度上的不同，特别是那些带有强制性的干预和规范，就更具有激进的成分。有选择的文化激进主义，就是要认真分析政策问题的性质特征，挑选那些足以改变政策问题状况的主要的社会文化变量（这些变量也常常是造成政策问题的社会文化变量），

---

① 中共中央文献研究室. 十二大以来——重要文献选编[M]. 下. 北京：北京：人民出版社，1988：1253.
② [以]叶海卡·德罗尔. 逆境中的政策制定[M]. 上海：上海远东出版社，1996：26.

集中文化政策资源，采取强化的干预手段，促使对象朝着良性的方向转化，从而对解决文化政策问题产生重大的影响。20世纪90年代中期，我国实施取消镭射影院和有选择地关闭若干光盘生产线，以净化我国的文化市场的政策，可看作是对这一原则的有效运用。它对于促进我国文化产业的发展，开展对外文化贸易起到良好的作用。

有选择的文化激进主义原则与文化改造原则是相辅相成的两条政策原则。相对于文化改造而言，"有选择的激进主义是在可行性范围和资源数量有限的条件下控制变革与转型所需代价同时实现变革成效的主要出路。有选择的激进主义战略的成功取决于正确选择实施变革的变量和充分彻底地变革这些变量"[1]。因此，作为整个文化政策制定的过程系统，文化国情的适应性原则和质量适度原则，在实施有选择的文化激进主义原则时也就同时在有机整体的层面上，成为"有选择"的必然的意义项而在文化政策制定过程中发挥应有的作用。

二、文化政策制定的方法

政策制定的方法，在政策科学中所使用的术语并不统一，有的称为"政策分析模型或方法"，有的称为"决策模型或方法"。无论是哪一种术语，基本含义都是指政策主体通过一定的途径、方式和手段去解决政策问题，因而在语义方面具有同等意义。所谓"文化政策制定的方法"，是指文化政策主体在文化政策制定中，在政策文本的建构中，用以解决文化政策问题、规划文化发展目标所采用的途径、方式、手段和程序。采用什么方法制定文化政策水平，不仅标志着文化政策主体在决策和制定政策过程中的政策水平，而且标志着文化政策主体驾驭和处理文化问题的政策能力。因此，文化政策制定方法既重视科学手段运用，也重视人的经验、直觉和创造力，是技术性与艺术性、科学与艺术相结合的概念和过程系统。

在当代政策科学中，理性决策方法和非理性决策方法被认为是政策制定中两个基本的方法系统，各自包含具体的方法内容。"理性方法"和"非理性方法"，是当代政策科学中的通用术语，仅具有方法论和分类学的意义，不具有性质上的意义。所谓"理性决策方法"，是根据数字和事实，通过精细的计算，分析各种解决问题的可行性方案的优劣，从而求得最佳的政策或最佳的解决政策问题的办法。这种方法以定量分析为主要特征，通过可行性研究和成本——效益分析进行政策选优，包括完全理性决策和有限理性决策两种方法。所谓"非理性决策方法"，就是除理性决策方法以外的其他决策方法，

---

[1] [以]叶海卡·德罗尔. 逆境中的政策制定[M]. 上海：上海远东出版社，1996：263-264.

以定性分析为主要特征。主要适用于那些不易量化，难以用数理方法或电子计算机去精确计算的问题和领域，如政治、外交、民族、宗教和文化等领域的决策。

理性决策方法和非理性决策方法在整个政策制定中是两种相辅相成的政策制定方法。主体在实施非理性方法决策时，也搞调查研究，也要讲究投入产出，包含量化的内容；在实施理性方法决策时，也要对问题的性质作出科学、准确的判断，包含定性分析的内容。截然地排斥一种方法，使用另一种方法，在实际的政策制定中是很难行得通的。

文化属于柔性社会领域，与经济、军事等刚性社会领域相比较，更多的是涉及社会的意识形态和精神方面的问题。虽然在现代市场经济条件下，在文化的某些政策问题（如文化经济政策）的解决和文化发展战略的规划过程中，理性决策方法发挥着越来越大的作用，但是，相比较于经济政策问题的解决和经济政策的制定，那些比经济问题复杂得多的文化问题的解决及文化政策的编制，还是难以用制定经济政策那样的以定量分析为主要手段去完成。文化领域内政策问题的解决，由于其意识形态的特殊性，主要的还是通过行为科学决策方法、政治协商方法、意识形态方法，有时甚至不得不通过最高决策首脑的个人判断力去实现，甚至是多种方法的综合应用。这样，系统分析、科学预测、渐进决策、政策协商、意识形态、综合决策等方法，也就构成了文化政策制定方法的主要内容。

1. 系统分析方法

这种方法包括两个层面的含义：一是根据文化自身的系统性把对文化政策问题的解决放在文化的整体性范围中加以分析、研究，给出备选方案；二是从政治、经济、文化三者关系的社会系统性出发，把对文化政策问题的解决和政策制定放到整个社会和国家的政策系统中考察、研究，运用系统的观点和思维，通过分析、对比，在确定和不确定的文化条件下探索可能采取的方案，选出最优方案。前者是着眼于文化自身的整体性和系统性，后者是关注于文化与社会其他方面的相关性。由于文化作为一种特殊的社会存在方式，它既是精神性的、意识性的和审美性的存在，又与人们的政治、经济有着广泛而多样的联系，人们社会政治、经济生活中的任何重大变化都会在文化中深刻地表现出来，而文化的任何重大发展也给予政治和经济以深刻的影响。完全不考虑文化与政治、经济间的影响和联系而制定文化政策，实际上是不可能的。事实上，只有把一定的文化政策问题的解决和文化政策的制定，放到一定的社会的政治和经济的大系统中去作整体性、全景式的透视，才可能在文化系统中找到解决问题的正确答案和制定政策的科学方法。尤其是在当代社会文化、经济发展日趋一体化的态势下，突出系统分析方法在文化政策制定中的重要作用，就更应该成为当代文化政策制定的主流意识。

依照这样一种整体有序、动态相关的系统观点，文化政策制定中的系统分析方法主要包括系统的环境分析、目标分析和结构分析三个方面。

环境分析是对一定的文化政策问题的文化生态环境分析。这是对发生文化政策问题的原因分析，为政策问题的解决提供决策依据。分析的对象，一是文化系统自身的生态状况，二是深刻影响文化系统运动和文化政策问题产生的各种人文和社会生态因素。任何文化政策问题的产生，都是这内外两个方面作用的结果。因此，分析环境，了解环境与文化政策问题的关系，确定问题系统的边界和约束条件，是解决问题的必要步骤和前提条件。没有这个步骤和条件，关于文化政策问题的解决和政策科学制定是不可能的。

目标分析是对文化政策问题解决所达要求的具体化。它的任务是通过对目标、要求的合理性、可行性和科学性的分析，建立明确的文化目标实现的指标体系。在进行文化政策的可行性的比较选择中，不仅要注意当前的文化利益，而且还要考虑长远的文化利益；不仅要有对局部利益的安排，而且更要有整体利益的布置；要充分考虑到一定文化目标的提出所可能产生的积极和消极的作用，恰当处理各种文化利益关系和正确处理各种文化矛盾，充分调动各种积极因素和文化力量。只有这样，主体文化目标的实现才是可能的和低成本的。

结构分析具有两个方面的意义：一个方面是对文化政策问题本身的系统构成的相关性和层次性分析；另一个方面是对该问题的解决所涉及的文化政策环境和文化政策目标的整体性、环境适应性、相关性和层次性的分析。一个科学合理的政策结构，是设计先进性和科学性的重要前提。对于像文化政策问题这样一种牵涉面较广的复杂的对象系统来说，如果没有一个确定其合理结构的方法，没有一个考虑整体优化的思路，那么，对该政策问题解决的系统设计是无法进行的。因此，对上述两个方向进行结构分析的目的，就是要使围绕政策问题解决的系统要素的组成及相互关联在分布和比例上达到最优结合和最佳输出。

2．科学预测方法

文化政策制定的主体取向，是在解决当下文化政策问题的基础上，着眼于安排和设计文化未来的发展，反映和体现政策主体对某种文化事物未来发展的期望和追求。然而，对于未来的任何选择和安排都带有主观理想主义成分和局限性，都可能在未来的文化进程中遭遇事变、排斥、抑制或反抗。对于未来可能出现的排斥、抑制、反抗和变化，主体必须要有充分的估计、超前的分析和判断，并预设应对和控制的对策。因此，根据事物发展的一般规律和文化发展的特殊规律，在一定的文化政策付诸实施前，对政策动机与效果的一致性的预测和实验（如政策目标实现的可行性和限制条件、文化资源分配的冲突和矛盾、政策实施的环境和条件、困难和障碍等）也就自然地成为文化政策制定的重要内容和基本方法。所谓预测方法，就是这种对未来可能发生的文化事件或变化进行的估计、分析、判断和防范、规避和应对。

进行文化政策预测一般要经过确定对象、收集资料、选择具体方法和进行实际预测这四个步骤。在具体方法上，主要有历史经验预测和计量预测两种方法。

历史经验预测法，也称"质的预测法"。特点是，在掌握历史发展资料的基础上，根据历史发展的规律性去预测未来的发展。它包括两个方面的内容：一是历史经验；二是历史教训。通过对历史文化发展正反两个方面的资料、环境和结果的分析，揭示文化政策与文化发展间的特殊规律性，并利用这种规律性去预测事物发展的走向，从而提出规避的方案、防范的措施和应对的手段，提高政策制定的科学性。在这里，运用专家的集体经验和智慧具有特殊的意义。我国近年来在作出重大文化决策或制定国家文化发展的大政方针时，广泛征求专家意见，集思广益，然后才形成最终意见，就是这种典型动作方法。这种方法也称为"德尔菲预测法"，最初为美国政治咨询机构兰德公司所用，后被广泛用于政策制定的众多领域。

计量预测法，这是根据统计资料和政策运行连续性原理，把过去和现在的情况投射到将来，以推测发展趋势的方法。由于过去和现在的资料所揭示的各种文化政策因素及相互关系，只是体现过去与现在的关系，根据过去的趋势用投射方法去预测将来，也就成为常用的预测方法。

这些方法都是一般政策制定方法在文化领域里的应用。还有其他一些预测方法。究竟应该选择哪一种方法，则要视具体要求而定。实际情况常常是多种方法的综合运用。

3．渐进决策方法

文化政策制定是主体对文化的诸多认识不断深化、完善的过程，由于这个过程深刻地受制于主体所处的社会的政治和经济及环境变动的影响，受到主体的认识能力和价值观的局限，主体任何关于文化政策的完善和科学都只具有有限真理性，都只能在一定的时间和空间范围内才具有真理性价值。依据变化了的条件和发展了的实际，在以往文化政策的基础上制定新文化政策以适应和满足新的需要，推动文化的新发展，也就成为文化政策制定的基本方法之一。这就是文化政策制定中的渐进决策方法。中国现行的"文艺为人民服务，为社会主义服务"的文化政策，就是在过去的"文艺为工农兵服务，为政治服务"的基础上发展过来的，是根据新的文化国情和国家整体利益的需要而作出的文化政策的调整。这种调整不是根本文化方向的改变（工农兵依然是人民的主体），而是对原有文化政策对象性范围的充实和扩大（不局限于工农兵，不限于政治），使之更能反映我国现阶段文艺服务对象的实际情况，丰富和扩大了文艺的表现领域，在原来文化政策基础上实现了文化政策的演进和变迁。因此，渐进决策方法的一个显著特征就是：稳妥可靠，渐进发展。

渐进决策方法的应用，必须具备三个条件：第一，国家政局和社会秩序稳定；第二，原有政策的成果能基本满足政策主体价值取向和客体发展变化的需要，具备可持续发展的修正和调适的条件；第三，决策主体所面对的文化问题，在本质上和方法论上都具有稳定的持续性。

政策制定着眼于未来，常常带有变革的意义。除了在历史巨变或剧变时期，一般来说，在国家文化管理中所进行的文化变革都是一个有序的渐变过程。特别是像我国这样一个经济、文化都还比较落后的国家，为解决某个文化政策问题而制定的政策，就更要经过典型试验，逐步推进的过程。在现实文化生活中，许多文化政策问题的解决和政策的制定，很难完全离开原有历史基础。由于历史的承载性，在多数情况下，文化政策主体往往会接受原有政策的合法性和连续性。这一方面是因为一定文化政策的推行常常是一国或一集团文化意志和文化利益的反映，另一方面，原有文化政策的制定，新一代政策主体也可能曾经参与决策，或者说，原有文化政策的某些内容构成还依然符合新一代政策主体的价值取向和文化统治、文化管理的需要，而没有必要完全推倒重来。因此，在制定新文化政策时，其文化注意力往往着眼于新政策的新目标和新设计，用以完善和发展原有的文化政策。这就是我国文化管理专家所说的"微调"。

渐进决策是文化政策制定的一种"微调"艺术。文化政策制定本质上是对文化资源的再分配，因此，不论内容如何都会引起原有文化关系的矛盾和冲突。如何把这种矛盾和冲突降低到最低限度，这是渐进决策所面临的难题。历史的经验证明，如果是文化政策的重大变动，很容易引发决策主体构成之间的文化矛盾和冲突，甚至会造成严重的文化混乱局面。因此，渐进方法在缓解文化矛盾和文化冲突，维护文化稳定和文化团结，规避政策风险和降低政策成本方面，具有重要的现实意义，因而具有文化的"保守主义"理论色彩和"妥协主义"文化特征。也正因为渐进方法具有这样的政策学弱点和局限，"有选择的文化激进主义"原则才是必要的。

4．政治协商决策方法

文化政策制定本质上是对文化资源的再分配，广泛触及文化体制、文化关系和既得文化利益。因此，任何一项文化政策的出台，都会不同程度地导致各种文化利益关系的重组以及由此带来的矛盾和冲突。所谓"政治协商决策方法"，就是文化政策主体在制定文化政策时，广泛听取各种文化力量的意见，协调各种不同文化集团或文化群体的利益关系（这种关系可能是理论意义上的，也可能是实际意义上的），通过与各种文化利益团体及其利益代表广泛地对话、讨论，以国家和民族最高文化利益为认同标准，求同存异，消除矛盾和冲突，在达到广泛妥协和谅解的基础上进行文化大政方针的决策。这既是当今世界政策制定的一个重要特征，也是我国文化政策制定和文化政治生活中长期坚持的一种行之有效的方法。

在文化政策决策制定过程中选用政治协商方法，其中一个根本的原因就是要充分尊重和兼顾各种不同文化集团之间的文化权利和文化利益。中国是个多民族的国家，各民族地区无论在政治、经济还是在文化领域里都还存在着差别，以及由这种差别造成的文化发展不平衡，各种文化力量间的相互矛盾和各种利益冲突。在文化领域里要制定涉及全国人民利益的重大文化政策问题时，就必须从文化国情出发，采用政治协商办法，以求取得各党各派的协调一致。既要实现主体目标，又要兼顾各种利益；既要坚持国家统一的文化政策，又要从各地区、各部门不同的文化实际出发，以确保我国文化艺术事业的协调发展，整体推进。在我国，运用这种方法制定文化政策的一般程序如下。

（1）党和政府对文化建设和文化发展中迫切需要解决的、带有全局性、战略性的重大文化政策问题，从国家、人民的整体利益出发，在广泛调查研究的基础上提出初步方案。

（2）通过座谈、讨论等形式，听取各民主党派、各人民团体和各利益群体的不同意见，特别是文化界有代表性人士的不同意见。

（3）在充分酝酿、广泛征询的基础上，决策主体对这些意见进行综合分析，形成决策。

通过上述方法形成决策的结果，往往既有顾全大局的一面，又充分反映了各方利益的一面；既能充分体现主体的文化意志，又能满足人们多方面的利益需求，从而在广泛团结的基础上取得文化权力和文化利益的平衡。一部现代文化政策制定发展史，从某种程度上来说，就是这种由不平衡到平衡，又从平衡到不平衡的发展史。当然，每一次这样的循环都将把人类的文化发展推进到一个新阶段。

5. 意识形态决策方法

所谓"意识形态决策方法"，就是文化政策主体以关于世界和社会的系统主张和见解，或关于世界的信仰制定文化政策的方法，主要包括宗教决策、伦理决策和政治思想决策。这也是文化政策发展史上主要的政策制定方法和制定形式。

以宗教信仰和宗教教义来制定文化政策，主要特征就是国家必须以宗教教条所表现的神的旨意为价值标准，规范和实现国家对文化及整个社会统治和管理，凡是与宗教教义不相符合的，都将以"异教"的罪名受到镇压，反映在制度上就是政教合一。《新旧约全书》既是基督教的"圣经"，同时也是欧洲中世纪政教合一国家制定文化政策的"圣经"；欧洲中世纪基督教会几次镇压文艺活动就是以镇压"邪教"的名义发动的。其中"销毁偶像运动"进行了一百多年。公元 754 年君士坦丁宗教会议就此通过决议宣布：凡是用图形去表现基督和圣徒的人一律开除教籍。直到 9 世纪中叶这一政策才宣告结束。当今世界上，在某些宗教仍占据统治地位的伊斯兰国家，宗教决策方法仍然是这些国家制定文化政策的主要方法。宗教问题是一个不可忽视的文化问题，对社会生活的各个方面都有着相当深广的影响。它不仅一般地涉及民族团结，而且更为重要的是如果宗教文化问题处置不当，甚至会影响国家政局和社会的稳定，危及国家安全。中国虽不以宗教作为制定文化政策的方法，但由于中国的文化政策对象也涉及许多民族宗教政策问题，对于宗教决策方法，我们就应当采取历史的和现实的分析态度。

伦理决策方法是以传统的伦理道德为标准制定文化政策的方法。这以古代中国最为典型。在两千多年的封建社会中，以儒家伦理思想作为制定国家文化政策的主要依据，是中国封建社会文化发展和文化政策制定的一个重要特点。儒家伦理以"仁"为核心，主张"修（身）、齐（家）、治（国）、平（天下）"，强调个人、集体与国家的有机和谐。孔子删编《诗经》，评判的标准就是"思无邪"，要"迩之事父，远之事君"，借诗以"兴、观、群、怨"，考社会之得失，观风俗之盛衰，推进人们相互间的思想感情交流和沟通，给予批评的渠道，以使愤懑有所宣泄，弱化和消解社会矛盾，从而达到社会和谐、天下不同的境界。正是这种思想形成了中国封建社会"文以载道"的主体政策。"文艺为政治服务""为社会主义服务"都可看作这一方法在现代中国文化政策制定过程中的延伸。这是中国文化政策发展史的一个特色。

政治思想决策方法，就是以占统治地位的政治理论和政治主张作为指导思想和价值标准制定文化政策的方法。作为经济基础的上层建筑和观念形态的文化，既深刻地反映了它们的经济基础，也深刻地反映了它们的政治要求。由于形态的相通和相近，政治及其理论和主张对文化生命发展的影响，在现实的进程中远比经济的深刻很多。政治是经济的集中表现。因此，尽管在不同的历史时代、不同的社会制度和不同的国家里有着各不相同的文化政策，但是，所有这些文化政策无一不是占统治地位的国家指导思想和政治主张在文化领域里的表现。资本主义国家占统治地位的政治理论主张是资产阶级的自由、平等、博爱，奉行自由主义和民主主义。因此，多数资本主义国家大都采取多元的文化政策。在当代中国，占统治地位的思想是马列主义、毛泽东思想和邓小平理论，坚持四项基本原则和坚持改革开放，也就成为中国现阶段文化政策制定的根本价值标准和指导思想，成为处理和解决文化政策问题的前提和基础。任何与这些基本政治主张和指导思想相违背的文化政策主张都是不能接受的。马列主义、毛泽东思想和邓小平理论，在当代中国的文化政策制定中具有决定性的作用。

6. 综合决策方法

文化是一种复杂的生命形态。它具有历史积淀所形成和构筑的，深刻地折射着现实世界和当代社会人类面貌的一切。一个文化政策问题的产生，实际上是历史与现实不断冲撞的结果，包含着无限的丰富性和复杂性。因此，解决这些问题，截然地运用一种方法和排斥另一种方法制定文化政策，实际上是不存在的。根据不同的文化政策问题运用不同的决策方法，则是文化政策制定的一种现实主义态度。有时即便是对同一问题采用同一方法时，也常常与其他方法交替使用：或者以一种方法为主，其他方法为辅，或者是两种方法或多种方法并用。要科学、合理地解决文化政策问题，仅有一种思维的向度是不够的，多视角地分析、考察，则对问题的性质可能有符合实际的把握，使用多种方法去设计方案制定政策，则可能产生更佳的文化政策。这种将两种或两种以上的决策方法有机结合用以解决文化政策问题的方法，在政策学上就称之为"综合决策方法"。

综合决策方法的产生和使用，是对各种政策制定方法的优缺点和如何解决现实政策问题进行综合分析的结果。任何一种方法的提出和使用都是一种历史过程，既有它的特点和优点，也有它的局限和不足。单独使用一种方法去解决复杂的文化政策问题，就难免给文化政策制定带来片面性，进而给文化发展带来不利影响甚至是严重危害，这在中国社会主义文化发展史上是有教训的。另外，现代文化问题非常错综复杂，涉及面很广，经济发展迅速地融入全球化，政治日益开明，关起门来孤立地解决文化政策问题就不可能立足于未来，立足于现代化，截然地使用一种方法解决文化政策问题，就难以取得预期的效果和长远的利益。加上现代社会发展节奏的加快，突发事件的增多，只用一种方法就很难适应现代社会文化发展对政策制定提出的要求，很难适应突变政策环境。同时，文化目标的多方面也决定了文化政策制定方法和手段的多样化。这样，综合各种政策制定方法之长也就成为当今各国政策制定的必然选择。

综合决策方法要求政策主体对政策问题的研究和解决，要立足于宏观分析与微观透视相结合。在宏观上，要求把握政策方案的具体特征，从大处着眼；在微观上，要求对重点方案进行深入细致的观察分析，以避免政策目标失真。结合政策主体的知识、经验、能力和直觉，探讨各种方案的可能成果，这样，既可提高政策方案的可靠性和真理度，又给各种方案创新提供了广阔的选择空间，从而使文化政策的制定建立在科学的和现实的、理论的和经验的、稳健的和创新的基础上。

第三节　影响文化政策制定的因素

文化政策制定是一项复杂的系统过程。它的运行不仅要有原则、遵循规律，讲究方法，而且会受到来自不同的文化方向、范围、资源、关系等各种因素的影响，这些影响有大有小，有强有弱，存在着深浅、正负、有形无形、直接间接的区别，存在于文化政策制定过程的始终，对文化政策的最后形成起着相当重要的作用。分析这些因素对文化政策制定的影响，对于科学地制定完善的文化政策，防范和规避不良因素影响的负面效应，具有重要的理论和实践意义。

一、思想理论基础和元政策的制定

无论是文化政策制定还是文化政策科学的建设，都需要思想和理论的基础。这个基础不仅决定着文化政策制定的思维方式和行为方式，而且还影响文化政策科学可能达到的高度及它在文化管理实践中可能达到的境界、可能获得的利益。

在中国，文化政策的制定要以马克思列宁主义、毛泽东思想作为思想理论基础，这是影响和决定中国文化政策制定方向和性质的最重大的因素。然而，正如毛泽东在分析学习马克思主义与从事文学艺术创作的关系时所指出的，"马克思主义只能包括而不能代替文艺创作中的现实主义"①。马克思主义对文化政策制定的指导性作用，也只能包括而不能代替文化政策科学的思想理论对文化政策制定的影响。这不仅是因为对象领域的特殊性，使文化政策制定本身的科学性和现代化走向要受到整个现代政策科学发展的影响，受到一定的哲学、政治学思想发展的影响，而且文化政策制定这个过程系统本身尚有许多有待于从思想理论给予解决的课题。如认识论、价值论、行动哲学、社会角色和专业等，对于这些问题的理论解决也会给文化政策制定以很大的影响。由于文化政策科学与一般社会科学间存在着较大的差异性，仅仅依靠后者来为文化政策制定提供思想理论基础，就后者的学科使命和发展水平来说是不适宜的。因此，文化政策科学作为文化政策制定的"专业"思想理论基础的建设，就特别需要有清醒的自我认识，需要注重自身基础的发展对文化政策制定的影响。

与思想理论同样起基础性影响作用的，是国家总政策的制定。国家总政策，是指国家的根本政策，具有国家大法的意义。它是规范和引导其他一切政策制定的准则和指南，当然也是文化政策制定的政策学依据。这不仅仅是因为国家总政策集中体现了国家的根本意志和利益所在，规定了文化政策制定的内容和原则，而且更重要的是由此而形成的文化制定关系到整个文化政策制定系统的运动和文化统治方式的取舍。在中国，这种国家根本政策的制定，通常表现为党和国家在一定历史时期和历史阶段的总路线、总方针和总政策。从20世纪40年代末建国之初的"共同纲领""一化三改造"，50年代后期的"鼓足干劲、力争上游、多快好省地建设社会主义"，60年代中期提出延续到70年代中期的"无产阶级专政下继续革命"，一直到80年代提出并完善的社会主义初级阶段理论，"一个中心，两个基本点"，以及90年代末中共"十五大"提出的"基本纲领"，都有国家总政策的意义，也正是在这种根本政策的影响下，中国近半个世纪来的文化政

---

① 毛泽东. 在延安文艺座谈会上的讲话[M]. //毛泽东. 毛泽东选集：第3卷. 北京：人民出版社，1972：831.

策乃至文艺运动也才有这样和那样的变化。由于文化政策问题具有广泛的社会联系性，社会的政治、经济等问题，特别是关于社会所处历史阶段问题的政策判断有时往往比文化政策制定更为重要，国家总政策的制定就必须超越一般统治方式建构的层面而同社会的进步和发展相结合，从而给文化政策制定过程系统的有效运作提供必不可少的政策依据。实践证明，政策主体（政府中枢决策系统）只有通过高质量的国家总政策的制定来改进整个政策制定系统，才能使文化统治方式的选择适应不断变化的形势，制定出行之有效的文化政策。因此，高质量的国家总政策的制定也就与思想理论基础一样，成为影响文化政策制定的重要因素之一。

二、政策制定者的素质

文化政策制定者无论是作为群体还是个体，都是直接影响文化政策制定的最重要的因素。文化政策制定者所具有的实际政策能力和文化高度，直接决定文化政策制定的质量。因此，文化政策制定者的政治和文化素质对于文化政策制定的科学性和高质量至关重要。这种重要性首先表现在文化政策制定与文化利益的关系上。文化政策制定从社会资源层面上来认识，总是关于社会文化利益的再分配。这种再分配的结果，不仅直接构成了社会各方的文化利益关系，而且还导致它们各自在社会领域中的政策地位。而这种政策地位关系的任何调整和重组，反过来又会给文化利益的分配和文化权力、文化资源拥有的大小、多少以深刻的影响。因此，代表不同利益集团和不同价值倾向的不同的政策制定者，就必然地在文化政策制定过程中尽可能地维护、扩张或至少是不损害本集团的文化利益，符合自己的价值标准，因而他们要实现的目标，他们认为需要解决的问题，必然也各不相同。我国有关文化市场管理权限的安排，曾经长期得不到有效的政策解决就是一个显著的例子。其次，有时即使是代表同一利益集团的不同政策制定主体，也会由于主张、眼界、追求，对问题的判断乃全个人风格的不同，而制定出不同的文化政策。这就是通常在解决文化政策问题过程中为什么会出现所谓"温和派"和"强硬派"，或叫"保守派"和"改革派"。第三，不同文化政策制定者的学识素养、政治经验、应变能力及心理素质的差异，也会影响制定的文化政策的差异。正是由于文化政策制定者（常常并不是国家最高决策首脑）在整个文化政策制定过程中所处的特殊的政策地位，他们的政治和文化素质就直接影响到国家文化政策制定的科学化和民主化。在这里，文化政策制定者（无论是作为个体还是群体）必须以国家利益和人民的文化利益为最高利益，任何集团的利益都只有服从于和服务于这个根本的文化利益，才可能使文化政策制定真正起到规范和推动整个国家和民族文化事业发展的作用。因此，提高文化政策制定者的政治品格、学识素养和综合能力，对改进和完善文化政策制定系统就具有特别的重要性。

三、总体文化系统和时代精神

现代文化政策制定，作为规范文化行为、实施文化管理的重要手段，本质上是推动文化现代化的过程系统。对于一项文化政策制定来说，现代化作为主体文化追求的一种进程，不可避免地要同传统文化和现存文化的总体文化系统发生整体性的矛盾和冲突。文化政策的现代制定不是对传统文化和现存文化秩序及所构成的总体文化系统的简单超越或引导人们对传统文化系统的怀疑，而是传统的文化系统和现存的文化观念在现代条件下，对现代社会的文化需要所作出的功能上的适应。文化政策制定，不仅要满足主体关于文化利益的需要，而且还要从现存的总体文化系统出发，通过对现存文化系统的研究来确定在新的时代和条件下应当保留哪些有利于推进文化现代化进程的因素，抛弃哪些不利于甚至阻碍文化现代化发展的因素。一项文化政策的制定，无论是关于文化的价值观念还是关于文化的行为方式的规定，它都是在一定的文化环境系统中，建筑在一定条件的文化基础之上的。从文化人类学的角度来说，文化是一种历史地形成的人的存在方式。尽管这种存在方式由于人类族群社会的不同而显现诸多差异，但是，在特定的族群社会中的这种存在方式，它的总体文化系统——价值观念、思维习惯和行动方式等却是深深地以集体无意识的方式规范和制约着它的所有成员的行为方式和价值标准选择。不论是知识的取代还是信仰的选择，也不论是法制的制定还是风俗的形成，无不打上它所属的那个族群社会总体文化系统的烙印。从而使每一个成员自觉地遵照该文化系统的规范标准从事自己的文化活动。否则，他的文化行为不能被社会所接受，甚至还可能受总体文化的惩罚。由此可见，社会总体文化系统是通过对文化政策制定者的观念系统和行为系统而对文化政策制定产生和发挥影响的。正是这种总体文化系统的影响，决定了政策主体对文化政策目标的设定和对文化国情的合规律的反映，任何对文化国情的背离和超越，尤其是背离和超越维系社会安定的道德规范和价值标准，都可以导致文化政策的失败。20世纪20年代苏联执行的"拉普"文化政策和六七十年代中国的"文化大革命"，都是这方面较为深刻的教训。

马克思说过："任何真正的哲学都是自己时代精神的精华。"[①]文化政策作为国家文化利益与公民文化利益的集中体现，理应是这样的哲学的文化反映。作为反映一个时代的基本特征并为社会成员普遍认同价值追求，时代精神是一个社会的共同意志和思想状

[①] [德]马克思，恩格斯. 马克思恩格斯全集[M]. 第1卷. 北京：人民出版社，1966：120.

态的集中体现，是一定社会整体性的文化精神倾向或文化精神面貌，影响着时代进步的方向和潮流，也是影响文化政策制定的一个重要因素。时代精神不像总体文化系统那样具有长久的稳定性，而只是社会总体文化系统的某些方面，在一定的社会整体价值目标的集中追求下所引发的新文化价值的突出反映，因而带有短暂性的特点。但是，由于一个社会占统治地位的思想是一个时代的精神象征，因此，"如果从观念上来考察，那么一定的意识形态的解体足以使整个时代覆灭。"[①]在这里，坚持一定的、占社会统治地位的思想作为文化政策制定的根本要求，也就自然地成为文化政策制定的根本价值取向。由此而给文化政策制定的影响，也往往打上比较强烈的时代烙印。改革开放是中国进入20世纪80年代后最主要的时代精神，同时也是这一时期影响文化政策制定最主要的动力机制。这样的时代精神反映在文化政策的生命运动中，就是发展文化产业和进行文化体制改革政策的提出。在世界各国的文化发展史中，几乎都有这样的记载。

四、文化利益集团和社会文化舆论

由于文化政策制定实际上是政策主体对于现存社会的文化价值和文化资源的调整和再分配，反映的是政策主体及其代表的那个集团的文化意志、文化利益和文化目的，这种调整和重新分配就必然是对现存文化秩序和文化利益结构的调整。同时，又由于这种文化秩序的存在与文化利益的结构组合是由一定的文化利益集团来体现和承当的，为维护和保障既得的文化利益不受侵犯，或为争取充实和扩大已有的"文化利益"而进行的对于文化资源占有和支配权力的争夺和冲突，就势必给主体的文化政策制定带来很大影响。无论是受益方还是受损方，他们都会以不同的形式、方式和渠道反映和陈述意见，表明态度，影响主体决策。这是因为在一定的时间内社会的文化资源是有限的，国家和政府所能动员的文化资源也是有限的，以有限的文化资源去满足不同的文化利益集团的无限的"利益"满足，势必造成一种利益的增加和另一种利益的减少。制定对于一方有利而另一方不利的文化政策，利益结构由于出现过大的反差而严重失衡，不仅不会带来文化事业的健康发展，有时甚至还会给正常的文化发展造成破坏。因此，在有利于国家文化发展的大前提下，政府中枢决策系统在文化政策制定中，往往采取兼顾各方利益的折中办法，采纳或拒绝不同的要求，达成各文化利益集团大致都能接受的政策均衡。在特殊的情况下，也可能采取向受损者倾斜的政策，以实现或达到新的文化利益的平衡。正是在这个意义上来说，文化政策往往是各文化利益集团互相协调和妥协的产物，竞争

---

① [德]马克思，恩格斯. 马克思恩格斯全集[M]. 第46卷（下）. 北京：人民出版社，1966：35.

和合作的产物。在统一的社会主义市场体制下，我国的各文化利益集团间虽然没有根本的文化利益冲突，但是，涉及具体的文化资源分配，依然存在着中央与地方、部门与部门、国家和集体之间的利益矛盾，因而也就在客观上存在着各种不同文化利益集团间的文化利益冲突。尤其由于长期以来计划经济体制下条块分割而造成的利益分配不均和资源配置不合理，在文化市场体制建立过程和文化产业及管理权限、市场配额的重新配置过程中，就不可避免地在条块之间产生利益冲突，并且各方都以自己的方式影响中央的决策和国家文化政策的制定。如何建立合理、有序、有中国特色和社会主义文化体制和文化政策管理系统，是我国当前及今后文化政策制定工作中的一项重大课题。

社会文化舆论是给予文化政策制定以影响的又一文化因素。不仅一定的文化利益集团在维护既得利益，或是想进一步扩大"势力范围"的过程中，希望通过报刊、广播、电视等大众传媒形成有利于自己的文化舆论，继而影响主体决策，而且把社会公众对文化领域里发生或存在的重大问题所持的观点、意见，以及解决这些问题的意见和建议反映出来，传播开来，使某一社会文化问题成为人们所普遍关注的文化焦点问题，形成普遍的舆论热点，以对决策起到"舆论监督"的作用，这本身也是社会文化舆论的一大职能。社会文化舆论一旦形成，对文化政策制定的影响是十分巨大的，在特定的文化条件下甚至会产生决定性的影响。20世纪70年代末，我国关于文艺与政治关系问题的论争以及由此形成的对"文艺是阶级斗争的工具""文艺从属于政治"等政策理论的批评，对党中央关于这一政策的调整起了重大的影响作用，在某种意义上说，正是由于正视和接受了理论界的批评，才导致这一政策的重大调整；1995年文化部、广电部联合发文关闭全国所有镭射放映点，也是在社会公众的强烈呼吁以及由此形成的强有力的社会文化舆论的支持下实施的。由于大众传媒与公众文化生活的密切联系，社会文化生活中发生和存在的重大问题，往往最能通过迅速而有效的现代化舆论工具和传媒手段反映，一般来说，这是一种压力，也是一种动力。这是社会的文化互动。在这种互动中，社会文化舆论比较集中地反映了公众的利益和需求，以文化政策的产生和制定起到了中介推动作用。由社会文化舆论而影响文化政策制定和政策出台，这也是文化政策产生和运动的一种重要机制。

五、国际文化关系

在现代世界体系中，每个国家都处在多重国际关系中。其中不仅有国际政治关系、国际经济关系，而且也有国际文化关系。加入国际文化公约，开展双边和多边的国际文化交流，建立广泛的国际文化合作关系，这类国际文化因素都会影响到一个国家的对内、对外文化政策的制定。有时，国际政治关系中的尖锐斗争、国际经济关系中的矛盾冲突，都会在文化关系中深刻地反映出来而影响到国家的文化政策制定和文化建设走向。20世纪50年代到80年代的中苏关系深刻地反映了国际文化因素对中国文化政策制定的影响，正在发展和建设中的中美关系也继续反映着这种影响。国际文化因素对一个国家文化政策制定的影响，除了加入国际文化公约，必须根据国际文化公约而调整内外文化政策以遵守和执行国际规则外，国际间政治、经济斗争的需要是一个更为重要的因素。无论是20世纪60年代中苏意识形态论战还是90年代中美关于知识产权之争，都是国际政治斗争在文化领域里的深刻反映。在国家利益高于一切的根本原则下，毫无疑问，由此涉及的内外文化政策制定就必须服从并服务于国家利益的大局。因此，根据国际文化关系演变的情况和国际政治、经济、文化斗争、竞争、合作等多种需要，调整、制定有关内外文化政策，以指导内外文化关系，已成为一种重要的国际文化现象而引起人们的日益关注。建立新的国际文化关系理论来影响和指导国家内外文化政策及战略目标，随着美国国策咨询专家、哈佛大学教授塞缪尔·亨廷顿关于"文明的冲突"的理论的提出，关于国际文化关系在国家发展战略中的地位和作用，已经成为全球性的话题，理应引起我们对国际文化因素在文化决策和文化政策制定中的影响和作用的高度重视和充分的研究。

影响文化政策制定的因素是多方面的，远不止上面所述的几种。社会意识形态、社会变量、民族特点、宗教信仰、传统习惯、已有的法律和政策等，都是影响文化政策的重要因素。系统地研究各种文化因素对文化政策制定的影响是一个专门性的课题，有待认真研究，以期为科学的文化政策制定提供更多的理论准备。

本章小结

▶ 文化政策制定是文化政策研究的重要范畴，是文化政策文本生产的形成和设立行为。它是政府中枢决策系统运用国家文化权力，干预和影响社会整体文化行为和国家文化走向的文化政治过程，是一个根植于文化、社会和政治的整体的过程系统。

▶ 文化政策制定是对文化政策问题的解决。正确区分文化问题与文化政策问题是文化政策制定的前提。所有的文化政策问题都是文化问题，但并非所有的文化问题都是文化政策问题。文化政策问题是主体价值选择和价值判断的结果，它以对象的条件性存在为基础，以主体的价值判断为转移。只有那些可能引起或导致文化利益的再分配，文化价值的转移，造成主体对文化行为的失控，主体的需要和社会价值目标的实现受到文化威胁，才可能成为文化政策主体关注对象，纳入政策议程予以政策解决。

➤ 文化政策议程是文化政策制定合法化的重要程序。文化政策议程的形成和建立的过程，是政策主体及其所代表的阶级或集团要求实现自己的文化意志和文化利益的过程，或者说，是通过文化政策议程的建立使这种要求得到合法性满足并通过文化政策制定予以体现的过程。包括公众议程和正式议程两种机制。

➤ 文化政策合法化是文化政策被采纳后获得合法地位的过程，是决策民主化的重要阶段和体现。文化政策是一定时期国家政治统治和社会管理的重要组成部分，是国家管理意志在文化领域中的反映，任何一种新的文化政策的出台，都必须符合现行政治法律结构，符合宪法精神和原则，不能与现行法律相抵触。如果违反现行国家政治和法律，势必造成国家宏观文化管理和控制的无序和失调，危害国家和人民的文化利益。在现代文化政策运行中，文化政策合法化是以文化政策主体在宪法和法律所赋予的权力及规定的范围内的活动为前提的。完备的文化政策文本的最后形成，不仅在内容上是合法的、在行为方式上也是合法的，即文化政策的出台必须经过相应的程序而取得合法的地位。

➤ 文化政策制定必须遵循文化国情适应性原则、文化改造原则、文化效益最大化原则、质量适度原则、有选择的文化激进主义原则等五大原则。

思考题

1. 什么是文化问题和文化政策问题？它们的联系和区别在哪里？
2. 文化政策议程的主要内容是什么？怎样的条件才能进入主体决策议程？
3. 公众议程与正式议程的联系与区别是什么？
4. 文化政策制定应当遵循哪些原则？
5. 影响文化政策制定的因素有哪些？最核心的因素是什么？
6. 怎样才能做到文化政策决策的科学化、民主化？

参考书目

1. 张金马. 政策科学导论[M]. 北京：中国人民大学出版社，1992.
2. 陈振民. 政策科学[M]. 北京：中国人民大学出版社，2003.
3. [英]吉姆·麦圭根. 重新思考文化政策[M]. 北京：中国人民大学出版社，2010.

第四章

文化政策执行

📖 本章学习目标

通过本章学习，学生应了解和掌握以下内容：
1. 文化政策执行的性质、特征；
2. 文化政策执行的基本要素；
3. 文化政策执行的原则与过程。

🖋 导言

政策执行是政策运动和国家文化治理过程中的重要阶段。一项文化政策只有当它是可执行的，可付诸实施的，才是有价值的。文化政策的执行不仅决定了政策主体规划的文化政策治理目标能否实现，以及实现的程度和范围，而且还可以检验文化政策制定的科学性程度，内容的合规律性和可创造性程度。文化政策执行既是文化政策制定的必然延伸，执行的反馈和取得的效果又是调整现行政策和制定后继的文化政策的重要依据。对于文化政策执行的研究，也就成为文化政策学研究的重要内容和对象。

第一节　文化政策执行的意义分析

一、文化政策执行的规定性

文化政策执行是一般政策执行在文化领域里的特殊运动形式。在现代政策科学中，政策执行是一个重要的范畴。对于其意义的认识和理解，西方政策学界提供了两种不同的思维视角：一种是将政策执行看作是将政策付诸实施的活动，是一种行动过程，强调的是实施活动本身对政策执行的意义。美国政策学专家查尔斯·奥·琼斯是这一理念主张的主要代表。他说："政策执行是将一项政策付诸实施的各项活动，在诸多活动中，要以解释、组织和实施三者最为重要。所谓解释是将政策的内容转化为民众所能接受和理解的指令；所谓组织是指建立政策执行机构，拟定执行的办法，从而实现政策目标；所谓实施是由执行机关提供例行的服务与设备，支付经费，从而达成预定的目标。"[①]琼斯认为，政策执行的全部意义就在于政策执行者必须承担决定一项政策是否切实可行的责任，因而，政策执行是一个完整的动态性概念。另一种视角则强调执行组织机构的作用，认为一项政策之所以能被有效地执行，组织是关键。C.P.斯诺和 L.特里林是这种理论主张的代表。他们认为："任何一项化观念为行动的作为都涉及某种简化工作，而组织机构正是从事这种简化工作的主体；是它们把问题解剖成具体可以管理的工作项目，再将这些项目分配给专业化的机构去执行。于是只有了解组织是怎样工作的才能理解所要执行的政策，也才能知道它在执行中是如何被调整和塑造的。"[②]从上述两种主张可以看到，文化政策执行首先是一个过程，是把文化政策所规定的主体目标转变为文化现实的政策意图客观化的一个过程系统。任何政策方案的内容构成都是政策主体意志的反映，是一种观念形态的存在，文化政策制定是这种形态产生的过程，因而具有很强的主观色彩，虽然它也以客观为依据。文化政策执行就是要通过包括建立组织机构，运用宣传手段，实施政策内容的一个过程系统，把这种观念形态的存在通过实践转变为现实形态的存在，进而催生新观念形态的出现，把主体的主观意志客体化和现实化，而通过对文化利益重组和文化资源再分配，实施文化的社会变革和社会的文化变革，实现主体的文化目标、价值追求和意志体现。

二、文化政策执行的主要特征

文化政策执行是主体文化政策的实现过程，是文化认识与文化行动相互作用的过程。作为文化政策运动的完整的过程系统，文化政策执行不仅具有政策执行的一般性，而且还具有自身的特殊性，正是这些特殊性使之与公共政策执行既相联系又相区别。

1. 对象的意识形态性

这是文化政策执行区别于一般政策执行的显著特征。文化是人的精神行为系统的一

[①] 张金马. 政策科学导论[M]. 北京：中国人民大学出版社，1992：205.
[②] 张金马. 政策科学导论[M]. 北京：中国人民大学出版社，1992：206.

种广泛的社会存在。这种存在根植于人们的生态基础，融合于人们的习俗惯例，积淀于人们的心理结构，体现在人们的社会行为方式中。作为这种存在的集中体现，人们的意识形态和价值取向不仅标志着一种文化所达到的文明程度，而且直接规定了一种文化区别于另一种文化的差异性。正是这种差异性，决定了不同文化间的矛盾和冲突。虽然不同的意识形态的内容，它还有非意识形态的成分，但是，毫无疑问，人们对世界和社会的整体性看法和系统性见解，以及由此而产生的对世界、社会与人的关系的判断，在全部文化构成中占有主导性地位。在现代社会中，无论是文化的生产、传播还是文化的消费，精神性和意识形态性始终是它存在价值的全部意义。由此而产生的差异不仅构筑成了不同的文化形态，而且也构筑成了不同文化的阶级和不同文化的国家。文化是作用于人的精神世界的重要力量，利用这种力量进行争夺人的没有硝烟的"战争"，是不同阶级、不同利益集团和不同国家间网罗人才的重要手段，是仅靠权力和飞机、大炮都无法实现的能够摧毁人的灵魂和塑造人的灵魂的巨大力量。因此，批判的武器不能代替武器的批判，精神的东西只能通过精神的力量去摧毁它。这不仅成为人类实现文化进步的一条重要规律，而且也是文化政策执行的一个首要特征。在我国，虽就政府文化行政体制而言，文化被分成了文化、广播电影电视和新闻出版这三大系统，其中也有不少政策内容是属于非意识形态范畴的，但作为精神文明建设的重要领域，占统治地位的马克思主义意识形态就必然地要求它们坚持"为社会主义服务、为人民服务"的方向，必须把"社会效益"放在首位，即把文化的观念形态建设、精神文明建设放在第一位。"以科学的理论武装人，以正确的舆论引导人，以高尚的情操塑造人，以优秀的作品鼓舞人"，就必然是文化政策执行的总要求和根本特征。

2. 对象范围的限定性

任何政策都有特定的对象范围。离开政策本身所规定和适用的对象范围去执行政策，不但不能达到预期目的，而且政策本身还会失去权威性和严肃性，危害对象的成长性。文化政策对象范围的限定性，是指一定的文化政策只能适用于一定的对象；一定的文化政策只能在规定的对象范围内执行才能产生应有的效应。这种限定性主要包括以下四个方面的内容。

（1）以人为主体的目标群体的限定性。在我国，主要涉及党内外文化人士的一些限定。党的纪律规定，党员作家、艺术家和其他文化人，首先是党员，其次才是作家、艺术家和文化人，因此，他们必须接受党的决议的约束。非党作家、艺术家和其他文化人则不受党的组织和党的决议的约束，尤其在具体的政治运动过程中，这种政策限定特别明显。例如，1987年初文化领域反对资产阶级自由化的斗争，中共中央在通知中就明确规定："这场斗争严格限于党内"，"不涉及民主党派和党外知识分子"。[①]明确政策界限——在共产党内进行反对资产阶级自由化的斗争，就可以严格分清共产党内和非党的两种不同的政治范畴，防止扩大范畴，有利于保证党的文化统一战线政策和知识分子政策的贯彻执行。

（2）涉及不同性质文化问题的限定性。文化政策问题对象的特殊性，在于它的内容构成的多重性：有政治的、学术的，也有艺术的。正确区分不同性质的问题，是确保文化建设和发展的重要条件。中共中央在1987年部署反对文化领域里资产阶级自由化的斗争的通知中也明确规定：这场斗争要着重解决的是"根本政治原则和政治方向问题"，"不联系文学艺术风格技术的探索"。[②]正确区分政治问题和艺术风格探索两类不同性质的问题，就能在政策执行中避免历史上曾经犯过的"艺术问题政治化"的错误。

（3）涉及不同领域文化政策问题的限定性。由于文化的社会运动广泛涉及社会的政治、经济和文化，在具体的对象领域就具有多样性：有的是属于政治原则和政治方向问题，有的是属于体制和制度问题，有的属于投入产出等经济技术问题。解决文化的政治原则问题的原则和方法不能运用于文化经济问题，解决文化经济问题只能采用文化经济政策。而同属于文化经济政策问题的又有文化投资、文化财务和税收、文化商品价格管理等更为具体的政策问题。所有这些领域文化政策的执行，都要受到具体的政策问题的限定。

（4）时间、空间范围的限定性。这主要是指有的文化政策只能在一定的文化区域和一定的时间内适用。例如，开展对外商业性演出，中国"入世"后境外电视节目"落地"等，有些项目的引进只能限定于我国南方个别省份的少数几个地区，而其他地区则不行。一些仅适用于少数民族地区的文化政策，其他地区也不能照搬。

3．文化目标的明确性

明确的文化政策目标既是文化政策制定的基础，也是文化政策执行的出发点，是文化政策执行的标准和依据。就我国文化政策执行内容的大致构成而言，文化政策执行主要包括调整方向、落实政策、规范行为、规划未来这四个方面。调整方向，主要涉及文化大政方针的调整的创新，更多的是关于文化发展的全局性问题，集中表现在社会转型和文化体制变革的时期，如"二为"方向的提出。落实政策，一是有政策而未执行的要执行，二是弄错了的要纠错，恢复对象应有的地位和权利，如落实知识分子政策。规范行为，主要是指规范文化市场行为，使文化市场竞争健康有序地开展，确保文化生态环

[①] 中共中央文献研究室. 十二大以来——重要文献选编[M]. 下. 北京：人民出版社，1989：1253.
[②] 中共中央文献研究室. 十二大以来——重要文献选编[M]. 下. 北京：人民出版社，1989：1253.

境的良性循环，净化文化环境。规划未来，着重于筹划国家文化发展目标和文化发展战略，更多地体现于文化的软硬件建设，包括人才培养、文化设施建设、重大文化工程攻关等。文化政策的执行就是要根据这些不同的文化目标而开展。政策执行目标的明确性，是文化政策性质规定的内在要求的反映。文化政策执行如果目标不明确，执行者无法准确地理解和把握主体的政策意图，无法针对确定而具体的目标选择或行动，不仅预先设定的目标难以实现，而且使执行本身变得无意义。因此，做到"心中有数"是文化政策执行的起始和归宿。某种意义上来说，这也是有序和规范。

4．过程的动态性和阶段性

文化政策执行是由一系列活动构成的政策实现的过程系统，是在一定的时间概念内的空间行为过程。对文化政策的执行，首先是人们观念的认同，然后才是行为的实践，是由观念认同到共同实践的文化知行统一的过程。在这个过程中，无论是人们的思想观念还是行为实践，都处在对于文化政策内容接受、消化的磨合状态中。一般来说，人们既不可能一下子全部接受新政策，也不可能一下子完全脱离行为的旧轨道。在事物运动的惯性作用下，文化政策的完整执行只有当原来的惯性运动的力完全耗散之后，才能达到最佳的效应状态。另外，任何文化政策执行的意义上都是事先的设定，都是把发展着、运动着的文化实际理论"定格"在一定的状态下，并且依据这"定格"了的文化实际来制定的。因此，一方面，政策方案无论怎样设计，都不可能与客观实际情况完全一致，因为主体不同的价值观导致了对对象世界认识和判断的曲变效应；另一方面，理论地"定格"只是主体的行为，而非对象存在的实际，对象的生命运动依然随着时间的推移而显现着和发生着千变万化的各种生命形式的转换，这种转换在某种程度上是不以人的主观意志为转移的。从这个意义上说，任何文化政策制定的科学性都是有限的和相对的。这就需要执行者在一定的文化政策原则下，不断地依据变化了的情况和对象创造性地开展工作。一切从实际出发，灵活、适时、正确地应对和处理新情况、新问题，这样才能使文化政策方案得到顺利贯彻，政策目标得到顺利实现。因此，根据具体情况和变化了的文化条件，根据反馈的信息适时地修正、调整原定的执行策略、计划和程序，因时因地制宜，创造性开展工作，对文化政策执行至关重要且贯穿于文化政策执行整个过程系统的始终。

5．执行行为的多边协同性

文化政策对象是一个特殊的对象领域。它虽然是文化，但在其市场行为过程中又广泛涉及工商、公安、司法和海关等部门。尤其是在文化市场管理过程中，打击非法行为，整顿市场秩序，净化市场环境时，文化政策执行行为的多边协同性表现得尤为突出。例如，我国开展的"扫黄打非"过程中，由于文化领域里的非法出版物和淫秽出版物涉及社会安定、权益保障、市场管理和国家文化形象等一系列问题，涉及多个部门的管理权限，在具体执行时，公安、工商、司法、海关甚至安全部门等往往会与文化部门协同工作，联手打击，以确保国家文化政策的顺利贯彻和国家文化市场的纯洁，维护消费者权益和国家文化形象。多年来，打击盗版和文化走私都是各个部门的多边协同工作。而有些文化政策执行又可能涉及组织、人事和统战部门，涉及落实文化界的知识分子政策，这时，政策目标的实现就非有这些部门的参与和协调不可。

6. 影响的广泛性

文化政策是人们有意识地调节、组织、控制和管理社会文化系统的工具。文化政策的执行会涉及众多的因素和变量，对人们的社会文化生活会产生广泛的影响。这种影响不仅在于管理意义上的文化对象系统，而且在更深的层面上，影响社会公众的文化观念和文化行为系统，影响人们的文化心理结构系统。文化政策内外各因素之间是相互制约、相互作用的。对某一因素进行调节和控制的文化政策的实施，就意味着其他方面的文化政策因素也要作相应的改变或调整。因此，文化政策执行会对人们的社会文化环境产生广泛而深远的影响。这种影响主要表现在以下三个方面。第一，对目标群体的影响。在文化政策执行过程中，受作用于文化政策的一定的目标群体，为能适应和满足占社会主导地位的文化价值观和文化管理意志的需要，必须调适自己的文化行为，以适应政策主体的这种需要。第二，对社会大众文化行为的舆论导向影响。文化政策内容总是带有倾向性的。在文化领域里提倡什么，反对什么，鼓励什么，禁止什么，都会对社会公众的真善美价值取向和文化选择产生引导和抉择作用。一定的文化历史时期之所以形成一定的文化思潮和文化时尚，很大程度上是实行占统治地位的文化政策环境中诞生和形成的一定形态的文化产品和文化舆论机制。第三，对文化目标群体以外的影响。一项新的文化政策的执行，会使社会的公共政策体系的整体结构产生相应的结构性变动。例如，由文化经济政策的执行而引起相关产业政策的变动，形成文化产业投资体制的多元化。同时，文化政策制定过程中一些尚未认识到的潜在因素政策执行过程中的显现，也会带来一些始料未及的变化和影响。例如，我国在开展对美双边贸易和加入世界版权公约后对待知识产权问题等。文化政策执行影响面的大小和力度的深浅，都直接反映政策的社会文化效益。一项完美的文化政策倘若没有得到充分有效的执行，那么，任何关于文化建设和发展的美好规划就可能都有落空的危险。

三、文化政策执行的意义

由于文化政策执行的动态性，以及由这种动态作用而产生的政策场效应和这种政策场效应对原有文化存在状况的改变，这就使得文化政策执行成为全部文化政策运动的中心环节。任何文化政策只有当它是可执行的，才是有价值的；只有这种执行是有效的，它才是有利于文化的可持续发展的。否则，再好的文化政策也只是空洞的存在。对此，美国学者文利森曾正确地指出："在达到政策目标的过程中，方案确定的功能只占10%，而其余 90%取决于有效地执行。"正是在这样的意义上，文化政策执行比文化政策制定更为重要，意义也更为重大。

1. 实现政策主体的文化意志

文化政策执行，无论是作为行为方式还是行为过程，都是对政策主体的文化意志和文化的目标和愿望的贯彻、落实。文化政策制定，作为文化政策全部运动的起始阶段，也还仅仅是主体文化意志的方案的系统化和符号化，是主体的主观意愿的体现。虽然，它也有生动丰富的内容和设计完美结构，但这些都是静止的、平面的，都还仅仅是一种可能，而不是文化现实。所有这些符号化了的方案系统，倘若不能转变为具体的、生动的、立体的存在，那么，任何政策都没有意义，对于政策客体来说都不是对象。因此，文化政策执行是文化政策主体文化意志的合乎逻辑的能动展开和实现方式，是主体文化意志的实践理性形态，只有通过这个形态，主体的文化意志才能见诸于存在，愿望才能转化为行动，主体关于文化的终极目的也才能在这个过程中得到丰富的展开和全面的实现。

2. 促进主体、客体文化关系调整和文化利益重组

由于文化政策执行是政策主体文化意志的实现过程的政策化反映，这种反映既表现了一定社会历史条件下和文化生产力水平下人们的社会文化关系的存在状况，而且也揭示了一定文化关系变动的现实性文化政治基础，即政策主体成分的任何变动都会导致文化关系的变动。同时，还由于每种文化关系都首先作为文化利益关系而表现出来，文化关系的任何变动又都会引起文化利益格局的变动和重组。因此，建筑在一定社会文化历史基础上的文化关系的任何变动，都会引起文化政策主体、客体文化关系的变动，从而带动文化利益格局的重组。这种变动以及由此形成的社会文化运动，有自在的，也有自为的。自在的变动是文化关系自我实现的反映，由人们一定的物质关系使然。自为的，则是文化关系变动的人为状态，反映的是政策主体即占统治地位的文化主体的文化追求以及这种追求的实现与现实文化差距之间的矛盾。无论是文化政策制定还是文化政策执行，都是主体试图克服和消除这种矛盾所做的努力。从这个意义上来说，文化政策制定是因为存在着主体的文化不满足，而文化政策执行则是主体为实现自己的文化满足而采取的措施和行为。这种措施和行动是针对当下的文化关系和文化利益状况的。因此，无论是文化政策制定还是文化政策执行，本质上都是对所涉及的主体、客体现有文化关系

和文化利益状况的某种否定、破坏和调整。文化政策执行就是要按照主体关于未来文化的规划，通过对现存主体、客体文化关系的调整和文化利益重组，实现主体的文化蓝图。未来文化蓝图的实现，有赖于新型文化关系的建立，而没有建筑在新型文化关系基础上的一种文化利益格局的形成，要实现既定的文化蓝图是不可能的。另外，作为一种有机的生命体，任何文化关系和文化利益格局的生命存在都是有限的，以有限去追求无限，如果不打破原有的关系和格局，不注入新活力和激励机制，那么，在历史惰性的作用下，在这种文化关系基础上形成的文化形态就会衰退和死亡。因此，对这种文化关系的破坏、调整和文化利益格局的重组，是文化本身发展的内在要求，而文化政策执行正是在这样的意义上成为推动和促进文化关系调整和文化利益重组的必不可少的机制和力量。一定社会的文化关系和一定文化关系下的文化利益格局，也正是在这样的意义上成为一定的文化政策的产物。

3．为完善文化政策体系和政策创新提供实践基础和客观依据

文化政策是一个复杂的生命系统。无论是单项的文化政策的周期运动，还是作为一个完整的政策领域的系统构成，政策科学本身的不发达、政策主体理论和政策认识的局限性，以及与发展中的政策对象存在着差距，例如，新文化产业的迅速发展和新文化观念的快速传播，都使得文化政策运动是一个由不成熟到成熟，由不完善到完善，由低级到高级的循环往复不断演进和跃变的过程。正是由于受到众多因素的作用，任何文化政策制定和体系构成都需要在贯彻执行中不断修正、补充，逐步求得完善和发展，通过在政策执行过程中的各种反馈信息来提高政策的可行性和有效性。在政策执行中检验政策方案的优劣，在政策执行中发现和校正主观意图与客观存在之间的差距，在政策执行中发现新问题，制定新政策，可以说，这是文化政策完善化的普遍规律。政策有自己的"生命周期"，一定的文化政策只能在一定的时间和空间范围内起作用，超过了一定的时空范围，政策就会失效、终结。政策创新，用新的文化政策取代旧的成为整个文化政策生命系统运行新陈代谢的必然规律。在这里，影响和决定文化政策创新程度和方向变量的一个很大的因素，就是对文化政策执行的信息反馈。特别是面对文化不断发展的时代，对于政策主体来说，如何通过政策工具驾驭这个时代，为后继政策的创新提供足够的政策资源的拓宽自由空间，就成为压倒一切的需要。而在所有这些内容中，"改进政策制定的所有需要中最为紧迫的是创新政策范式，尤其是宏观政策"。但是"文化的限制、传统对组织的制约、既得利益以及类似'封闭性思维'变量，都妨碍着这些方面的创新"。[①]因此，要获得文化政策创新就必须克服这些妨碍，取得对于政策创新的实践基础和客观

---

① [以]叶海卡·德罗尔. 逆境中的政策制定[M]. 上海：上海远东出版社，1996：157.

依据的支持,这些都只能在政策执行后的反馈信息中获得。除此之外,任何关于文化政策的创新都只是政策或理论的一种假设。

第二节 文化政策执行要素分析

文化政策执行是由一系列环节和要素组成的、动态的过程系统。这些要素和环节构成,不仅直接规定了整个文化政策执行的运动形态和构架,而且直接影响文化政策有效的执行和取得预期的效果。

一、政策执行要素研究的理论考察

对政策执行要素研究最早且最有影响的是美国学者 T.B.史密斯,他在《政策执行过程》一文中提出了"四因素理论"。史密斯认为,政策执行过程中起决定性作用的有四个重大因素:理想化的政策、执行机构、目标群体、环境因素。他说:"理想化的政策、执行机构、目标群体、环境因素四者,为政策执行过程中所牵涉到的重大因素。具体地说,政策的形式、政策的类型、政策的渊源、范围及受支持度,接受领导的情形以及先前的政策经验,文化社会经济与政治环境的不同,凡此等等均是政策执行过程中影响其成败所考虑和认定的因素。"[①]在过去,人们在政策研究或政策分析中比较关注理想化政策的制定,而比较忽视对有效的政策执行要素的研究。史密斯关于政策执行"四因素理论"的提出,不仅提出了一个有价值的政策执行过程理论模型,而且提出了现代政策科学研究领域的一个新课题,引起了学术界的关注和深入探讨。

在史密斯之后,政策学者米尔布里·麦克拉夫林于1976年发表《互相调适的政策实施》,提出了"政策执行调适理论"。麦克拉夫林认为,政策执行过程是执行组织与受影响者之间就目标和手段作相互调适的互动过程,政策执行的有效与否取决于政策执行者与政策影响者之间行为调适的程度。麦克拉夫林分析:第一,政策执行者与政策接受者之间往往有许多需求和观点并不一致,为保证政策的有效执行,双方必须作出让步和妥协,寻求一个两者都可以接受的执行方式。第二,政策执行者的目标和手段应有弹性,可因环境因素和政策接受者的需求和观点的改变而变化。第三,这一相互调适的过程是彼此处于平等地位的双向交流过程。第四,政策接受者的利益、价值和观点仍将反馈到

---

① 张金马. 政策科学导论[M]. 北京:中国人民大学出版社,1992:212.

政策上，以致左右政策执行者的利益、价值和观点。①他由此得出结论：成功的政策方案有赖于成功的政策执行，而成功的政策执行则有赖于政策执行者与政策接受者双方行为调适的成功。从而提出了政策执行过程中的社会学问题，进一步拓展了政策招待的理论思维空间。

1987 年，美国公共政策学者马丁·雷思和弗朗希·F.拉宾拉维茨提出了"执行循环理论"。他们把整个政策执行过程分为三个不同的阶段：纲领发展阶段、资源分配阶段、监督阶段。认为这三个阶段并不是单向流动，而是相互循环的动态过程。他们强调第一阶段必须奉行三项政策执行的原则：合法原则、理性原则、共识原则。并着重分析了环境条件对政策执行的影响和作用，突出了对政策执行过程中的政策执行要素重复影响力的研究，把政策执行过程中的各要素运动看作是在一个政策场力的作用下不断进行作用和反作用的循环往复的过程。②

二、文化政策执行的要素构成和分析

文化政策执行作为一个完整的过程系统，不管其结构多么复杂，本质上都是文化政策主体的主观意志见之于文化政策客体的过程。因此，构成文化政策执行要素的首先是政策主体和政策客体，即文化政策力的作用的两边。由于政策执行过程中，政策主体是通过文本载体而发挥作用的，这样，文化政策文本作为主体的外化——符号化体系而成为文化政策执行本质要素：政策执行的依据和出发点。同时也正由于政策主体外化为政策文本系统，政策主体便不直接作用于政策客体，而是必须由一个使政策文本的观念形态转化为政策客体的现实形态的中间环节，从而使主体的主观意志见之于客观现实成为可能，这个中间环节作为一个重要的要素存在就是文化政策执行者。从某种程度上说，正是政策执行者的存在和作用，才使得整个执行过程运转起来。从生态学的意义上来说，环境和资源是现代人类社会任何形态的可持续发展两个必不可少的基本要素，从文化发展看文化政策执行，文化政策环境和文化政策执行资源，也就自然地成为文化政策执行的重要组成成分。这样，文化政策文本、文化政策对象、文化政策执行者、政策资源和政策环境，就构成文化政策执行的五个基本要素，缺少其中任何一方面都不可能是完整意义上的文化政策执行。

1. 文化政策文本

文化政策文本是文化政策执行的依据和出发点。作为政策主体文化意志的符号化表

① 桑玉成，刘百鸣. 公共政策学导论[M]. 上海：复旦大学出版社，1991：44.
② 桑玉成，刘百鸣. 公共政策学导论[M]. 上海：复旦大学出版社，1991：46.

现体系，政策文本的内容建构和指向集中体现了政策主体对于文化的价值观和目标追求，由于这种关怀和追求是建筑在主体对当下文化境况的满足的基础上的，政策主体关于"文化应当怎样"的意识设定，便使文化政策文本在价值追求的取向上成为"理想化的相互作用形式"。尽管这种"理想化的相互作用形式"还仅仅是政策主体文化意志的努力设定，是否与客观存在的需要相一致还是一个问题，但是，对于文本内容的理想化的设定，则是文化政策有效执行的必不可少的内在动力。因为对于美好未来的普遍渴望和期待是人类社会得以进步发展的一种重要推动力。这种理想化的文化政策应该是主客体之间"相互作用"的合目的性与合规律性相统一的结果。一方面，它反映了主体对于现有文化状况的不满，以及对于当下文化应当如何发展的某种追求，同时又揭示了现实文化存在的某种需要，即不打破某种现在的文化秩序或文化结构，文化便不能进步的历史要求；另一方面，就主体而言，这种追求既超越现实之上，又提炼于现实存在的内在要求之中。因此，它即是主体的目的，是主体对于历史必然要求的把握，同时又是客体的需要，是客体对主体努力的一种理性认同。无论是合目的还是合规律，都应是主客体间的有机整合。这就决定，就文化政策文本而言，第一，它是合理的，具有科学性。任何反科学的、违背社会发展规律和历史要求的文化政策，在执行中都不可能取得预期的效果，甚至要受到规律的惩罚。第二，它是稳定有序的。文化政策的稳定性反映的是主体对文化发展内在要求的把握及与主观文化愿望可实现之间的矛盾关系的成熟性思考。政策多变，朝令夕改，不仅无法执行或执行艰难，而且反映出政策的非理性和非科学性，政策主体对于政策把握的无能。稳定性是对文化发展规律性的深刻认识和主体目标有序性实现的揭示。当然，在政策变革和社会转型中，政策不能不变，但不能常变、多变。变或不变都应具有科学性。第三，它是可执行的、可操作的。任何不具备可执行的文化政策，目标追求和政策的理想化仅具象征意义。因而理想化的政策同时也应当是具体的、明确的。第四，它是连贯的和有机整体的。既有时间的连续性又有空间的整合性。上下一致，前后一致，左右协调，均衡发展。只有这样，文化政策文本也才是理想化的政策.

　2. 文化政策对象

　　一切政策都是为对象的政策，一切对象又都是政策的对象，两者各以对方为依存条件，并由此推动政策的矛盾运动和发展。政策与政策对象构成了政策运动一对最基本也是最主要的矛盾关系。文化政策运动也正是由这一基本矛盾关系的运动而展开其全部丰富性的。离开了这种矛盾关系的对象性存在，任何关于文化政策主客体的区分都是无价值和无意义的。文化政策文本作为政策主体的外化也正是由于它作为对象的主体性存在，以及它所作用的文化物的对象性存在，它才是实证的，具有价值存在的合理性和必然性。因此，从政策哲学的意义来说，文化政策对象是文化政策文本存在的前提和条件，文化政策对象的变化和发展不仅受影响于文化政策文本即主体意愿的选择性制约，而且也反作用于文化政策文本运动，给予文化政策文本目标以巨大的影响。另外，从政策关系，特别是利益关系的角度来说，任何文化政策关系的目标设定，都是对原来文化政策关系的调整和文化利益关系的重组，都表现为对文化的人和物的行为方式和存在方式的制约和改变，而这种调整、制约和改变能否达到政策文本——理想化的政策所期待、追求和设定的理想化境界，很大程度上并不完全取决于理想化的政策本身，而是取决于政策对象对政策文本的可接受程度，即矛盾关系转换的可调适态度。文化政策执行成败与否就在这临界之间。因此，文化政策对象在政策文本实施过程中是否可调适以及可调适的程度，就成为文化政策文本能否有效执行的关键性要素。

文化政策对象是指那些由于文化政策的作用和影响必须对自身的行为方式和存在方式重新调适的目标群体，也称"文化政策客体"，它包括人和物两个方面的内容：作为属于利益集团的人和作为社会存在的物——文化物自体。前者涉及人的利益关系和行为方式关系，后者涉及社会存在形态和存在结构关系。就人的利益关系而言，由于文化政策本质上总是表现为对一定文化利益和文化资源的调整和重新配置，文化政策执行的结果必然表现为受益和受损的两方。受益方对政策持支持态度，与主体密切配合，积极执行；受损方则对政策持消极态度，甚至产生抵触的态度，对政策有限执行或干脆不执行。当代中国的文化体制改革可以使大多数文化人受益，但也会给那些习惯于在旧体制下生存的人以根本性冲击。电影发行体制的改革，打破了独家垄断的局面，从而使利益资源配置朝着一个更合理、更富于竞争性和更有利于我国电影业发展的市场框架流动，但使原来的利益获得者受到了严重的挑战。这样，受益者就成为文化政策执行的动力，受损者则成为文化政策执行的阻力。如何缩小这种损、益双方的利益差，尤其是要实现受损方（即原先利益获得者）在利益关系上的"软着陆"，化阻力为动力，至少消除阻力，扩大和增加对"理想化的政策"的理解度、宽容度和支持度，由此成为对象的可调适的重要内容。就以人的文化和行为方式的关系而言，任何行为方式都是人的价值观念和文化习惯的行为反映。一项在本质上都能给各方带来根本利益关系调整的文化政策，有时会由于与人们传统的价值观念和行为方式相冲突，而使政策难以顺利有效地执行。中国文化体制改革中的有些政策之所以在一些地方未能得到有效的执行，一个重要的原因就是长期在计划经济模式下形成的文化事业由国家统包统揽的行为方式和"大锅饭"观念的影响。从而造成了一方面大声疾呼对旧的文化体制进行彻底的改革，另一方面又对改革政策的出台采取不理解、不支持、消极暧昧态度。人们的行为方式是在一定的政策文化环境中塑造、熏陶中逐渐形成的，这种行为方式已经成为人们一定的文化的关系性存在，要改变这种关系性存在和重新建立形象识别就自然会遇到阻力。如果文化政策文本的目标设定与他们原来的文化方式和角色期待差距较大，文化政策执行就难以迅速达到预期目的。有时，即使连不接受者也承认那是一种"理想化的政策"，也觉得"应该如此"，然而就是因为行为方式关系的转换而造成的价值观念和角色识别的心理障碍，而使他们对"理想化政策"的接受和执行"举步维艰"。因此，文化政策执行往往需要缩小对象行为的调适量，运用渐近的方式，以利于对象对文本顺从和接受。

文化政策对象作为可调适的目标群体，不仅指人的利益与行为方式的关系，而且也指与文化物自体的关系。所谓"文化物自体"就是在一定的社会制度和生产方式下形成的文化制度和文化的存在形态和运动结构——文化产业和文化产业结构，以及由此涉及的与政治和经济的关系。这种调适本质上是文化发展本身的可调适以及社会发展进步的可调适。无论是文化形态还是文化产业及其结构的生长，都是社会生产力发展到一定程度的结果。这种结果除了文化本身的积累准备了相应的条件（主要是人的文明程度）之外，直接的原因是社会生产力的发展。特别是近代以来随着大工业的崛起而产生了电影产业，现代文化形态和文化产业及其结构的变化发展，都与以现代高科技为主要内容的现代生产力的发展程度密切相关。传统的文化形态和文化产业形态在这个过程中受到了严重的冲击，面临着挑战。这时，作为文化物自体发展的现代性程度，就完全取决于其自身的可调适性程度和可生长性程度。文化政策文本即关于文化产业政策的能否有效执行，则完全取决于对象的可调适程度，只有那些可调适对象才可能完成结构的调整和生产方式的转变，从而获得新的产业生长点；而对那些已经完全丧失了可调适能力，只能是完成历史使命而进"博物馆"的对象关系，任何主体的努力都是难以实现的，当然关于这样的政策执行也就根本不可能达到预期的目的。就当代中国而言，经过近二十年的文化改革，如果说关于文化政策对象可调适关系中人的因素问题已经渡过了它的"阵痛期"的话，那么，今后中国文化政策作用的主要内容和对象将是文化物自体——文化制度和文化产业结构的调整和开发。这一政策目标的实现与否，直接关系到 21 世纪中国文化发展和可持续发展的产业布局，这是需要特别加以研究的。

3．文化政策执行者

文化政策文本与文化政策对象虽是构成了文化政策的一对最基本的矛盾关系，但是，这种基本矛盾关系的相互作用和存在是通过文化政策执行者的中介作用实现的。倘若没有文化政策执行者这一起中枢神经作用的环节，所谓"文化政策运动的基本矛盾关系"仅具理论意义。从这个意义上来说，所谓"文化政策执行"也就是文化政策执行者的执行，是文化政策执行者将文化政策文本付诸对象实践的行为过程。

然而，与一般意义上的中介环节所不同的是，文化政策执行者并不是单纯意义上的行为组织者，它常常同时又是文化政策对象，身兼执行者和目标群体的双重角色。例如在文化体制改革政策中，作为执行者的地方文化主管部门的文化管理工作者同时也是作为目标群体的政策对象，文化体制改革的某些方面也可能触及他们的切身利益；而在文化产业改革的执行中，由于条块分割而形成的利益分配格局的调整，所涉及的利益关系就更大，在这个关系过程中，政策执行者所承担的政策对象角色的利益负担也就更重。正是由于文化政策执行者常常身兼双重角色，这就造成了许多文化政策执行不力的情况，不是由作为普遍政策对象的一般目标群体造成的，而是首先由作为文化政策执行者的那部分特殊目标群体出于对自己利益的维护造成的。例如，多年来国家一再强调要保护知识产权，加强打击盗版的力度。严禁侵权盗版的文化政策之所以在一些地方不能得到很好的执行，其中一个重要的原因就是地方保护主义作祟，把侵权盗版所得看成地方财政收入的一个重要来源，而对中央政策阳奉阴违，置国家文化利益于不顾。人们常说的"上有政策，下有对策"，软拖硬顶，就是某些作为目标群体的文化政策执行者拒不执行国家文化政策的一种特殊表现。尤其是当作为政策对象的文化政策执行者的利益被他们执行的文化政策所调整时，如何处理国家整体利益与局部的集团利益和地方利益的关系，便成为他们所面临的两难选择。在这里，能否维护国家文化利益，也就成为作为政策对象的文化政策执行者能否有效地执行政策的关键。

当代中国文化发展正面临着改革和发展的双重压力，在由社会转型而带来的文化利益结构发生深刻变动的时候，特别需要文化政策执行者具有国家文化利益的自我认同和全力以赴地执行国家统一的文化政策的使命意识。对于文化政策执行者来说，文化政策执行不是，也不应该是对于某种集团利益的维护，而是必须满足和符合国家最高文化利益的需要，有助于促进和推动国家整体文化的发展。因此，文化政策执行者不管是执行机构还是执行人员，都必须始终明确地意识到自己应该是国家文化利益的忠实执行者和捍卫者，而不是狭隘的小团体主义者，明确地意识到自己的行为在推动国家文化发展的历史进程中所起的重要作用。在文化执行机构和执行人员中努力形成和加强凝聚力，强化政府中枢决策系统和国家文化利益作为一种向心的文化权力在文化政策执行中所发挥的作用，从而使执行人员克服在面临利益调整时由双重角色而造成的两难选择，彻底承担执行者的责任和义务。只有这样，理想的政策才能获得完美的现实体现。

4．文化政策资源

文化政策资源是文化政策执行的代价，是铭记在主客体结构中的一种力量，是文化政策执行的重要要素之一。文化政策执行是一个双向选择的文化互动过程，本质上是对文化利益的重新分配和文化行为的调整，涉及广泛的文化利益关系，各种文化利益关系处理和调适得当与否，不仅涉及能否发挥文化政策文本本身所蓄含的潜在的改革力度（任何政策都是改革），而且更重要的是在执行政策过程中，涉及政策作用的各方所能承受和付出的代价，包括有形的和无形的、当前的和长远的。付出代价的大小关系到政策执行的成败。在文化政策执行中，不能只有作为主体意志代言人的文化政策执行者所需要的各种资源准备这一个向度，而且还必须有作为完成政策执行唯一角色的目标群体在执行文化政策时已有的资源准备这一个向度。在文化政策执行中，这两个向度应该是作为一个整体而纳入执行者视野的，不能割裂开来。因为倘若文化政策的执行使政策对象付出的代价太大，所承受的利益损失超过了它所准备的资源积累的程度，那就必定会引起对象对于政策执行本能的社会反抗和强烈抵制。"上有政策，下有对策"，作为对象的一种有效的应对策略也就应运而生，从而使政策执行的投入力度增大。任何政策执行投入力度（作为强制性）的增大，都将预示着政策风险的增大。而政策风险越大，则有效执行的产出概率就越低。成本与效益、投入与产出比关系，在这里充分地表现了出来。这就决定了在文化政策执行过程中，无论是策略的选择还是方式的选择，都必须引入成本意识，引进政策风险规避机制。尤其是在我国现阶段用以文化体制改革的文化资源准备还严重不足的情况下，强调文化政策执行中的成本意识就显得特别重要。过去，由于在某些方面过分地强调了主体文化革命的使命意识和政治态度，形成了从文化政策制定到执行的不良倾向，即忽视对于文化政策成本的考虑，有时甚至为了实现那些超越阶段、不切合实际的文化目标而不惜代价，结果导致像"文化大革命"那样付出巨大代价的灾难性文化后果。在这里，引入"成本意识"并不仅仅是要求在文化政策执行中要意识到成本，正确地在实施方案和策略措施的拟定中估计成本，并将成本—收益的思维框架应用于文化政策执行之中，它还要求在文化政策执行中根据成本对各种选择方案作广泛的考察。其中更为重要的是，在文化政策执行中强调成本意识，可以使文化政策执行者优先考虑最突出的问题，选择最佳的方案，即可以为了更重要的价值和目标而放弃一些也很重要的价值和目标，从而在文化政策执行中能以较小的成本付出获得较大的资源优势，把政策执行的风险垫付转化为文化的可持续发展资源。如果不是这样，那么文化政策执行者在人力、物力、财力、信息、权威等方面的资源越丰富，越充足（这些都是文化政策执行所必需的），其所滥用权威，造成资源浪费的后果也就越严重。这样的动机与效果完全背反的情况，在文化政策发展史上并不鲜见。因此，作为文化政策执行的重要资源条件，成本意识并不是一般的问题，而是文化政策执行中的一个根本取向。

5．文化政策环境

文化政策环境是文化政策执行的重要文化生态条件。一定文化政策的价值取向、目标设定、利益格局构成和资源配置状况，不仅是一定的历史文化环境的产物，而且一定的文化政策执行也只有在一定的文化环境中才能获得它生命运动形态的客观机制和生态保证。这是包括政治环境、经济环境、社会舆论环境和文化自身环境在内的一个综合环境系统。在所有的环境因素中，政治环境是前提、是基础，是决定其他方面的主要矛盾的主要方面，是关系到文化政策有效执行的制度保证。因此，包括国内和国际的整个政治环境质量，直接影响和制约着文化政策的执行和文化的发展。邓小平曾说过：中国要实现自己的发展目标，必不可少的条件是安定的国内环境和和平的国际环境。我们不在乎别人说我们什么，真正在乎的是有一个好的环境来发展自己。没有一个好的环境，建设和发展什么都搞不成。在这里，"安定的""和平的""好的"，都是指政治环境的生态质量而言。历史发展的实践已经证明，"理想化的政策"的顺利执行往往是与国家的政治稳定、社会稳定和良好的国际政治环境联系在一起的，动荡的国内政治环境和紧张的国际环境是很难保持有效的文化政策执行的。同时，文化政策执行不仅要有制度保障，而且也要有物质保障。没有必要的物质保障，政策文本的许多任务难以落实。尤其是在现代文化经济发展日趋一体化的情况下，经济环境的质量状况直接决定了文化政策文本内容和目标实现所需要投入的力度和所需要支持的现代化程度，决定了文化产业发展以及作为综合国力的重要标志的文化力在国际文化竞争中所拥有的实力地位和强度。在这里，所谓"经济环境质量"，主要是指社会生产力发展已经达到的水平、国家的宏观经济发展战略和产业政策，以及国家关于文化建设的投入体制。只有这几个方面的环境质量指标都达到了理想化的程度，"理想化的政策"执行也才得到了它所需要的物质保证。正是由于经济环境质量在国家文化政策目标实现和国家文化建设中起着根本的基础性作用，中共中央在部署我国跨世纪文化发展战略时特别强调要"切实增加精神文明建设的投入"，"要从社会主义现代化建设的全局出发，把精神文明建设纳入经济和社会发展的总体规划，保证必需的资金。要适应社会主义市场经济的要求，建立规范有效的筹资机制，逐渐形成对精神文明建设多渠道投入的体制"。[①]社会文化舆论环境，是社会公众对文化生态环境特殊的整体性反应模式。既包括一定的舆论导向，也包括整个社会对人们生存条件和所处文化关系的经济性反应。如果说，政治环境和经济环境分别从制度和基础两个方面影响着文化政策执行的话，那么社会舆论导向则是构成文化政策环境因素的重要社会力量。文化政策的能否有效执行，归根结底取决于社会公众对文化政策的可接受程度，特别是目标群体对所实施政策的心理接受程度。当"理想化的政策"超过了社会公众这个最广大目标群体所能承受的心理震荡幅度，以及对于政策的理解和可支持程度，那么，文化政策文本本身即使设计得再好，也难以得到实施。反之，如果某项文化政策顺应民心，反映民意，那它就会形成巨大的改造世界的力量，推动文化政策的全面、有效和创造性的执行。如果说，政治环境、经济环境和社会舆论环境都还只

---

① 中共中央关于加强社会主义精神文明建设若干重要问题的决议[N]. 人民日报，1996-10-10.

是文化政策执行的外部环境、外部条件的话,那么,文化自身的环境状况则是属于文化政策执行的内部环境和内部条件。外因是变化的条件,内因是变化的根据,外因通过内因而起作用,如果文化环境状况本身未达到它生长需要的条件,那么,任何再好的文化政策执行也是难以达到预期的目的的。

第三节 文化政策执行的原则和过程

一、文化政策执行的原则

文化政策执行的原则是指文化政策执行活动中所必须遵循的行动准则和规范。由于价值观念和文化传统、文化背景的差异,在不同的历史时期和不同的社会文化形态下,文化政策执行原则就有许多本质的区别。在当代中国,文化政策执行主要有以下三个方面的原则。

1.国家政治原则

任何政策,作为阶级、政党集团和国家的政策,首先是政治,是政治的实现手段和策略形态,代表和反映了政策主体所属的那个阶级和政治集团的根本政治利益、政治需要、政治意志和政治愿望,为政治所利用,为政治服务。文化政策则是这些内容在文化领域里的反映和表现。因此,文化政策就其内容的效能来说,具有政治的权威性和约束力。早在20世纪40年代在延安文艺座谈会的讲话中,毛泽东就曾从政治学和政策学的角度明确指出:"在现在世界上,一切文化或文学艺术都是属于一定的阶级,属于一定的政治路线的。""党的文艺工作,在党的整个革命工作中的位置,是确定了的,摆好了的;是服从党在一定革命时期内所规定的革命任务的。""革命的思想斗争和艺术斗争,必须服从政治的斗争,因为只有经过政治,阶级和群众的需要才能集中地表现出来。"[1]毛泽东的论断虽然是针对处在"救亡图存"中的以抗日战争为背景的中国文化发展而言的,但是他所阐述的基本原则至今并不过时。1980年,邓小平在纠正"左"的文艺政策对文艺工作横加干涉的同时也指出:"文艺是不可能脱离政治的。任何进步的、革命的文艺工作者都不能不考虑人民的利益、国家的利益、党的利益。培养社会主义新人就是政治。"[2]1996年12月,在中国文联第六次全国代表大会、中国作协第五次全国大会上,针对当前文化

---

[1] 毛泽东.在延安文艺座谈会上的讲话[M].//毛泽东.毛泽东选集:第3卷.北京:人民出版社,1972:822,823.
[2] 邓小平.邓小平文选[M].1975—1982年.北京:人民出版社,1985:220.

工作中存在的某种不讲政治和政治意识不强的倾向，江泽民明确提出："在面临西方国家经济、科技占优势压力和西方意识形态渗透的情况下，所谓不问政治、远离政治是不可能的。在文艺式工作中坚持党的基本理论、基本路线和方针政策，坚持正确的创作思想，多出精品，把美好的精神食粮贡献给人民，郑重地考虑作品的社会效果，旗帜鲜明地反对资本主义和一切剥削阶级腐朽思想的侵蚀，反对'一切向钱看'，旗帜鲜明地鼓舞人们为壮丽的社会主义现代化建设事业而奋发进取，这就是马克思主义政治对文艺工作者的基本要求。"①毫无疑问，这些都应当成为文化政策执行的原则。政治是经济的集中表现，集中反映了在一定的经济基础上的各种利益关系和要求。在当代中国，社会主义现代化和实现社会的全面进步是最大的政治，只有讲这个政治才能保证党和国家关于文化的各项方针政策，全面地贯彻执行到实际工作中去。任何"上有政策，下有对策"，合意的就执行，不合意的就不执行，为了一点局部利益或者个人利益，甚至连犯罪问题都加以保护，对明显违背党的基本路线和政策的错误言行也不抵制、不斗争，听任一切剥削阶级的腐朽思想毒化我们的文艺空气的想法和做法，都是与人民和国家的根本文化利益相违背的。因此，在文化政策执行中要讲政治，就是要"坚持党的'一个中心、两个基本点'的基本路线，自觉地服从和服务于全党全国工作的大局"②，确保党和国家关于文化的各项方针政策得到贯彻执行。

2. 创造性原则

执行文化政策不仅要讲政治，讲政治原则性，而且也要讲实际，讲实际的灵活性和创造性。国家关于文艺的大政方针的规定，一般都比较原则，不可能把所有的文化政策问题都规定得那么具体详尽。像我们这样大的国家，各地文化情况千差万别，文化问题错综复杂，文化结构和文化发展很不平衡，不可能用统一的规定、统一的办法去解决各种不同文化性质、不同文化发展程度、不同文化信仰等文化政策问题。因此，这就要求文化政策执行者在实施文化政策时，必须根据实际情况，在不违背根本政策精神和坚持文化政策的总方向的前提下，在政策允许的范围内，采取灵活多样的方法和形式，创造性地执行党和国家的文化政策。所谓"创造性原则"，就是把党和国家的关于文化工作的总方针、总政策、基本原则同本地的文化发展和文化建设需要的实际相结合，通过与本地区、本部门文化实践相结合，进一步地在微观层面丰富、完善和发展现行文化政策，使其从抽象原则的形态转化为具体可操作的形态，从而使文化政策的根本精神内容在实践执行中更科学、更合目的性和合规律性。在执行国家统一的文化政策过程中，任何不

---

① 江泽民. 关于讲政治[N]. 人民日报，1996-07-01.
② 中共中央关于进一步做好文艺工作的意见[N]. 人民日报，1997-05-23.

顾本地文化实际，超越本地区实际文化条件和发展阶段的教条主义的做法都是有害的。在我国少数民族地区文化政策执行过程中对尚处在文化脱贫地区的文化政策执行中，尤其要注意灵活性和创造性。这就要求文化政策执行者有强烈的进取心和主动创新意识，富有创造性地执行文化政策。对国家已有明确要求的政策条款和已规定了明确政策思路或政策原则的，就要从本地区、本部门的文化实际出发，制定出切实可行的、完善的实施细则或补充规定，同时，要根据"三个有利于"（有利于发展生产力，有利于提高综合国力，有利于改善人民生活水平）的标准，创造性地解决执行文化政策中遇到的新情况、新问题，以克服文化政策制定滞后于文化发展实际而给文化政策执行带来的困难，为新文化政策的酝酿、制定提供崭新的文化管理经验。《中共中央关于经济体制改革的决定》在论述执行中央政策与地方工作的关系时就曾经指出："要解放思想，实事求是，一切从实际出发，把党的方针政策同各地区、各部门、各单位的实际密切结合起来，创造性地贯彻执行。"① "以我们正在做的事情为中心，着眼于马克思主义理论的运用，着眼于对实际问题的理论思考，着眼于新的实践和新发展。"②这些都应该成为创造性执行文化政策的指导思想。只有这样，才能真正全面地贯彻落实党和国家的各项文化政策，而文化政策也才可能成为生动的实际。

3．整体协同原则

文化政策执行是由多边多层次的执行机构和执行人员等要素构成的一个整体过程系统。不仅一般地涉及文化、广播电影电视、新闻出版等部门，而且在执行过程中还要涉及公安、司法、工商、组织、人事、金融、税务、海关、统战等部门。在这个过程系统中，各执行机构和执行人员间存在着相互依存、相互制约的关系，其中每一要素功能的发挥都有赖于其他要素与之适应和配合。任何一要素的不协调都会引起矛盾，影响政策执行系统整体功能的发挥。因此，有时为了突出某项文化政策有效执行的一致性和协同性，常常是中央几个部委联合发文，以求多边、多层次的执行机构和执行人员密切配合，协同动作，形成执行中的强大的整体合力和规模效应，从而保证整个政策执行系统的有效运转。要做到执行过程系统的协同一致，重要的是各政策执行机构之间、执行机构与各有关部门之间、执行人员以及政策执行者与目标群体之间的文化沟通，包括文化利益沟通、价值观念沟通、行为方式沟通以及执行政策的程序和方式的沟通等。沟通的目的，是要对执行文化政策所造成的利益分配和行为方式调整取得认识和行为上的认同，以共同推进文化政策目标的实现。由于一项文化政策的实施常常涉及目标群体广泛的利益关

---

① 中共中央文献研究室．十二大以来——重要文献选编[M]．中．北京：人民出版社，1989：584．
② 江泽民．在中国共产党第十五次全国代表大会上的报告[N]．人民日报，1997-09-22．

系，在政策执行过程中也就必然会产生这样或那样的分歧、误会、矛盾乃至冲突。通过沟通来交换意见、消除分歧，通过沟通来取得对政策的理解，减少矛盾，化解冲突，增进政策执行系统各种因素间的了解和合作、宽容和信任，从而在国家和人民文化利益高于一切的基础上，求大同，存小异，协同一致，确保党和国家文化政策目标的实现。因此，正如文化政策制定需要贯彻有机整体的原则一样，文化政策执行同样也要有整体协同观念。作为一种创造性的管理活动，文化政策执行只有坚持多边、多层次整体协同原则，才能取得理想的整体效应。

二、文化政策执行的一般过程

文化政策执行过程是文化政策运动、发展和变化在时间、空间和形态上的具体表现，是把文化政策的观念形态具体地转化为现实形态的阶段。这个阶段在实践构成序列上主要表现为三个互为联系的运动形态：准备、实施、调整。

1. 充分准备

（1）思想准备。要统一对于执行文化政策自觉性的认识。文化政策执行涉及文化利益的分配和文化行为方式的调整，客观上存在着各种文化利益、文化观念与文化行为的矛盾和冲突。这些矛盾和冲突犹如堵无形的墙横亘于执行者与决策者、执行者与政策对象之间，成为文化政策执行，处于主体与对象之间的执行者对文化政策文本内容的认同性程度，起着关键性的作用。因此，对于执行者来说，必须以国家和人民的文化利益为重，深刻地学习和领会政策的精神实质，把自己局部的利益与国家的整体利益统一起来，把自己的思想认识同国家关于文化建设和文化发展的长远目标统一起来。执行者只有在对主体的政策意图和价值取向有了高度的认同，才有可能自觉地、积极主动地、创造性地执行国家的文化政策。

（2）组织准备。要有制度和体制上的保证。文化政策执行不是个人行为，也不是针对个人的行为，而是群体对群体的行为，是文化管理与被管理、文化统治与被统治的行为。因此，文化政策执行在本质上带有政治上的权威性和行政约束力，具有根本制度和体制上的保证。这种制度和体制上保证的具体象征，就是建立从上到下，左右相联，完整、系统、合理的文化行政机构和各相应的职能部门，一套从中央到地方各部门互相协同的网络系统。这种网络系统作为一种常态的存在，承担常态下的各文化政策的执行使命和职能。然而，正如一切生命有机体一样，这种作为文化政策执行组织的网络系统，它也会随着社会文化发展变迁的需要，而出现局部生命体的消亡和生长。尤其是处在激烈的社会变革之中，文化面临着重大转型而原有机制又尚不足以承担新的文化管理使命时，就要根据新文化政策实施所要达到的管理目标和任务，科学地规划和设置新的职能部门，配置专门人员，以满足新文化政策执行的需要。改革开放以来，从中央到地方新设置的文化市场和文化产业管理机构，就是为实行社会主义市场经济条件下的文化建设和管理需要所做的组织准备。只有在组织上和制度上有了保证，文化政策全面、有效的执行才是现实的。

（3）实施方案准备。文化政策作为一种普遍性规定，只能包括而不能代替文化领域里的具体管理。要使文化政策在本地区、本部门得到切实、有效的贯彻、落实，使自己的文化建设、文化发展、文化管理同国家的整体目标保持一致，就必须把文化政策普遍的原则规定同本地区、本部门的具体文化实践结合起来，把政策原则具体化和本土化。对如何执行政策文本所规定的内容，怎样在现有的文化条件和文化基础上达到政策主体所规定的目标等，制定出具体、详细的实施方案，使文化政策内容具有可操作性，并以此作为全部文化政策执行活动的依据，确保文化政策执行活动的有序展开。因此，为了在复杂的执行活动中能够根据政策的要求，组织、指挥和协调各级各部门的政策执行机关和执行人员的行动，就必须有一个切合本地实际情况的政策实施方案，有明确的、可操作的执行计划。没有这样的准备，机械地套用别人的做法，文化政策的根本精神也不可能得到有效的执行。

（4）社会舆论准备。要使文化政策转化为社会群体的实际行动，就必须进行社会舆论准备，为文化政策的执行营造良好的文化环境。毛泽东曾经说过：在每一行动之前，必须向党员和群众讲明我们的政策。要"善于把党的政策变为群众的行为，关于使我们每一个运动，每个斗争，不但领导干部懂得，而且广大的群众都能懂得，都能掌握，这是一项马克思列宁主义的领导艺术"[①]。一项文化政策，如果仅为政府文化官员、政策执行者所掌握而不为广大政策对象了解，没有获得政策对象对政策执行的普遍认同和支持，再好的政策也都是无法实施的。尤其是在政策本身在总体上符合人们的根本利益和长远利益，而要对人们眼前的文化利益和固有的文化观念进行重大调整的情况下，能否说服人们转变观念，提高认识，正确对待和适应文化利益关系的调整和社会文化观念的新变化，给新文化政策的实施予以理解和认同，就成为能否有效组织文化政策执行的重要因素。一些地方之所以会出现党和国家的文化政策不能得到有效执行的情况，一个重要的原因就是缺乏政策执行所必需的社会舆论准备和舆论力量。尤其表现在与地方文化利益关系密切的那些复杂的敏感性文化政策问题上。如严格查禁盗版等非法行为，保护知识产权等，由于地方保护主义所形成的前舆论力量，使这些地方文化政策的执行受到严重

[①] 毛泽东. 对晋绥日报编辑人员的谈话[M]. //毛泽东. 毛泽东选集：第3卷. 北京：人民出版社，1972：1214.

阻碍。因此，在文化政策执行的准备过程中，一个重要的任务是实现对公众的政策启蒙，或曰政策公众启蒙。要通过大众教育和大众传播媒介等手段把文化政策的分配精神完整地、准确地交给社会公众，让他们了解为什么要实施这样的文化政策，人们在社会文化行为中应该怎样做、不应该怎样做，特别是那些强制性执行而又涉及千家万户的文化政策，还必须通过对个案的分析，让社会公众了解不强制执行可能给社会、给自己的切身利益带来的危害性，从而取得社会公众的政策认同，树立文化政策意识，并进而形成强有力的社会舆论，为文化政策执行提供良好的文化环境。这样，文化政策的贯彻执行才有了坚实的社会基础。只有让社会公众了解政策，理解文化政策与自己的关系，才能自觉地执行政策。这是我们国家文化政策实践的一条基本经验。

2．组织实施

组织实施是文化政策执行过程的实质性阶段。这一阶段工作的好坏直接关系到政策执行活动的成败，因而成为主体重建文化秩序和文化统治方式的根本性努力。这种根本性努力在实践形态上着重要解决"怎样做"的问题，即执行主体为实现文化政策目标而采取的措施、手段和办法等。这种措施、手段和办法主要有：必要的工作和监督的制度，行政、经济和法律的手段。

执行文化政策要有健全、高效的工作制度。实行目标管理和岗位责任制，将政策执行的内容、任务分解到具体的执行者，以确保各级各类执行者都能明确自己在政策执行过程中应该做什么，怎样做，最大限度地发挥各职能岗位的工作潜能，以保证政策目标的如期实现，是建立执行工作制度的重要的和主要的内容。没有这个内容也就失去了执行的依据和执行的节奏。同时，必须有严格的检查、监督制度。没有检查、监督和一定的约束机制，责任制不仅难于落实，而且即使在形式上有了硬性规定也难以在内容实质上得到好的效果。

行政手段、经济手段和法律手段，是文化政策在组织实施过程中的基本执行方法。所谓"行政手段"，就是通过各级政府的文化行政部门，运用行政方式，采用行政命令、指示、规定和下达任务指标等方式，按照文化行政系统、行政层次、行政区划来实施文化政策。文化行政手段由于代表国家利益和政府行为，因而具有强制性和约束力，具有为其他手段所不可替代的作用，一定范围内的政策执行者和目标群体都必须执行，否则就要承担一定的行政责任，受到行政处罚。在组织实施过程中使用行政手段，容易做到执行的协同一致，令行禁止，有利于对付突如其来的暴发性的文化政策问题。但是，也要防止滥用行政手段。尤其是"在文艺创作、文艺批评领域的行政命令必须废止"，"写什么和怎样写，只能由文艺家在艺术实践中去探索和逐步求得解决。在这方面，不要横加干涉"。①所谓"经济手段",是指动用一系列与价值相关的经济利益范畴,作为经济杠杆来组织、调节和影响社会的文化行为,促进文化政策的实施。经济手段主要包括税收、投资、价格等价值工具,以及经济责任制和经济合同等方式。文化建设同经济建设一样,有投入才能有产出。一定的文化政策的执行,没有必要的物质保障是不可能成功的。特别是文化建设中的"硬件"部分,如文化基础设施建设离开资金投入更难以落实。尤其是在面对科学技术迅猛发展和综合国力剧烈竞争,面对世界范围各种思想文化相互激荡,面对小康社会人民群众日益增长的文化需求矛盾日益突出的今天,经济问题已经成为全面贯彻执行党和国家文化政策,实现文化政策目标的"瓶颈"。因此,1996 年通过的《中共中央关于加强社会主义精神文明建设若干重要问题的决议》中明确提出:"切实增加精神文明建设纳入经济和社会发展的总体规划,保证必需的资金。"在文化政策组织实施过程中运用经济手段来调整文化领域内各方面的文化经济关系,有利于调动社会各方执行文化政策,包括文化经济政策的积极性和主动性。实践证明,运用文化经济政策手段来协调各方面的文化经济利益,激励社会各方从自己的切身利益和国家的意图、社会的整体文化利益出发,执行国家统一的文化政策,正成为我国文化产业发展的一种重要力量。当然,在我们强调经济手段对执行文化政策的重要性的同时,毫无疑问,也要反对在这个问题上任何形成的"一切向钱看"的错误倾向。"坚持勤俭办文艺事业"②,这也是一项重要的文化政策,也要执行。所谓"法律手段",就是要依法管理经济文化事业,把有关文化政策的执行纳入法律建设的轨道,保障政策执行活动有法可依,有章可循,从而有利于文化政策的顺利推行,为维护国家文化利益和文艺工作者的合法权益,促进公益性文化事业的发展,实现文化事业的科学化、规范化管理提供切实的法律保障。目前,我国在这方面的法律法规主要有《中华人民共和国著作权法》《中华人民共和国文物保护法》《电影管理条例》《出版管理条例》《演出市场管理条例》和《广播电视管理条例》等。同时,在组织实施过程中,执行主体还要注意掌握工作进度,把握政策方向,做好阶段衔接和均衡协调,加强检查监督,及时反馈各种信息,确保机制正常运转,提高执行工作整体效益。

　　文化政策执行是一项复杂的系统工程,由于其网络互联的丰富多样性和差异性,在组织实施过程中动用什么手段,采取什么方法,这要根据具体情况和具体要求来定,经验可以推广,但不能"一刀切"。任何经验和方法仅具有相对真理意义,不具备绝对真理的普遍性。在文化政策的组织实施过程中,最难的是对各种不确定的、未知状态的"复

---

① 邓小平. 邓小平文选[M]. 1975—1982 年. 北京: 人民出版社, 1985: 185.
② 中共中央关于进一步做好文艺工作的若干意见[N]. 人民日报, 1997-05-23.

杂情况的处理"。

"复杂情况的处理"是国际知名政策学家叶海卡·德罗尔在讨论逆境中的政策制定时提出的命题。其实，不仅在逆境中的政策制定存在着"复杂情况的处理"，而且就现实性而言，对于复杂情况的处理"在全部文化政策的目标群体是一个庞杂的对象系统，不确定因素和未知因素普遍存在，如何面对这种普遍性存在，如何处理由这种普遍性存在而形成的种种复杂情况，这对文化政策执行来说是普遍性的问题，即无法规定对象在何时、何地以何种形态存在，从而无法预先设定对它的处理方案的选择。文化政策执行过程中的复杂情况处理，一部分可以依靠执行者的直觉能力，如模式识别，这种能力因人而异——因每个执行者经验积累的差异而具备的程度不同，但是，处理复杂情况更加需要的并非是个人的超理性能力，而是适当的技巧、方法，适当的认知图式、思维模式、知觉和统觉方式等多种心理素质，以及临界决断能力。文化政策实践已经证明，文化政策执行中大都有相似的特点，那就是各种各样的变量之间越来越多地呈非线性相互依赖关系，这样就使得处理复杂情况的能力成为决定文化政策执行质量的一个重要因素。在这里，任何将复杂情况简单化的倾向，对于完整地、准确地执行文化政策都是十分有害的，把复杂情况简单化常常导致处理政策问题技巧、方法和手段的简单化。实际上，文化政策执行是非常讲究艺术性的。这在执行与人的关系问题上的文化政策表现得尤其突出。文化政策科学本身就是艺术与科学的完美结合。因此，要处理好目标对象存在情况的复杂性，文化政策执行系统和执行方法和手段也必须是复杂的，此所谓一切从实际出发，具体情况具体分析，一把钥匙开一把锁。这样，在文化政策执行的对象范围上，处理复杂性的关键就在于通过对对象"复杂性情况"的分析，建立文化政策执行实施过程中自身所需要的高水平、多样性和复杂化，从而以自身的丰富多样性、灵活创造性来处理复杂情况。处理复杂情况的能力不足或无能，在政策组织实施过程中都可能使政策精神、政策目标乃至政策权威遭受严重损害，并最终损害国家和人民的根本文化利益。因此，在文化政策执行的组织实施过程中必须高度重视对"复杂情况的处理"的研究，全面提高政策执行质量，从而把在政策执行中可能遇到的风险、阻力降低到最低程度，使文化政策执行达到尽可能完美的境界。

3．适时调整

文化政策调整是文化政策执行过程中的第三阶段，也是政策运动的特殊形态。文化政策调整，可以是政策内容，包括政策原则和政策方针的调整，也可以是政策实现形式，包括政策方案、政策手段的调整。但不管是哪一种形态的调整，都是对文化政策执行效果、执行状态的一种反应，即对文化政策从内容到形式的状态作某种必要的改变，使之更切合实际，更符合目的，更能满足政策目标实现的需要。虽然文化政策调整兼有制定和实施的双重特征，是一种亚阶段形态，但本质上都是执行过程中相对于前执行形态的后继动态，是对执行状况的反应。因此，作为一种特殊的文化政策运动存在，我们还是主要地把它看作是文化政策执行过程中的第三阶段，或叫第三形态，从而对于文化政策执行有一个比较完整的运动观念。

正如任何政策的制定都带有主体的主观"推测"的成分一样，文化政策的执行无论是对"政策精神"的把握，还是对"政策实施方案和手段"的选择，也都由于这种"推测"而使内容与对象之间、主观与客观之间、手段与目的实现之间存在着先天的局限性，即由于各种各样的主观因素的干扰而使文化政策运行形态发生的曲变，使政策目标因执行偏轨而无法按照预先设定的程序去实现。例如，政策表面化，文化政策在执行过程中只是宣传一下，而未转化为操作性的具体措施进入实践层面；政策扩大化，政策在执行过程中超越了原定的范围、国度和目标要求；政策缺损，完整的政策在执行过程中只获得有限的落实；政策替换，即在执行过程中内容与形式相背离。这种局限性有的是人为的，有的是属于不可抗拒的。人为的，主要是各种利益关系和价值观念和干扰，集中反映在政治和经济两个方面，造成文化政策在执行过程中的曲变，很大程度上就是由这些人为的因素导致的。这在我国各个时期中的文化生活中都曾不同程度地出现过。不可抗拒的，一方面是由人们对客观事物发展规律把握的过程性决定的，即人们对对象世界的科学认识是经由多个执行反复过程而逐步实现的，无论是文化政策制定还是执行，都有一个不断完善的过程，而"曲变"正发生在这个过程中；另一方面，对象世界本身也不是一成不变地始终处于"政策定格"状态，而是不断地处在新陈代谢的运动变化之中。文化政策对象并不只是受作用于文化政策这一个力，它还要受到来自人们的社会的政治、经济甚至国际文化关系的力的作用的影响。社会生活的任何变化都可能导致文化政策对象的生命形态的剧烈变动，因此，文化政策与文化关系之间的真理性取向和引力对应关系就只能永远处在"渐近"状态之中，而无法得到本质的一致。无论是对象世界的客观性发展，还是主体对对象性世界认识的真理性进步，都会导致文化政策目标规定到实现方式、手段的改变、补充、修改、增删和纠正、创新，这些都应该是文化政策调整，无论是制定意义还是执行意义的全部政策哲学和政策文化的依据。"文革"期间毛泽东关于电影《创业》的批示中，论及"四人帮"强加给《创业》的"罪状有十条之多"，就曾明确指出：太过分了，不利调整党的文艺政策。这就是较为典型的例子。

导致文化政策调整的因素很多，涉及文化政策运动的广大领域，其中主要有文化政策范式主体选择的变化（如国家生活重心从"以阶级斗争为纲"向"以经济建设为中心"的转移）、文化决策目标改变后政策对象存在状态位移（如我国文艺政策中的知识分子阶级属性问题）和文化政策载体的变化。这些是就文化政策调整与主客体间变化的因果性而言。从文化政策调整与社会系统的相关性来看，社会变迁的速率、社会变革目标与变革力之间的可协调性程度以及政府决策中枢的宏观控制与政策执行自主性程度等，也都是制约文化政策调整的重要因素。其中任何一个因素都是形成文化政策调整的重要条件。根据变化了的文化政策运动的内外部条件而适时地对文化政策状态作相应的调整，是文化政策运动和发展的一条普遍规律。

文化政策调整的内容，从政策制定（再制定）角度看，主要有政策目标调整、政策原则调整和政策方向调整等；从政策执行角度看，主要有政策执行方案调整、具体措施调整和实现手段调整等。当然，这种划分是相对的。执行也有目标，制定也有对措施的规定等。其他的诸如由此而形成的政策关系的调整等，都可能是文化政策调整的内容和对象。毛泽东在《关于正确处理人民内部矛盾的问题》中提出的"双百"方针，就是在对社会主义时期文化关系分析的基础上提出来的。但不管是何种内容和形式的调整，目的都是为了提高政策效益，推动文化事业的发展。因此，在文化政策调整过程中，要注意选择政策高速的时机，掌握调整的力度，安排调整的步骤，做好政策调整所需要的协同工作，优化文化政策调整的艺术。要避免由于文化政策调整的不当而引起文化关系紧张，防止由此造成的文化震荡。要处理好文化政策调整与文化改革、文化发展和文化稳定的关系。只有这样，文化政策调整才能达到预期目的。

本章小结

➠ 文化政策执行是将一项政策付诸实施的各项实践活动。就是要通过包括建立组织机构，运用宣传手段，把这种政策意图的观念形态的存在通过实践转变为现实形态的存在，进而催生新文化观念形态的出现，把主体的主观意志客体化和现实化，而通过对文化利益重组和文化资源再分配，实施文化的社会变革和社会的文化变革，实现主体的文化目标、价值追求和意志体现，从而实现国家文化治理的目的。

➠ 文化政策执行是主体文化治理目标的实现过程，是文化认识与文化行动相互作用的过程，具有对象的意识形态性，对象范围的限定性，文化目标的明确性，过程的动态性、阶段性，执行行为的多边协同性和影响的广泛性等特征。

➠ 文化政策文本、文化政策对象、文化政策执行者、政策环境和政策资源构成文化政策执行的五个基本要素。其中，文化政策文本是文化政策执行的依据和出发点，文化政策对象是文化政策的作用和影响必须对自身的行为方式和存在方式重新调适的目标群体，文化政策执行者是文化政策执行的主体，文化政策执行资源是文化政策执行的代价，而文化政策环境则是文化政策执行所需要的内外部文化生态条件，五要素共同构成文化政策执行系统，缺一不可。

思考题

1. 什么是文化政策执行？它有哪些主要特征？
2. 怎样理解文化政策执行在文化建设与发展中的价值？
3. 文化政策环境与文化政策执行的关系是什么？
4. 文化政策执行应当遵循哪些原则？
5. "复杂情况处理"在文化政策执行中的价值和意义是什么？

参考书目

1. 张金马. 政策科学导论[M]. 北京：中国人民大学出版社，1992.
2. 陈振民. 政策科学[M]. 北京：中国人民大学出版社，2003.
3. [英]吉姆·麦圭根. 重新思考文化政策[M]. 北京：中国人民大学出版社，2010.

第五章

文化政策终止

本章学习目标

通过本章学习，学生应了解和掌握以下内容：
1. 文化政策终止的性质及其对文化政策运动的意义；
2. 文化政策运动周期理论；
3. 文化政策终止的内容与形式；
4. 影响文化政策终止的障碍。

导言

文化政策终止是文化政策生命运动的终结形态，完整地记录着文化政策从发生、发展到衰变的全部生命信息。它不仅仅有自己特殊的意义构成及存在的特殊政策关系，在整个文化政策过程系统中发挥特殊的作用，而且也有自己特殊的生命终止内容和形式。分析和研究文化政策终止的全部矛盾运动，对于认识和把握文化政策制定和执行的规律，总结文化统治和文化管理的经验、教训，提高文化政策民主化和科学化的质量，具有重要意义。

第一节　文化政策终止和政策运动周期

一、文化政策终止的意义构成和分析

文化政策终止是我们从政策科学层面上对文化政策过程理性认识的一个概括形式，

也是对政策科学中政策终止的概念和范畴在文化领域的应用。

政策终止，也叫政策终结。关于它的意义，在国外有两种倾向性意见：一种认为政策终结是"政府当局对某一特殊功能、计划、政策或组织，经过审慎评估的过程，而加以结束或终止"；另一种意见则将政策终结定义为："政策与计划的调适，当政策与计划无法发挥功效或者已经成为多余与过时，甚至不必要时，则将政策与计划予以终止或结束。"①其基本点都是将政策效力的实际存在和发挥状况作为政策终结与否的一个尺度。我国台湾政策学者认为："政策终结这个概念不仅隐含了一套期望，而且还包含了新期望的提出，新规则、新惯例的建立，崭新活动的展开，机关组织更新和发展。"②政策终结不但表征着旧政策的结束，而且揭示了新政策的开始，在整个政策过程中起着承上启下、开拓未来的作用。我国政策学者比较普遍地认为：政策终结是政策评估后产生的一种结果。一是政策实施后，政策目标已经实现，政策问题已获解决，政策已没有继续存在的必要；二是通过评估，发现政策已无法解决原先设想解决的政策问题而导致政策无效或政策失败，需要制定新的政策来替代。因此，政策终结就是政策决策者通过对政策进行慎重的评估后，采取必要的措施，终止那些多余的、不必要的或无效的政策的一种行为过程。③

文化政策终止，既是我们从政策科学的高度对文化政策运动形态的认识，又是政策科学领域的基本概念、范畴在文化政策研究领域内的应用性反映。因此，作为一种政策存在，文化政策终止同样具有一般意义上政策终止的普遍内涵。同时，既是文化政策，就带有文化政策运动的特殊性，尤其是结合考察中国文化政策的现代运动时更是如此。就普遍性意义而言，文化政策的终止确有相当一部分是政策主体的自觉行为，是对文化政策运动及生命衰变的主动控制。"文革"结束以后，中国"不继续提文艺从属于政治这样的口号"，终止曾长期主导当代中国文化工作的"文艺为政治服务"的政策，就是因为"长期的实践证明它对文艺的发展利少害多"，④是文化政策主体主动采取措施的结果。这种终止就是建立在对它"长期的实践证明"的评估基础上的。在社会主义建设时期中国有不少包括文化政策在内的政策，都是以这种方式终止自己的政策生命的。但是，当我们在讨论文化政策终止这一对象时，并没有把它仅仅限定在社会主义时期（即使在社会主义时期也还有其他终止文化政策生命的方式），而是定位中国文化政策的现代运动。历史地看，文化政策终止除了政策主体的自觉行为外，还存在着终止的非主体行为，

① 行政管理大辞典[M]. 北京：中国社会科学出版社，1989：556.
② 林水波，张世贤. 公共政策[M]. 台北：台湾五南图书出版公司，1984：360.
③ 张金马. 政策科学导论[M]. 北京：中国人民大学出版社，1992：268.
④ 邓小平. 邓小平文选[M]. 1975—1982年. 北京：人民出版社，1985：220.

即文化政策终止本身是政策主体所不愿意的历史排斥性。1928年底，以张学良在东北易帜为标志，国民党完成了国家主权形式上的统一，同时开始了它的党治文化运动。1929年6月，国民党中央宣传部召开全国宣传会议，通过了三民主义文艺决策案，确定三民主义文艺为"本党之文艺政策"①。而实际上它既缺乏理论主张，也没有具体可行的措施。之所以要此"文艺政策"纯粹是为了对付共产党。对此，民族主义派文艺家朱应鹏曾说："而所谓党的文艺政策，又是由于共产党有文艺政策而来的；假如共产党没有文艺政策，国民党也许没有文艺政策。"②这不是说国民党在民国执政时期没有文艺政策，也不是说国民党在民国时期没有执行过它的"三民主义文艺政策"，而是说，它的"三民主义文艺政策"终止，最终不是国民党作为政策主体的自觉行为，而是中国文化现代化发展的一种历史排他性选择的结果。毛泽东在《新民主主义论》中分析"中国文化革命的历史特点"时就曾指出："在'五四'以前，中国的新文化运动，中国的文化革命，是资产阶级领导的，他们还有领导作用。在'五四'以后，这个阶级的文化思想却比它的政治上的东西还要落后，就绝无领导作用。"③五四新文化运动作为重建中国文化价值秩序的一种新文化，中华民族发展到了近代，在文化衰变中寻求获得重新崛起的支点的历史选择，这种选择既与中华民族的"救亡图存"相一致，也与世界性文化现代化潮流相一致。但是，国民党用以文化治国的"三民主义文艺政策"恰恰在这一点上背离了中国文化寻求现代发展的历史选择，这就决定了"三民主义文艺政策"的终止不是政策主体的自觉、主动的行为，而是历史性的结果，并且最终以政权的更迭而告终结。这就是毛泽东所发问的——"共产党在国民党统治区域内的一切文化机关中，处于毫无抵抗力的地位，为什么文化'围剿'也一败涂地了？"④——历史原因之所在，也就是毛泽东所揭示的，国民党"在文化上，腰斩了孙中山的三大政策，腰斩了他的新三民主义"⑤——导致了政策的先天性终止，构成了文化政策终止的一个重要的意义项。因此，文化政策终止，不能只有政策主体的合目的性这一个向度，还应当有合规律性的向度，即不只是人为的主观愿望，而且也是存在的客观要求。因人为的主观因素而终止远未实现目的的文化政策给文化发展造成的损失，以及后来的"拨乱反正"，"恢复""落实"原来的政策，在我国社会主义文化政策发展史上不是没有这样的例子。这也是文化政策全部矛盾运动中的规律和反规律问题。

---

① 1931年3月23日《文艺新闻》. //马良春，张大明. 中国现代文学思潮史[M]. 下. 北京：北京十月文艺出版社，1985：616.
② 1931年3月23日《文艺新闻》. //马良春，张大明. 中国现代文学思潮史[M]. 下. 北京：北京十月文艺出版社，1985：616.
③ 毛泽东. 新民主主义论[M]. //毛泽东. 毛泽东选集：第2卷. 北京：人民出版社，1972：659.
④ 毛泽东. 新民主主义论[M]. //毛泽东. 毛泽东选集：第2卷. 北京：人民出版社，1972：663.
⑤ 毛泽东. 新民主主义论[M]. //毛泽东. 毛泽东选集：第2卷. 北京：人民出版社，1972：663.

二、文化政策时间、衰变和文化政策周期

文化政策是一个历史过程：在一定的时间中制定，在一定的时间内执行，到一定的时间终止。文化政策只有在时间中才能获得它的全部生命价值和存在形态，这就是所谓的"文化政策时间"，一种在时间的框架内的主体文化统治行为的文本存在。"文化政策时间"不是通常意义上的时间概念，而是指文化政策的一种性质，一种生命存在状态。当我们用这一概念来描述文化政策的系统运动时，它所揭示的就是文化政策运动的周期性，即任何文化政策都有它的发生、展开和消亡，周而复始，并由此构成它的全部矛盾运动。在这个周期中，文化政策制定（形成）是起点，是文化政策生命周期的开始，经政策实施（执行、调整），然后是文化政策终止。从时间上看，文化政策终止是政策生命过程的最后一个阶段，但正如自然时间的均匀流动而不中断一样，文化政策运动在时间的形态上也是不能中断的。文化政策在实践中的存在，实际上是并不存在"政策真空"的。一个时间内，看起来文化政策似乎被终止了，但由于政策运动惯性作用，政策势能会自然地填补政策终止后在瞬间留下的政策空间，并直至新政策的出台。而且，新文化政策无论在内容还是形式上，与前文化政策有怎样的区别，都是与前政策相比较而存在的时间形态，是对前政策的替代。因此，在新文化政策的构成成分中一定存在着与前政策关系，从而使文化政策终止成为前政策生命的终结，又是后政策新生命的开始。否则，无论是前政策的终止还是后政策的出台都成为毫无意义。这是一个近乎圆形的、不断上升的螺旋式周期运动的过程。正是由于这近似圆形的螺旋式上升运动的过程，决定了在文化政策的历史过程中常常有许多惊人的相似之处。一个时间内被终止了的文化政策，在另一个时间里又以一种新的时间形态再现，有时甚至就是"简单的重复"。之所以会出现这种现象，与文化政策的衰变规律和衰变期有密切的关系。

"衰变"是一个物理学概念，用来揭示同种原子核因放射性而陆续发生转变，使处于原状态的核数目不断减少的过程，也指放射性元素自发地放射出粒子而变成另一种元素的过程。文化政策作为一个有机的生命系统，也有衰变现象，也要发生衰变。这种衰变是随着文化政策生命的诞生而开始，并在执行过程中得到充分展开的。当文化政策的内容规定在实践中获得有效执行时，构成文化政策内容的"基本粒子"实际上是处在不断的释放和转化过程中，形成由政策能转化为文化能的过程。这种释放和转化的速率，随政策内容获得落实的程度而变化。当文化政策对象现时地贯彻、落实和实现政策文本所规定的内容和目标越多，政策能量释放和转化就越大，其衰变的速度也越快；如果文化政策对象现时地贯彻、落实和实现政策文本所规定的内容和目标少，则政策能量释放和转化就小，其衰变也慢。待到文化政策内容全部对象化，政策目标已经实现，那么该

文化政策生命也就因其能量释放完毕而告终结。这就是文化政策的终止。这种终止的能量以内容转换的对象化为特征，以政策能转化为文化能为标志，以生命形态的政策转换为时间标准。这是就文化政策衰变的一般规律和一般周期而言。文化政策衰变还存在另一种现象：自我扬弃。即在衰变过程中吐故纳新，不断得到新能量补充，使其"基本粒子"的构成成分随着文化政策时间的发展得到完善和更新。"文艺为人民服务，为社会主义服务"这一社会主义文艺的总政策，就是从"文艺为工农兵服务，文艺为政治服务"，"为最广大的人民群众服务"演变发展而来的。原有的政策内容并没有随着新政策的提出而完全消亡，而是在扬弃过程中获得新的生命形态和时间形态。然而，新的文化政策毕竟不是旧的文化政策的简单翻版，而是具有自己的全新内容和时代特点。尽管新的文化政策有时也会蕴含旧内容，旧政策虽然也有其真理性内容，可它终究已经完成了历史使命，已经补充了新的内容成分而成为新政策了。因此，从这个意义上来说，它依然是一种衰变，一种由衰变而导致的终结。区别的意义仅在于它是通过扬弃而实现的。文化政策衰变存在的第三种现象就是：自耗损。文化政策时间以自然的时间的均匀流动作为记量背景，但文化政策时间本身是有质量的，这个"质"的确定，就是政策时间的文化意义，即文化政策是在一定的时间中制定的，它也一定要在一定的时间框架内展开，并在一定的时间终止，在记量的背景中，把文化政策时间具体化为一定的文化意图和文化目标及与之相适应的措施和手段。由于文化政策目标的具体性，政策主体追求的文化进步和发展就必然在时间量度中表现为一系列目标的排列，这就规定了在这一系列排列中每一个目标存在价值的周期，即它的有效性时间范围，而目标与目标之间正是在这个时间量度内实现生命形态的转换的。这样，在这一系列中的任何一个目标——作为政策因子的衰变和死亡，都会引起整个文化政策系统功能的紊乱，进而导致政策因功能衰竭而终止。从而，人们在文化政策运动中不但应该考虑某一具体目标，而且还应该考虑到各种目标之间的政策关系，即它们生命系统的相容性和统一性，从一个大的目标之间的政策关系，即它们生命系统的相容性和统一性，从一个大的目标系统的角度并以这个角度为总价值，解释各个子目标在文化政策时间内的相关性，如近期目标和长远目标、局部目标和整体目标、初级目标和高级目标、经济效益和社会效益等。这些目标只有在时间过程中合理地排列和合理地实现，才能成为对文化进步和文化发展起引导、推动作用的、有时间意义的因素。一旦这种时间的要素意义被忽视，整个文化政策的充分展开和运转就起变化，那么，无论是超前还是滞后都会引起政策成分的运动紊乱而导致自耗损，即它在还没有被实践便已因失去效用而在体内死亡。这种耗损是整体性的，也可能是局部的，或是由局部而引起整体性的终止，它们都是导致文化政策衰变的重要原因。这就是为什么人们往往会习惯地大声疾呼"要用足政策"的道理。造成这种因体内耗损而最后导致文化政策衰变的原因有主观、客观两方面，需要用具体而深入的研究。有的文化政策调整就是由于这种情况而采取的"拯救性"措施。因此，任何非整体文体政策衰变都可能增加政策成本。文化政策衰变存在的第四种现象是：政策病毒导致政策衰变。这种情况多为文化政策本身的先天不足、政策畸形造成的，是政策母体不健康体内寄生、遗传的结果。国民党在民国时期实施的"三民主义文艺政策"就属于这种情况。

由此可见，文化政策周期并不单纯是一个从制定、执行到终止的过程，而是一个包含着文化政策时间、文化政策衰变内容的，政策自身生命关系运动的概念，是这两个方面的有机统一。在这里，文化政策衰变期具有特别重要的意义：衰变期的长短，决定了文化政策圆周率的大小。衰变期越长，文化政策周期圆周率越大；政策时间越长，则文化政策的有效性也就越长。这样的文化政策往往是一个国家根本的文化政策，是国家文化的总方针、总政策。衰变期越短，文化政策周期圆周率越小；政策时间越短，则文化政策有效性也就越短。这样的文化政策是临时的、具体的或有先天缺陷的。当这样的政策对象变动之后，政策也就终止了。如 20 世纪 50 年代初我国关于戏曲改革的具体政策，要求文艺为抗美援朝服务，反映党在过渡时期总路线的文化政策，以及"大跃进"的文化政策等。我们关于文化政策终止的理解，就应当建立在这样的有机整体的基础上。

三、文化政策终止的作用和意义

文化政策具有自己固有的产生、发展和消亡的生命过程和内在规律。认识这个过程，揭示这个规律，把文化政策终止看作是政策生命运动的政党形态，而不是出于别的什么外在力量，无论是对于文化政策制定，还是文化政策执行，都有积极的作用，尤其是能够通过对文化政策运动周期和衰变规律的自觉把握，主动、及时、适宜地终止已经不适应文化发展实际的文化政策生命形态，对于完善文化政策运行机制，降低政策成术，节省政策资源，提高政策效益，防止政策风险，规范政策管理，推动文化政策科学化、民主化和文化发展具有重要意义。

1. 降低政策成本，提高政策效益

文化政策成本是关于文化政策投入的总量概念，由一定的文化政策运动所需要的文化政策力构成，包括文化政策运行所需要的人力、物力、财力、文化力、信誉力和权威力等。文化政策覆盖的面越大，政策成本投入越高；文化政策对象适用面越小，则政策成本投入越小。这是就文化政策成本运动与对象的关系的一般规律而言。但是，就某项具体文化政策成本运行而言，则文化政策成本投入与政策生命展开的峰运动相关。即任何一项文化政策的投入运行，它对实际对象的作用都是一个渐近展开和到位的过程。在这个过程中，往往是政策实施和全面展开期的投入要比决定制定期多；具体展开、执行要比前期准备多；到了全面实施和展开阶段，对于文化政策的执行达到最高峰，成本投入也达到最高峰。然后便进入了它的衰变期。虽然在不同的文化政策实施过程中还会有不同的情况，如文化经济效益与文化意识形态政策成本投入的差异，但就文化政策成本的基本规律来看，都有这个特点。如果说，在文化政策进入衰变期前的政策成本投入是必要投入的话，那么，如何在政策进入衰变期后，根据不同政策衰变期的不同特点而适时地、合规律地逐步或逐项终止文化政策的生命内容，降低和收缩政策成本投入，进而终止政策成本投入，这对于提高文化政策效益就具有特别重大的价值。

文化政策效益是文化政策在运行过程中作用于对象之后所获得的对象性收益、效果和成果，是文化政策价值对象化的存在方式，主要表现为政治效益、经济效益、文化效益和社会效益等，通过属于文化主体的人而产生广泛作用。文化政策效益是文化政策价值体系的核心问题，作为文化价值的外形式和政策目标的指标体系，它是贯穿整个文化政策过程的主线，也是检验文化政策及其行为是否正确、规范的重要标准。文化政策的根本目的，就是要通过有效的政策调节和政策控制来规范社会文化行为，创造更多、更好的文化政策效益。因此，要使文化政策投入获得好的效益，达到预期的目的，就必须充分、合理地使用人力、物力、财力、文化力和权威、信誉等，十分注意文化政策与对象需要之间的关系，把握适时终止文化政策的时机，因为对象需要之间的关系，衰变期和文化政策终止的一个重要因素，从而通过对文化政策衰变规律及与对象关系把握，适时、及时地终止文化政策，调整文化政策关系，降低文化政策成本，提高文化政策效益。忽视对文化政策衰变规律及与对象关系的科学把握，不能根据变化了的、发展了的对象需要而及时地调整乃至终止文化政策，或调整了而又未获得果断、有效的执行，从而导致处于衰变期中的文化政策已经不适应发展了的对象实际，阻碍文化生产力发展的不良后果，这就增加了文化政策成本的投入，削弱了文化政策效益的产生，而由此形成的负面效应则又在更深的层次上加大了文化政策垫付成本。越来越深刻地暴露出来的"文化大革命"政策的负面影响，已经历史地证明了这一点。相比于经济学意义上的人力、物力、财力等的成本投入而言，文化力、权威和信誉成本的巨大损耗，对于文化政策来说是更为重要和更为根本的。因此，必须十分重视文化政策衰变规律和对象关系理论在文化政策终止中的应用，以及在实际文化政策工作中的作用。

2．节省政策资源，推动政策发展

文化政策资源是指一切可用以支持、促进文化政策运行和政策目标实现所必需的各种物质、精神和制度的要素。与所有其他的资源运动一样，文化政策资源也是稀缺的和有限的。虽然就资源属性而言，文化政策资源属于社会资源范畴，是可再生性资源，但就文化政策时间及其衰变期来说，在一定的时间量度内，文化政策资源依然有它资源消耗的不可逆性，即不可再生。无论是人力、物力、财力还是制定存量，在任何一个国家都是有限的，不可能超过国家现有文化政策资源存量所能承受的程度，而无限止地消耗资源。如果不能针对变化了的文化实际和文化政策衰变规律，及时地终止已经丧失政策价值的文化政策，不仅不能获得有效的政策效益回报，而且还会造成文化政策资源极大浪费，使有限的资源紧张状况更加紧张。尤其像中国，在经济、文化都还比较落后，人均文化资源相对不足的情况下，节省文化政策资源，提高资源利用效率，推动文化政策和文化事业发展，适时、及时地根据文化政策衰变规律终止已经失效的文化政策，这对保护文化政策资源，推动政策资源再生的意义特别重大。节省文化政策资源包括内、外两个方面。所谓"外资源"主要是指文化政策运行所必需的人力、物力、财力和制度（机构）保证等软硬的支撑，没有这样的条件准备和支持，再好的文化政策都是难以运行的。所谓"内资源"，即可供文化政策本身再生的要素的支持。如关于文化政策的各种理论成果，各种可望利用的政策理论形态等，包括政策哲学、政策文化学、政策学以及文化学、文艺学的发展成果等。这是文化政策资源再生的最根本的可能性，是决定全部文化政策运动的矛盾的主要方面。没有这样的内资源的准备支持，任何意义上的文化政策发展都是不可能的。文化政策内资源的开发建设，甚至比节省文化政策资源具有更为重要的资源学意义。文化政策研究必须更多地注意本身的基本问题，为自身创造不断发展的机会。就我国现阶段的文化政策运动状况而言，面对21世纪的全球文化挑战我们在这方面的资源准备和储备相对不足，资源短缺甚为严重。如果我们还不能自觉地根据文化政策运动周期及衰变规律，指导文化政策资源的最佳利用，查清我国文化政策资源存量，适时、及时地终止已经"过期"的文化政策、防止在文化政策领域里的"国有资产"和"资源"的"流失"，那么，我们就将很难用已经捉襟见肘的文化政策资源去安排21世纪的中国文化发展。而"开展节流"正是我们的重要选择。

3. 防范政策风险，提高政策效能转换

主动、及时、适宜地终止已经丧失政策价值的文化政策，科学、合理地推动文化政策运行，有利于文化政策与文化发展间的相互促进和良性发展。反之，如果不能主动、及时地终止已经衰变的文化政策，听任继续在社会和国家文化生活中发挥作用，就将导致一系列不良的连锁反应。其中最坏的后果就是文化政策资源遭到破坏。一旦这种破坏性程度超过了文化政策资源本身所能承受的再生的极限，即使耗费巨大的人力、物力、财力等资源去拯救，也难以在短期内得到恢复，尤其是在政策内资源方面更是如此。这样，不仅文化发展受阻，而且文化政策生存也将遭到严重威胁。"文化大革命"以后的几次大的思想解放运动，本质上也是从各个不同的层面上对过去的文化政策进行"反思"。"反思"的结果就是果断地终止已经不再适应发展了的文化实际需要的文化政策，防止和避免了更大的文化政策风险的发生。社会主义中国近半个世纪来的文化发展实际和现代国际文化生活发展已经证明，国家和社会文化活动及发展与文化政策资源利用和文化政策的科学管理息息相关。科学、合理的文化政策过程可以最智慧的投入，把人们认识到有用途的政策转化为价值的形式，把政策能转化为文化能，并以最大的政策产出——文化效益来满足人们的文化需求。高效率的文化政策过程就是快速和优质的转化过程。许多具有重大指导作用的文化政策通过执行过程形成有价值的文化效益，推动了文化的进步和发展。如"双百"方针刚刚出台、实施，在文化艺术和科学技术界所得到巨大成功，以及中共十一届三中全会后"双百"方针重新得到贯彻执行给中国思想文化界带来的文艺生产力和科技生产力的极大解放。但也有的通过执行过程却转化成了文化的无价值或负价值，付出政策代价，阻碍了文化的发展。由于任何文化政策的制定都带有主体对于事物发展状况的主观性和预测性，而对象世界又是复杂多变的，这就决定了在文化政策运行中必然带有一定的风险。因此，如何在文化政策运行中科学、合理地利用文化政策，防止政策风险尤其是大的政策风险的发生，也就成为文化政策管理中重大的理论和实践课题。而主动、及时地终止或阻止已经衰变或不当的文化政策的继续运行，正是在这个意义上具有特殊的作用。文化政策的不当引起的破坏性后果具有不确定性，可能造成无法弥补的损失，产生不可逆转的巨大风险。为了有效地防止这一点，必须规范文化政策管理，除了在政策出台之前要来论证，慎重选择外，一个重要的、可掌握的条件就是，根据文化政策衰变规律，建立"最低安全标准"的政策风险警戒，以求最大限度地防止政策风险的发生或把政策风险的不可抗拒性降低到最低限度。所谓"最低安全标准"是指及时终止文化政策，防范政策风险的尺度，它包括三个方面的内容：第一，国家使用可再生文化政策资源的速度，不得超过可再生文化政策资源的更新速度；第二，国家使用文化政策不可再生资源的速度，不可超过作为替代品、可持续利用的可再生政策资源的开发速度，不可超过作为替代品、可持续利用的可再生政策资源的开发速度；第三，文化政策所蕴含的政策风险度，不得超过社会文化发展本身所能承受的抗风险程度。任何越过其中一种"尺度"的文化政策都必须终止。这样，就可以做到防患于未然，保证文化政策在有效时间内发挥最大的效能和产生最大效益。

第二节　文化政策终止的动因、内容和形式

一、文化政策终止的动因

文化政策终止是文化政策生命运动的必然现象。引起和造成文化政策终止的动因是

不相同的，有内因，也有外因，还有内外因合力的结果。主要有：

1．社会转型和政治、经济体制变革

文化政策，首先是政策，其次才是文化。它是国家关于文化的政治行为和意志表现。文化政策的生命形态和终止动因，首先取决于一定时期的社会形态与之相应的政治、经济体制。作为政策表征的制度形态，文化体制在某种意义上就是社会政治体制的文化管理反映和经济体制的文化利益反映。诚如毛泽东所指出的：一定时期的文化是一定时期的政治和经济在观念形态领域里的反映，所以，一定时期的文化是为一定时期的政治和经济服务的。从制度文化层面上来看，完全是如此。这是由于文化政策首先是由那些执掌国家文化权力的统治集团来制定和决策的。作为整个社会制度形态集中表现的政治体制和作为社会制度基础的经济体制的任何变化，都会由于国家决策机制——政府决策中枢的变革而引起文化体制和相应决策机制的深刻变动，这种深刻变动在文化上的一个直接结果，就是制定和提出新的文化政策和终止旧的文化政策，以满足和适应新社会、新政治和新经济的需要。这是文化政策终止的一个首要动因。它是由文化政策本身的质的规定性决定的。这是推动文化政策终止的一个普遍性规律。尤其是处在社会转型和新旧体制交替时期，表现最为明显。

2．主体价值观念和文化目标的改变

文化政策终究还是关于文化的政策，反映的是文化政策的主体关于文化的价值观念和目标理想追求。因此，文化政策终止除了外在于文化的政治体制的变革等动因外，也还有自己的内在推动力。由于文化是整个社会生活中最为敏感的神经系统之一，是社会发展的镜子，国家政治、经济生活中的任何细微变化都会引起文化的敏感反应和强烈参与，这种反应和参与一旦以观念形态的作品样式表现出来，就会给予社会进步以巨大的推动力，形成和造就新的舆论环境和新的舆论力量、新的价值观念和新的文化目标。这种新的观念形态、价值取向、文化目标和表现形式，必然导致对传统文化体制和文化价值观念的巨大冲突和深刻批判，推动文化政策决策主体文化价值观念和文化目标的改变。任何关于文化价值观念和文化目标的改变，只有上升到文化政策决策主体的层面上，成为主体的价值观念和文化目标，才具有政策学意义。而这种转变又往往是与社会转型和政治体制的变革相适应的。1976年10月粉碎"四人帮"以后，我国对"文化大革命"所推行的一整套错误的文化政策并没有随着"文化大革命"的宣告结束而马上终止，曾作为中共中央文件下达并管治文艺界长达十年之久的《部队文艺工作座谈会纪要》（以下简称《纪要》）还没有撤销，一些错误的文化价值观念依然束缚着人们的思想，妨碍着文艺生产力的解放。因此，不撤销、不否定和不终止《纪要》就成为当时中国文化发展的"瓶颈"。在这期间，思想文化界关于实践是检验真理的唯一标准问题的讨论，文学艺术界对于"文艺黑线专政"论的批判以及《班主任》《伤痕》等一些优秀创作的问世，直接推动了文化领域里的思想解放和文化价值观念的转变和"拨乱反正"。此后的中共十一届三中全会高度评价关于真理标准问题的讨论，1979年5月由中共中央发文撤销《纪要》，宣告一个错误文化政策的终止，从而为我国文化政策的重大调整、文化目标的重新确立奠定了基础。

3．文化政策的局限性和政策正负作用的背反

文化政策的局限性是指文化政策的历史性。即任何文化政策都是在一定历史时期，在一定的主、客观条件制约下，为适应和满足一定的文化需要，实现一定的文化目标而制定的。无论就主体来说，还是就主、客体的文化关系而言，它都不可能不受到历史所能提供的全部政治、文化的条件的限制。主体关于文化的认识和目标的追求，可能会达到某种历史的高度，实现历史的超越，但它不超越历史，而只能以现实所能提供的历史和智慧为基础，因而文化政策的局限性是不可避免的。文化政策的局限性也是从历史的角度而言的。当某项文化政策随着社会的进步和历史的发展而不能适应变化了的对象的时候，它的有效性会大大降低，会导致文化政策的历史局限性的加剧，以至局限性大于有效性，文化政策就必须及时终止。如果这种局限性大于有效性的文化政策不能被终止，那么，就会产生文化政策现实的负作用而与文化政策历史的正作用背反。当然，文化政策终止也还有完全终止和局部终止之分。实际的情况往往是临时的、具体的政策完全终止的多，长期的、原则的政策则局部终止和调整的多。

二、文化政策终止的内容和形式

文化政策终止虽然就本原性而言受制于文化政策运动内在的规律性和客观存在条件的约束，但主要还是文化政策主体根据内外情况的变化而对文化政策生命运动形态所作的选择和采取的行为。因此，文化政策终止的内容和形式，是主体关于文化政策存在价值的判断和对文化政策目标的满足性程度的反映，是文化政策动因的主体性实现。

1．文化政策终止的内容

文化政策终止的内容主要包括政策功能终止、政策机构形态终止和政策终止三类。所谓"文化政策功能终止"，是指文化政策自身所具有的和在运行过程中产生、发挥和行使的作用、效力和职能的局部或全部的终止和结束。这是包括分配、导向、规范和监督等多种内容在内的一个能量系统。文化政策功能是文化政策价值的重要表现形态，集中反映了文化政策主体试图通过政策作用于对象而实现自己的利益和意志的目的追求和意义满意指标。由于文化政策的质的规定性的构成广泛涉及资源分配、价值导向、规范

要求和监督指标等一系列要素，而这些要素在具体实践中又是根据对象、环境的不同情况或整体发生效用，或局部适应对象，文化政策功能的全部展开因此成为一个历史的过程。同时，又由于不同的对象范围的文化政策是根据主客体的不同对象性的需要而制定，具有多种政策功能类型，有时空性、针对性和互补性的不同特征，在实际的政策运行过程中文化功能或是完全实现，或是不完全实现，都直接反映和规定了某项文化政策的某些或全部功能是否还有继续存在的价值。任何一个方面功能终止，都可以被认为政策功能的终止。邓小平提出不继续提"文艺从属于政治"这样的口号，就是从这个口号功能的某些方面而言的，而不是从整体上说的，因为他还提出文艺是不能脱离政治的，那就说明文艺在某些方面又是具有这样的功能的，这种功能就是马克思主义政治对文艺工作者的基本要求。因此，文化政策功能终止，既可以是局部的，又可以是全部的；既可以是分配性、导向性的，又可以是规范性、监督性的。这些功能任何一个方面的终止，都会引起文化政策结构的变动和内容的调整。

所谓"政策机构形态终止"，是指由于某项政策功能的终止而造成的为其服务的组织机构的撤销或职能的转型。任何一项文化政治活动的发生和展开，都是由一定的组织机构来推动和实现的。这些组织机构作为文化政策的制度形态，有的是常设的，有的是根据一时的需要而专设的。常设文化政策机构往往是作为政府的文化主管部门而设立的，代表政府行使国家文化权力和文化政策管理功能。这样的文化组织机构往往同时承担着多项文化政策功能，而这些文化政策功能又是国家文化管理的常项，集中反映了国家在一定时期内的文化意志和文化追求及在国家利益上的需要。因此，除非国家发生重大的社会转型，进行大的政治体制改革和大的文化政策调整，需要其政策机构形态也要进行相应的体制政策，它们一般不会被终止、撤销，而只会转变其工作内容和职能范围（如20世纪90年代推行的国家行政机构改革），继续发挥政府文化行政主管部门的功能。专为制定或执行某项文化政策而设立的政策机构形态，具有暂时性特点，往往随着该项文化政策的终止而终止。由于政策机构形态的终止要涉及一些人们的利益，这也是文化政策终止过程中难度比较大的一个工作内容。我国改革开放以来进行的文化体制改革之所以远远滞后于经济体制改革，一个重要原因就是出现了改革所触动的一部分人和他们的利益而形成的阻力。当然，其中也还有政策终止不完全的因素。

所谓"政策终止"，是指停止执行某项文化政策。这种终止往往是某个单项文化政策目标已经实现，在资源配置方面的有效性和约束力已经丧失，已无继续存在的价值和必要。

2. 文化政策终止的形式

文化政策终止的形式有废止、替代、合并、分解和缩减五种。

　　"废止"就是取消和不再行使某项文化政策，这是文化政策终止的最直接的形式。运用行政命令手段干预文艺创作和文艺评论，"大鸣、大放、大字报、大辩论"以及"文革"期间执行的《纪要》，都曾是我国社会主义文化艺术建设和管理中的重要政策。由于这些文化政策严重违背了文化艺术发展的规律和我国文化工作的实际，继续执行这些政策将严重阻碍我国文艺生产力的发展，邓小平在"文革"后明确指出："在文艺创作、文艺批评领域的行政命令必须废止。"[①]"大鸣、大放、大字报、大辩论""作为一个整体来看，从来没有产生积极的作用"，应当"根据长期的实践，根据大多数干部和群众的意见"，"把它取消"。[②]对于《纪要》，中共中央也明令撤销，并且明确指出，对受《纪要》影响被错误批判、处理的人员和文艺作品，要实事求是地予以平反；对过去曾经宣传、执行过《纪要》的各级组织和个人，不必追究政治责任。[③]从中国文艺政策发展的实际来看，只有那些已经产生明显的严重后果，不宜再继续执行的文艺政策，才会使用废止这种政策终止形式，并往往带有"纠错"和"拨乱反正"的意义。

　　"替代"是指用新的文化政策来取代旧的文化政策，但面对的文化政策问题，要满足的各种需求基本没有变，只是对原有文化政策的内容或功能作某些补充和修订、调整，以利于更好地解决原有文化政策所没有解决的问题，实现原定的文化政策目标。例如，1991 年，国务院批转了文化部《关于文化事业若干经济政策意见的报告》，确认"要逐年增加文化事业经费的投入"等文化经济政策；1996 年 9 月，国务院制定了《关于进一步完善文化经济政策的若干规定》，同年 10 月，中共十四届六中全会通过了《中共中央关于加强社会主义精神文明建设若干重要问题的决议》，进一步明确"中央和地方财政对宣传文化事业的投入，要随着经济发展逐年增加，增加幅度不低于财政收入的政策目标内容，而且比以前的政策规定更充实，更具操作性。后者取代前者也就顺理成章。

　　"合并"是指原有的文化政策虽被终止，但原有的政策功能并不取消，而是将其归并到其他文化政策的项内或政策的机构形态中。合并有两种情况：一是将被终止的政策内容合并到一项已有的文化政策中，以扩大政策功能，提高政策效率，避免政策资源浪费；二是将两项或多项被终止的政策合并起来，重新制定一项新的政策。合并这种形式往往在文化体制变革过渡期表现和运用得比较多，关系不顺，政出多门是其中的重要原因。

　　"分解"是指将原有的文化政策构成按照一定的标准和需要分成几个部分，每一部

① 邓小平. 邓小平文选[M]. 1975—1982 年. 北京：人民出版社，1985：185.
② 邓小平. 邓小平文选[M]. 1975—1982 年. 北京：人民出版社，1985：221.
③ 中共中央文献研究室. 三中全会以来——重要文献选编[M]. 上. 北京：人民出版社（内部发行），1982：151.

分各自形成一项新政策。采用这种终止形式，虽就形式上看原来的文化政策已不再存在，但原有的文化政策内容却由于获得了新的形式体现而得到更好的贯彻执行。尤其是当原有的政策由于内容繁杂、目标众多或过于原则而影响到政策的实际动作和政策效益时，运用分解的方法往往能收到较好的效果。

"缩减"就是根据文化政策衰变规律，采用渐近的形式，通过逐步减少对政策的投入、扶持、缩小政策实施范围，淡化对政策执行的控制和宣传等措施终止文化政策，以减少由于文化政策终止而可能引发的社会震荡，缓冲文化矛盾，稳定文化关系。

这五种文化政策终止形式，除第一种外，其他几种都可以看作是文化政策生命形式的价值转换。因此，旧政策的终止、消亡常常意味着新的文化政策的诞生。这是文化政策生命周期和运动规律的必然反映。

第三节　文化政策终止的障碍及其克服

一、文化政策终止的障碍

文化政策终止的障碍是指影响、制约或阻止文化政策终结行为的因素和力量。它主要是由文化政策在运行中产生的利益效应和观念效应进而导致的制度惰性所形成的。

1. 文化观念的冲突

文化政策终止，主要是关于某种文化观念的终止。文化政策与其他部门政策的一个很大的区别就在于它的意识形态对象，虽然在全部文化政策构成中也有属于非意识形态对象的文化经济政策，但意识形态对象构成了我国文化政策的主要内容。在当代中国，由于文化政策主要作用于对象的意识形态性，无论是一个新的文化政策的出台还是原有文化政策的终止，都会首先表现为文化观念形态方面的冲突，都会首先在人们的文化观念，尤其是在传统观念方面表现出来。由文化观念而成思维定势，再由思维定势而成行为方式，从而形成了中国在文化政策终止过程中特殊的文化冲突，这就是来自"左"和右的两个方面的干扰。而"左"干扰和阻力是主要的。这就是邓小平所特别强调的：要警惕右，但主要是防止"左"。在思想文化领域里尤其如此。

2. 文化利益保护主义

文化利益保护主义是指一种文化势力的既得利益者为维护其利益而对文化政策终止的抵制。由于文化政策具有利益体现、资源配置、强制执行等一系列特性，同时，一项文化政策一旦被执行，就必然地引起利益分配和资源的再配置的深刻变动，这种变动的结果总是使一个社会方面得益而另一个社会方面失益。得益者会出于维护自身利益的需要而自觉形成一种文化力量或文化势力，这种文化力量或文化势力往往以拥有乃至垄断文化权力和文化权利为基础、为特征。文化政策终止，从革命性的意义上说，是对这种权力的拥有和垄断的否定，因此，这就必然地引起他们出于保护自身文化利益的需要而本能地抵制文化政策终止，从而成为文化变革和进步的巨大障碍。这种文化利益保护主义就是造成我国在文化体制改革过程中的中央政策的"令"不行、"禁"不止的重要原因。一些文化领域的政策关系至今不顺，实出于此。

3．文化体制惰性

文化体制是文化政策的制度形态，也是文化利益的格局表现。任何一种文化体制一旦形成并进入运行轨道，就会产生制度惯性，即除了政治体制和经济体制对它的引力作用外，它的自运动一旦发生是很难让它在瞬间停止下来的，倘若要修正它的运行状态，偏离原先设计的轨道则必须从外部施加很大力量，由此而产生的反作用力就成为文化政策终止的阻力。同时，一种文化体制形成之后，也就取得了它的生命形态，具有生存能力。这种生存能力是它的价值得以实现的基础，也是它权力拥有的象征。因此，当文化政策终止危及它的组织生存时，它会出于生存的需要，千方百计地设法运用制度本身所拥有的优势和不足以减轻面临的压力，尤其是利用制度的局限使之能够生存下来。由于一定的文化体制是一定社会的政治、经济体制在文化领域里的反映，政治、经济体制的运行就会给予文化体制的运行以巨大的引力作用。因此，在这种引力作用下，如果一定社会的政治、经济政策没有被终止，那么，一定社会的文化政策终止在制度领域也是难以实现的，因为文化政策的终止最终也还是要通过制度和体制的层面表现出来的。

4．文化政策成本无能

"文化政策成本无能"是关于政策终止可能导致政策成本负担程度的一个综合性概念，反映的是文化政策终止在上述三个方面可能接受的最大承受能力。文化政策终止一旦超过了上述三个方面的综合成本能力，便形成政策成本无能从而产生文化政策终止障碍，即由于垫付的文化政策成本太高而使政策主体放弃政策终止的努力。文化政策终止广泛涉及文化观念、文化利益和文化制度等许多领域，而这些领域的既定存在，对于文化政策主体来说可能是它长期奋斗和追求的结果，是长期不断的、有形和无形的文化成本投入的结果，因此，文化政策终止的任何失当，都可能使前政策的努力前功尽弃。这种前功尽弃对于后者的重建来说，是一个巨大的负担，因为它或者可能引起人们的思想混乱，或者导致利益冲突进而造成制度解构，而所有这些都可能引发文化的不稳定和社会的不稳定，这种种不稳定将极大地造成社会的倒退而引发各种社会力量联合抵制的风险。在这种要付出如此巨大代价的重大压力下，文化政策决策主体就很可能放弃政策终止，以维护社会和文化的安定团结。不计后果的文化政策终止，绝对不会是明智的终止。

二、文化政策终止障碍的克服

文化政策终止是一种政治过程和文化过程。作为主体的意志和非意志的政治行为，这个过程及其结果涉及文化权力、文化利益的再分配和文化体制的变动；作为主体的意志和非意志的文化行为，这个过程及其结果关系到文化价值取向、文化目标定位和观念的更新。作为这两个方面的合力，这种过程行为关系到整个社会、民族、国家的稳定和文化进步，因此，需要以高度的政治智慧、高超的艺术方法来处理。

1. 开展文化讨论，求得文化共识

文化政策终止首先是一种文化观念和文化思维习惯的终止，这是一切文化行为的基础和文化存在依据。这种文化观念和文化思维方式的形成和产生，作为前文化政策的价值体现，有它存在的合理性，有过进步的意义，然而也正因其存在的合理性和有过的进步意义，当文化政策终止而引起文化观念形态的变革时，也才会成为障碍，产生文化冲突。所以，要实现文化政策的有效终止，克服这种观念形成的思想上、心理上的障碍，就必须对由文化政策终止而引起的观念的更新展开文化讨论，通过文化讨论，冲破传统思想观念的束缚，求得文化共识，推动文化进步。"文革"以后关于真理标准问题的讨论，就是这样一次的文化大讨论。这场大讨论对于解放思想、实现政治思想上的拨乱反正和从根本上结束"文化大革命"的政策起到了决定性的作用。如果没有这样一次大讨论，就不可能实现整个社会生活重心从"以阶级斗争为纲"向"以经济建设为中心"的转移。当然，这种文化讨论的深度和广度要看被终止的文化政策涉及的对象范围而定。在形式上，也不一定非采用这种大规模的全国性的运动不可。通过新闻舆论监督和社会调查等舆论手段和大众传媒来做文化政策终止的前期心理暗示，这样就可以起到文化政策尚未终止，但已形成"这样的政策应当改变"的文化共识和舆论环境，使主体的政治行为变成社会公众自觉的文化心理认同。

2. 接受政策引力作用，实施梯度推进策略

文化观念问题的要害是根本文化利益问题。之所以在文化政策终止过程中会引起激烈的观念冲突，就是因为文化政策终止将会导致原有文化利益格局的变动和再分配。这种变动和再分配不论是有形的还是无形的，都关系到原有文化利益、文化权力乃至文化垄断性的扩张和缩小。因而作为一种障碍潜流，它的阻力也是最大的。文化观念的冲突，不过是这种冲突的表面化。因此，实施文化政策终止，必须对政策执行过程中历史地形成的利益格局进行深刻的分析、研究。这里，对于该文化政策与政治、经济政策之间的关系的分析具有特别重要的意义。由于我国在相当长的一个时期内实行的是中央统一的

计划经济模式，无论是文化政策的意识形态内容还是文化政策的经济成分，都是这种政治、经济体制在文化政策领域里的反映。政治生活和经济生活中的任何变化，尤其是国家政治生活中的任何变化，都会引起文化领域和文化政策的变化。所谓"文艺从属于政治"，就是这种政治对文化产生引力作用的表现。这可以说是我国文化政策运动的特殊现象、特殊规律和特殊国情。正是由于政治在我国的社会生活中起着主导地位的作用，决定着经济和文化发展的走向，在文化政策终止过程中就应当充分地接受这种引力作用，实施文化政策终止。这种终止的最大优点，就是最大限度地规避了文化政策终止孤军作战所可能带来的风险，降低由于文化政策终止而必然要产生的成本负担。然而，也必须看到，文化政策终究不是经济政策和政治政策，文化利益终究也不完全是政治利益，在文化的经济领域里确实也还有国家利益、集体利益和个人利益之分，有中央和地方之分，有部门和部门之分，尤其是像我们这样一个经济、文化都还比较落后，文化发展还很不平衡的国家，在文化建设上的东西问题和南北问题都还比较突出的情况下，实施文化政策终止而不兼顾文化政策的利益关系是不现实的。这就决定了文化政策终止在接受政策引力作用的同时，还必须从文化领域的实际情况出发，实施梯度推进、渐近终止，即由不完全终止到完全终止，这种终止可能会形成文化政策终止上的双轨制，但却可以避免由于一刀切而可能引发的"集体抗力"造成政策终止失败。20世纪80年代以来，我国在文化领域里实行的体制改革，以及社会主义文化市场的逐步建立，就是对传统文化管理体制、文化经济政策的梯度推进式的渐近终止，这样就可以把在改革过程中，由于文化政策的终止所引发的利益矛盾和利益关系冲突逐渐释放，从而避免了由于利益的矛盾冲突可能形成的能量累积的爆发而造成大的文化动荡。

3. 正确处理文化政策终止与政策稳定、政策发展的关系

政策多变，文化政策不稳定，曾经是一个时期内我国文化发展和文化政策的一个显著特点。它反映了社会主义文化建设之初的特点，文化政策运行制度的不成熟、不完善。由于旧的文化政策终止和新的文化政策出台交替出现，还会使人们产生文化政策多变的错觉，从而造成在实施文化政策终止过程中的优柔寡断，影响新文化政策的迅速执行，推进政策发展。因此，在新的文化历史条件下，必须处理好文化政策终止与文化政策稳定、文化政策发展的关系。

文化政策运动是一个系统过程，文化政策问题和文化政策环境经常处于复杂的发展变化之中。文化政策要适应变化了的文化环境和社会环境，那些不适应的部分就必须终止。否则，不合适的政策就会成为阻碍文化生产力发展的消极力量。因此，文化政策终止是必然的。但是，文化政策运动也有连贯性和稳定性的特点。一个总是处于变动中的文化政策是无助于文化发展的。文化政策的稳定是一个国家政治稳定、经济稳定和社会稳定的反映。如果文化政策不稳定，变化过快，就会严重影响政策对象对文化政策的权

威性和政策主体的信任，产生一系列严重后果。江泽民在纵论改革、发展、稳定的关系时曾经指出："稳定是发展和改革的前提，发展和改革必须要有稳定的政治和社会环境，这是我们付出了代价才取得的共识。当前正处于经济体制转轨时期，人们思想观念的转变需要一个过程，各方面利益关系变动较大，各种矛盾可能会比较突出，保持稳定更具有重大的现实意义。没有稳定的政治和社会环境，一切无从谈起，多么好的规划、方案都将难以实现。"[①]这一段话完全可用来作为我们认识文化政策稳定的重要意义的指导思想。当然，我们强调文化政策的稳定性，并不等于说要继续固守那些已经完全不适用于文化实际的文化政策，并不意味着文化政策运动的停滞和僵化，并不意味着就不要改革，不要建立科学、民主的文化政策终止和决策管理机制。文化体制改革，作为文化政策终止的一个重要表现形式，是推动文化发展的强大动力，是为了进一步解放和发展文化生产力。

因此，从这个意义上来说，文化政策终止也是实现我国社会主义文化制度的自我完善和发展，必要的终止是有利于稳定的。

任何文化政策都是在政策及其后果的基础上产生的。一项文化政策由于条件和环境的变化，已经不适应变化了的文化实际，无法实现原来的政策目标，而被一项新的文化政策所取代，这既是文化政策的终止，也是文化政策的发展。随着现代政策科学的发展和国家文化决策的日益民主化、科学化，以及广大人民群众依法管理经济文化事业的不断制度化，文化政策主体制定全新、与原来文化政策毫不相关的政策的充实、完善，是文化政策内部和不同政策之间的协调和综合，即使是制定一项涉及全新领域的文化政策，也往往是从相关的领域和相关的政策出发进行文化政策方案的规划，而且新的文化政策所要解决的文化政策问题也往往是现行文化政策无法解决而衍生出来的文化政策问题。在这里，政策本身就是政策问题产生的重要根源，文化政策终止也就在这样的意义上成为文化政策发展的必然。因此，发展是硬道理。文化政策也是如此，不发展是不可能的。如果我们把这些关系都处理好了，那么，就不仅能适时、有效地促进文化政策终止，而且还能进一步推动文化的进步和发展，克服前进过程中的各种障碍。

本章小结

▶ 文化政策终止是文化政策生命运动的终结形态，它是政策科学层面上对文化政策过程理性认识的一个概括形式，也是对政策科学中政策终止的概念和范畴在

---

① 中共中央文献研究室. 三中全会以来——重要文献选编[M]. 上. 北京：人民出版社（内部发行），1982：151.

文化领域的应用。文化政策终止不但表征着原来文化政策效用的结束，而且揭示了新文化政策的开始，在整个文化政策过程中起着承上启下、开拓未来的作用。

➡ 文化政策时间是文化政策运动在一个时间范围内的有效性长度。文化政策只有在时间的长度中才能获得它的全部生命价值和存在形态，这就是所谓"文化政策时间"，一种在时间的框架内的主体文化统治行为的文本存在。"文化政策时间"不是通常意义上的时间概念，而是指文化政策的一种性质，一种生命存在状态。它所揭示的就是文化政策运动的周期性，即任何文化政策都有它的发生、展开和消亡，周而复始，并由此构成它的全部矛盾运动。

➡ 文化政策周期是一个包含着文化政策时间、文化政策衰变，政策自身生命关系运动的概念，是这两个方面的有机统一。在这里，文化政策衰变期具有特别重要的意义：衰变期的长短决定了文化政策圆周率的大小。衰变期越长，文化政策周期圆周率越大；政策时间越长，则文化政策的有效性也就越长。衰变期越短，文化政策周期圆周率越小；政策时间越短，则文化政策有效性也就越短。

思考题

1. 文化政策终止的价值意义是什么？
2. 怎样理解文化政策周期理论？
3. 文化政策终止与文化政策周期的关系是什么？
4. 如何克服文化政策终止障碍？

参考书目

1. 张金马. 政策科学导论[M]. 北京：中国人民大学出版社，1992.
2. 陈振民. 政策科学[M]. 北京：中国人民大学出版社，2003.
3. [英]吉姆·麦圭根. 重新思考文化政策[M]. 北京：中国人民大学出版社，2010.

下　编

第六章

中国当代文化政策的形成和发展

本章学习目标

通过学习本章，学生应了解和掌握以下内容：

1. 中国新文化运动与当代中国文化政策建构的关系；
2. 中国当代文化政策发展的历史分期与发展阶段；
3. 当代中国文化政策的理论基础；
4. 当代中国社会主义文化政策的主体性建构：
5. 当代中国社会主义文化政策的转型与创新。

导言

中国当代文化政策是中国共产党领导中国革命和社会主义建设的历史过程中逐步形成和发展的，是中国共产党领导中国新文化运动的马克思主义政策学的总结，与中国新文化运动和中国的文化现代化进程紧密相连。一部中国共产党对中国新文化运动的领导史，实际上就是党的文艺政策的发生、发展的演变史，就是中国社会主义文化政策的形成和发展史。系统地、鸟瞰式地把握这段历史，熟悉和了解中国共产党文艺政策发展演变的大略历史过程，了解在这个过程中的历史经验教训，是我们研究中国当代文化政策的形成和发展，科学地把握它的精神实质和完整地、准确地执行国家的文化政策的必要的准备。

中国共产党对中国新文化运动的领导和文艺政策的形成、发展、演变，经历了两个阶段、四个时期。两个阶段是：新民主主义阶段和社会主义阶段。四个时期是：中国共产党文艺政策诞生期、社会主义文化政策的主体性建立期、社会主义文化政策的重构和转型期、社会主义文化政策创新体系建设期。

第一节　中国新文化运动和中国文化政策的现代建构

中国新文化运动是中国文化现代化进程中的一种历史性文化存在，是一个特殊的文化历史阶段。它以五四运动为标志，以中华人民共和国的成立为终结。既区别于晚清以来的中国新学运动，也区别于新中国建立以后的社会主义文化运动，因而是一个具有特定内涵和完整内容的历史对象和文化史概念。这就是毛泽东称谓的中国新民主主义文化。中国共产党文艺政策的诞生，进而中国当代文化政策，就是形成于这一历史性的文化存在和文化进程之中。这是一个相当复杂的中国新文化政策的诞生过程。这个过程前后大致经历了三个时期：思想萌芽、理论准备和形态完成。

一、五四新文化运动和中国文化政策的现代启蒙

中国文化政策的现代启蒙是以五四新文化运动为背景的。毛泽东在谈到五四运动与中国共产党的文化关系时曾经说过：五四运动为中国共产党的成立作了思想上和组织上的准备。这不仅揭示了中国共产党与五四运动在精神上和品格上的渊源关系，而且从中也可以发现中国文化政策的现代发生与五四运动的政策学的联系。五四新文化运动所提出和反映的问题，构成了后来中国革命和中国现代化的基本主题，正是对这些基本主题的意义追寻和文化阐释，构成了中国共产党关于文化政策的主体框架，构成了中国当代文化政策的全部基础。

无论是在中国现代化史还是在中国现代文化史的发展进程中，五四运动都是一个界标性事件。作为文化的一个历史性的交点，"五四"联系着前后两个截然不同却又血脉相关的精神世界：启蒙和救亡，中国文化政策现代发生的两个来源。

晚清以来，国运衰败，儒学权威的丧失，重估一切价值和重建中国文化价值系统，同时成为近代中国社会的主题，以法兰西文化为代表西方文明，几乎成了前新文化运动用以拯救中国、拯救中国文化唯一的价值坐标。然而，巴黎和会给信奉西方"民主与科学""公理战胜强权"的人们带来了巨大的幻灭感。五四运动的爆发摧毁了激进的、先进中国人对于西方文明的迷信。"十月革命一声炮响，给我们送来了马克思列宁主义"，给失望中的中国人带来了重建中国文化价值系统的希望。五四运动的狂飙突进，重新凸显了近代中国救亡的主题。俄国十月社会主义革命对于资本主义的胜利，使得处于价值危机和现代化困惑中的先进中国人，找到了全新的文化理想的支撑。"走俄国人的路"，

便成为以李大钊、陈独秀、毛泽东为代表的先进的中国人的文化信仰。于是，整个中国现代化运动开始了由"西化"向"苏俄化"的范式转移，新文化运动随之演变为社会改造的政治运动。马克思主义的社会主义学说成为中国现代化的指南。

　　然而，现代化道路和文化范式选择的转移并没有改变中国文化革命和现代化发展的固有主题，无论是为改造中国社会而实现价值系统的转移，还是为重建社会政治秩序而寻求文化价值的支援，仍然是中国文化重建的两大任务。正是这两大任务一直影响着中国文艺与政治的关系的走向和文化政策的主体性处理。中国共产党与五四运动在思想渊源的文化关系，决定它必然是"拯救中国"这一历史使命的承担者和"五四"精神的实践者，它在文化政策上的选择，尤其是关于文艺与政治的关系，文化的意识形态性在当代中国定位的政策意义选择，都只能是"五四"所完成的历史任务的必然结果以及历史局限。十月革命带来的"庶民的胜利"（李大钊语），使"五四"关于人的问题的思考突破了抽象的"人权"局限，上升到了对于无产阶级和普通劳动群众作为现代中国文明主体的发现，使"文学艺术成为无产阶级化"①这样的命题和思想率先进入一些早期共产党人的思考领域和人文关怀的视野。中国革命运动和新文化运动"非劳动阶级为之指导，不能成就"，成为1922年6月《新青年》的《新宣言》。这就把关于人的问题的抽象批判，上升到"为什么人"的实践高度。与文化范式的现代转换相呼应，这是一种更为深刻的文化观念的革命。为什么人的问题之所以会成为后来中国文化政策主体性建设和关注的核心，其历史意义就在于：重估一切价值，重建中国文化价值系统。以什么尺度来评估？为谁和向谁重建？这是一个关于中国文明主体现代辨认的难题。而"五四"时期各种关于重估的企图和重建的努力，之所以会遭遇"问题与主义"之争、"保守与激进"之争及"科玄"之争，一个关键的问题就在于关于现代中国文明主体的辨认及其在现代中国的价值定位上的迷失。中国共产党把这一问题作为全部文化政策制定的基础和出发点，就不仅在理论上消除了中国文化革命的一个误区，而且在实践的层面上使文化成为千百万人民大众（而不是少数文化人）的事业，实现了文化价值系统的转换与文化功能定位的有机整合。这恰恰是"五四"时期那些启蒙主义思想家想做却无法做到的事。虽然"五四"本身并没有提供这方面的直接的政策学材料，但鲁迅的"一件小事"显露的普通劳动者在中国社会主体生活中所凸显的高大形象，新文化倡导者对迷失了方向的艰难探索，以及"庶民的胜利"所带来的巨大的感召力，却为中国共产党后来的文化政策的选择和制定提供了政策问题资源和政策定位的现代启蒙。

　　马克思主义在中国迅速传播，为中国文化政策思想的现代启蒙提供了全新的理论准

---

① 中国社会主义青年团与中国各团体的关系之议决案[M]. //唐弢. 中国现代文学史：一. 北京：人民文学出版社，1979：63.

备。运用马克思主义的基本原理和文艺观，分析、阐述文艺与生活、文艺与政治、文艺与民众、文艺与革命的关系等中国文化革命的基本问题，首先成为早期共产党人的努力方向。邓中夏的《中国现在的思想界》《思想界的联合战线问题》等文章，根据中国共产党第三次全国代表大会所确定的统一战线政策，对实行文化上的统一战线问题作了阐述，号召进步的文化界联合起来共同统战政策运用到文化工作中的一次尝试，也是党的工作与文艺工作的政策关系的开始。

由重估一切价值，对传统儒学的批判，到重建中国文化的价值系统，对马克思主义的选择；由对人的问题的关注而对中国文明主体的现代辨认；由文学改良而文学革命，由对中国传统文化的全盘否定和对西方文明神话的盲目崇拜；启蒙与救亡、传统与现代、保守与激进、西化与中国化、问题与主义等关系的认识：当代中国文化政策所关注的所有重大问题，几乎都在"五四"时期展开了它们在中国文化现代化进程中的位置，显示出它们在"中国向何处去"这一历史课题中的历史分量。"五四"没有给中国文化政策的当代建设提供任何现成的答案，但给中国文化政策的主体性建设以前所未有的现代启蒙。早期共产党人对马克思主义的宣传和运用马克思主义的文艺观分析、观察中国的文艺问题，并积极参与文化界的思想论争，为马克思主义在中国的广泛传播，为中国共产党在广泛、深刻的中国革命的层面上领导新文化运动创造和准备了条件。而"五四"之于中国文化政策的现代启蒙，正是在这样的意义上，为它打开了广阔的文化空间。在后来的新文化实践中逐渐成熟、发展起来的中国共产党的文艺政策中，许多内容都萌芽于这一时期。

二、马克思主义文艺理论的输入和中国文化政策现代建构的奠基性努力

重建中国价值系统文化范式的转换和对无产阶级、劳动大众作为现代中国文明主体的发现，使中国文化重建这个主题的意义世界获得全新的内涵。如果说，"五四"时期的文化批判还着力于重估一切价值，对中国传统价值体系的整体性破坏上的话，那么，在大革命时代过后的 1927—1937 年，史称"红色的 30 年代"这十年中，中国文化批判的重心则着重于新价值体系的重建和主体文化变革的努力。马克思主义文艺理论的输入和中国文化主体的变革，成为中国文化重建的主题。中国共产党文化政策现代建构的奠基性努力，就是在这个过程中完成的。

马克思主义文艺理论的输入是与中国革命的深入、无产阶级文学运动的兴起相结合的，呈同步发展姿态。关于"革命文学"论争中的一些理论困惑和中国共产党关于文化革命的需要，直接催动了马克思主义文艺理论在中国的迅速传播。对于马克思主义文艺

理论和苏联共产党文艺政策理论的接受和应用，构成了中国文化价值系统重建的最主要的方面，它直接促成了中国共产党领导下的左翼文化运动的兴起。据 1929 年底《新潮月刊》第二、三期合刊的粗略统计，当时已出版的关于马列主义的译著，包括经典著作，有四十种之多，当年出版的社会科学译著一百五十多种。自 1925 年 2 月 12 日《民国日报·觉悟》首载列宁的《托尔斯泰与工人运动》的中译文起，全面译介马列主义文艺论著已经成为构建中国新文化理论的主要任务。诚如鲁迅所说："这回的读书界的趋向社会科学，是一个好的、正当的转机，不惟有益有别方面，既对于文艺，也可以催促它向正确，前进的路。"①在这当中，鲁迅在冯雪峰主编的《科学的艺术论丛书》中，先后译出了联共（布）中央的《文艺政策》、卢那察尔斯基的《艺术论》和《文艺与批评》，后来又译出了普列汉诺夫的《艺术论》等苏联文艺政策中一批最有影响的论著。

1930 年中国左翼作家联盟成立后，专门成立了"马克思主义文艺理论研究会"，进一步促成马克思主义文艺理论的翻译和研究工作的展开。1932 年出版的《读书杂志》第三卷第六期译载了恩格斯"致哈克耐斯女士的信"；1933 年上海神州国光社出版了《列宁与艺术》，比较全面地介绍了列宁关于艺术问题的思想。1934 年 12 月出版的《译文》第一卷第四期译载了恩格斯"致敏·考茨基信"；1934 年 9 月出版的《文学新地》创刊号，刊载了《马克思恩格斯论文学与艺术》和列宁的《托尔斯泰像俄国革命的一面镜子》。1936 年，鲁迅编辑并设法出版了瞿秋白的译文集《海上述林》，其中收有瞿秋白 1932 年编译的《现实主义——马克思主义文艺论文集》和 1933 年翻译的《列宁论托尔斯泰》两组文章，比较系统地介绍了马克思主义经典作家的文艺著作和文艺思想。一批后来成为新中国文艺事业领导人的左翼作家，几乎都参加了这一建设性工程。这种工作对于当时中国的文化界正确地接受马克思主义文艺理论，用以指导当时的革命文艺运动，具有极其重要的建设意义。马克思主义关于文学事业是党的事业的一个重要组成部分，关于革命文艺应该为千千万万劳动者服务，关于两种文化等理论，关于现实主义，以及关于作家与时代、世界观与创作的关系等一系列思想的输入和由此引发的论争，都构成了中国共产党文艺政策形成的直接的政策理论资源。

"左联"的成立，使此前提出的无产阶级文学主张成为中国共产党领导下的一场影响极为深远的文化革命运动。围绕着文艺大众化问题而展开的艺术理论和文化理论大论战，第一次使劳动大众成为整个文艺世界话语系统的主角，在重建中国文化价值系统的努力获得进展的同时，"为谁重建"和"向谁重建"终于成为中国文化的现代重建主题，从而引起文化界的关注和参与论争。虽然，当时涉及的关于文艺的本质、功能、阶级性、

---

① 鲁迅. 我们要批评家[M]. //鲁迅. 鲁迅全集：第 4 卷. 北京：人民文学出版社，1981：241.

审美价值，以及文艺的语言、形式、风格等广泛的理论话题，都有待深入的探讨，但是试图运用马克思主义文艺理论来解决中国革命文艺发展的实际问题的成功尝试，使得文艺大众化问题在中国文化现代化进程中的地位、作用和影响，远远超出了论题本身的范围。而关于中国社会性质的大论战，更使得人民作为中国文明主体地位的思考突破了文化哲学的范围，上升到中国革命本体意义的高度。这不仅使中国共产党确立了依靠工农革命改革国家前途和命运的政策选择，而且更得以在本土精英文化衰落的情况下，获得了把更富原创冲动和新鲜生命力的工农大众文化作为创新型主体文化的本土资源，从而为马克思主义中国化，为由历史主体变革要求而来的主体文化和文化主体革命奠定了理论基础。中国共产党文化政策的最终形成，就是建筑在这个基础上的。文艺大众化问题最终演化成文艺的工农兵方向，而获得了政策核心问题的地位。

这一时期，鲁迅不仅读了几本马克思主义的书，弄懂了一些原先不明白的事理，而且积极参加了左翼文化建设。尤其是他对苏联文艺政策等许多重要文献和重要文艺理论的译介，以及他在中国左翼文化论争、左翼文艺运动中所持的基本态度、基本主张，为确保左翼文艺运动中共产党的领导、左翼文艺队伍的团结和建设、理论建设的成就等方面，都作出了杰出的贡献，对中共文艺政策的制定及关于左翼文艺运动行动方针的形成产生极大的影响。

瞿秋白和张闻天是这一时期中共在思想文化战线上的重要领导干部。他们不仅具体地参加了当时的新文化建设工作，而且在许多方面给左翼文化运动的发展走向以突出的影响。瞿秋白的不少文艺理论主张，接触到了关于文艺与政治、文艺与群众、文艺与生活的关系等一系列马克思主义文艺理论和中共文艺政策建构的根本原则问题，而如何使文艺更好地服务于中国革命，则是他文化理论探讨的总主题。在"两个口号"（"民族革命战争的大众文学"和"国防文学"）论争中，张闻天对"文艺战线上的关门主义"的批评和发表《论我们的宣传鼓动工作》等文章，及时地从马克思主义战略、策略学说的高度，阐述了文化工作中统一战线的理论价值和实践意义，为停止关于"两个口号"的无原则论争发挥了党的主导作用，丰富和发展了中共早期关于文化工作中的统一战线理论。瞿秋白的"《鲁迅杂感选集》序言"更是把马克思主义的世界观和方法论具体应用到文艺批评实践中的一次卓越的尝试，对于用马克思主义文艺学来探讨中国新文艺发展的问题，起到了文化示范的作用。瞿秋白、张闻天及其他中共在"左联"一些重要干部的理论建设和实际工作，为中共文化政策现代建构的完整形成提供了丰富的实践依据和思想资料。

由思想影响、理论倡导和建设，到有组织地实行对中国新文化运动的领导，这是这一时期中共对新文化运动领导的一个突出特点。"左联"的成立，"这是党不仅从思想上而且从组织上领导文艺的开始。从此革命文艺事业就构成了有组织有领导的无产阶级革命事业的一个组成部分，成了必不可少的可以依靠的一个方面军"①。"左联"的实践为中国共产党文艺政策的系统化奠定了基础。在这之后，中国文化现代化运动和重建中国文化价值系统的努力，开始酝酿重大的突破和历史性的飞跃。

三、新民主主义文化理论的提出和中国文化政策现代建构的成立

思想文化领域里的激烈冲突与严峻、残酷的革命斗争形势相呼应，有力地推动了中国马克思主义理论研究的深化和对中国国情、中国文明主体的把握的关注。"五四"以来渐近凸显的中国文化主体由知识分子向工农大众的历史性转换；新的主体文化在与各种文化模式的论战中，日益占据中国文化现代化进程的主流和中心地位；中国社会性质大论战，使得中国知识界、文化界关于中国前途和命运的思考进入了一个全新的学术境界。由"全盘西化"与"中国本位文化"的论战，进而由"民族化"而展开的"民族形式"问题的大讨论，同时也引发了一股否定"五四"以来的新文化、否定马克思主义在重建中国价值系统中主导地位的复古思潮。中国文化现代化进程中提出来的诸多问题，要求中国共产党必须作出整体性的回答。中国文化现代化形势的发展，使得中国共产党和毛泽东进一步思考：中国的新文化艺术究竟应该朝哪个方向发展？我们要建立的新文化应该具有什么样的性质？——这成为回答全部问题的核心。理论在一个国家的实现程度，决定于理论满足这个国家需要的程度。正是在这样的文化背景下，1940年1月，毛泽东写作《新民主主义的政治和新民主主义的文化》（即《新民主主义论》）的长篇论文，提出了著名的"新民主主义文化"理论，第一次比较系统、全面地回答了"五四"以来涉及中国文化现代化发展的一系列根本问题，其中最主要的是关于中国"现阶段"文化的性质和中国文化价值体系重建的方向这两个问题。毛泽东："一定的文化（当作观念形态的文化）是一定社会的政治和经济的反映，又给予伟大影响和作用于一定社会的政治和经济；而经济是基础，政治则是经济的集中的表现……那么，一定形态的政治和经济是首先决定那一定形态的文化的；然后，那一定形态的文化又才给予影响和作用于一定形态的政治和经济。"②这是毛泽东的新民主主义文化论的基本点，也是毛泽东考察和判断中国新文化的基本点。从这里出发，毛泽东以独特的思维视角和善于从宏观整体把握问题能力，从中国历史尤其是近代史和世界近代发展史两种文化形态碰撞的交汇点上，透彻地考察了中国近代政治和经济发展的演变趋向，并以此为坐标准确地分析了

---

① 周扬. 在纪念"左联"成立五十周年大会上的讲话[N]. 人民日报，1980-04-02.
② 毛泽东. 新民主主义论[M]. //毛泽东. 毛泽东选集：第2卷. 北京：人民出版社，1972：624.

中国文化革命的历史特点和中国文化现代发展的特质。他指出："在中国文化战线上，'五四'以前和'五四'以后，构成了两个不同的历史时期。""在'五四'以前，中国的新文化，是旧民主主义性质的文化，属于世界资产阶级的资本主义的文化革命的一部分。在'五四'以后，中国的新文化，却是新民主主义性质的文化，属于世界无产阶级的社会主义的文化革命的一部分。"其依据是，"在'五四'以后，中国产生了完全崭新的文化生力军，这就是中国共产党人所领导的共产主义的文化思想，即共产主义的宇宙观和社会革命论。"[①]由于"共产主义的文化思想"是以无产阶级和劳动大众的主体的文化思想，"所谓新民主主义的文化，一句话，就是无产阶级领导人民大众的反帝反封建的文化"[②]，"民族的科学的大众的文化"，"就是中华民族的新文化"。[③]这就在一个严格的文化空间，建构起中国文化价值系统和重建的方向上，实现了"五四"所提出的历史性命题的主导性建构。

新民主主义文化论的提出，为中国文化政策现代建构的实现建立了完整的政策理论体系，在经过 20 世纪 30 年代左翼文化运动的奠基性努力之后，中国文化政策的现代建构从可能变为现实。1942 年 5 月，为了进一步解决"文艺工作和一般革命工作的关系，求得革命文艺的正确发展"，针对当时延安及其他解放区文艺界普遍存在的"轻视工农兵，脱离群众"，缺乏对中国文明主体的了解而不能与工农兵取得文化上真正认同的倾向，毛泽东以"文艺为什么人和如何为"为核心命题，发表了著名的《在延安文艺座谈会上的讲话》（以下简称《讲话》），就革命文艺的方向、文艺的普及和提高、文艺批评标准、文化与政治的关系、文艺界的统一战线、文艺遗产、马克思主义与文艺创作的关系、文艺工作者的世界观改造等中国新文艺发展的一系列重大问题，全面而系统地阐述了中国共产党的根本文化态度和政策主张，明确宣布："我们的文学艺术都是为人民大众的，首先是为工农兵的，为工农兵而创作，为工农兵所利用的。"[④]"为什么人的问题，是一个根本的问题，原则的问题"[⑤]，由此决定文化的性质、根本发展走向和主体文化利益之所在。只有把这个问题解决了，那么，所有其他文化问题的解决和文化政策的制定，才能找到科学的定位。早在 1926 年 3 月发表的《中国社会各阶级的分析》中，毛泽东就曾开宗明义地指出："谁是我们的敌人？谁是我们的朋友？这个问题是革命的首要问题。中国过去一切革命斗争成效甚少，其基本原因就是因为不能团结真正的朋友，

① 毛泽东. 新民主主义论[M]. //毛泽东. 毛泽东选集: 第 2 卷. 北京: 人民出版社, 1972: 657-659.
② 毛泽东. 新民主主义论[M]. //毛泽东. 毛泽东选集: 第 2 卷. 北京: 人民出版社, 1972: 659.
③ 毛泽东. 新民主主义论[M]. //毛泽东. 毛泽东选集: 第 2 卷. 北京: 人民出版社, 1972: 669.
④ 毛泽东. 在延安文艺座谈会上的讲话[M]. //毛泽东. 毛泽东选集: 第 3 卷. 北京: 人民出版社, 1972: 82.
⑤ 毛泽东. 在延安文艺座谈会上的讲话[M]. //毛泽东. 毛泽东选集: 第 3 卷. 北京: 人民出版社, 1972: 814.

以攻击真正的敌人。"①并以此为逻辑起点得出了"工业无产阶级是我们革命的领导力量。一切半无产阶级、小资产阶级，是我们最亲近的朋友"②的结论；指出："中国历来只是地主有文化，农民没有文化。可是地主的文化是由农民造成的。"③其内在文化精神和文字表意，二十多年来是何等的一致！如果说，新民主主义文化论的提出在形而上的层面上实现了这一努力的话，那么，文艺的工农兵方向的提出，则从主体实践的层面上，根本性地解决了五四新文化运动关于重建的对象和价值取向提出的命题，从而在理论建设与主体实践的规范场两个层面的有机整合上，实现了"五四"以来文化所追求的价值目标。新民主主义文化价值系统与其实现方向（取向）的高度统一，使得马克思主义中国化在中国文化的现代化进程中获得了无可争辩、不容置疑的主导地位。正是在这个过程中，中国文化政策完成了现代建构。1943 年 11 月，中共中央宣传部发出了《关于执行党的文艺政策的决定》（以下简称《决定》），明确指出《讲话》"规定了党对现阶段中国文艺运动的基本方针"，要求"全党的文艺工作者都应该研究和实行这个文件的指示"，"把党的方针贯彻到一切文艺部门中去"。④这个《决定》不仅第一次使用了"党的文艺政策"这一概念，而且确认了《讲话》作为党的文艺政策的合法化地位。1943 年 11 月 11 日，重庆《新华上报》发表了根据《讲话》精神撰写的《文化建设的先决问题》，阐述了中国共产党的文化政策，从而为后来（国统区和解放区）的两支文艺大军的胜利会师奠定了共同的文化政策基础。

从《新民主主义论》到《在延安文艺座谈会上的讲话》，中国文化政策的现代建构，第一次从感性实践上升为理论系统的完整的文化政策形态。这一任务是由中国共产党完成的。因此，中国现代文化政策史本质上就是中国共产党文艺政策的发生和形成史。中国在社会主义时期许多文化政策的制定，都可以从这里找到它们原初的历史形态。《讲话》的诞生标志着中国共产党对中国新文化运动的领导开始走向政策管理的层面，对新文化运动领导的重心开始向以延安为中心的共产党领导的解放区转移。这又是一种全新文化范式的转移。这种转移为最终夺取全国的文化权力作了政策形态上的准备，因而在中国文化政策的现代发展史上具有里程碑意义。如果说，毛泽东的新民主主义文化论是关于中国新文化建设的一个总纲的话，那么，《讲话》就是这宏伟篇章中辉煌的第一章。纲举目张，中国文化政策现代建构的成立，标志着中华民族一个崭新的文化时代的到来。

① 毛泽东. 中国社会各阶级的分析[M]. //毛泽东. 毛泽东选集：第 1 卷. 北京：人民出版社，1972：3.
② 毛泽东. 中国社会各阶级的分析[M]. //毛泽东. 毛泽东选集：第 1 卷. 北京：人民出版社，1972：9.
③ 毛泽东. 湖南农民运动考察报告[M]. //毛泽东. 毛泽东选集：第 1 卷. 北京：人民出版社，1972：39.
④ 《延安文艺丛书》编委会. 延安文艺丛书·文艺理论卷[M]. 北京：人民文学出版社，1985：193.

第二节　中国社会主义文化政策的主体性建设和波折

社会主义文化政策运动是中国文化现代化主体性建构的当代形态。它既是新民主主义文化运动在当代中国合乎逻辑的发展,又是中国现代化在社会主义历史时期全新的文化创造。两种文化形态代表了中国文化现代化发展两个不同的历史阶段。两者既有内在的文化联系,又有不同的价值目标。这些联系和区别造成的矛盾、冲突、整合和斗争,构成了中国社会主义文化政策的主体性建设和波折的发展主题。

一、两种文化形态的政策交替和范式转换

中华人民共和国的成立,开辟了中国文化历史发展的新纪元。中国文化开始进入了一个崭新的历史时代和发展阶段。新民主主义革命向社会主义的过渡,带来了两种文化形态的政策交替和范式转换。过渡时期特有的双重任务——民主革命的继续完成和社会主义改造的同步进行,赋予中国文化政策现代建构的基本主题以全新的时代内涵。

为了使文艺尽快地投入伟大的时代的伟大建设,实现来自解放区和国统区两支革命文艺队伍的大会师,在毛泽东的《讲话》的基础上结成文艺界更加广泛的爱国统一战线,中华全国文学艺术工作者第一次代表大会,在中共中央和毛泽东直接部署和领导下,于1949年7月2日至19日在北京召开。这个大会根据《讲话》的精神,在文艺的工农兵方向和为工农兵服务方面取得了广泛的共识,从而使党的文艺政策成为中国文化艺术界自觉的文化行为。周恩来代表中共中央做的政治报告,毛泽东、朱德在大会上的讲话,代表全新的国家形象和国家利益,要求文艺反映伟大的时代和创造伟大时代的伟大的劳动人民。郭沫若在大会上做总报告,分析了"五四"以来中国新文艺运动的性质及历史经验,指出与人民大众相结合,是文艺得以兴旺发达的必由之路。周恩来的政治报告和郭沫若的总报告都强调了文艺界应该在文艺为人民服务的立场上团结起来,共同创造为人民服务的文艺。这两个报告贯穿着同一个主题,使所有后来居上者都深切地感受到,中国人民革命的伟大胜利已经复兴并正在复兴着伟大的中国人民的文化;中国人被人认为不文明的时代已经过去了,将以一个具有高度文化的民族出现于世界。这样,文艺的工农兵方向就不仅是一党的文化政策,而且成为一国的文化政策,成为文化艺术界一致认同的新中国文化准则。[①]

---

① 中华全国文学艺术工作者代表大会宣传处. 中华全国文学艺术工作者代表大会纪念文集[M]. 北京:新华书店,1950.

　　然而，根本方针政策的确定，只有通过应用于实际工作的指导，才能获得其存在的政策价值和生命意义。建立新文化需要人。新中国成立后，摆在党和政府面前的却是一大批从旧社会过来的老文化人、老艺术家，以及各种形式的传统文化艺术，即所谓"老艺人，旧艺术"。其中最突出的即是如何对待传统戏曲。这是建国之初新中国文化建设和落实文艺的工农方向面临的一个大难题。这个问题不但涉及广大人民群众精神文化生活的需要，而且关系到几十万艺人的就业问题。这个问题如果解决不好，所谓"文艺为人民服务"就都有落空的危险。

　　戏曲艺术是中国人民在长期的历史过程中创造的一份极为丰富的文化遗产。但它毕竟是旧时代的产物，其中既有民主性的精华，又有封建性的糟粕。早在延安时期，毛泽东就曾提出改造旧剧的重要性，及旧剧改造要"推陈出新"的原则。1948年11月23日，当时的中共中央机关报《解放日报》就此发表过一篇影响很大的关于戏曲改革的文章——《有计划有步骤地进行旧剧改革》。其主旨就是要在戏曲舞台上把被颠倒了的历史颠倒过来，还"劳动人民创造历史"的历史本来面貌。因此，实行对戏曲进行改造的工作，就成为新中国成立后体现新文化政策主导精神的一项非常重要的工作。在第一次文化会议上，周恩来在政治报告中就明确提出有计划、有步骤地改革旧剧，团结、改造老艺人，批判地继承和发展民族的文化艺术遗产的方针。1950年文化部在北京召开全国戏曲工作会议，1951年4月，毛泽东为中国戏曲研究院题词——"百花齐放，推陈出新"，1951年5月周恩来签发中央人民政府政务院《关于戏典改革工作的指示》，提出了"改戏、改人、改制"的戏曲改革的任务。至此，两种文化形态的政策交替和范式转换，在最能集中反映当时中国文化政策问题的旧戏改革领域中全面展开。根据《共同纲领》提出的新中国的思想文化目标是建设有中国特色的新民主主义的新文化的要求，联系到毛泽东提出的戏曲改革要区分"有益、无害、有害"的三类标准，戏改工作实行"百花齐放，推陈出新"的方针，就不仅包含尊重艺术规律和中国传统戏曲存在这种实事求是的科学态度，而且还包含对两种文化形态在社会转型和社会过渡时期采取科学和民主的政策选择的思考。正如刘少奇1951年5月在中国共产党第一次全国宣传工作会议上所指出的："在党内，只承认一种思想是合法的，就是无产阶级思想，马列主义。在党外，非无产阶级、非马列主义的思想，还是合法的。但是要批评，指出它的错误。"[①]因为《共同纲领》规定新民主主义社会阶段是四个阶级的联盟，还允许资产阶级、小资产阶级和个体农民经济的存在，这就必须承认他们的思想和文化存在的合法性。当然，这种承认并不是搞思想文化的多元化，因为《共同纲领》同样规定，这种新文化要确立马克思主义的

[①] 刘少奇. 刘少奇选集[M]. 下. 北京：人民出版社，1984：82.

主导地位，属于社会主义意识形态范畴。因此，既要"百花齐放"，也要"推陈出新"，这就成为在过渡时期戏改工作中两种文化形态转型的政策交替的必然选择。从而不仅使几十万戏曲艺人的积极性和创造性得到了极大的调整和发挥，而且使许多解放前濒临衰亡的剧种获得了新生，大批传统剧目经过去芜存菁，都放出新的光彩。昆曲《十五贯》就是戏改工作的成功典范。

　　过渡时期社会主义改造的巨大任务和两种文化形态的政策交替，不仅表现在对旧戏曲改造方面，而且还表现在对马克思主义在文艺创作和文艺研究领域主导地位的建设上，表现在两种不同文化范式的转换上，表现在对资产阶级文艺思想的批判和斗争中。国家政权的夺得，并不意味着马克思主义在思想文化领域里获得了全国性的胜利。因此，重建中国价值系统依然是一项重要的任务。如果说，在新民主主义革命时期，这种重建还仅仅是对文化理想的不懈努力和追求的话，那么，在社会主义时期，这种重建就应当是关于文化理想的当代实现——马克思主义作为国家意识形态在全国文化生活中的实现。"重建"因而也由党的理想追求变成国家的实践行为。但是，在建国之初，新旧两种文化形态的转换过程，主要还不是立即要人们广泛地接受马克思主义，而是首先要肃清在旧社会占统治地位的帝国主义、封建主义和买办洋奴思想等敌对的意识形态。问题是复杂性远不是用战争手段所能解决的。1950年6月，要缓进，并且特别指出：全国的二十八所教会学校，不要在里头硬性讲授"猴子变人"的唯物主义原理。提出了在思想文化领域里"不要四面出击"，要慎重对待资产阶级和小资产阶级文化思想的比较明确的政策界限和工作要求。文化范式的转型必然导致两种不同文化形态之间的冲突和斗争。对此，党中央是有比较清醒的估计的。1952年9月，毛泽东在致黄炎培的信中，将黄炎培在来信中用"工人阶级思想"教育改造资本家的提法，改为用"爱国主义的思想，共同纲领的思想"教育改造资本家，[①]可见其用心之诚，和"不要四面出击"之实。这与在"戏改"工作中所体现和贯彻的"百花齐放，推陈出新"的政策精神是一致的。然而，较之在戏曲改革方面所表现的对"老艺人，旧艺术"特有的人文上却一直保持着政治家的警觉。因为这是能否实现中国文化价值系统重建——马克思主义主导地位的真正确立的关键。只有在形而上的层面上获得统治的地位，文化范式的真正转型才能获得成功。新旧两种文化形态的转换和交替，过渡时期双重的文化任务，决定了两种文化范式转换过程中冲突和斗争的不可避免。这不是哪个人的主观意志使然，而是两种不同的价值观念和价值系统碰撞、冲突的必然体现。1950年对电影《武训传》的批判，1954年对《红楼梦》研究中资产阶级唯心主义思想和胡适派资产阶级学术观点的批判，以及1955年对胡风文

[①] 毛泽东. 毛泽东书信集[M]. 北京：人民出版社，1982：443-444.

艺思想的批判，集中反映了两种不同的文化范式在转换过程中的冲突和斗争。应该说，这几次斗争以及在斗争中提出的问题，对于建国初期在思想文化界学习和宣传历史唯物主义文化观念，帮助知识分子学习马克思主义，进一步明确马克思主义在思想文化领域中的主导地位，全面发挥马克思主义在意识形态领域的指导作用，在文化政策的主体性建设的意义上确有一定的必然性，但是，每一次斗争都经由从学术讨论到带有政治性的文化批判运动的发展过程，却明显反映了在思想文化领域里用阶级斗争和政治运动的方法来解决思想学术问题的指导方针的片面性。这种做法不仅反映了毛泽东对建国后思想文化领域里的改造运动关注之深、期望之高、要求之严、责备之苛和处理之重，而且还反映了当时中共中央许多领导人渴望在思想文化领域里迅速建立马克思主义主导地位的共同愿望。据李希凡回忆，1955年他在怀仁堂参加春节团拜会时，聂荣臻元帅握着他的手说："文武两条战线，现在仗已经打完了，要看你们文化战线的了。"[①]可见，在这两种文化形态的范式转换上操之过急，甚至违背了《共同纲领》的初衷，不是某种个人行为，而是整个政策主体在文化工作上的失误。胡乔木在1985年中国陶行知研究会和基金会成立大会上的讲话中曾经庄重表示："负责任地说"，"当时这种批判是非常片面、极端和粗暴的。因此，这个批判不但不能认为完全正确，甚至也不能说它基本正确。"[②]对俞平伯"红学"研究中的学术观点，胡绳说，虽然在政治上把他与胡适作了区别，提出应该团结，但是，实际上还是对他的学术观点进行了"政治围攻"，"这种做法不符合党对学术和艺术所采取的双百方针"，"党对这类属于人民民主范围的学术问题不需要，也不应该作出任何'裁决'。1954年的那种做法既在精神上伤害了俞平伯先生，也不利于学术和艺术的发展。"[③]至于对胡风的文艺思想，朱穆之认为，"完全可以和应当在正常的条件下由文艺界进行自由讨论的，但是当时却把他的文艺思想问题夸大为敌对分子，这是完全错误的"[④]。这几次斗争，为后来在意识形态领域中混淆政治与学术问题的区别，开创了错误的先例。这是在两种文化形态的政策交替和范式转换中付出的沉重的历史性代价。较之在工商业领域对资本家实行"赎买"政策的成功，这个代价从后来的不良影响来看，是太大了。

二、社会主义文化政策的主体性建设

对农业、手工业、资本主义工商业生产资料私有制的社会主义改造的基本完成，在

---

① 陈晋. 文人毛泽东[M]. 上海：上海人民出版社，1997：330.

② 1985年9月5日《人民日报》。

③ 胡绳. 在庆祝俞平伯先生从事学术活动六十周年会上的讲话[J]. 文学评论，1986（2）.

④ 朱穆之. 在胡风同志追悼会上的悼词[N]. 人民日报，1986-01-16.

思想文化领域是社会主义改造和教育的重大胜利，实现了新民主主义革命向社会主义建设的平稳过渡和范式交替。社会主义（集中体现的社会主义的社会制度）和马克思主义作为国家意识形态在中国的基本确立，国内主要矛盾的转移，如何建设社会主义，如何建设社会主义文化，或者说中国的社会主义文化应该建设成什么样子，社会主义文化政策的主体建设历史地提到了中国共产党面前。

　　虽然，经过多次的文化批判——政治斗争和思想改造，文化界的"政治思想状况已经有了根本的变化"[①]，但是，也由于前几次的文化批判政治化了，特别是反"胡风反革命集团"后，文艺工作中出现的明显的"左"的偏向，知识分子噤若寒蝉，文艺创作和评论的刻板、沉寂，与社会主义改造成功所带来的巨大喜悦之情形成了鲜明的对照。这当然不能不引起中央高层决策者的警觉。1955 年 10 月 23 日，毛泽东在一个文件的批示中就明白告诉人们："不要讳言'左'的偏向"，"要采取措施加以克服"。[②]因此，如何改善对文艺的领导和管理，克服当时苏联文艺政策的僵化模式以及由文化批判政治化而造成的消极影响，迎接社会主义文化建设高潮的到来，也就成为社会主义文化政策主体性建设的首要任务。

　　然而，这项任务的价值实现，较之过渡时期戏曲改革的难度要大得多。如果说，"戏改"的对象还主要是那些"老艺人、旧艺人"，涉及的层次主要是所谓"下九流"的文化人，"百花齐放，推陈出新"作为两种文化形态交替的政策选择也还带有"共同纲领"的特征的话，那么，现在要采取措施加以克服的"左"的偏向的对象，则是真正的所谓"上层建筑"，是中国的知识界和文化界，一个价值重建的整体世界。而恰恰在这里，前不久的批判和斗争却是颇伤了一些人的心。毫无疑问，选择这样的对象世界作为思考在中国如何建设社会主义文化的突破口，对政策主体来说是一种挑战。不仅要有勇气，而且要有远见；不仅要有主体的意志体现，而且也要有超越自我的胸襟。因此，要找到在中国如何建设社会主义文化的正确道路，克服"左"的偏向，就必须找到一种与知识分子和文艺家最佳的对话方式和政策系统，在建立完善的社会主义经济制度的同时，建立开放的、开明的文化制度。毫无疑问，唯一能满足这种要求的，就是毛泽东在 1953 年提出的"百家争鸣"。"艺术问题上百花齐放，学术问题上百家争鸣"，作为一个整体，作为唯一能满足调动一切积极因素为社会主义建设事业服务的要求的文化政策选择，进入了当代中国的最高决策议程。1956 年 4 月 28 日，在中共中央政治局扩大会议讨论毛泽东《论十关系》的总结会上，毛泽东正式提出了他的意见："'百花齐放，百家争鸣'，

①　陆定一. 百花齐放，百家争鸣[N]. 人民日报，1956-06-13.
②　陈晋. 文人毛泽东[M]. 上海：上海人民出版社，1997：382.

我看应该成为我们的方针。""讲学术，这种学术也可以讲，那种学术也可以讲，不要拿一种学术压倒一切"①。5月2日，毛泽东在最高国务会议第七次会议作《论十大关系》报告，在与会各界人士发言讨论后，毛泽东在总结发言中宣布刚刚酝酿出来的"双百"方针："我们在中共中央召集的省、市委书记会上，还谈到一点，就是百花齐放，百家争鸣。在艺术方面的百花齐放的方针，学术方面的百家争鸣的方针。"②经济方面用《论十大关系》来建立新制度，文化方面用"双百"方针来建设新文化。两者相生相伴，互为一体的天然配合，成为一种全新的创造。这种全新的文化创造，包含着对"左"的偏向的深刻否定。1956年5月26日，时任中共中央宣传部长的陆定一，代表中共中央在向文艺界和科技界人士做《百花齐放，百家争鸣》的报告中特别提到了对俞平伯学术思想批判一事。他说："俞平伯先生，他政治上是好人，只是犯了在文艺工作中学术思想上的错误。对他在学术思想上的错误加以批判是必要的，当时确有一些批判俞先生的文章是写得好的，但是有一些文章则写得差一些，缺乏充分的说服力量，语调也过分地激烈了。至于有人说他把古籍垄断起来，则是并无根据的说法。这种情况，我要在这里解释清楚。"当时仅隔两年，对批判《红楼梦》研究问题就有了反思（至20世纪80年代对此案的全盘否定，当为情理中的事）。无论怎样说， 这些都反映了中国共产党作为政策主体在经由过渡时期两种文化形态的政策交替之后，对建设社会主义文化究竟应该选择怎样的文化政策的认真反思和努力探索的态度，是对过渡时期文化上的某些缺乏"过渡"的做法的自我批评。正是由于"双百"方针的提出，包含着对过渡时期思想文化领域里"左"的偏向的反思和否定，对当时苏联文艺政策方面的教训的积极吸取，以及如何对待不同意见，妥善处理人民内部矛盾的深刻性思考，在此后不到一年的时间里，毛泽东在《关于正确处理人民内部矛盾的问题》《在中国共产党全国宣传工作会议上的讲话》等报告中，对"双百"方针的基本内容、根本目的等作了全面、系统的阐述，并对党内，特别是党的高级干部中存在的一些反对"双百"方针的错误观点和模糊认识提出了批评，明确指出："这是一个基本性的同时也是长期性的方针"③，"是促进我国的社会主义文化繁荣的方针"④。这是毛泽东在建国之后，从国家文化利益和社会主义文化政策主体性建设的高度，对"双百"方针的政策性质和规定所作的全面的阐述。在1956年9月召开的中共八大上，"双百"方针正式写入党的《政治报告》和八大《决议》，从而在政策科学的层面上完成了"双百"方针的合法化程序。

---

① 陈晋. 文人毛泽东[M]. 上海：上海人民出版社，1997：388.

② 陈晋. 文人毛泽东[M]. 上海：上海人民出版社，1997：389.

③ 毛泽东. 关于正确处理人民内部矛盾的问题[M]. //毛泽东. 毛泽东选集：第5卷. 北京：人民出版社，1977：414.

④ 毛泽东. 关于正确处理人民内部矛盾的问题[M]. //毛泽东. 毛泽东选集：第5卷. 北京：人民出版社，1977：388.

提出"双百"方针的本身所表现的从容大度的自我批评精神和勤勉治国的敬业的文化胸怀，使得"双百"方针一开始就具有社会主义政策的主体性建设应有的开放和开明的品格，从而在中国文化现代化的进程中，在文化政策的主体性建设方面划出了一个时代。著名美学家朱光潜曾以切身的经验生动地描绘过这个时代到来的特征。他说：

在"百家争鸣"的号召出来之前，有五六年的时间我没有写一篇学术性的文章，没有读过一部像样的美学书籍，或者就美学里的某个问题认真地作一番思考。其所以如此，并非由于我不想，而是由于我不敢……

"百家争鸣"的口号出来了，我就松了一口气。不但是我一个如此，凡是我所认识的有唯心主义烙印的旧知识分子一见面谈到这个"福音"，没有一个不喜形于色的。老实说，从那时起，我们在心理上向共产党迈进了一大步。我们喜形于色，并不是庆幸唯心主义从此可以抬头，而是庆幸我们的唯心主义的包袱从此可以用最合理最有效的方式放下，我们还可以趁着有用的余年在学术上像大家一样为心爱的祖国出一把力。[①]

朱光潜的这番话，不仅生动地反映了"双百"方针的提出和贯彻在全国知识分子，特别是在文艺界引起的巨大反响——巨大的思想解放的作用，而且昭示着中国共产党确实找到了一条实现有中国特色的社会主义文化建设终极目标的道路，一种既体现主体意志，又给予对象以充分尊重的科学和民主的文化政策选择。正是这样一种选择，标志着中国文化政策的主体性建设开始进入社会主义创制时期。

但是，这种"春风化雨"般的气象，没有多久就因极少数资产阶级右派分子利用其作为政治斗争的工具和反右派斗争的严重扩大化而艳阳尽散。社会主义文化政策的主体性建设进入了艰难的时期。此后，随着1958年高唱"大跃进"民歌的"浪漫年代"的过去和文艺界一而再、再而三地批评所谓"修正主义文艺思想"，社会主义文艺在建国十周年初显成就的同时，也遭到了严重破坏。为克服严重的经济困难，国民经济领域"调整、巩固、充实、提高"方针的提出，使得文化的"重建"又一次以不同于以往的意义而凸显出来。

1959年5月3日，周恩来根据毛泽东和中共中央纠正"大跃进""左"倾错误的思路，在中南海紫光阁召开的部分来京开会的文艺界人士座谈会上，作了题为《关于文化艺术工作两条腿走路的问题》的讲话，提出要以对立统一的辩证法处理好文艺工作的各种关系和口号，着手调整和重建社会主义文化政策的主体性建设方向。

1961年6月1日至28日，中宣部和文化部在北京分别召开了全国文艺工作座谈会（"新侨会议"）和故事片创作会议。为了全面阐述新形势下党和国家的文艺政策，纠

---

① 朱光潜. 从切身的经验谈百家争鸣[N]. 文艺报，1957（1）.

正文艺工作中"左"的偏向，发展社会主义文艺，周恩来在会上作了《在文化工作座谈会和故事片创作会议上的讲话》（以下简称《讲话》）。这是对社会主义文化政策的主体性建设具有"重建"意义的重要讲话。在讲话中，周恩来就物质生产和精神生产问题、阶级斗争和统一战线问题、为谁服务问题、文艺规律问题、遗产和创造问题、领导问题等一系列社会主义文化政策的主体性建设问题，全方位地作了阐述。如此全面地阐述社会主义文化政策问题，这在"双百"方针提出之后是罕见的。这个《讲话》最突出的一点就是明确而深刻地论述了关于发扬社会主义民主和尊重艺术规律的问题，批评了文艺界"民主作风不够"，"只许一人言，不许众人言"，"别人的话说出来，就给套框子、抓辫子、挖根子、戴帽子、打棍子"，"一来就'五子登科'"强调要改变这种不民主的风气，"要允许批评，允许发表不同意见"，并就文艺领域如何实行艺术民主问题提出了一系列具体意见，系统论述了党如何领导文艺工作的问题。[①]周恩来的这篇重要讲话，是对建国以来党领导文艺工作的深入、全面的总结，特别是对近几年文艺工作中的经验、教训的总结。艺术民主问题的明确提出，在文化政策的主体性建设的层面上，具有恢复和丰富"双百"方针基本内容的意义。它不仅在当时对社会主义文化政策主体性建设的调整具有特别的指导性，而且对整个社会主义文艺事业的建设和发展也有重要的意义。

　　1962 年 1 月，中共中央召开了著名的"七千人大会"，开展了从上到下的批评和自我批评。会议前后，又为"反右倾"运动中被错误批判的许多人甄别平反，为被错划为"右派分子"的许多知识分子恢复了名誉，对某些受过错误批判的作品和作家落实了政策。1957 年后基本上被中止执行的"双百"方针，重新在文艺工作中得到贯彻。尽管在文艺工作中依然存在着"左"的阻力，但调整文艺政策的工作毕竟还是取得了较大的成功。社会主义文化政策主体性建设的全面展开，又一次被提上了工作日程。在周恩来的关怀和领导下，20 世纪 60 年代初，文艺界领导部门主持召开了多次重要会议（主要有"广州会议"和"大连会议"），并在大量的调查研究的基础上，起草了《关于当前文学艺术工作的意见（草案）》，经过党内外的广泛听取意见和酝酿讨论，写成了《关于当前文学艺术工作若干问题的意见（草案）》（简称"文艺八条"），于 1962 年 4 月，报经中共中央批转全国贯彻执行。这个文件在总结历史经验的基础上，针对建国以来社会主义文艺工作中存在的实际问题，提出了一套符合文艺规律的政策措施，比较集中地体现了纠正"左"的文艺思想的积极成果和这一时期文艺政策主体性建设调整的基本内容，主要有："进一步贯彻执行'百花齐放，百家争鸣'的方针"，"努力提高创作质量"，"批判地继承民族遗产和吸收外国文化"，"正确开展文艺批评"等。并以条文形式阐

---

① 周恩来. 周恩来选集[M]. 下. 北京：人民出版社，1986：325-327.

述文艺政策，规范文艺行为。这为社会主义文化管理的法制化建设作了初步的尝试。1962年5月23日，在纪念毛泽东《在延安文艺座谈会上的讲话》发表二十周年之际，《人民日报》发表了在中国社会主义文化政策的主体性建设史上具有重要意义的社论——《为最广大的人民群众服务》。社论说："二十年前，毛泽东同志指出，我们的革命文艺，要站在无产阶级的立场上，为工农兵以及城市小资产阶级劳动群众和知识分子服务。这在今天也是完全正确的。今天的情况同十二年前不同的是，我国人民已经胜利地完成了新民主主义革命和社会主义革命，建立了中华人民共和国，正在进行社会主义建设。现在，各民族的工人、农民、知识分子及其他劳动人民，各民主党派和民主人士，爱国的民族资产阶级分子，爱国侨胞和其他一切爱国人士，在中国共产党的领导下，结成了人民民主统一战线，积极地参加和支持建设社会主义的伟大事业。因此，这个人民民主统一战线内的以工农兵为主体的全体人民都应该是我们文艺服务的对象和工作的对象。"从新的历史条件和实际情况出发，调整、充实和扩大了社会主义文艺的服务对象。这种调整、充实和扩大，明显的是纠正把"文艺为什么人服务"的问题理解得过于狭窄的偏向。其中所体现和反映的精神不仅与当时"七千人大会"纠"左"的偏向的精神是一致的，而且与"双百"方针所要实现的主体意志也是一致的。如果说，当初提出文艺"为什么人"和"如何为"的政策，多少还带有历史的特点和历史的局部需要的话，那么，在"双百"方针提出和历经曲折而得到恢复执行后，文艺服务对象范围的调整、充实和扩大，就使社会主义文化政策的主体性建设，在"文艺为什么人和如何为"这一涉及中国社会主义文艺发展的根本问题上，获得了全新的历史内容，形成了具有中国特色的社会主义文化的总方针、总政策。

三、"文化大革命"和社会主义文化政策的颠倒

文化革命是20世纪中国文化的主题。自"五四"确立这一主题起，以重建中国文化价值系统为终极目标的文化革命，就一直是中国的文化人和革命家的工作重心之所在。虽然在不同的历史时期，这一主题有完全不同的内容和表现形态，但是，这丝毫也不影响它在中国文化现代化进程中的主旋律地位。甚至在某种意义上来说，中国文化现代化所要达到的历史高度和实现的程度，完全取决于文化革命的成果。然而，新中国建立以来文化革命所取得的成果，似乎离政策主体的期望值相去甚远。"双百"方针提出后不久就被极少数资产阶级右派分子利用，作为向共产党进攻的工具，不仅使毛泽东改变他对社会主义社会主要矛盾的看法，而且更让他看到了社会主义文化革命的长期性、复杂性和阶级斗争性。善于从世界革命的大局来把握中国革命和中国文化革命的性质、特点

和发展走势，是毛泽东的一个特点。20 世纪 50 年代末和 60 年代初，随着世界形势的变化，在东西方"冷战"格局中，密切关注着外部世界对中国的反应，思考着中国革命和文化建设的未来走势，这无疑为毛泽东在这一时期心目中的"文化革命"增添了新成分。尤其是随着中苏之间在意识形态领域里分歧的扩大和美国对社会主义国家施以"和平演变战略"，就更让毛泽东感到了阶级斗争的严重性。能不能用崇高的理想把握中国的命运、社会主义事业的前途，乃至整个世界的未来，在他看来不只是一场生死攸关的选择。如果这个问题不解决，所谓文艺"为最广大的人民群众服务"只能是一相情愿的文化乌托邦主义。而文艺为工农兵服务的方向能否得到切实的贯彻执行，正是毛泽东最看重也是最担忧的。文艺界的实际情况似乎离毛泽东的要求相去甚远。于是，在政治上，1962年 9 月，毛泽东在中共八届十中全会上提出了"阶级斗争要年年讲，月月讲，天天讲"的"社会主义历史阶级的基本路线"，在思想文化领域则提出了"反对现代修正主义"的口号。"阶级斗争"开始作为新的"文化革命"主题而日渐成为社会主义文化政策主体性建设的政策目标。虽然，在"新侨会议"之后，经调整的党的文艺政策还在发挥一定的惯性作用，周恩来提出的"既要鼓足干劲，又要心情舒畅"，"两条腿走路的方针"，依然在艰难地向前迈动，出现了以《创业史》《红旗谱》《红岩》《甲午风云》《林则徐》等为代表的一批优秀作品，但是，"早春二月"，春寒料峭，以江青、康生为代表的另一股力量开始在中国文坛这个特别敏感的领域兴风作浪，尤其是在中共八届十中全会之后，更是干扰和影响了毛泽东作为中国共产党核心决策者对于文艺形势的看法、判断和政策决策。

1946 年 6 月 27 日和 1963 年 12 月 12 日，毛泽东分别在中宣部《关于全国文联和所属各协会整风情况报告》和中宣部文艺处编印的《文艺情况汇报》上，写下了关于文学艺术问题的批示。在这两个批示中，毛泽东对"各种艺术形式——戏剧、曲艺、音乐、美术、舞蹈、电影、诗和文学等"的工作提出了全面的、措辞严厉的批评，认为这些领域"问题不少，人数很多，社会主义发行在许多部门中，至今收效甚微"，"许多共产党人热心提倡封建主义和资本主义的艺术，却不提倡社会主义的艺术，岂非咄咄怪事"；认为"这些协会和他们所掌握的刊物的大多数，十五年来，基本上（不是一切人）不执行党的政策，做官当老爷，不去接近工农兵，不去反映社会主义的革命和建设。最近几年，竟然跌到了修正主义的边缘。如不认真改造，势必在将来某一天，要变成像匈牙利裴多菲俱乐部那样的团体"。[①]正是这两个文艺批示，基本上否定了建国以来文艺工作所取得的成就，对文艺队伍和文艺创作做出了远远脱离实际的估计，并把由此而推动的文

[①] 陈晋. 文人毛泽东[M]. 上海：上海人民出版社，1997：547.

化批判运动从文艺界扩大到哲学、史学、经济学等文化学术领域。社会主义文化政策的主体性建设开始发生了严重的"左"倾。此后不久，在"统一领导文艺界整风"的名义下，中共中央成立了"中央文化革命五人小组"，一个新的"文化革命"即将全面开始。

1965 年 11 月 10 日，上海的《文汇报》发表了姚文元的《评新编历史剧〈海瑞罢官〉》，拉开了"文化大革命"的序幕。围绕着批判《海瑞罢官》问题，中央决策层在将批判限制在学术范围内还是扩大到思想政治领域的问题，出现了完全不同的政策思想的分歧和冲突。1966 年 2 月，以彭真为组长的中央文化革命五人小组起草给中共中央的《关于当前学术讨论的汇报提纲》（"二月提纲"），主张：要坚持毛泽东 1957 年 3 月在全国宣传工作会议讲的"放"的方针，要坚持实事求是，在真理面前人人平等和以理服人的原则，要允许和欢迎犯错误的人和学术观点反动的人自己改正错误，对《海瑞罢官》的作者吴晗问题的讨论，"不要局限于政治问题，要把涉及两种学术理论的问题，充分地展开讨论"，试图将由批判《海瑞罢官》而引发的"文化革命"限制在学术范围之内，对无限上纲、以势压人的不正常做法加以控制，以求整个"文化革命"政策的运转能够保持在合理的轨道上。"二月提纲"经中央同意后，作为中共中央文件发往全国。显而易见，这样的主张与毛泽东思考、关注和试图着手进行的以"阶级斗争"为主题的"文化革命"的思路大相径庭。就在"二月提纲"提出的同时和下发不久，1966 年 2 月，江青受林彪委托在上海召开部队文艺工作座谈会，并起草了会议《纪要》。这个《纪要》经毛泽东审批和同意后，于同年 4 月发向全国。《纪要》的核心是提出"文艺黑线专政论"，说建国以来的文艺界"被一条与毛泽东思想相对立的反党社会主义的黑线专了我们的政，这条黑线是资产阶级文艺思想、现代修正主义的文艺思想和所谓三十年代文艺的结合"。《纪要》提出："我们一定要根据党中央的指示，坚决进行一场文化战线上的社会主义大革命，彻底搞掉这条黑线。"这样的提法与"二月提纲"相左，却与毛泽东的两个批示的精神和对文艺界阶级斗争形势的估计相吻合。文化艺术领域里的"文化革命"开始与社会政治领域里的"文化大革命"合在一起。1966 年 5 月 16 日，中共中央政治局扩大会议通过了《中国共产党中央委员会通知》（《"五·一六"通知》）。这个文化全面批判了"二月提纲"，提出了一整套"无产阶级文化大革命"的理论、方针和政策，号召亿万群众开展大规模的全面的阶级斗争，向"混进党里、政府里、军队里和各种文化界的资产阶级代表人物"夺权，向党内走资本主义道路的当权派夺权。《通知》的制定和通过，标志着以"阶级斗争"为主题的"文化大革命"的全面开始。社会主义文化政策的主体性建设，在进一步"左"倾的过程中遭到颠覆。1966 年 8 月，中共八届十一中全会通过了《中国共产党中央委员会关于无产阶级文化大革命的决定》（《十六条》）。这个决定是"文化大革命"的政治纲领，提出"文化大革命"的目的"是斗垮走资本主义道路的当权派，批判资产阶级反动学术'权威'，批判资产阶级和开始剥削阶级的意识形态，改革教育，改革文艺，改革一切不适应社会主义经济基础的上层建筑，以利于巩固和发展社会主义制度"。逆境中的文化政策制定，使中国社会主义文化政策的主体性建设完全丧失了应有的总代表和理智。社会主义政策的主体性颠覆给当代中国带来了十年"文化大革命"。《中国共产党中央委员会关于建国以来党的若干历史问题决议》中评价道："1966 年 5 月至 1976 年 10 月的'文化大革命'，使党、国家和人民遭到建国以来最严重的挫折和损失。"①周扬在第四次全国文代会上的报告中说："将近十年的时间，党对文艺的领导被他们（林彪和"四人帮"集团）所窃取和篡夺。他们利用所攫取的政治权力，推行最反动的文化政策，大搞封建法西斯文化专制主义和文化虚无主义，形成了新中国文化史上最黑暗的年代。"②"文化大革命"作为新中国成立以后，社会主义文化政策的主体性建设中最极端的文化政策，不仅否定了传统文化中最合乎历史理性的部分，而且否定了马克思主义和社会主义在中国历史性的成果。文艺的工农兵为主体的广大人民的根本文化利益也遭到了建国以来最严重的侵犯，所谓"八亿人民，八个样板戏"便是最为生动的写照。价值重建的努力，完全失落了"为谁重建"和"向谁重建"的方向。这也许是作为文化政策主体发动"文化大革命"和实行"文化大革命"政策所始料未及的。而这恰恰是"文化大革命"作为当代中国文化政策主体建设颠覆的全部悲剧意义之所在。尤其是当"文化大革命"政策深远的负面影响正越来越深刻地暴露出来的时候，这种悲剧性的意味也就浓重地向人们袭来了。

然而，正如在整个"文化大革命"期间党内的健康力量和人民群众不断地与林彪、江青集团，与"文化大革命"的错误进行各种形式的政治斗争一样，在文艺领域，周恩来及党和国家的其他领导人与广大文艺界人士一起，也与林彪和以江青为首的"四人帮"进行了当时条件下的有力的抵制和斗争。社会主义文化政策在主体性建设颠覆了的情况下，也并非完全无所作为。尤其是"八亿人民，八个样板戏"的现状，当然也不是毛泽东所期望的。创作出让广大人民喜欢并且表现了广大人民的文艺作品，才是毛泽东一生所追求的。1972 年 7 月，毛泽东表示了他的不满："现代剧太少，只有京剧，话剧也没有，歌剧也没有，看来还是要说话。"③1973 年元旦，周恩来批语"电影太少"，提出"要解决电影的问题"，满足群众的需求。1975 年 7 月，毛泽东对委以重任的邓小平说："样板戏太少，而且稍微有点差错就挨批。百花齐放都没有了。别人不能提意见，不好。怕写文章，怕写戏。没有小说，没有诗歌。"④同年 11 月，毛泽东又提出："党的文艺政

① 中共中央文献研究室. 三中全会以来——重要文献选编[M]. 下. 北京：人民出版社（内部发行），1985：757.
② 周扬. 继往开来，繁荣社会主义新时期的文艺[N]. 文艺报，1997（11、12）.
③ 陈晋. 文人毛泽东[M]. 上海：上海人民出版社，1997：613.
④ 陈晋. 文人毛泽东[M]. 上海：上海人民出版社，1997：613.

策应该调整一下，一年、两年、三年，逐步扩大文艺节目。"对文坛"缺少诗歌，缺少小说，缺少散文，缺少文艺评论"[①]的现象提出批评。而且在这个时候还说了一句很有分量的话："文艺问题是思想问题。"[②]毛泽东的这些意见无疑给当时正全面主持整顿工作的邓小平以有力的支持，并且在电影《创业》问题上集中体现了出来。《创业》是在周恩来1973年关于电影问题讲话精神指导下拍出来的受到人民群众欢迎的影片。然而，1975年2月，江青却指责"《创业》在政治上、艺术上都有严重问题"，并提出《创业》存在所谓"十大罪状"，下令停映。在邓小平的支持下，片的编剧冒着政治风险，写信给毛泽东进行申诉。毛泽东就此写下了"文革"期间的一个著名的文艺批示："此片无大错，建议通过发行。不要求全责备，而且罪名有十条之多，太过分了，不利调整党的文艺政策。"[③]在短短几个月里，毛泽东一而再、再而三地提出要"调整党的文艺政策"，连同邓小平的全面整顿，可见政策主体对重建文化政策的正当秩序的关怀之深，关注之切。在毛泽东、邓小平的支持下，电影《创业》和也遭同样命运的电影《海霞》得以在全国上映。如果说，十年"文革"是新中国文化史上最断裂的年代，那么，围绕《创业》事件而实现的政策主体对党的文艺政策的调整，则是弥补和阻止断裂继续扩大的努力。而这社会主义文化政策的主体性重建所需要的方向引导，为"文化大革命"结束后社会主义化政策主体性建设的回归和重建，预设了历史性的伏笔。

第三节　当代中国文化政策的转型和重构

"文化大革命"结束后，思想解放运动将中国文化推进到全新的历史发展阶段。改革开放给中国社会带来的整体性结构变迁和深刻的观念革命，牵引着当代中国文化范式的转变。在建设有中国特色的社会主义文化这一终极目标的观照下，重建社会主义文化政策体系，成为当代中国文化政策转型和主体性重构的根本特征和发展趋势。

一、社会主义文化政策理性精神的回归和政策范式转型

"文化大革命"结束后，恢复文化政策秩序和文化政策权威，重建文化政策价值体系，成为历史和人民的必然要求。但是，由于历史的惯性作用，"文革"结束后的一两

---

① 陈晋. 文人毛泽东[M]. 上海：上海人民出版社，1997：613.

② 陈晋. 文人毛泽东[M]. 上海：上海人民出版社，1997：615.

③ 陈晋. 文人毛泽东[M]. 上海：上海人民出版社，1997：613.

年里，虽然为一批作家作品平反，重新出版古今中外的一些文学、文化名著，但是，政策主体还没有在根本上从"左"的政策误区里摆脱出来，还没有对"文化大革命"的政策加以否定，曾经作为中共中央文化下达并惩治文艺界长达十年之久的《纪要》还没有被撤销，而"凡是毛主席作决策，我们都坚决拥护，凡是毛主席的指示，我们都始终不渝地遵循"（即"两个凡是"）的政策主张[①]，却又要使"历史和人民的必然要求"成为不可能。问题的要害，则是究竟以什么样的价值标准来恢复和重建整个政策体系和文化政策理性精神。

1978年5月11日，《光明日报》发表了特约评论员的文章"实践是检验真理的唯一标准"，提出：只有实践才是检验真理的唯一标准。一切思想和理论、方针、政策，只有经过实践的检验，才能判断好坏和优劣，才能证明是科学还是谬误。任何躺在马列主义、毛泽东思想的现成条文上，甚至拿现成的公式去限制、宰割、裁剪无限丰富飞速发展的革命实践的态度和做法，都是错误的。从而公开提出对"两个凡是"的否定。文章的命题和观点的提出，迅速在全国思想界和文化界引起强烈反响。在邓小平的支持下，关于真理标准问题的大讨论很快在全国范围展开。6月24日，针对党内尚有强烈的反对意见的现状，在邓小平的支持下，《解放军报》也以"特约评论员"的名义发表了长文《马克思主义一个最基本的原则》，提出只有坚持实践的标准，才能发展马克思主义和捍卫马克思主义。同年9月，邓小平在东北视察时指出：实事求是，是毛泽东思想的精髓，"高举毛泽东思想的旗帜，就要在每时期，处理各种方针政策问题时，都坚持从实际出发"[②]。12月13日，邓小平在中共中央在京召开的工作会议上进一步指出："目前进行的关于实践是检验真理的唯一标准问题的讨论，实际上也是要不要解放思想的争论"，"一个党，一个国家，一个民族，如果一切从本本出发，思想僵化，迷信盛行，那它就不前进，它的生机就停止了，就要亡党亡国"。[③]从党、国家和民族的前途和命运的高度，提出对于主体思想局限性的自我克服和历史性超越，这就使得真理标准问题的讨论具有普遍的思想革命和思想解放的意义。正是这样一次思想的解放和革命，开辟了中国当代社会和中国文化当代发展的历史新时期。1978年12月，中共十一届三中全会高度评价了关于实践是检验真理的唯一标准的讨论，批评了"两个凡是"的政策主张和错误，并且果断地停止使用"以阶级斗争为纲"的口号，提出"以经济建设为中心"的战略转变的决策。这一决策为最终全面否定"文化大革命"铺平了道路。1979年5月，中

---

① 人民日报社论. 学好文件抓住纲[N]. 人民日报，1977-02-07.
② 邓小平. 邓小平文选[M]. 1975—1982年. 北京：人民出版社，1985：122.
③ 邓小平. 邓小平文选[M]. 1975—1982年. 北京：人民出版社，1985：133.

共中央批转了中国人民解放军总政治部《关于建议撤销一九六六年二月〈部队文艺工作座谈会纪要〉》，从而为从指导思想上恢复社会主义文化政策的理性精神和实现主体对文艺工作领导方针的重大转变奠定了政治基础。

1979 年 10 月 30 日，中国文学艺术工作者第四次代表大会在北京召开。"它标志着林彪、'四个帮'实行封建法西斯专政，毁灭社会主义文艺的黑暗年代已经永远结束了。社会主义文学艺术新繁荣的时期已经开始。"①邓小平代表中共中央和国务院向大会致祝辞，周扬做了题为《继往开来，繁荣社会主义新时期的文艺》的长篇报告。邓小平在祝辞中首先肯定"文化大革命前的十七年，我们的文艺路线基本上是正确的，文艺工作的成绩是显著的。所谓'黑线专政'，完全是林彪、'四人帮'的诬蔑"，并对广大文艺工作者在"文化大革命"十年中受到的诬陷和迫害，所进行的抵制和斗争，所做出的"令人钦佩、不可磨灭的贡献"，表示亲切的慰问。②邓小平在祝辞中全面总结了建国三十年来党领导文艺工作正反两个方面的经验，提出："同心同德地实现四个现代化，是今后一个相当长的时期内全国人民压倒一切的中心任务，是决定祖国命运的千秋大业"。"对实现四个现代化是有利还是有害，应当成为衡量一切工作的最根本的是非标准"。③现代化，首先是一种文明程度。它是近代中国社会发展主题，也是能够凝聚中华民族的一种卓越的、非人的意志所能左右的文化力量。中国共产党曾经是它的象征，而"文化大革命"却使它失落了。毫无疑问，在当代中国的历史进程中，已没有什么其他目标更能让中国人和中国的文化人激动和向往了。因为这是可以使他们忘却自我但又是可以实现自我价值的唯一的方式。因为"在这个崇高的事业中"，"文艺工作都负有其他部门所不能代替的重要责任"。④对于文艺工作者来说，已没有什么文化认同比这种了解更神圣的了。正是基于对新中国文艺工作的合乎历史的中肯评价和对于文艺规律、对于文艺化工作的充分尊重，邓小平说："我们要继续坚持毛泽东同志提出的文艺为最广大的人民群众，首先是为工农兵服务的方向，坚持百花齐放、推陈出新、洋为中用、古为今用的方针，在艺术创作上提倡不同形式和风格的自由发展，在艺术理论上提倡不同观点和学派的自由讨论。"⑤这就在社会主义文艺政策的根本精神方面实现了主体回归。

鉴于历史的经验教训，中国共产党在这次文代会上宣布一项重大的文艺政策调整："不再继续提文艺从属于政治这样的口号"，"这个口号容易成为对文艺横加干涉的理

---

① 周扬. 继往开来，繁荣社会主义新时期的文艺[N]. 文艺报，1979（11、12）.

② 邓小平. 邓小平文选[M]. 1975—1982 年. 北京：人民出版社，1985：179-181.

③ 邓小平. 邓小平文选[M]. 1975—1982 年. 北京：人民出版社，1985：182.

④ 邓小平. 邓小平文选[M]. 1975—1982 年. 北京：人民出版社，1985：220.

⑤ 邓小平. 邓小平文选[M]. 1975—1982 年. 北京：人民出版社，1985：182.

论根据"。①邓小平在祝辞中说："党对文艺工作的领导，不是发号施令，不是要求文学艺术从属于临时的、具体的、直接的政治任务，而是根据文学艺术的特征和发展规律，帮助文艺工作者获得条件来不断繁荣文学艺术事业，提高文学艺术水平，创作出无愧于我们伟大人民、伟大时代的优秀的文学艺术作品和表演艺术成果。"因此，在文艺领导工作中，"衙门作风必须抛弃。大文艺创作、文艺批评领域的行政命令必须废止。如果把这些东西看作是坚持党的领导，其结果只能走向事情的反面"。②"文艺这种复杂的精神劳动，非常需要文艺家发挥个人的创造精神。写什么和怎样写，只能由文艺家在艺术实践中去探索和逐步求得解决。在这方面，不要横加干涉。"③这是一种十分清醒和深刻的理性分析和理论结论。这样的理性精神在1956年也曾经闪耀过它真理性的光芒。因为这样的理性精神包含着一个重大的文化前提，那就是：重建一切文明，必须从文明生长和发展的固有规律出发。唯有这样，重建中国文化的价值体系的努力才有实现的可能。毛泽东"新民主主义论"、邓小平"有中国特色社会主义论"的成功和"文化大革命"的失败，其原因全在于此。而中国现代化、中国的文化现代化所需要的正是主体建设中的这种理性精神。1980年1月31日，中共中央发出《关于认真学习贯彻第四次全国文化会精神的通知》，给予这种精神以政策合法化的确认，指出邓小平的祝辞"为新时期文艺事业繁荣，提供了理论上、思想上和政治上的方针"，各级党委必须遵照执行。还艺术民主和自由于作家、艺术家，这在中国社会主义文化政策史上是个里程碑。激进的文化政策终于回归它应有的理性位置。

由于在思想和理论上都还缺乏充分的准备和足够酝酿，对于"不继续提文艺从属于政治这样的口号"，无论是在思想理论界还是在文化主管部门，都还在政策精神的把握上存在着分歧。为进一步统一党的文艺政策，1980年7月26日，《人民日报》发表了题为《文艺为人民服务、为社会主义服务》的社论，郑重宣布："我们的文艺工作的总的口号应该是：文艺为人民服务，为社会主义服务。"指出："作为学术问题，如何科学地阐述文艺与政治的关系，人们完全可以自由展开讨论。作为政策，党要求文艺事业不要脱离政治，坚持正确的政治方向，但并不要求一切文艺作品只能反映一定的阶级斗争，只能为一定的政治斗争服务。"因此，我们希望各级党委严格地执行党的统一的文艺方针政策，坚定不移地贯彻文艺为人民服务，为社会主义服务的这个方向。思想解放运动带来的政策观念的变革和社会主义文化政策理性精神的回归，在这里实现了历史性的整

---

① 邓小平. 邓小平文选[M]. 1975—1982年. 北京：人民出版社，1985：220.

② 邓小平. 邓小平文选[M]. 1975—1982年. 北京：人民出版社，1985：182.

③ 邓小平. 邓小平文选[M]. 1975—1982年. 北京：人民出版社，1985：185.

合和统一。

二、社会主义文化政策主导原则的坚持

　　思想解放必然带来关于"价值重估"的命题。1979年初，中国共产党在意识形态领域里开始了全面的拨乱反正和正本清源，对一些重大的理论问题，尤其是"文化大革命"的理论和实践问题进行反思和批判，进而对建国以来社会主义建设的一系列重大问题进行反思和批判，恢复马克思主义的本来面貌，重建它在中国现代化进程中的价值权威。然而，权威的丧失和文化的失范，使得主体在努力于思想理论上的拨乱反正和正本清源的同时，也受到了来自党内党外对于社会主义和马克思主义之"正""本"的意义世界存在价值的怀疑和否定，并逐渐在思想文化领域里形成了一股以怀疑和否定中国共产党的领导、否定无产阶级专政、否定社会主义和否定马克思主义为特征的思潮。中国共产党和中国社会主义用以安身立命的根本受到了严峻的挑战。1979年3月30日，邓小平在理论工作务虚会上，针对上述倾向，代表中共中央提出："坚持四项基本原则"这一在"文化大革命"结束后社会主义思想文化建设的主导性原则。"四项基本原则"的提出，标志着中国共产党在反思和批判自己工作中的错误和失误的同时，面对逆境，开始了重建社会主义意识形态和思想文化领域里价值体系的努力。1980年1月，邓小平在《目前的形势和任务》的讲话中又指出，"坚持四项基本原则，同坚持'双百'方针，是完全一致的"①，并且第一次用"资产阶级自由化思潮"的提法，对各种对四项基本原则的错误倾向进行批判。1981年1月29日。中共中央作出了《关于当前报刊新闻广播宣传方针的决定》，提出在思想文化领域，特别是文艺领域里，"要批判和反对无政府主义、个人主义和资产阶级自由化的倾向"，"加强文艺评论工作，对鼓吹错误思潮的作品进行实事求是的批评。要坚决防止和反对某些人利用文艺否定四项基本原则，同党的路线、方针、政策唱对台戏"。②但是，中共中央这些带根本性的主导意见没有引起思想界、文艺界的充分注意和积极响应。思想文化领域里普遍存在的"涣散软弱"状态，导致文艺界自由化思潮的进一步泛滥。针对这种情况，围绕着关于对电影文学剧本《苦恋》（电影片名为《太阳和人》）的批评而出现的严重分歧，1981年3月7日，邓小平就思想战线的问题发表了《关于反对错误思想的谈话》，提出了"解放思想，也是既要反'左'，也要反右"的方针，"对于电影文学剧本《苦恋》要批判，这是有关坚持四项基本原则

---

① 邓小平. 邓小平文选[M]. 1975—1982年. 北京：人民出版社，1985：220.
② 中共中央文献研究室. 三中全会以来——重要文献选编[M]. 下. 北京：人民出版社（内部发行），1985：643，644.

的问题"。^①从政治的高度对有严重错误的文艺作品明确提出要进行批判，这在"文化大革命"结束后是首次，鲜明地表现出政策主体坚持社会主义文化政策主导原则的立场。1981年8月，中共中央宣传部为贯彻这一政策精神，召开了"全国思想战线问题座谈会"，对以《苦恋》为代表的要脱离社会主义轨道、脱离党的领导、搞资产阶级自由化的错误言论和作品进行批判。资产阶级自由化与四项基本原则的尖锐对立，要害是中国在"文化大革命"后究竟应该重建怎样一个价值体系，究竟应该走什么样的道路。围绕《苦恋》而展开的斗争，虽然把一严肃的政策主题提出来了，但是正如邓小平在1983年10月中共十二届二中全会上的讲话——《党在组织战线和思想战线上的迫切任务》中所指出的那样，"收到了一些效果，但没有完全解决问题"^②"人道主义"和"异化理论"，是这一时期有相当影响的一种社会哲学思潮。由于这一思潮在欧洲的形成具有相当影响的一种社会哲学思潮。由于这一思潮在欧洲的形成具有相当复杂的文化、历史原因和特定的价值指向，当这一理论于1980年"冲破学术禁区"被重新提出来后，便带上了重新解释马克思主义的浓重色彩。认为"人"的问题是马克思主义的根本哲学基础，提出了"马克思主义在本质上是人道主义"这样的在根本上改变马克思主义性质上命题。"异化"是马克思主义的重要概念，在社会主义社会，不仅有思想上的异化，而且有政治上和经济上的异化，"社会主义社会的权力异化产生的根本原因""就在于社会主义制度本身"，认为社会主义要从根本上克服"人"的异化，完成由"非人"向"人"的复归，只有对社会主义制度的根本解决才能实现，这是从政治上提出了对问题的看法。1983年3月16日，在纪念马克思逝世一百周年之际，《人民日报》以两个版的篇幅发表了周扬的"关于马克思主义的几个理论问题的探讨"，进一步结合实际认为，"十一届三中全会提出解放思想，就是克服思想上的异化。现在进行经济体制的改革和政治体制改革，就是为了克服经济上和政治上的异化"，所以，"掌握马克思关于'异化'的思想，对于推动和指导当前的改革，具有重大的意义"。在这样的理论主张影响下，文艺界有人提出"社会主义条件下人的异化"和"人道主义"应当成为文学创作的"重大主题"的命题，认为文学的主题向人道主义和异化转移，是标志着一个文学旧时期的结束和一个新时期的开始。所有这些观点和理论，不仅从根本上动摇了马克思主义的价值体系，而且在根本上改变了马克思主义的性质。这对于尚在重建马克思主义在中国的价值权威，坚持社会主义道路的中国共产党来说，无疑是对自己根本信仰的挑战。

针对这种情况，1983年10月12日，邓小平在中共十二届二中全会上发表了题为《党

① 邓小平. 邓小平文选[M]. 1975—1985年. 北京：人民出版社，1985：334-337.
② 邓小平. 邓小平文选[M]. 第3卷. 北京：人民出版社，1992：40.

在组织战线和思想战线上的迫切任务》的讲话，对政府界文艺界"离开马克思主义方向"，
"散布形形色色的资产阶级和其他剥削阶级腐朽没落的思想，散布对社会主义、共产主
义事业和对共产党领导的不信任情绪"，"对党中央提出的文艺为人民服务，为社会主
义服务的口号表示淡漠，对文艺的社会主义方向表示淡漠"，"公开宣扬文学艺术的最
高目的就是'表现自我'"，"认为所谓社会主义条件下人的异化应当成为创作的主题"
等"精神污染的现象"，提出公开批评。认为"精神污染的危害很大，足以祸国殃民"，
明确提出"思想战线不能搞精神污染"[①]和"属于文化领域的东西，一定要用马克思主义
对它们的思想内容和表现方法进行分析、鉴别和批判"[②]的政策主张，发挥马克思主义在
中国思想文化界的"主导作用"。中央全会接受了邓小平的主张，并决定集中一段时间
反对精神污染。1984 年 1 月 27 日，《人民日报》发表了胡乔木的《关于人道主义和异化
问题》一文，揭示了宣传人道主义世界观、历史观和社会主义异化理论，不是一般的学
术问题，而是关系到是否坚持马克思主义基本原理和能否正确认识社会主义实践的有重
大现实政治意义的学术问题。

　　在当代中国，思想文化领域里的分歧，常常是政治、政策分歧的先导，而思想文化
领域里的斗争，又往往会演变成政治领域里的斗争。因此，在思想文化领域里，能否坚
持以四项基本原则为社会主义文化政策的主导原则，就不仅是捍卫马克思主义的一场学
术之争，而且更主要的也是一场能否坚持社会主义和党的领导的政治斗争。1984 年底在
准备举行中国作协第四次代表大会时，就有人主张，不要提反对精神污染，不要提反对
资产阶级自由化，只提"创作自由"。1986 年在中共十二届六中全会讨论修改《中共中
央关于社会主义精神文明建设指导方针的决议》时，"有的同志主张"，"不要写反对
资产阶级自由化"。[③]邓小平在会上就此问题发表讲话，坚持自己的主张。1978 年 1 月
28 日，中共中央发出《关于当前反对资产阶级自由化若干问题的通知》，再次提出要旗
帜鲜明地反对资产阶级自由化。1988 年底，一度收敛的资产阶级自由化思潮再度泛滥。
在一次名为"未来中国与世界"的大型研讨会上，有的发言宣称："社会主义的尝试及
其的失败，是 20 世纪人类的两大遗产之一"；有人还在刊物上发表题为《我们坚持什么
样的马克思主义》的文章，公开反对这一基本原则。资产阶级自由化思潮的再泛滥，终
于酿成了 1989 年春夏之交的那场"风波"。从 1979 年到 1989 年，"坚持四项基本原则"
和"反对资产阶级自由化"是两个相辅相成的主题。这样一对矛盾的尖锐对立，而且连

---

① 邓小平. 邓小平文选[M]. 第 3 卷. 北京：人民出版社，1992：40.

② 邓小平. 邓小平文选[M]. 第 3 卷. 北京：人民出版社，1992：45.

③ 邓小平. 邓小平文选[M]. 第 3 卷. 北京：人民出版社，1992：221.

续引发和导致三次较大规模的冲突，两位党的总书记的去职，这在当代中国社会发展史上也是绝无仅有的。如果说，在这十年中，改革开放的主旋律还时高时低的话，那么，四项基本原则与资产阶级自由化的对立和冲突始终没有停止过。邓小平在 1986 年的中共十二届六中全会上的讲话中说："反对资产阶级自由化，我讲得最多，而且我最坚持。"他说："自由化本身就是资产阶级的，没有什么无产阶级的、社会主义的自由化，自由化本身就是对我们现行政策、现行制度的对抗，或者叫反对，或者叫修改。""反对自由化，不仅这次要讲，还要讲十年、二十年。"①在总结 1989 年春夏之交的那场"风波"的经验教训时，邓小平说他"最近总在想这个问题"："四个坚持和改革开放，是不是错了？""我们没有错。四个坚持本身没有错，如果说有错误的话，就是坚持四项基本原则还不够一贯，没有把它作为基本思想来教育人民。"邓小平极其沉重地总结道："我对外国人讲，十年最大的失误是教育"，"主要是讲思想政治教育，不单纯是对学校、青年学生，是泛指对人民的教育"。②对人民的教育，是基本思想的教育。重建价值系统，在当代中国对于中国四个现代化的意义，又一次深刻地凸显了出来。因此，从文化的层面来说，四个坚持与自由化的对立，是两种完全不同的意义世界的对立，是两个本质完全不同的价值体系的对立。它是"五四"以来中国文化现代化进程中"重建中国价值体系"和"为谁重建""向谁重建"的冲突和斗争在世纪末的反映。而对于社会主义文化政策主导原则的坚持，也正是在这个意义上来说，不仅是政治的，而且是文化的，是一种深刻的文化坚持。当前中国正处在历史转型时期，建立能够凝聚和统领十多亿人口的思想文化体系，对于实现和不断推动经济繁荣和社会全面发展至关重要。因此，创造性地建设新时代的文化思想体系，历史性地成为当代中国文化政策建设的战略突破口。

三、有中国特色的社会主义文化政策的重构

在近半个世纪的历史中，中国的社会主义政策，进而文化政策，显现出"左"右摇摆的现象，是由于社会主义作为一种崭新的制度形态还在探索过程之中，对象本身的质的规定性和丰富性还有待它的充分展开，社会主义理论准备还不足。因此，对社会主义的理解和实践把握上的差异，必然会在思想文化上反映出来，导致在文化政策选择上的分歧。对于社会主义的真理性把握，对于在中国建设社会主义的真理性把握，尤其是在经历了"文化大革命"和苏联、东欧诸国先后解体之后，社会主义运动中产生的悲剧，导致人们从精神到制度对社会主义的深刻反思，对于"路在何方"的探索就更加增加了

---

① 邓小平. 邓小平文选[M]. 第 3 卷. 北京：人民出版社，1992：81-182.
② 邓小平. 邓小平文选[M]. 第 3 卷. 北京：人民出版社，1992：305-306.

难度。从这个意义说，反对资产阶级自由化与坚持四项基本原则在中国社会主义文化建设中的主导性的斗争，并不仅仅是不同政策主张和价值观念之间的矛盾和冲突的文化反映，而是关于中国的社会主义与社会主义在中国全部价值和意义的本质性对话。这种对话对于社会主义体系本身的挑战性，要远远超过反对资产阶级自由化的意义。创造一个新世界远比让思想冲破牢笼有价值。思想解放只有上升到理论解放的层面和理论创造的境界，它才是有价值和有意义的。因此，获得中国社会主义理论的完整创造，对于重构有中国特色的社会主义文化政策体系，就具有深刻的历史性和历史的深刻性。而改革开放的思路和政策视野，无疑是经历了近半个世纪风雨历程的社会主义中国实现这种创造的唯一正确的选择。这是与反对资产阶级自由化同步展开的努力。

　　1979 年 3 月，邓小平在党的理论工作务虚会上提出了要"走出一条中国式的现代化道路"①的目标。同年，在第四次全国文化会的祝辞中，邓小平提纲挈领地概括了这条"中国式的现代化道路"的政策构架："我们要在大幅度提高社会生产力的同时，改革和完善社会主义的经济制度和政治制度，发展高度的社会主义民主和完备的社会主义法制，我们要在建设高度物质文明的同时，提高全民族的科学文化水平，发展高尚的丰富多彩的文化生活，建设高度的社会主义精神文明。"他指出："围绕着实现四个现代化的共同目标，文艺的路子要越走越宽。"②1981 年 6 月，中共十一届六中全会一致通过了《中国共产党中央委员会关于建国以来党的若干历史问题的决议》。这个《决议》在完成指导思想上的拨乱反正，在全面地恢复党的正确路线和政策的基础上，从十个方面探讨了如何走出一条中国式的现代化建设道路的政策可行性问题。1982 年 9 月中共十二大的开幕式上，邓小平提出了"中国特色的社会主义"的概念，并把这一探讨的成果提升到科学的高度。他说："我们现代化建设，必须从中国的实际出发。无论是革命还是建设，都要注意学习和借鉴外国经验。但是，照抄照搬别国经验、别国模式，从来不能得到成功。这方面我们有过不少教训。把马克思主义的普遍真理同我国的具体实际结合起来，走自己的道路，建设有中国特色的社会主义，这就是我们总结长期历史经验得出的基本结论。"③这是一个具有战略性突破意义的概念。正如当年毛泽东创造性地提出"新民主主义论"而划出了一个崭新的理论时代一样，"建设有中国特色的社会主义"命题的提出，不仅使得中国的现代化建设及围绕现代化而展开的理论建设有了明确方向和目标，而且使包括文化在内的所有政策建设获得了全新的价值理念和理论支点。它标志着一个

---

① 邓小平. 邓小平文选[M]. 1975—1982 年. 北京：人民出版社，1985：149.
② 邓小平. 邓小平文选[M]. 1975—1982 年. 北京：人民出版社，1985：180.
③ 邓小平. 邓小平文选[M]. 第 3 卷. 北京：人民出版社，1992：2-3.

新理论和新政策创造时代的开始。

1984年10月，中共十二届三中全会通过了《关于经济体制改革的决定》，提出要从根本上改变束缚生产力发展的经济体制，建立具有中国特色的、充满生机和活力的社会主义经济体制，突破了把计划经济同商品经济对立起来的传统观念，提出了"中国社会主义经济是公有制基础上的有计划的商品经济"的新概念，并以此作为经济体制改革的政策基础。经济是基础。经济体制的改革，不仅会引起人们经济生活的重大变化，而且会引起人们的生活方式和精神状态的重大变化，引起文化的深层结构的变动。1984年12月29日，胡启立在中国作协第四次会员代表大会上，代表中共中央书记处致祝辞，提出"创作必须是自由的"，作家"有选择题材、主题和艺术表现方法的充分自由，有抒发自己的感情、激情和表达自己的思想的充分自由"。"我们党、政府、文艺团体以至全社会，都应该坚定地保证作家和这种自由。"[①]1986年9月，中共十二届六中全会通过了《中共中央关于社会主义精神文明建设指导方针的决议》。这是继邓小平在第四次文代会上的祝辞和中共中央关于学习这一祝辞的通知之后，中共中央第一个比较全面地阐述新时期中国社会主义文化政策及其理论的文件。这是一个"重在建设"的文件，提出了"社会主义精神文明是社会主义社会的重要特征"的观点，从关系到社会主义兴衰成败的高度，把培养有理想、有道德、有文化、守纪律的社会主义新人，提高整个中华民族的思想道德素质和科学文化素质，作为文化建设和思想建设的根本任务，从而为有中国特色的社会主义文化政策的建构提供了一个新的政策理论域面。1987年10月25日，中国共产党第十三次全国代表大会的《政治报告》，提出了社会主义初级阶段理论和党的"一个中心，两个基本点"的基本路线，第一次对建设有中国特色的社会主义理论作了较为系统的概括。报告指出：我国正处在社会主义的初级阶段。这个论断包括两层含义：第一，我国社会已经是社会主义社会，我们必须坚持而不能离开社会主义；第二，我国的社会主义社会还处在初级阶段，我们必须坚持而不能超越这个阶段。在近代中国的具体历史条件下，不承认中国人民可以不经过资本主义充分发展的阶段则走上社会主义道路，是革命发展问题上的机械论，是右倾错误的重要认识根源；以为不经过生产力的巨大发展就可以越过社会主义初级阶段，是革命发展问题上的空想论，是"左"倾错误的重要认识根源。对长期危害中国社会主义事业的"左"和右两种错误倾向进行了理论上的清算。这种清算就其价值的革命意义来说，它不仅为当代中国的政策建设，尤其是文化政策建设克服"左"右摇摆的弊端，提供了全新的价值尺度，而且在清算的基础上提出来的社会主义初级阶段理论，为当代中国的社会主义政策（包括文化政策）建设提供

[①] 《文艺报》1985年第2期。

了全新的理论基础。以此作为思考中国一切问题的出发点，中共"十三大"对党的基本路线，作出了科学概括和准确表述："一个中心，两个基本点"。即以经济建设为中心，坚持四项基本原则，坚持改革开放，从而在现代政策科学的层面上，实现了有中国特色的社会主义总方针、总政策的建设。这种政策建设的完整实现，对于有中国特色的社会主义文化政策而言，具有根本政策的指导意义。从而摆脱了文化政策制定出现政策理论空白的困境。

　　但是，1989年春夏之交的那场"风波"，使社会主义初级阶段的理论面临严峻的挑战，提出不久的党的基本路线也遭到了信任危机。反对资产阶级自由化，还要不要坚持社会主义初级阶段理论，还要不要支持"一个中心，两个基本点"，又一次成为"中国向何处去"的核心命题。"治理整顿"，关键就是要整理在这些问题上的政策秩序。中共十三届四中全会对此作了完全的肯定。1989年9月29日，江泽民在庆祝中华人民共和国成立四十周年大会上的讲话中，针对"在改革开放问题上，实际上存在着两种截然不同的主张"，提出"我们在制订和贯彻现代化建设的各项方针、政策、措施、方案的时候，都要坚持把四项基本原则和改革开放有机地统一起来"的原则，明确表示反对把两者"相割裂、相背离、相对立"的政策主张，第一次提出"社会主义不仅要实现经济繁荣，而且要实现社会的全面进步"的政策主张，坚持社会主义物质文明和精神文明一起抓的方针，改变一手硬、一手软的状况，"切实抓好精神文明建设"。[①]这既是对经验的总结和教训的吸取，更是一种新的政策思路的体现。1991年7月1日，在庆祝中国共产党成立七十周年大会上，江泽民进一步就"通过社会主义制度的自我完善和发展，建设有中国特色社会主义的经济、政治、文化，以适应和促进社会生产力的不断发展和社会的全面进步，实现社会主义现代化"的命题，揭出了有中国特色的社会主义的文化的"二个必须"和"三个不允许"的政策要求。他说："有中国特色社会主义的文化，必须以马克思列宁主义、毛泽东思想为指导，不允许搞指导思想的多元化；必须坚持为人民服务、为社会主义服务的方向和'百花齐放，百家争鸣'的方针，繁荣和发展社会主义文化，不允许毒害人民、污染社会和反社会主义的东西泛滥；必须继承和发扬民族优秀传统文化而又充分体现社会主义时代精神，立足本国而又充分吸收世界文化优秀成果，不允许搞民族虚无主义和全盘西化。"[②]从文化政策层面上，明确地表示了赞成什么，反对什么的政策态度，回答了当时亟待回答的几个原则问题，并且在这个基础上进一步提出"有中国特色社会主义的经济、政治、文化，是有机统一，不可分割的整体"的观点和

[①] 1989年9月30日《人民日报》。
[②] 1991年7月2日《人民日报》。

"协调发展的观点，既要划清两种改革开放观的根本界限，又要坚持改革开放的总方针。

政治思想和意识形态领域里的"治理整顿"，是要整理初见端倪却又被搅乱了的整个价值世界的秩序，实质上是对中共十一届三中全会以来所奉行的方针、政策和理论的全面的政策评估。要害是改革开放究竟是姓"社"还是姓"资"的问题。各种政治集团和社会力量都必须在这样一个事关中国发展的大是大非问题上投票选择。改革开放，往右不行，往"左"行不行？也不行！"右可以葬送社会主义，'左'也可以葬送社会主义。中国要警惕右，但主要是防止'左'。"①1992年春天，面对在中国改革开放的问题上是姓"资"还是姓"社"的横加干扰，邓小平在南方谈话中明确表示："判断的标准，应该主要看是否有利于发展社会主义社会的生产力，是否有利于增强社会主义国家的综合国力，是否有利于提高人民的生活水平。"②这就在坚持实践是检验真理的唯一标准的问题上向前迈出了一大步。如果说，"左"右问题是政治方向的问题的话，那么，姓"资"还是姓"社"就是属于经济基础的建设方向的问题。根据马克思主义的基本原理，这里所牵涉到的是经济基础决定上层建筑的根本理论问题，如果在这个问题上动摇了，发生了质的变化，那么姓"资"姓"社"争论的结果也就不言而喻了。问题的焦点是：社会主义是实行计划经济，还是实行市场经济。邓小平在这个事关中国社会主义建设全部政策基础的重大理论问题上，表现出了既继承前人，又突破陈规的巨大的理论创造勇气。他说："计划多一点还是市场多一点，不是社会主义与资本主义的本质区别。计划经济不等于社会主义，资本主义也有计划；市场经济不等于资本主义，社会主义也有市场。计划和市场都是经济手段。""社会主义要赢得与资本主义相比较的优势，就必须大胆吸收和借鉴人类社会创造的一切文明成果，吸收和借鉴当今世界各国包括资本主义发达国家的一切反映现代社会化生产规律的先进经营方式、管理方式。"③三个问题贯穿一条红线，围绕着"什么是社会主义，怎样建设社会主义"的根本问题。邓小平从理论上作出的新回答，是中国改革开放和现代化建设的实践在理论上的巨大突破，是代表邓小平建设有中国特色的社会主义理论走向成熟的集大成之作。它标志着在"重建中国价值体系"和"向谁重建""为谁重建"的历史主题上，中国的社会主义理论建设开始走过了艰难探索期，进入了历史发展的新阶段。如果说，1978年的思想解放给当代中国的社会主义政策建设带来的是政治思想和政策哲学的突破，也还仅具有认识论和思想方法论的意义的话，那么，1992年邓小平的南方谈话则是标志着一种全新理论创造，由思想解放

---

① 邓小平. 邓小平文选[M]. 第3卷. 北京：人民出版社，1992：375.

② 邓小平. 邓小平文选[M]. 第3卷. 北京：人民出版社，1992：372.

③ 邓小平. 邓小平文选[M]. 第3卷. 北京：人民出版社，1992：373.

而带来的理论解放，代表了一种新的社会主义观。这种新社会主义观无论是对于价值重建还是政策制定，都具有革命性的意义。邓小平的南方谈话构成了1992年10月中共"十四大"的主题，用邓小平建设有中国特色的社会主义理论武装全党和"我国经济体制改革的目标，是建立社会主义市场经济体制"成为中共"十四大"的两大重要成果和政策理论收获。明确提出"建设有中国特色社会主义必须坚持两手抓，两手都要硬"的思想文化工作方针，精神文明建设必须紧紧围绕经济建设这个中心，为经济建设和改革开放提供强大的精神动力和智力支持的政策要求。高度重视理论建设，保障学术自由，在进行经济体制改革和政治体制改革的同时，积极推进文化体制改革，完善文化事业的有关经济政策。1994年1月，为贯彻中共"十四大"的精神和按照"两手抓，两手都要硬"的方针，江泽民在全国思想工作会议上的讲话中，提出"我们的宣传思想工作，必须以科学的理论武装人，以正确的舆论引导人，以高尚的精神塑造人，以优秀的作品鼓舞人"的要求，明确"弘扬主旋律，提倡多样化，是坚持'二为'方向和'双百'方针的具体体现"，并且作了充分的政策阐述和政策要求。[①]1995年9月，在中共十四届五中全会上，江泽民发表了《正确处理社会主义现代化建设中的若干重大关系》（即"十二大关系"）的讲话，在论及"物质文明建设和精神文明建设的关系"时，江泽民提出："要把物质文明建设和精神文明建设作为统一的奋斗目标，始终不渝地坚持两手抓，两手都要硬。任何情况下，都不能以牺牲精神文明为代价去换取经济的一时发展"，"要积极探索在社会主义市场经济条件下，搞好精神文明建设的新思路、新办法，逐步形成有利于社会主义现代化建设的舆论力量、价值观念、道德规范和文化条件"，"精神文明建设要同经济发展战略相适应，纳入国民经济和社会发展的总体规划"。[②]根据这个政策思路，1996年10月，中共十四届六中全会通过了《中共中央关于加强社会主义精神文明建设若干重要问题的决议》（以下简称《决议》）。面对世界范围内各种思想文化相互激荡，科学技术迅猛发展，综合国力竞争日趋激烈，社会主义精神文明建设遇到严峻的考验，这个《决议》从七个方面回答了"在发展社会主义市场经济和对外开放的新的历史条件下，如何建设社会主义精神文明的问题"，提出了建设社会主义精神文明的指导思想以及一系列方针政策。中共"十五大"报告在阐述"有中国特色社会主义的文化建设"，比较"精神文明"和"文化建设"这两个概念时，明确指出："有中国特色社会主义的文化，就其主要内容来说，同改革开放以来我们一贯倡导的社会主义精神文明是一致的，文化相对于经济、政治而言。精神文明相对于物质文明而言。"这个《决议》所阐述的内容

---

① 1994年3月7日《人民日报》。
② 《中国共产党第十四届中央委员会第五次全体会议文件》第26页。

和方针、政策，实际上也就是中国共产党关于在社会主义市场经济条件下，如何建设有中国特色的社会主义文化的方针、政策。

围绕着建设社会主义现代化国家的目标和"进一步明确什么是社会主义初级阶段有中国特色社会主义的经济、政治、文化，怎样建设这样的经济、政治和文化"这个重大主题，江泽民在1997年9月召开的中共"十五大"的报告中，对"建设有中国特色社会主义的文化"这一政策目标作了整体性的政策提示和政策规定。他说："建设有中国特色社会主义的文化，就是以马克思主义为指导，以培育有理想、有道德、有文化、守纪律的公民为目标，发展面向现代化、面向世界、面向未来的，民族的、科学的、大众的社会主义文化。这就要坚持用邓小平理论武装全党，教育人民；努力提高全民族的思想道德素质和教育科学文化水平；坚持为人民服务、为社会主义的方向和百花齐放、百家争鸣的方针，重在建设、繁荣学术和文艺。建设立足于中国现实、继承历史文化优秀传统、吸取外国文化有益成果的社会主义精神文明。"强调指出，"建设有中国特色社会主义的经济、政治、文化的基本目标和基本政府，有机统一，不可分割，构成党在社会主义初级阶段的基本纲领"。①把建设有中国特色的社会主义的文化，提高到党在社会主义初级阶段的基本纲领的高度，这在当代中国文化政策发展史上尚属首次。它不仅说明了文化建设在当代中国现代化建设中的战略地位，而且反映了在经历近半个世纪的风雨历程之后，中国共产党对于在中国建设什么样的社会主义文化和怎样建设这样的文化，已经从理论和政策的探索走向理论和政策重构的成熟。江泽民在报告中"有中国特色社会主义的文化建设"的部分，就广泛的文化政策问题和政策理论全面地阐述了党的政策主张，其中包括关于"社会主义现代化应该有繁荣的经济，也应该有繁荣的文化"的"协调发展"的观点，关于"有中国特色社会主义的文化，是凝聚和激励全国各族人民的重要力量，是综合国力的标志"的观点，关于"在全社会形成共同理想和精神支柱，是有中国特色社会主义文化建设的根本"的观点等。如此全面、系统地在党的代表大会的报告中，从党的基本纲领的高度出发，就政策背景、政策理论、政策目标、政策对象、政策价值等，整体性地阐述社会主义的文化政策，这在当代中国社会主义文化政策发展史上还是第一次。对于"建设有中国特色社会主义的文化"本质提示和全面的政策阐述，标志着有中国特色的社会主义文化政策主体性重构的实现。

正是这种实现，在继毛泽东提出新民主主义文化及其政策和政策理论之后，提出了关于社会主义文化及其政策和政策理论的一些重要命题之后，第一次比较系统而初步地回答了在经济、文化比较落后的中国，如何建设社会主义文化的一系列基本政策问题，

---

① 1997年9月22日《人民日报》。

从而又一次从文化政策的层面上回答了"重建中国文化价值系统"的世纪主题。

第四节　中国文化政策创新体系建设

中国正在经历着一场深刻的新文化变革。这场新文化变革和以往任何一次文化变革运动的一个最大的不同点，就是文化建设形态的革命性变化和文化建设实现方式和途径的革命性变化，在实现文化发展道路和发展模式的革命性变化的同时，推动和影响中国的政治、经济、文化和社会发展结构、发展道路、发展模式和发展动力的深刻变化。文化产业是这场新文化变革运动的力量形态与核心要素，是这场新文化变革的"涡流"中心和"台风眼"。在创造性破坏计划经济模式所形成的文化形态、文化观念和文化结构的同时，文化产业正以其独特的形式和力量创造性地建构中国的新文化、新经济和新政治格局。

社会主义市场经济体制改革目标的提出，为中国特色的社会主义建设确立了一个明确的国家发展道路和制度建设的价值取向。这是一次全新的社会革命和制度革命，必然提出国家创新体系建设的战略命题。经济体制发展道路和发展模式的战略性转型，必然同时要求文化发展与之相适应，必然同时提出文化政策创新体系建设的要求。中国加入世界贸易组织，以及文化市场的对外开放，使得中国文化发展的生态环境发生了根本性的变化，如何在现代世界体系下和全球化背景下建设和发展走向世界的中国文化，自然地构成了中国文化政策创新体系建构的重要特征。

一、中共十六大：中国文化政策的重大创新与发展

江泽民在中共十六大的报告中，以前所未有的篇幅，提出了中国关于"全面建设小康社会，大力发展社会主义文化"的一系列文化政策，在许多方面取得了重大突破。

"全面建设小康社会，大力发展社会主义文化"。这在十五大的基础上是一个发展：在世界范围内，看综合国力，把文化作为综合国力的重要标志，从国际战略的高度，从国际文化力量对比的高度，全面提升文化在整个国家战略中的战略地位。既突破前人，又建立起新的文化尺度。这是十五大的一个文化贡献；在本国范围内，看文化满足人们精神需求的程度，把文化的发达程度，满足人民需求的程度，作为建设小康社会的重要标志，从国家和民族发展的高度，从文化建设的战略意义的高度，明确文化建设作为国家需求在国家整体战略系统中的定位，这是十六大的发展。把这两个方面结合起来，落

实在全面建设小康社会，这就使中国共产党在全面规划和制定中国新一轮发展的文化政策时，建立起一个非常宽广和开阔的视野。

1. 提出了发展社会主义文化有两大途径和存在两大形态：文化事业和文化产业

"积极发展文化事业和文化产业"，这在马克思主义文化政策史上是个突破，即发展社会主义文化不仅可以是文化的意识形态方面的，而且也可以是文化的经济形态方面的，即文化产业方面的。过去，比较单一的只强调文化的思想内容建设，关注文化的思想内容建设对于人和社会的作用，很少或者根本就忽视了文化的思想内容作用于人和社会的方式与途径。因此，我国的文化政策体系在很长一个时期内也是围绕着"文艺和政治的关系"这个轴心来建构的，文化和经济的关系以及文化本身的经济形态和运动方式，则没有成为我国制定文化政策的出发点，造成了在一个相当长的时间里我国文化政策的单向度发展。"积极发展文化事业和文化产业"的提出，不仅在观念和理论层面上，廓清了长期来妨碍中国文化发展的文艺思想，而且在政策科学的层面上，建立起发展有中国特色社会主义文化的新的政策系统。因为只有建立起这样的系统，"完善文化产业政策"的努力和实现才是可能的。改革开放后，我国也曾多次在党和政府的有关文件中提出要"完善文化经济政策"，然而，由于没有从元政策的意义上解决社会主义文化形态存在的经济性身份的承认，因此，所谓文化经济政策也还是局限在关于文化事业领域里的经济问题，并没有解决我国整个文化建设和文化发展的根本经济政策问题。而能否在我国文化发展的这一带根本性的问题上取得突破，关系到整个国家文化战略目标的实现。"积极发展文化事业和文化产业"，正是在这样的意义上实现了政策突破和政策创新。两大建设路径的有机统一就构成了创造性中国特色社会主义文化建设的基本格局。创造性的中国特色社会主义文化建设的战略基点在于制度整合发展，制度整合发展的行动路径在于推进国家文化民主建设。国家文化民主建设的重点有三个方面：党的文化权力制度性与规范性、政府文化权力的合法性与合理性和公民文化权力参与性与保障性。

2. 明确了文化产业作为有中国特色社会主义文化建设的主体性地位

把文化产业与文化事业相提并论，重点阐述，这不仅在中国共产党的报告中是第一次，而且做出这样的政策态度和理论态度也是第一次。2000年中共中央在关于十五规划的《建议》中提出了要"推动有关文化产业的发展，"虽然在理论上还有所保留，但却第一次赋予了文化产业在中国的合法性地位；2002年，朱镕基总理的《政府工作报告》在阐述如何"进一步解决经济发展的结构性矛盾和体制性障碍"的相关政策时，提出要"大力发展旅游业和文化产业"。把"大力发展文化产业"确定为解决我国经济发展的结构性矛盾和体制性障碍的重要的战略措施，这是继中共中央的"十五"建议和国家的"十五"规划纲要提出"要推动有关文化产业的发展"后，我国政府对文化产业的又一次完整的政策表述，并且第一次明确指出文化产业发展在国家经济战略目标中的具体定位。这就使得中国文化产业不仅获得了国家经济战略需求的政策价值肯定，而且不再使用"有关"的提法，消除了在政策解释和执行上的非确定性理论障碍，但是文化产业还是处在一个复杂的位置上，还没有在理论和政策上获得主体性定位。十六大是把发展文化产业放在全面建设小康社会，大力发展社会主义文化的层面上来提的，是从整个国家战略目标的实现和文化自身的发展需求实现来提的。这就使得发展文化产业不只是手段，是满足国家经济战略需求的政策选择，而且它本身就是目的，是当代中国文化发展的目的。在当代社会，人类文明和文化的发展与传播，已经到了不能脱离文化产业这样具体的文化存在方式去抽象地谈论文化的繁荣与发展的历史新阶段。在今天，一切优秀的人类文明成果，都只有获得它的当代形态，通过并借助于文化产业这样的媒介系统才能实现它的价值存在和有效传播。在不到 100 年的时间里，文化产业所创造的巨大的文化生产力，比过去一切社会所创造的全部文化生产力还要多，还要大。文化产业已经成为当代人类社会发展的重要组成部分和存在方式，它正以其独有的生命形态和创造力在深刻地影响和改变人类社会的文化面貌、生态结构和生存方式。在某种意义上，今天的人类社会已经不能脱离文化产业这一社会系统而存在。因此，当中国进入全面建设小康社会，重塑中国的社会结构和文化面貌的历史发展新阶段的时候，文化产业的建设和发展就不是某种外在于社会的和文化的依附性力量，而是社会和文化自身的主体性建设与发展的需求。发展文化产业是中国社会主义文化的主体性建设。文化产业回归到了它的本体，历史地恢复了它作为文化的主体地位和主体身份。这既反映了中国共产党在文化建设问题上的与时俱进、不断创新精神，同时也反映了中国共产党在文化建设问题上的现实主义态度。

3. 提出了发展文化产业是市场经济条件下繁荣社会主义文化，满足人民群众精神文化需求的重要途径的科学论断

没有现代文化产业，就没有马克思主义和先进文化在中国的传播，当然也就没有我们今天所要坚持的先进文化的前进方向。没有文化产业这样具体的文化生产形态和传播方式，人民群众日益增长的精神文化需求就失去了具体途径。因此，不能把先进文化前进方向的历史必然要求与文化产业的发展，与市场经济和市场机制简单地对立起来，割裂开来。文化产业与先进文化的前进方向之间并不存在必然的对立关系，相反，在今天，由于先进文化的前进方向只有在文化产业具体的市场运动形态中才能得到生动的、大众化的实现，因此，离开文化产业的当代运动去一般地谈论先进文化的前进方向，就缺乏了一种现实性基础。既反映了人民群众精神文化需求实现形态与实现方式的历史性变化，又反映了繁荣社会主义文化不能脱离文化产业这样具体的当代形态的现实存在的历史的

必然要求。要把繁荣社会主义文化的历史必然要求，同实现这种要求的当代形态和运动机制有机地结合起来。

二、中国文化政策创新的几个主要特征

正在发生着的中国新文化变革是在冷战结束以后，世界格局多元化、经济全球化和建设重建世界文化新秩序背景下发生的，是在中国融入现代世界体系、重新确立国家发展战略和国家发展战略目标的背景下发生的。政治力量、经济力量和社会力量的变革是这一次新文化变革运动的重要因素之一。这场新文化变革具有划时代的鲜明特征。从文化的内部因素来看，这一新文化政策变革有以下几个特点。

1. 文化建设形态的多维化

意识形态建设始终是中国文化建设的核心问题。长期以来，在处理文化和政治、经济三者关系的过程中，我们有一个经典性的依据，就是毛主席在《新民主主义论》中关于文化和政治、经济的表述：文化是政治、经济的反映，反过来又反作用于政治和经济。这样一个关系性判断，在今天仍然是我们正确处理三者关系的重要指导思想。但是，毛主席主要谈的是"作为观念形态的文化"和政治、经济的关系，还不包括文化事业和文化产业。这是和当时中国共产党还不是执政党的历史方位是相一致的。中共十六大第一次提出并全面系统地阐述了"积极发展文化事业和文化产业"的重要观点和思想。这是中国共产党的文化思想在意识形态问题上的一次重大的理论革命，实现了从单一地强调和突出作为观念形态的文化建设和作为斗争形态的意识形态建设，向观念形态的文化建设和文化公益性文化事业、经营性文化产业建设同时并举、同时服务于先进文化建设、服务于和谐社会构建的建设格局转移。

文化生产、传播和接受方式的革命性转变，必然地提出意识形态建设和文化建设形态和模式的革命性变革。文化产业多元发展政策和文化市场准入提出了先进文化建设和意识形态管理的新要求，外资和社会资本进入文化产业领域带来的新的挑战：资本以盈利为目的和先进文化建设之间必然存在着深刻的矛盾和冲突。以思想理论建设和道德建设为核心内容的意识形态建设永远是文化建设的主要内容。但是，建设的途径和方式、建设的形态和手段在不同的历史时期有着不同的历史形式。根据发展了的历史时期和历史任务，把掌握和运用新的历史形式来推动意识形态和文化建设，实现意识形态建设和文化建设的目标，这是执政的重要规律之一。

对文化理解的深刻变化推动了文化建设形态的合理性回归。它标志着中国的执政党开始了新的文化价值体系建设，对文化建设的认识不再仅仅停留在作为观念形态的文化

上，而是根据对如何建设社会主义文化的崭新认识，进入了一个全面建设有中国特色社会主义新文化的新阶段，从而形成了新的路线图和结构图：作为观念形态的文化——意识形态革命——价值体系建设；文化事业——公共文化服务体系建设；文化产业——文化市场体系——市场竞争体系建设。从《新民主主义论》到党的十六大，文化建设形态的多维化理论的提出，构成了中国共产党的文化执政能力的新的内容结构和新的历史使命：要把文化产业作为坚持先进文化前进方向和意识形态建设来抓；要把在市场经济条件下发展文化产业作为满足最广大人民群众的精神文化需求的实现途径来抓；要把文化产业发展作为解放和发展文化生产力来抓。

2. 文化发展动力结构的多元化

在一个相当长的时间内，对文化的发展，我们比较强调意识形态建设，比较关注思想理论建设，这是我国社会主义文化发展的一个基本动力。在改革开放以后，特别是进入 21 世纪以后，这个动力结构发生了一个巨大的变化，那就是文化产业的提出和建设改变了中国文化发展的动力结构，通过发展文化产业来发展文化成为中国文化建设与发展的新选择。观念形态革命必然导致向制度形态革命转型，向文化发展动力结构的多元化转型。文化产业在中国的提出和发展作为中国新文化变革的重要动力和内容，文化产业成为文化生产力，解决了文化发展的生产力结构问题，当不发展文化产业国家的文化事业和综合文化国力便不能得到发展和增强的时候，积极发展文化产业就成为国家文化发展的决定性动力之一。

国家关于文化产业分类指标体系的提出，实际上对我国产业结构体系根据已经发生了的条件和情况作出了战略性的调整，是改革开放以来我国最重要的产业政策调整。如果说，1985 年国家统计局第一次把文化艺术纳入第二产业范畴只是完成了对文化艺术形态在国民经济和社会发展体系中的属性定位的话，那么，2004 年国家统计局关于文化产业分类指标体系的提出，则是完成了对文化产业形态的统计学划分和产业政策定位，为国家制定新一轮国民经济和社会发展计划提出了新的国家产业发展标准及其合法性依据。国家统计局的这个划分是对已经发生了的文化产业发展对国民经济和社会发展的作用的肯定和确认。这是一项重要的国家产业政策。它将深刻地影响中国整个文化发展的动力结构的调整和空间布局。新文化变革因为有了文化及相关产业分类这样一种前所未有的动力结构而建立了新的方向。

建设以公有制为主体多种所有制并存的新经济制度，实现单一的市场主体向多元的市场主体转变，社会办文化和境外资本力量进入中国文化市场，形成了中国文化发展多元力量结构。这两种力量在国家的法律法规范围内从事经营性文化产业，彻底改变了中国文化建设与发展动力结构的单一性，实现了由单一的文化建设主体向多元的文化建设主体的战略性转移。

3．文化发展机制的市场化

需求是人类社会一切变革的母体。需求是一切发展最根本性的动力机制。不同的时代有不同的需求，不同的制度条件下需求体现的公平是不一样的。计划经济曾经是我国国民经济和社会发展需求的制度性表现形态和发展机制。当中国新文化建设处在百废待兴的历史性需求的时候，不采取这种制度性安排便不能满足新文化发展的这种历史性需求的时候，计划经济也就成为中国新文化发展的选择机制。但是，当计划经济更多地体现和强化了制度需求的主观性，文化发展的内在需求的客观性以及这种需求在资源配置上的自主性和满足性程度不能得到实现的时候，文化发展机制的创新便自然地成为中国新文化变革的重要内容。

社会主义市场经济体制改革目标的确立和中国加入世贸组织，中国文化发展的内生需求和参与全球化资源配置和文化市场竞争的外生需求，在改变了中国文化发展动力结构的同时也改变了动力机制。发挥市场在资源配置中的基础性作用，实现文化发展机制由计划经济向市场配置转化。中国要参与全球文化资源配置和文化市场竞争，就不能不以市场经济的方式和规律提升文化的竞争力。这是中国新文化发展到 21 世纪的需求，正是这种需求成为新文化变革最主要的内生机制。

4．文化变革力量的数字化

文化载体的变革是一切新文化变革的标志。文化发展的数字化生存是当下文化发展形态最重要的革命。数字化不仅改变了文化产品的生产、消费和传播，最重要的是改变了人们的文化生活方式，带来了新的价值观。信息内容产业将从根本上融合文化与技术之间的对立与矛盾。一旦技术上的进步被用于文化目的，并且已经用于文化目的，它们便立刻几乎是强制的，而且往往是违反文化主体的意志，而引起文化发展方式上的变革。改变文化产业竞争形态、竞争领域和竞争方式，大力推进新型文化产业发展已经成为世界文化变革的最主要的内容之一，运用数字化并通过数字化控制文化产业分工和文化市场走向，进而实现文化控制已经成为掌握全球文化变革主导权的重要力量。

以数字化为先导的新型文化产业发展正在深刻地改变着中国文化产业结构和文化生态结构，数字文化在缔造一种文化形态的同时，正在塑造着全新的文化新生代。年轻一代对于数字文化的偏爱显示着新的一代文化取向的转型，这种转型具有五四时期从文言文向白话文转型同样重要的意义，问题是我们能否在这个不可逆转的转型过程中掌握文化创造的主动权，成为又一种新文化的缔造者。文化产业数字化正在缔造一种全新的文化形态，这种文化形态正在形成与传统文化形态的尖锐冲突。能否掌握中国未来文化形态建设的主动权，能否创造和形成一种能够被未来称之为优秀传统文化的现代文化，关键就在于能否掌握对于现代新文化发展趋势的把握。

中国正在经历着一场深刻的新文化变革。这场新文化变革和以往任何一次文化变革运动的一个最大的不同点，就是文化建设形态的革命性变化和文化建设实现方式和途径的革命性变化，在实现文化发展道路和发展模式的革命性变化的同时，推动和影响中国的政治、经济、文化和社会发展结构、发展道路、发展模式和发展动力的深刻变化。文化产业是这场新文化变革运动的力量形态与核心要素，是这场新文化变革的"涡流"中心和"台风眼"。在创造性破坏计划经济模式所形成的文化形态、文化观念和文化结构的同时，文化产业正以其独特的形式和力量创造性地建构中国的新文化、新经济和新政治格局。

三、中国文化政策创新体系建设的走向

（一）以人民文化权利的充分实现，提高国家文化软实力

国家文化软实力是一个国家在国际文化战略竞争中所拥有的文化力量形态，是一个国家相对于其他国家而言的一种竞争形态和竞争力量，是一种只有在国际战略竞争形态的比较存在中才有意义的国家竞争力。

国家文化软实力的理论是最近才提出来并被广泛接受。但是，国家文化软实力作为一种文化历史却早已存在。西域文化成就对我国汉代的影响，中国的大唐文化对周边国家，特别是日本的影响；近代以来的全盘西化，新中国成立以后的"一边倒"，都可以看到文化软实力在中国的历史境遇。当"提高国家文化软实力"成为当前和今后我国文化建设与发展的一项国家战略的时候，如何才能实现这一伟大战略目标，什么才是提高我国国家文化软实力的战略基础，自然地成为当今中国文化发展与国家文化安全的重大课题。

1. 以普通民众生活为基础塑造国家文化形象

一切历史都是当代史。从历史运动的轨迹去寻找和确立当今中国国家文化软实力建构的现实维度，应该是我们思考如何"提高国家文化软实力"的一个重要取向。

整整一个20世纪，如果从一个国家的文化对中国的影响而言，苏联和美国无疑是两个最具影响力的国家。从"十月革命的一声炮响给我们送来了马克思列宁主义"到创建"苏维埃"政权，实行"一边倒"的国家外交政策；从高尔基的《母亲》《我的童年》到《卓娅和苏拉的故事》和《钢铁是怎样炼成的》；从普列汉诺夫到别、车、杜的美学、文艺学理论；从《联共布党史》到"列宁装"，作为伟大列宁故乡的苏维埃和俄罗斯文化对中国20世纪的影响是全方位的。从国家制度到日常生活，从思想理论形态到青春偶

像，这样的一种文化影响力不可谓不大，有的甚至在今天仍然是一代人挥之不去的文化情怀，对苏联早期音乐的念念不忘（电视连续剧《金婚》中关于 20 世纪 50 年代中国年轻人的精神生活的描述，就为我们提供了这样一种案例），以致《莫斯科郊外的晚上》《红棉花儿开》《喀秋莎》至今都是苏联红星合唱团来华演出的经典保留节目。苏联式的计划经济模式和文化管理模式至今都还在我国的经济生活和国家文化生活中留有深深的印记，给今天中国带来改革的深度和难度。更不用说从柴科夫斯基、普希金到托尔斯泰的文学艺术作品对我们灵魂深处的影响了。

虽然，进入 20 世纪 80 年代后，在不同的历史发展阶段，我们可以看到不同国家的文化对于重新打开国门睁开眼睛看世界的时候，是怎样地给我们带来了深刻的文化影响。然而，就整体性文化影响来说，能够与苏联和俄罗斯相比较的莫过于美国。

从现代化发展道路的国家制度安排：民主；到哲学社会科学理论的重现选择：作用于国家精英人群，进而影响国家现代化进程和路径选择；以好莱坞电影和美国篮球赛为代表的娱乐文化，同时影响精英和大众两个层面；以麦当劳、星巴克为主要代表的餐饮文化，同时影响青年大众的生活方式。也就是说，美国文化软实力是一个由制度文化、思想理论文化、大众娱乐文化和生活方式文化四个方面共同构成的一个文化生态系统，影响着 20 世纪 80 年代以来的中国现代化进程。包括我们现在正在深入研究的国家文化软实力理论，也是在吸收和借鉴了美国外交理论家约瑟夫·奈的"软实力"理论的基础上消化吸收之后提出来的。

无论是苏联还是美国的文化之所以对进入 20 世纪以来的中国能够产生如此大的影响，其中一个最重要的原因是中国人对于重建自己生活方式的一种根本性价值需求。正是这种需求导致了先进的中国人从制度文化、思想文化、学理文化和娱乐文化开始了世纪性的全新寻求和全球寻求。正是在这个过程中，苏联和美国先后成为中国效仿的对象。苏联是中国实现"共产主义"的榜样，美国是中国实现现代化的样板。无论是"共产主义"还是"现代化"，对于近代以来落后的中国人来说，都是一种"富裕生活"存在的象征，一种被向往的生活，而所谓苏联和美国的"文化软实力"正是在这个意义上才现实地在中国得到了全面展现。因此，一切所谓制度创新、思想理论创新等都是一种历史表象，在这种历史表象的背后，是一个国家和民族努力重建自己生活方式和生存方式的终极关怀和始终不渝的伟大追求。因此，我们不能被这历史的表象所遮蔽。我们应当保持和拥有的一种透过表象把握本质的认识能力。特别是当一个近代以来落后的泱泱大国开始重新站立起来的时候，当他看到了曾经是他以文化的辉煌走在世界前列的时候，经济的发展和经济实力的增强使他又一次看到了文化作为一种力量的存在对于一个和平崛起的国家的全部战略意义和战略价值。因此，要实现和完成"提高国家文化软实力"这一伟大而崇高的战略目标，我们必须把立足点建立在以普通民众生活为基础的"国家文化形象的完整塑造"上。

国家文化软实力首先体现在他国的国民对你的整体生活状态和生活方式整体性的感觉上。这是一种审美判断。没有对一个国家民众生活文化形象的整体性认同、追求与模仿，无所谓国家文化软实力。如果说，一个国家的硬实力是通过一个国家强大的国防力量集中体现出来的话，那么，一个国家的文化软实力，就是通过它的国民的整体性生活状态和生活方式所达到的自由和文明程度体现出来的。而衡量这一程度的标准集中到一点，那就是全体人民和全民族每个人的自由全面的发展。每个人的自由全面的发展是一种每个人的创造能力得到充分发挥、表达和实现的一种文明状态。它包含着民众对现有生活的审美态度、深刻理解、阐释和认同，因此，从这个意义上来说，它首先表现为一种精神性的、一种精神的自由状态。一切物质性的生活都是这种洋溢于外的精神状态的表达和叙述。一个国家的文化软实力很大程度上表现为国民的精神状态、生活的满意度、意志品格和内在凝聚力。这一切主要来自于民众的社会和新价值体系的认同。而生活方式恰恰是最集中的表现对新价值体系认同的活的载体。不能设想一个涣散的民族会拥有国家文化软实力。因此，作为一个拥有 13 亿人口、56 个民族的大国，要实现中华文化的伟大复兴，没有一个能够凝聚全民族的核心价值体系是不可想象的，因为唯有共同的文化认同才可能凝聚起中华文化伟大复兴所需要的伟大的文化创造力量，而也只有这种力量才能从根本上建构起国家的文化软实力。正是这样的国家文化软实力才是国家文化安全的基础。这就是以每个人的自由全面发展为核心内容的普通民众的普遍性生活。

2．提高普通民众有吸引力的精神生活方式

在"软实力"的竞争中，社会制度、思想体系、意识形态、大众娱乐和生活方式之间的竞争构成了"国家文化软实力"竞争最主要的方面。那么有关提升我国国家文化软实力的路径选择，我们是否也可以从中借鉴到对我们有用的文明成果呢？我以为是这样的。也就是说，中国国家文化软实力的构成和战略选择取向也可以是这四个维度。从制度层面、思想理论层面、大众娱乐文化层面和日常生活方式这四个方面，建构和提升我国国家文化软实力。美国所有的文化形态都是"美国精神"的具体表现和感性存在。它不是某种外加上去的东西，而是美国人基于自己的文化价值观所建立起来的人与社会、国家与世界的一种系统方式。

国家文化软实力应当是这个国家普通民众日常生活方式合乎逻辑的一种体现，是这种生活方式的集中与提炼，而不是与这种逻辑没有关系的甚或是互相对立。所谓幸福指数就是建筑在这个基础上，并以此为标准的。缺乏幸福指数的生活和生活方式，不是对象，不可能建立起对他者的吸引力和影响力，当然也就无所谓一个国家的文化软实力。

那些表面上看来是一种所谓"茶楼酒肆里的戏曲清唱，街头巷尾中的秧歌表演"，在中国恰恰是国家文化软实力养成的文化土壤和精神基因，是幸福指数的生动表达。它们不仅"与那些耗资巨大的革命历史题材的影片"一样具有不可替代的影响力和吸引力，而且那些"家喻户晓的电视连续剧"倘若不是和民众关于生命的终极关怀和生命存在的价值有着紧密的联系，又何以能产生"家喻户晓"的社会影响力呢？那些所谓"家喻户晓"的形态不正是"茶楼酒肆"和"街头巷尾"的"吸引力"和"影响力"具体的生态样式吗？在中国，倘若国家文化软实力是与老百姓的这种日常生活没有关系的一种国家存在，是没有意义的，那么所谓社会主义核心价值观又怎样地成为全体老百姓的自觉行为呢？社会主义核心价值观倘若不能体现于、落实于人们的日常生活与行为方式，那么这种社会主义核心价值观的价值又在哪里呢？社会主义核心价值观只有成为民众的自觉行为方式和融会于人民的日常生活方式的价值选择与表达，它才能成为一种力量，成为提高国家文化软实力所需要的凝聚力量。美国文化倘若离开了麦当劳、可口可乐、星巴克、好莱坞和迪斯尼，只剩下美国的国家意识形态，美国的国家文化软实力又怎样地具有影响力呢？美国在维护自己的国家安全中的两个非常重要的指标，一个就是美国的价值观，另一个就是维护美国的生活方式。这是被纳入《美国国家安全战略》的，是美国关于国家文化安全的两个最重要的指标。在美国人看来，价值观和生活方式具有战略性，美国的国家文化安全和国家文化软实力就是建筑在这个基础上的。因此，对美国生活方式的世界推广也就自然地成为美国实施国家文化软实力战略的重要内容，从而把美国的价值观深深地交融于对美国生活方式的赞美之中来吸引全世界的注意力，以某种乌托邦的形式建构美国国家文化软实力，进而在这个过程中实现美国的国家文化安全。我们为什么就可以对中国老百姓赖以存在的生活方式掉以轻心，甚至把它和我们正要建设的国家文化软实力对立起来呢？

在现代公共政策过程中，公众议程是最重要的议程之一，是反映民声、体现民意的最重要的途径和渠道，同时也是实现民众文化权利最主要的制度建构。当今世界已经进入公共外交时代。①重视公共文化外交在国际交往和国家文化战略博弈过程中的重要作用已经日益成为西方大国在构筑国家软实力中的一项极其重要的内容之一。有意识地通过民间的涉外活动提升国家形象的做法越来越成为现代国际社会的普遍选择。在现阶段，当中国的普通民众还不可能通过走出国门展示他们对现存生活方式的价值认同的时候，"原生态"的表达就是最好的"公共文化外交"。而这种"原生态"恰恰就是表现在"茶楼酒肆"和"街头巷尾"这样一些中国式的公共文化空间中。这几年来我们文化建设的

---

① 赵启正. 中国进入了公共外交时代[N]. 社会科学报，2010-08-05.

一个最大失误就是对"茶楼酒肆"和"街头巷尾"的忽视。正是由于我们的疏忽，哪些地方成了我们必须用心加以建设的主要内容。我想这应该是建设覆盖全社会的公共文化服务体系的最重要的内容之一。建设覆盖全社会的公共文化服务体系，当然要有硬件的保障，但是倘若不能与享有均等的文化权利相一致，尤其是确保基本的精神卫生安全和健康的文化权利，而是任凭各种恶俗的文化侵蚀民众生活的健康机体，仅有硬件是构不成体现民众幸福的文化指数的。当然也就谈不上形成国家文化软实力。因为这样的一种生活方式没有吸引力，不值得他者仿效。

3．建立以文化民权为价值取向的国家文化软实力观

国家文化软实力的形成，是全民族文化创造活力所实现的程度的集中表现。一个国家和民族的文化创造活力所达到的高度和程度，直接规定和影响了一个国家文化软实力内在质量构成的影响力和渗透力程度。没有全民族的文化创造活力，就不可能有一个国家的文化软实力。在这里，能否和在多大的程度上激活全民族的文化创造活力，直接规定和影响了国家文化软实力形成和提高的可能性。就是要集中到"激发全民族文化创造活力"上来。能否和在多大的程度上"激发全民族的创造活力"，直接关系到"建设社会主义核心价值体系，增强社会主义意识形态的吸引力和凝聚力"这一中国文化建设伟大任务的实现程度。要实现这一伟大的历史任务，只有全民族文化创造活力的充分激发才是可能的。

中共十七大在论及"提高国家文化软实力"的时候，设置了一个极其重要的前提，那就是"激发全民族文化创造活力"，并且落实在"使人民基本文化权益得到更好保障，使社会文化生活更加丰富多彩，使人民精神风貌更加昂扬向上。"一切以人民的根本文化利益为旨归。没有全民族文化创造活力的充分激发，哪来国家文化软实力提高的源头活水？这恰恰是主权在民精神的高度体现。在这里，中共十七大报告实际上提出了一个重要命题：文化民权。

文化民权是建构和提高国家文化软实力最重要的战略基础。民众的文化创造活力是一种最根本的文化生产力，也是文化民权最重要的价值体现，只有这种文化生产力的最大限度的解放，民众的文化创造活力才能获得空前的释放。这就需要我们在文化制度创新过程中引进"生态文明"的新观念，树立"文化生态文明"新文化发展观和新文化建设制度观。民众文化创造活力的充分激发只有在一个有助于这种创造活力激发的文化生态环境中才是可能的。而这种生态环境在当下中国就是在宪法框架下的言论自由、出版自由和表达自由的环境。这是建构国家文化软实力的战略性基础。生活方式，包括物质生活方式和精神生活方式的选择，是最基本的民众文化权利。既然民众选择了国家这种自我管理形态和机制，并且是以让渡自己的某些权利来实现这种管理，那么，在宪法框

架下实现包括言论自由、出版自由和表达自由的一系列生活方式，就应该成为民众基本的也是最重要的生活方式，而人们的一切关于生活的再生产和每个人的文化创造活力就是建立在这个基础上的。没有宪法框架下的言论自由、出版自由和表达自由，不可能有每个人的文化创造性活力。同样，不是以宪法为约束的言论自由、出版自由和表达自由，也不能认为是每个人的文化创造活力的充分激活。无政府主义构不成文化软实力。这在当今世界的国家生活中是有现成的例子的（例如海地）。因此，这就需要我们建立起以文化民权为价值取向的国家文化软实力观，并以此作为我们实现国家文化安全的保障。没有全体民众文化创造活力的充分激发，就没有国家文化软实力。国家文化软实力是全体民众共同创造的生活方式和精神家园的自然体现，而不是单一的国家文化机器的产物。在这里，"保障人民基本文化权益"，"让人民共享文化发展成果"具有特别重要的意义。激发全民族文化创造活力，最根本的就是要创造一种让每个人心情舒畅、生动活泼的充满激情、友善和信任的文化生态环境，使每个人的才华、智慧和创造的冲动都能够得到充分的实现。没有人民基本文化权益的充分保障，就不可能有全民族文化创造活力的真正激发那样一种提高我们的国家文化软实力所需要的文化生态环境。因此，民众文化创造力的充分激发应当是文化民权充分实现的结果。

作为一个国家文化软实力的形象性体现，我们当然不能没有国家大剧院，不能没有高大辉煌的城市剧院，但是仅仅有这些是远远不够的。我们必须要有能够体现和反映我们这个国家全部精神创造能力和水平的文化艺术作品，能够让世界体验到今天中国的文化给予人类进步的伟大贡献，并且由衷地接受这种贡献，就像他们接受孔子和中华文化的古老艺术那样接受我们中华民族今天的全部创造，而所有这一切都只有建立在充分激活全民族的文化创造性活力才是可能的，只有全体人民的基本文化权益的充分实现才是可能的。没有全体人民基本文化权益的充分实现和全民族创造活力的充分激活，所谓提高国家文化软实力也就成了无源之水和无本之木。

主流文化不是"去民众化"的文化，相反，主流文化只有在融入普通民众的文化生活和精神生活中、在普通民众的参与中它才是有生命的。电影《集结号》之所以取得巨大的成功，特别是获得了广大观众和社会舆论的好评，一个最重要的原因就是以小人物的命运表现了一个重大的主旋律题材。这样的主流文化是与民众相呼吸的主流文化，是与民众的感情生活相呼应的主流文化，只有这样的主流文化所形成和产生的力量，才能构成我们这个国家所需要的文化软实力。这种文化软实力来自于和形成于民众对崇高与伟大的认同。只有认同才会产生力量，只有认同的力量才属于国家文化软实力的核心力量。提高国家文化软实力，就是要提高这样的文化核心力量。从这个意义上说，主流文化不等于主流意识形态，而是反映历史发展趋势的文化形态，反映民意主流的文化形态。

意识形态凝聚力是由意识形态内在魅力系统形成的，是国家文化软实力的核心要素和内容。当这种系统的历史表现于我们的文学艺术创作的时候，它所打动人心、给予人的灵魂的精神震撼是任何纯粹的意识形态说教所无法替代的。一部好的文学艺术作品和一部优秀的学术著作，不仅是文化生产力，而且也应该成为社会主义意识形态的吸引力。这种形态包含着对文化民权的尊重和认同。

4．实现民众思维的主体性建构

中国需要建设中国思维的主体性。失去了这个主体性，思维被美国化或者欧洲化，中国很难成为一个真正的大国，尤其是一个可持续发展的大国，当然也就无所谓拥有国家文化软实力。思维的主体性建构及其成熟性程度，是衡量一个大国是否真正拥有国家文化软实力的一个重要标志。在这里，在学习西方的过程中，超越西方的文化经验确立中国自己的思维方式和思想体系就具有特别重要的价值和意义。因为正是这种思维的主体性才是确定存在的主体性的唯一标准。而正是这样的标准，才能够把你和别人相区别，你才能具有存在的价值，否则，你的存在就变得没有意义，只是别人存在的一种延伸和方式而已。中国国家文化软实力的建设与提高伟大目标的实现，一个最具战略性意义的任务，就是要建设这样的文化主体性。由于这种文化的主体性只有建筑在思维的主体性上才能完成的一项革命，因此，完成这项革命是实现文化主体性建设的根本性前提。同时，还由于这种思维的主体性具有建构人的心理结构的重要意义，而心理结构和思维方式又是一个民族区别于另一个民族的显著标志，一切文化的生存都是它的外在表现形态，因此，建设中国思维的主体性，不只是要实现中国精英阶层思维主体性建构，更为重要和更为关键的是整个国家和民族、民众思维的主体性建构。因为只有这样的主体性建构，才能够完成和实现在国家战略竞争层面上的文化软实力的提高。一个国家必须要有一套自己的价值观作为支撑经济社会持续发展的基础，如果仅仅只是把外国的东西拿来，而没有自己的价值标准，那么，要想保持社会文化稳定健康的发展和提高国家文化软实力是很难的。

国家文化软实力是国家发展过程中的战略竞争能力，它是一种与其他国家的文化战略竞争过程中相比较而存在的一种能力。这种能力是通过这个国家和它的人民的整体性力量表现出来的，而不仅仅是它的文化代表性人物，尽管没有这样的文化代表性人物无以集中体现这个国家文化软实力所达到的一个高度，因此，重建"民众"在建构国家文化软实力中的不可替代的作用和确立"文化民权"在这当中的战略基础性地位，应当成为提高中国国家文化软实力的重要价值取向。

（二）推进国家文化治理体系和治理能力现代化

推进国家治理体系和治理能力现代化，是中共十八届三中全会提出来的未来中国改革发展最重要的战略目标和路线图。政治治理、经济治理、文化治理，是国家治理的三个发展阶段。中国在经历了政治治理（"以阶级斗争为纲"）—经济治理（"以经济建设为中心"）之后，正在走向文化治理（"建设社会主义文化强国"）。是在中国国家治理进入第三个发展阶段后被赋予承担国家文化治理职能的，并从而进入国家发展战略序列。推进和实现国家文化治理体系和治理能力现代化，不仅是国家治理体系和治理能力现代化的重要内容，而且明确了文化体制改革和国家文化政策创新体系建设全新的价值取向。

1. 创新文化政策体系具有治理国家危机的性质

创新文化政策体系是在中国社会发展进入到一个全面变革和转型的大变革时期提出来的，是中国为克服和解决经济结构的战略性调整和转型过程中遭遇到的结构性矛盾和体制性障碍的过程中提出来的，是在中国加入世界贸易组织用开放促改革的过程中提出来的，是在社会主义事业遭遇到苏联和东欧阵营的集体性解体的危机中提出来的。也就是说，是为一系列国家战略需求服务而提出来的，是为克服与解决国家危机而提出来的。从这个意义上说，文化政策创新体系建设具有治理国家危机的性质。

20 世纪 80 年代以来，中国经历了一个从不提文化产业，到肯定文化产业，再到大力发展和加快发展文化产业的政策演变过程。这不是国家对文化产业态度与认识及其政策的一般性演变，而是国家治理观和国家文化治理观的一次深刻变革。

不提文化产业是着眼于国家意识形态安全的需求意志，提出发展文化产业还是着眼于国家意识形态安全的战略需求，但是，问题的性质已经在这个过程中发生了变化：一方面，国家意识形态安全的环境和形式已经发生了深刻的变化，经济全球化造成的全球市场一体化，不仅改变了全球物质商品生产与流通生态格局，而且也改变了全球文化商品生产与流通的生态格局。尤其是现代科学技术更加深入地介入了文化生产手段和传播手段的革命化和现代化，使得原有的封闭式的文化商品生产、流通与消费日益成为不可能。当不能采用新的现代文化生产手段与传播手段便不能有效地维护国家意识形态安全的时候，文化生产与传播手段的变革便成为维护国家意识形态安全必须完成的革命。文化产业在全球的迅速成长为国际文化战略和国家文化安全战略，正是在这个意义上成为正在发生的深刻的文化全球化和全球化的文化治理革命。另一方面，经济全球化的迅速发展在给人类社会带来巨量的财富增值的时候，也造成了资源和环境持续恶化带来的全球经济危机。可持续发展战略命题的提出具有普世价值，凸显了人类社会普遍的关怀。转变经济发展方式和经济增长方式也就自然地成为经济全球化发展的另一重要命题。

寻求人类社会发展的新的文明发展方式和生活方式，转变人类财富的增长方式也就成为人类社会共同追求的目标。文化产业被认为是最能体现这一价值追求的实现方式。

于是，文化产业在社会发展的层面上和全球化治理的层面上便超越了法兰克福学派作为社会批判理论的"文化工业论"，转而成为用以克服和解决经济和社会发展问题的治理工具和治理手段，英国政府提出发展并实施"创意产业战略"、新加坡政府提出"文艺复兴新加坡战略"、日本和韩国提出"文化立国战略"，欧盟发布"欧盟文化战略"等，从而使得文化产业从社会批判的价值理性发展成为社会建构的工具理性。在以阶级斗争界定意识形态安全依然还存在的情况下，新的全球意识及由此而形成的意识形态不仅形成了新意识形态，而且形成了新意识形态安全。文化产业正是在这个意义上成为新意识形态安全最重要的形式。国家治理从狭义的意识形态安全走向广义的国家文化治理。

2. 国家需要文化治理

文化具有社会治理的功能与特征。人们创造和生产文化本来就是为了对人的治理的。"古人结绳而治，后人易之以书契"。这是中国古代最早的关于文化与社会治理关系的描述。"书契"——文字符号表达系统是从"结绳"——物质符号的表达系统演变发展而来的。它的初始目的是为了实现有效的劳动和人与自然关系，进而建立人与人之间的社会行为关系的协调，解决和克服不协调，这就是"治"，就是"治理"。也就是说，人类创造和生产文化是为了有效地克服和解决人与人、人与社会和人与自然之间出现的问题——疾病，具有疏导、宣泄、沟通的意义。当文化的这一本质性功能发展到现代社会、体现在文化产业这一具体的社会系统时，文化产业作为国家文化治理工具和手段这一功能被发现，也就成为一个社会的自然法则过程——古人结绳而治，后人易之以书契，再后人易之以文化产业。

文化治理的特征是通过主动寻求一种创造性文化增生的范式实现文化的包容性发展。这是文化治理与文化管理最突出的差别。文化管理是国家通过建立一系列规章制度对人、社会和国家文化行为的规范化，对象是文化行为及其整个生态系统，主体是政府；文化治理是国家通过采取一系列政策措施和制度安排，利用和借助文化的功能用以克服与解决国家发展中问题的工具化，对象是政治、经济、社会和文化，主体是政府和社会，政府发挥主导作用，社会参与共治。治，突出人、社会与国家的能动性和自主性；管，则具有法律和行政的强制性约束力。治，是针对问题的解决与克服，具有很强的规训弹性；管，则是基于一定的价值尺度对人们的社会行为认为应当是如此的规定，具有很强的惩戒刚性。

人的精神发展与人的精神生产是互为建构的。一方面，人要表达对世界的认知、感受和见解，另一方面，人有需要认知世界、感受世界和把握世界的工具。用马克思的话来说，人在生产对象的同时也在生产人自己。人的任何精神生产都不会简单地重复自己，每一次这样的生产，不论其有意识的还是无意识的，都包含着人对生活的理解与理想，都在生产这一个新世界。不论这种生产的结果是符号还是图像，是声音系统还是动作系统，这种新的世界都表现为一种作品，影响自己，也影响别人。即便是人们所赖以生活的自然环境，也因其与人的生产和生活关系而成为人的本质力量的对象化，成为人的作品，成为空间消费对象。人的许多精神现象和精神秩序建构在很大程度上就是来自于这样的空间性建构。文化产业只不过是所有这些精神发展和精神生产在今天的一个结果和表现，但是，它们之间互为建构的本质并没有因为载体或工具性使得变化而变化，区别只是它们的工具理性。两者之间均具有很强的弹性。然而，任何工具理性只有同时拥有深刻的价值理性，并且与价值理性的深刻融合才具有本质意义的力量性。精神和文化的这种作用并不是今天才被人们认识和发现的。"不战而屈人之兵"是中国古代关于文化的治理性在战争中的运用最早也是最经典的表述，为世界军事经典原理。文化产品对于建构文化影响力、吸引力和感召力的发现也不是始于今日。"四面楚歌"既是对文化应用于解决战争问题的生动描绘，同时也是对"楚歌"这种文化产品形式巨大影响力的生动揭示。孔子闻韶乐而三月不知肉味，可以说是对文化产品这种对于人的影响力的极为深刻的生理体验式描绘。它不仅提出了文化产品的社会价值命题，而且也提出了国家与文化产品及其生产关系，以及国家应当通过和借助于文化产品作用于人的灵与肉这一特性治理国家的命题。人们之所以要控制文化产品的生产，就是基于对文化的这种治理性的认识和深刻了解。反过来说，放弃了对文化之于社会治理关系的深刻认识，都不可能有效地实现对国家的治理，尤其是"善治"。从这个意义上说，孔子是最早就发现了文化产品生产与国家文化治理之间的关系的。孔子的以仁治天下的观念，可以说是最早的国家文化治理观。以文化的兴废治乱来考察、观察国家的盛衰存亡，也因此成为中国古代最重要的国家治理方法论。

3. 发展文化产业：国家治理观的一次深刻革命

文化产业具有治理性。文化产业的治理性是文化的治理性的延伸与发展。文化产业的治理性是由文化产业作为社会文化产品的生产和精神生产的机器，以及由这种机器与政治、经济、社会和文化发展的关系性功能决定的，是通过发展不同形态的文化产业建构满足不同人们的精神文化消费需求的精神文化生产格局，进而通过这种格局的建构，实现不同阶层参与文化生产与传播的投资需求，从而实现人们普遍的文化权利与权力，并通过这一权力格局形成，建构具有不同文化诉求的精神政治秩序。

文化产业作为社会的精神生产系统，具有创造物质财富、调节社会生态、平衡利益分配和再建文化心理的特性。就一般经济学而言，农业和工业创造财富的功能是单一性的，而文化产业则是双重性的：通过创造精神财富来生成物质财富。由于文化产业发展相比较农业和工业而言，具有鲜明的"非资源型依赖性"和"生态环境的低污染性"，以及物质财富和精神财富的双重增值性，因此，当人类社会的文明进步遭遇到"工业文明发展困境"时，通过大力发展文化产业来改变社会财富的增值路径和经济增长的发展方式，也就自然地成为人类社会可持续发展的必然选择。国际社会不约而同地把发展文化产业（文化创意产业）作为国家发展战略，标志着在国家治理问题上认知的共同性；同时也意味着，国家治理形式与国家治理模式发展的阶段性。

　　文化产业具有经济治理性，不是由它的经济属性决定的，而是由它的文化属性决定的。社会的文化产品购买力，是最终决定文化产业经济治理性的力量。我需要，我购买。没有社会的、市场的购买力，就没有文化产品生产的市场动力；没有这个动力，或者说，文化产品的生产与社会需求相脱离，就不可能实现文化产业的经济价值的增值性，当然也就不可能产生对调整经济发展刚性结构的影响。文化产业只有具有财富的创造力和巨大的增值力，才可能对资本具有吸引力和资本流动的引导力，才能克服资本对投资的刚性需求，从而实现调整经济结构，转变经济增长方式和发展方式的目的。因此，作为经济治理的文化产业，服务于经济结构的战略性调整和经济增长与发展方向的战略性转变，克服经济发展与经济增长的资源消耗性和环境污染性的不可持续的刚性发展模式。中国是在寻求克服经济发展中的结构性矛盾和体制性障碍的战略需求的过程中提出发展文化产业的，而不是首先在文化的层面上提出来的。这就使得发展文化产业在中国的提出首先是用以解决经济发展问题的，是用来"医治"经济发展毛病和"救治"经济发展危机的。2000 年的《政府工作报告》在谈到如何克服与解决经济结构的战略性调整中遭遇到的结构性矛盾和体制性障碍的时候，第一次直接地从正面提出要把大力发展旅游业和文化产业作为解决这一国家发展难题的四大战略举措之一，从而在中国第一次使得文化超越了狭隘的意识形态层面而获得了国家经济政策的战略价值，进而在一个全新的意义和更深层次上获得了新的国家功能界定：国家治理。这是中国国家统治观的一次深刻变革。

　　作为文化治理的文化产业，满足于人们日益增长的精神文化消费需求的多样性，克服和消除单一的以意识形态为唯一价值导向的文化发展模式。积极发展文化事业和文化产业，在切实保障人民最基本的文化权益的同时，运用市场经济的方式发展文化产业，使之成为满足人们日益增长的精神文化消费需求多样性的重要渠道，并且把它和社会主义精神文明建设有机地结合与统一起来。文化治理通过提供消费渠道和产品满足人们精神文化消费需求的多样化来实现，而不是通过意识形态领域里的阶级斗争来实现，从而在市场经济的条件下建立了在文化治理上的政府与市场的新型关系，而且也建构了在国家文化治理领域里的国家与公民文化权益实现之间的互动关系。这是中国国家文化管制的又一次深刻革命。

　　作为政治治理的文化产业，适应于政治文明建设的民主化进程和表达诉求的多元化发展机制建设，改革与政治文明进程不相适应的精神政治生产模式和精神政治秩序。文化产业是政治文明最重要的表达机制。文化产业的市场准入不是经济问题，而是一个政治问题，是一个国家和社会的政治文明程度问题。在不同的社会历史条件下，不仅不同的国家会因不同的政治文化传统产生和形成不同的政治表达机制，即便是同一个国家拥有相同的政治文化传统也会因不同执政主体不同的政治信仰形成和建构不同的政治表达机制。而文化产业的市场准入问题恰恰在这一点上成为不同国家的政治文明"窗口"。由于文化产业在本质上是社会的精神生产系统和精神的社会表达机制，与人们的社会权利与权力存在着天然的联系，而正是这种权利和权力内在地构成了一个国家政治民主关系。因此，任何国家的文化产业市场准入的制度设置，都是这个国家政治文明及其民主化程度所达到的国家治理自信性和"善治"的表现。通过和借助于发展文化产业作为社会的政治表达机制和精神及舆论生产的工具性特性进行社会政治改革，推进国家文明化，也就自然地成为社会与国家治理者治理国家的自然选择。而这个选择的结果直接地构成了国家的政治文明生态和精神文明生态。从这个意义上说，深化文化体制改革，加快发展文化产业，在当下的中国就是为了改革与政治文明进程不相适应的精神政治生产模式和国家的精神政治秩序，推进国家治理文明转型和文明进程。

作为社会治理的文化产业，服务于公共管理的主体意识和公共责任的建设，克服与解决与社会文明进步不相适应的社会管理模式和文明形态。社会具有无政府主义特性，同时社会又是因不同的文化被建构的。什么样的文化必然塑造什么样的社会。作为社会文化生产的最重要的社会生产机器，文化产业不仅生产和提供不同的文化产品，而且还生产不同的文化需求。一方面，它迎合人们的消费文化习性；另一方面，它又生产人们的社会需求，改变人的文化消费习性。由于任何意义上的文化产业所供给的文化产品都具有准公共产品的性质，因此通过和借助于文化产品的生产和提供方式，平衡不同人群之间的社会需求，可以达到有效地消解社会心理压力、疏导社会情绪的社会"减压阀"的作用。通过政府采购，把满足于个人消费的文化产品转移成公共文化服务产品，不仅有效地实现财富的二次分配，消除文化分配鸿沟，而且有助于建构公共管理的主体意识和文化产品生产的公共责任，通过改善人们的社会存在的均等化程度，实现社会管理模式和文明进步形态。当不发展文化产业，不能提供丰富的公共文化产品，缺乏足够的公共文化产品生产能力，便不能实现和提高社会的有效治理的时候，发展文化产业也就成为国家社会治理的必然战略。

作为国家治理的文化产业，服从于国家根本战略利益发展需求，平衡与协调人、社会、国家三者之间在政治、经济、社会、文化与生态之间的文明互动关系。因此，大力发展文化产业作为国家战略和政策的提出，本身具有国家治理的性质。服务于经济和文化，服务于社会和民生，是发展文化产业最重要的治理性需求。

4.在建构国家文化治理能力层面上发展文化产业

文化治理是文化价值观和文化的生存方式的有机统一。从这个意义上说，作为一种文化治理形态和治理方式，文化产业的发展及其由其产品系统所构成的内容体系和价值观体系，也应该是人们的社会存在和社会方式的一种表达形态的有机统一。如果文化价值观与人们的文化生活方式相分离，或者说意识形态的价值观追求与人们被要求的生活方式相脱离的话，是不可能生成文化治理能力，尤其是国家文化治理能力的。一个国家的文化治理能力，对内首先表现为高度的吸引力和认同力，由此而形成内在精神生活质量和外在物质生活满足的完整统一，形成对自身生活状态和质量的自豪与满足。没有内在的认同力，就不可能有内在的向心力和凝聚力，当然也就无法实现文化对于国家治理的价值和作用。在一个高度文化产业化的社会，文化产业作为社会价值观的生产机器正在深刻地影响和建构着人们的精神生活系统和物质生活的存在方式。因此，用什么样的价值观来发展文化产业，与生产什么样的文化治理能力具有了内在的建构关系。一方面，一定的价值观影响着文化产业发展的价值导向；另一方面，由此而生成和形成的文化价值观又反过来影响着价值观的运动形态。在这里，二者之间的任何矛盾都会引发更大程度的冲突和对立。因此，二者的有机结合构成了文化产业发展和国家文化治理能力建构之间的规定性。而正是在这个意义上，发展文化产业就具有文化治理的属性，具有了文化治理性，从而使得发展文化产业在国家治理能力建构与提升的层面上成为重要的国家文化治理。

文化产品是生产和形成文化影响力、吸引力和感召力的核心来源。尤其是感召力，它是一种真正解构和再建人的精神世界和精神秩序的力量，具有对人的精神信仰的改造性。它也是文化治理能力结构体系中的核心，具有最后界定的意义。因为并不是任何一种具有影响力的对象都具有对人的感召力，都构成对人的精神世界和精神秩序的解构与重建的。一个有特色的旅游景点，在市场营销的层面上也许具有吸引力和影响力，具有经济治理性，但并不一定构成精神上的感召力；也就是说，它不会使人转变和改变他的精神信仰，从而具有文化的治理性。因此，在中国文化产业发展进程中那种"旅游+地产"的发展模式和开发模式，所生产的并不是完整意义上的国家文化治理能力，没有构成本质上的国家文化治理，更谈不上建构。但是，它在国内的文化旅游市场上却是有影响力的，也有一定程度上的吸引力，被业界看作是一种成功的可以复制的文化产业发展的商业运营模式。旅游产品是可以形成文化的意义符号而具有感召力的。然而，迄今为止，在中国主题公园项目的开发中，还没有一个创造出和形成了像"米老鼠"和"唐老鸭"那样具有鲜明的标志性的文化旅游产品、文化形象和文化符号。而这恰恰是美国在有效地实施全球文化治理的战略进程中最为成功的案例。"1996年，文化产品（电影、音乐、电视节目、图书、期刊和计算机软件）成为美国最大的出口产品，第一次超过了包括汽车、农业、航空和国防在内的所有其他的传统产业。"这是被国内文献引用最为普遍的资料，用以证明发展文化产业的重要性。但是，人们在实践中也普遍地忽略了一个关键问题，就是在这一组被无数次引用的数据中，它的关键词是"文化产品"，并且是"电影、音乐、电视节目、图书、期刊和计算机软件"这样的文化产品；同样在迄今为止的有关美国文化产业增加值在美国国内生产总值（GDP）的占比中，也还没有发现美国把"文化地产"所形成的增加值统计在其中的。从这个意义上说，美国的国家文化治理是通过它的文化产品生产及其国际文化贸易所形成的以内容为核心的强大的文化产业所建构的。美国文化产业"GDP"是以文化产品的内容生产和输出所形成和生成的，而不是由"文化地产"和"旅游地产"的"GDP"生成的。土地是财富之母，但不是文化之母，更不是国家文化治理能力生成之母。人是万物之灵，是一切文化之母。国家文化治理能力的形成只有在以文化内容的创造性生产为主体功能的文化产业发展中才是可能的。没有以文化内容的创造性生产为主体功能的文化产业发展，而只有"文化地产"的大规模开发，包括那些以文化产业的名义大肆圈地，建设文化产业园区所形成的投资性和投机性的"文化产业的GDP增长"，都不可能形成国家文化治理能力。

因此，国家文化治理理论的核心就在于，揭示了一个对于文化产业发展战略来说最本质的命题：发展文化产业的目的不是为了经济，而是为了完善国家治理，是以经济——市场经济的方式实现文化的政治、经济、社会和文化的价值性转换，进而改变和重塑国家治理模式。从这个意义上说，国家文化治理的提出使得文化产业发展在文化本位的层面上又回归了它的价值理性：人—社会—国家的治理，从而实现了文化产业发展的工具理性和价值理性的有机统一：文化工业批判—文化产业发展—文化产业发展与国家治理的融合。这就是当今中国的国家文化治理。

（三）以文化政策创新推进中国新文化变革

20世纪以来，中国经历了两次深刻的新文化变革运动。一次是以爱国主义为核心内容、以民主与科学为动力的五四新文化运动，再一次就是20世纪末发动的、当前正在发生着的以文化产业发展为动力、以文化制度创新为核心内容、以构建和谐社会为文化目标的新文化变革。这两次新文化变革的一个共同特点，都是在中国面临全球化挑战和融入现代世界体系过程中发生的。但也存在着巨大的差别：第一次新文化变革改变了中国革命的形态和发展道路，它的直接成果是诞生了中国共产党，以自己的方式回应经济全球化对中国革命发展的挑战；第二次新文化变革是改变中国建设的形态和发展道路，它的直接成果是以改革开放的方式，以和平崛起的发展战略回应经济全球化对中国社会建设发展的挑战。前者以民族思想解放为特征，后者以国家制度创新为特征。但是，这场新文化变革运动与以往中国历史上任何一次文化变革运动相比，它的一个最大的特点就是由思想解放而发展成文化解放的自然过程。它没有提出明确的变革口号，也没有自上而下或者自下而上专门的组织运动形态，更没有通过"运动"的方式来推动，而是随着中国改革开放的不断深入，以及随着社会主义市场经济体制改革目标的提出后逐渐形成和清晰起来的。

两次新文化变革的一个共同特点都是在中国面临全球化挑战和融入现代世界体系过程中发生的。第一次新文化变革是源于鸦片战争，成于"五四"新文化运动，终于第二次世界大战结束。这次新文化变革的特点是中国以屈辱的方式被迫接受全球化的挑战开始融入现代世界体系进程的，是中国的传统封建主义文化与现代资本主义文化之间第一次的全面对撞。其结果是为中国重新走上复兴之路提供了新的思想和文化形态，并找到了克服中国落后的必由之路。"五四"新文化运动正是在这样的意义上成为划分中国历史断代的界标性事件。中国现代政党制度也正是由于中国共产党的成立而获得了现代的意义。第一次新文化变革的发生是由于中国社会的变革需要而发生的，寻求的是文化形态自身的转变，具有很大的自发性。直接诱因是巴黎和会对中国主权的侵犯所激发的中国新知识分子的爱国主义觉悟。也就是说，这第一次新文化变革运动的发生并不是在政府作为第一推动力的情况下发生的。而是自鸦片战争以来，酝酿在中国社会内部渴求变法以求新政的新一代知识分子催生的。新型的知识分子是它的主导力量。追求文化的内容和形式上的变革是它的主要内容。在那时，现代文化产业在中国也还刚刚起步，也还没有作为一种革命性力量而被认识，并且主要的还是以配角的身份表现在新文化变革这一平台上的。第二次世界大战的爆发和结束，使得中国第一次新文化变革运动的形态和模式发生了深刻的历史变化。"五四"新文化运动的成果在经历了 20 世纪 30 年代的全球性的"左翼文化运动"之后，形成了新民主主义的文化成果。

第二次新文化变革是在中国疏离世界体系20年后主动寻求国家发展和民族振兴之路时发生的。"文革"的结束和中国改革开放的起步成为它的标志性事件。在它的第一阶段，带有明显的补课的特点，补上对于世界的认识落后于世界发展的进程这一课。特点是在全面地反思过程中的全盘西化，具有与"五四"运动类似的特点。20 世纪 90 年代苏联、东欧社会主义阵营的解体和中国开始"复关"，才真正开始了中国融入现代世界体系的进程。自身的全面反思和全盘西化，随着中国 1989 年的社会阵痛，真正开始了融入现代世界体系的努力。大众文化开始成为市场主角登上历史舞台。对中国加入世贸组织的研究，使得中国新文化变革真正在应对全球化挑战的讨论中开始了。与第一次新文化变革相区别的一个根本区别，文化产业由于承载着重要的意识形态责任而作为一种革命性力量被发现，并开始发生作用。文化体制改革随着新文化变革的逐步深入开始占据新文化变革的中心。当不变革原有的文化体制，中国的社会主义文化建设便不能发展、不能满足国家战略需求的时候，文化体制改革作为这场新文化变革的核心问题便凸显出来了。解放文化生产力成为全部新文化变革的主题。所有这一切都是在全球化背景下发生的，是在中国融入现代世界体系过程中发生的。内在需求和外在压力共同导致了这一影响深远的新文化变革的全面发生。如果说，"五四"新文化运动还主要的是在思想文化领域里进行的话，那么，这一次新文化变革却是在体制和机制领域进行新旧文化的交锋与冲突，更多的是在体制层面上进行。放松管制和市场准入成为主要内容。文化生产力形态和文化生产关系都将在这一过程中发生革命性的变化。这是由国家执政主体主动发起的一次自我革命。

这场新文化变革运动的核心是推动新经济变革、新政治变革和新社会变革：为经济变革提供产业转移空间形态、为新政治变革提供文明构架、为新社会变革提供精神和谐认同涵养，为文化自身变革提供全新的内容与形式：新思想、新观念、新理论、新体系、新形态、新道路、新制度、新模式、新创造、新超越。

本章小结

➡ 中国当代文化政策是中国共产党领导中国革命和社会主义建设的历史过程中逐步形成和发展的，是一部中国共产党对中国新文化运动的领导史，实际上就是党的文艺政策的发生、发展的演变史，就是中国社会主义文化政策的形成和发展史。中国共产党对中国新文化运动的领导和文艺政策的形成、发展、演变，经历了两个阶段、四个时期。两个阶段是：新民主主义阶段和社会主义阶段。四个时期是：中国共产党文艺政策诞生期、社会主义文化政策的主体性建立期、社会主义文化政策的重构和转型期、社会主义文化政策创新体系建设期。

➡ 《新民主主义论》和《在延安文艺座谈会上的讲话》，是中国当代文化政策现代建构的理论基础，第一次实现了从感性实践上升为理论系统的完整的文化政策形态。当代中国的许多文化政策的制定，都可以从这里找到它们原初的历史形态。

➡ 社会主义文化政策运动是中国文化现代化主体性建构的当代形态。它既是新民主主义文化运动在当代中国合乎逻辑的发展，又是中国现代化在社会主义历史时期全新的文化创造。两种文化形态代表了中国文化现代化发展两个不同的历史阶段。两者既有内在的文化联系，又有不同的价值目标。这些联系和区别造成的矛盾、冲突、整合和斗争，构成了中国社会主义文化政策的主体性建设和波折的发展主题。

➤ 思想解放运动将中国文化推进到全新的历史发展阶段。改革开放给中国社会带来的整体性结构变迁和深刻的观念革命，牵引着当代中国文化范式的转变。在建设有中国特色的社会主义文化这一终极目标的观照下，重建社会主义文化政策体系，成为当代中国文化政策转型和主体性重构的根本特征和发展趋势。

➤ 社会主义市场经济体制改革目标的提出，为中国特色的社会主义建设确立了一个明确的国家发展道路和制度建设的价值取向。这是一次全新的社会革命和制度革命，必然提出国家创新体系建设的战略命题。经济体制发展道路和发展模式的战略性转型，必然同时要求文化发展与之相适应，必然同时提出文化政策创新体系建设的要求。中国加入世界贸易组织，以及文化市场的对外开放，使得中国文化发展的生态环境发生了根本性的变化，如何在现代世界体系下和全球化背景下建设和发展走向世界的中国文化，构成了中国文化政策创新体系建构的重要特征。

➤ 政治治理、经济治理、文化治理，是国家治理的三个发展阶段。中国在经历了政治治理（"以阶级斗争为纲"）—经济治理（"以经济建设为中心"）之后，正在走向文化治理（"建设社会主义文化强国"）。是在中国国家治理进入第三个发展阶段后被赋予承担国家文化治理职能的，并从而进入国家发展战略序列。推进和实现国家文化治理体系和治理能力现代化，不仅是国家治理体系和治理能力现代化的重要内容，而且明确了文化体制改革和国家文化政策创新体系建设全新的价值取向。

思考题

1. 怎样理解当代中国文化政策的起源？
2. 中国当代文化政策经历了哪几个发展阶段？
3. 当代中国文化政策的理论基础是什么？
4. 如何认识毛泽东的《新民主主义论》和《在延安文艺座谈会上的讲话》在当代中国文化政策中的地位与作用？
5. 怎样认识和看待中国社会主义文化政策主体建构过程中的波折？

6．今天中国文化政策处在一个怎样的历史发展阶段？它的特征是什么？

参考书目

1．胡惠林．中国国家文化安全论[M]．第2版．上海：上海人民出版社，2012．

2．胡惠林．国家文化治理：中国文化产业发展战略论[M]．上海：上海人民出版社，2012．

3．傅才武．中国文化管理体制：性质变迁与政策意义[J]．武汉大学学报（人文社会科学版），2013（1）．

4．林玮．中国共产党90年来文化政策重心的四次转移[J]．中共四川省委党校学报，2012（2）．

第七章

中国社会主义文化的总政策

本章学习目标

通过本章学习，学生应了解和掌握以下内容：

1. 中国社会主义文化总政策的内容及其在我国文化政策体系中的意义；
2. "二为"方向的形成与当代中国文化的性质；
3. "二为"方向的基本内容与核心价值；
4. 文艺与政治的关系；
5. "双百方针"提出的历史背景；
6. "双百方针"的基本内容和精神实质；
7. "二为"方向和"双百"方针的关系。

导言

中国社会主义文化的总政策，是指在一个较长的社会主义历史阶段所确立的根本文化目标和文化任务，在社会主义发展过程中文化发展的根本方向。它由"文艺为人民服务，为社会主义服务"、"百花齐放、百家争鸣"两部分内容构成，在中国当代文化政策体系中，这是一个带有战略指导性和根本原则性的文化政策、处于文化政策过程系统的元政策的层面上，是其他各种文化政策的依据、起点和归宿，规定社会主义文化政策的全部矛盾运动和发展走向。

第一节　文艺为人民服务，为社会主义服务

　　文化的社会职能和服务对象问题，是文艺的社会存在和发展的根本问题。在这个问题上不同的认识和态度，不仅反映了政策主体对一定历史时期文化社会性质的把握，而且也规定了主体对文化运动和发展的选择和要求。新中国成立后，这个问题就一直是社会主义文化政策建设中最根本的问题，是个纲。当代文化政策，就是围绕着这个纲而展开的，"文艺为人民服务，为社会主义服务"，就是中国共产党对这一问题的当代认识和政策表达。

一、当代中国的文化性质与"二为"的提出

　　对于不同的社会历史发展阶段的文化性质的准确判断和把握，是科学决策和制定一切文化政策的基础，而一定性质的文化是决定于一定的社会发展性质的。因此，科学认识和正确把握一定社会历史发展时期的社会性质，又是认识和把握不同历史发展阶段文化性质的前提。早在 20 世纪 30 年代末，在谈到把握"中国社会的性质"与"中国革命的性质"的相互关系时，毛泽东就深刻指出：明白中国社会的性质，亦即中国的特殊的国情，这是解决中国一切革命问题的最基本的根据。中国革命的对象，中国革命的任务，中国革命的动力，这些都是由于中国社会的特殊性质，由于中国的国情而发生关于现阶段中国革命的基本问题，而中国革命的性质也同现阶段中国革命的其他问题一样，也是由中国社会的性质决定的。[①]从这一基本观点出发，毛泽东深刻地分析了把握"现行中国社会的性质"对于认识和把握"现时"的中国文化性质的重要性，批判了在"现时"中国"文化性质问题上的偏向"，提出了著名的中国新文化发展的"两个阶段论"和"新民主主义文化"论，并且以此为理论基础，形成并制定了反映和符合"现时"中国文化性质和文艺发展实际，满足"民族的科学的大众的"新民主主义文化建设需要的文化政策。这就是中国共产党的新民主主义文化政策。这个政策，在毛泽东以"文艺为什么人"为主题的《在延安文艺座谈会上的讲话》中得到了全面的展开，并奠定了中国当代文化政策的基础。是正确认识当代中国文化性质的关键，也是正确认识中国在现阶段之所以必须实行现在这样的文化政策的根本依据。

[①] 毛泽东. 中国革命和中国共产党[M]. //毛泽东. 毛泽东选集：第 2 卷. 北京：人民出版社，1972：609.

　　中国正处在社会主义初级阶段。这个初级阶段不是泛指任何国家进入社会主义社会都会经历起始阶段，而是特指中国在经济、文化都比较落后的条件下建设社会主义必然要经历的特定阶段。现时的中国社会主义是从半封建半殖民地社会脱胎而来的，虽然经过四十多年特别是近二十年的发展，中国社会已经取得了很大的进步，但是社会生产力不发达的状况并没有根本改变，社会主义制度还不完善，社会主义市场经济体制还很不成熟，建设高度的社会主义民主政治所必需的经济、文化条件还很不充分，封建主义、资本主义的腐朽思想和小生产习惯势力在社会上还有广泛影响。因此，这是一个逐步摆脱不发达状态，基本实现社会主义现代化的历史阶段，是逐步缩小同世界先进水平的差距，在社会主义基础上实现中华民族伟大复兴的历史阶段。在这个阶段中，社会面临的基本矛盾，是人民日益增长的物质文化需要同落后的社会生产之间的矛盾，因此，大力发展社会生产力，以满足人民不断增长的物质文化需要，就成为社会主义初级阶段最根本的任务。作为渊源于五千年中华文明，植根于有中国特色的社会主义实践的社会主义文化，不能不反映这一基本的社会特征，当然也就不能不从文化政策上反映这个根本性质并为它服务。这就是江泽民在中共十五大报告中所揭示的：有中国特色的社会主义文化，反映了我国社会主义经济和政治的基本特征，又对经济和政治的发展起巨大促进作用，为经济发展和社会全面进步提供强大的精神动力和智力支持。[①]从文化的层面上来看，中国处于社会主义初级阶段包含两个方面的意义：第一，从文化性质来说，中国已经是社会主义社会，因而文化必须坚持社会主义的方向和道路，而不能搞什么"全盘西化"或"完全的传统化"，任何偏离社会主义轨道的文化企图和文化倾向，都是与社会主义性质不相容的；第二，从发展程度来说，中国的社会主义成熟程度还很低，文化还很不发达，人民日益增长的物质文化需要同落后的社会生产之间的矛盾还将长期存在，"落后的社会生产"，不仅是指经济建设和生产力水平还处在比较落后的水平上，而且是指文化建设和精神生产也还处在比较落后的水平上，与人民日益增长的精神文化需求很不相适应。这就决定了在社会主义初级阶段，在坚持以经济建设为中心的基础上，在切实推进社会主义民主政治的同时，必须大力抓好文化生产和精神建设，创造出更加绚丽多彩的有中国特色的社会主义文化满足人民的需求。这是文化建设长期而艰巨的任务。中共"十五大"进一步指出："有中国特色社会主义的文化，是凝聚和激励全国各族人民的重要力量，是综合国力的重要标志"，"就其主要内容来说，同改革开放以来我们一贯倡导的社会主义精神文明是一致的。文化相对于经济、政治而言。精神文明相对于物质文明而言。只有经济、政治、文化协调发展，只有两个文明都搞好，才是有中国特色

① 1997 年 9 月 22 日《人民日报》。

的社会主义"。①立足于社会主义初级阶段的实际，把社会主义文化建设提升到社会主义发展的本质要求和基本纲领的高度；立足于适应世界综合国力的竞争，把文化建设的根本任务定位在人的素质提高、人的全面发展和社会的全面进步：这就从磨擦的理论高度把文艺为人民服务，为社会主义服务同人的素质提高、人和社会的全面进步、发展统一起来了。从而在一个更加充满时代精神的宏阔背景上和更高、更为本质的文化层面上，为文艺为人民服务，为社会主义服务开辟了广阔的道路和实践空间。

把对人和社会的全面进步和发展作为文化政策的一种重要价值取向，这在马克思主义文艺思想史和政策思想史上是一种发展。从这个意义来说，"文艺为人民服务，为社会主义服务"的提出，就不仅在根本上坚持马克思主义的文艺思想，而且还从中国社会主义初级阶段的文化实际出发，发展了马克思主义的文化思想，成为马克思主义文艺思想的基本原理同中国社会主义初级阶段文化实际相结合的创造性产物，马克思主义文艺学关于文化管理和决策理论的重大发展。虽然就历史的进程来说，"二为"的提出在前，"初级阶段"理论的提出在后，但是，正如人们对许多事物的认识都是经由局部才实现对整体的把握一样，"二为"的提出也正是从对当代中国社会文化性质的认识不断成熟、深化的基础上，从文艺观照社会这个局部来逐步求得对当代中国社会文化的科学把握来确定它的政策取向。一切科学理论的提出都有它的前瞻性和历史超越性，这样才有生命的价值，而一旦历史的发展完全证实了它，那么，它所提出的科学性和实践性也就在内容与形式上统一了。"二为"的提出也正是在这个意义上，才具有独到的贡献和作为长期指导中国文化发展的总政策的品格。

二、"二为"的价值取向及当代意义

文艺为人民服务，为社会主义服务，作为中国社会主义初级阶段文化总政策的一个重要组成部分，具有科学的界定，具体而丰富的内涵，它决定"我国文艺的性质和方向，为我国文艺的发展和繁荣，开辟了无比广阔的前景。在社会主义现代化建设整个过程中，始终是我们必须坚持的根本原则"②。

"文艺为人民服务"，是指为广大的工人、农民、士兵、知识分子、干部和一切拥护社会主义、热爱祖国的人们服务，首先是为工农兵服务。"为社会主义服务"，就是为社会主义的经济、政治、军事、文化等各项事业的根本需要服务。在社会主义初级阶段，就是要为发展社会生产力、为社会主义现代化建设的伟大事业服务，为建设有中国

---

① 1997 年 9 月 22 日《人民日报》。
② 江泽民. 在中国文联第六次全国代表大会、中国作协第五次全国代表大会上的讲话[N]. 人民日报，1996-12-17.

特色的社会主义的文化服务。

"为人民服务",是对文艺服务对象的表述,反映和强调的是文艺与人民的关系,从服务对象上规定了当代中国文艺工作的根本方向;"为社会主义服务",则是对文艺的时代特点、思想内容和社会功能的规定,着重强调文艺同社会主义制度的关系,从服务内容上揭示当代中国文艺工作的性质。两者相辅相成,有机统一。既反映和揭示了现阶段中国人民的根本文化利益和要求,反映了社会主义对文艺的本质规定,同时也在阶级和国家文化利益的层面上集中体现了国家文化管理意志和对文化的价值取向和价值要求。从新中国成立后到1980年"二为"提出之前的这段时间里,对文艺的要求,对文艺的服务对象和服务内容,在"以阶级斗争为纲"的文化环境中,一直提"文艺为工农兵服务""文艺为政治服务"。虽然在今天乃至在整个社会主义初级阶段,工农兵仍然是中国社会的主体,仍然是文艺的主要服务对象,为政治服务依然是文艺的一个重要服务内容,但是,"文艺为人民服务,为社会主义服务"不仅在对象范围和内容的丰富性上有了很大的扩大,扩大到了一切拥护社会主义和热爱祖国的人们,扩大到了初级阶段的整个社会生活,而且这种扩大还反映了经过几十年的建设、发展和曲折,经过思想上的拨乱反正,中国文化所取得的进步和文化范式的重大转变,国家在领导和管理有中国特色的社会主义的文化事业方面所表现的现实主义精神的成熟,以及主体对文艺要求崭新的价值取向。这种价值取向及其当代性集中表现在以下三个方面。

1. 以社会主义时代精神为主导,引导人们树立共同理想,给人民以信心和向上的力量

文艺是有时代性的。表现社会主义时代生活和社会主义时代精神,是社会主义文艺的主导,是社会主义文艺同封建主义文艺、资本主义文艺的本质区别。文艺是社会主义精神文明建设和有中国特色的社会主义文化建设的一个重要组成部分,无论是就形态还是功能来说,它都具有思想建设和文化建设的双重特点,尤其在塑造人的高尚的人文精神方面,更有为其他文化形态所不可替代的作用和重要的责任。中共十四届六中全会的决议指出:"社会主义思想、道德集中体现着精神文明的性质和方向,对社会主义政治经济的发展具有巨大的能动作用。在改革开放和现代化建设的整个过程中,思想道德建设的基本任务是:引导人们树立建设有中国特色社会主义的共同理想和正确的世界观、人生观、价值观。"①"在全社会形成共同理想和精神支柱,是有中国特色社会主义文化建设的根本"②,也是文艺具体地体现为人民服务,为社会主义服务的根本。当代中国正在进行的现代化建设和改革开放,对社会主义文艺的发展是个巨大的促进,同时也对它

---

① 1996年10月10日《人民日报》。
② 江泽民. 在中国共产党第十五次全国代表大会上的报告[N]. 人民日报,1997-09-22.

"以优秀的作品鼓舞人"和"以高尚的精神塑造人"提出了更高的要求。有中国特色的社会主义文艺，应当在描写和培养"四有"新人方面付出更大的努力。要塑造社会主义现代化建设的创业者、改革开放的进取者，表现他们那种有革命理想和科学态度、有高尚情操和创造力、有宽阔眼界和求实精神的崭新面貌。要通过这些新人形象，激发广大人民的社会主义积极性，推动他们从事现代化建设的历史性创造活动。社会主义文艺要通过有血有肉、生动感人的艺术形象，真实地、具体地、历史地反映社会主义现代化建设的客观进程，深刻地、生动地表现人民群众改造自然、改造社会伟大实践和丰富的精神世界以及人们的生活和思想的深刻变革，表现时代前进的要求和历史发展趋势。这是当代中国的社会主义文艺之魂。因此，"文艺工作者要努力在自己的作品和表演中，贯注爱国主义、集体主义、社会主义的崇高精神，鞭挞拜金主义、享乐主义、个人主义和一切消极腐败现象"[①]。那种排斥文艺的思想教育功能，片面追求文艺工作中的商业化倾向等模糊观念，都是应当克服的。至于借文艺作品宣扬色情、暴力、迷信和资产阶级自由化，则是应该坚决抵制的。只有这样，才能有根本上实现为人民服务，为社会主义服务的价值取向和终极目标。

2. 满足人民群众日益增长的精神文化需求

植根中国社会主义现代化建设的实践，反映中国人民创造新生活的进程和自强不息的精神，并且用这种精神引导人民树立共同理想，这是中国社会主义文艺的立身之本，也是"二为"的根本人文取向和当代意义。

在社会主义初级阶段中，一方面，以生产资料公有制为主体的社会主义经济制度、人民民主专政的社会主义政治制度和马克思主义在意识形态领域中的指导地位已经确定，另一方面，以公有制为主体的多种经济成分，"一国两制"，共产党领导下的多党政治协商制度以及其他社会成分的社会意识形态还依然存在。因此，社会主义初级阶段的文艺的成分构成也必然地呈现一元为主，多元并存的状态。无论是文艺家的队伍构成、作品的思想内容构成，还是人们的审美取向构成，都是如此。社会主义初级阶段要求在公有制为主体的前提下发展社会主义民主政治，由此而产生的价值观念、道德标准、思想方法、理论学说和审美情趣，就都有它作为社会存在的文化的合理性和作为对以马克思主义为指导的意识形态以及有中国特色社会主义文化的补充而并存的必然性。爱国主义、集体主义、民主主义、人道主义、科学和进步的思想精神、道德观念、审美情操，各种正当的个人愿望和个人追求，一般意义上的正直善良、忠诚的勤劳等，都应当看作是社会主义初级阶段文化的题中应有之义。假如以为思想文化建设可以超越或者凌驾于

---

① 江泽民. 在中国文联第六次全国代表大会、中国作协第五次全国代表大会上的讲话[N]. 人民日报，1996-12-17.

社会的经济和政治要求之上，对社会主义初级阶段的文艺以及人们的审美情趣要求纯而又纯，整齐划一，而不是在爱国的、有益无害的前提下承认不同层次的、多样性的存在和发展，那就不但在理论上违背了"每个人的自由发展是一切人的自由发展的条件"的马克思主义的人文精神和美学原则，阻碍社会主义文艺的繁荣，而且还会严重束缚文艺生产力的发展和人的现代人文精神的培养，当然也就谈不上文艺为人民服务，为社会主义服务了。因此，中共"十五大"的报告和中共十四届六中全会的决议中一再指出：有中国特色的社会主义的文化建设，提倡共产主义思想道德，同时把先进性要求与广泛性要求结合起来，"满足人民群众日益增长的精神文化需求"。精神文化体现了人类实践活动的深层的、核心的价值取向，作为文化整体的核心，最为深刻地体现了主体的文明进步程度，以及作为主体的人的自由自觉的特性。这种特性在当代的一个最显著的特征，就是人们在感受到文化的恩泽和社会进步的同时，也切实地体验到了文化对人的否定性作用，这种否定性源于"人类的未完成性"，即人类的不断完善性。正是这种未完成性展开了人类在实现自我完善过程中的全部丰富性。因此，社会关注人的发展，人关注自身的完善和发展，已成为当代世界现代化的一个普遍趋势。社会主义是一个全面发展的社会，全面发展的主体因素是人。人的多样性的文化层次，必然产生多样化的审美情趣和文化需求。人们需要激情如火的作品来鼓舞自己的斗志，需要匕首、投枪般的檄文去批判旧世界，但是人们也需要田园牧歌式的抒情小品，以养性怡情，以娱乐和休憩。邓小平说得好："我国历史悠久，地域辽阔，人口众多，不同民族，不同职业，不同年龄，不同经历和不同文化程度的人们，有多样的生活习俗、文化传统和艺术爱好。雄伟和细腻，严肃和诙谐，抒情和哲理，只要能够使人们得到教育和启发，得到娱乐和美的享受，都应当在我们的文艺园地里占有自己的位置。"[①]社会主义文艺在为经济发展和社会全面进步提供精神动力和智力支持的同时，还应以自己特殊的形式和方式，给人以多样的文化关怀，满足人民精神生活多方面的需要，从而在着力提高全民族的思想道德素质和科学文化素质的过程中，把人锻炼成认识到人民自己的利益并为之而奋斗的有坚定信念的人。现代化的核心是人的现代化。马克思认为："人不是由于有某种逃避某种事物的消极力量，而是由于有表现本身的真正个性的积极力量才得到自由。"[②]个体生命存在的价值和意义是 20 世纪人文主义思潮的重要主题。社会主义文艺理应为人表现本身的真实个性的积极力量而承担起自己庄严的职责。这就是为人民服务，为社会主义服务的又一当代要求和当代意义。

---

① 邓小平. 邓小平文选[M]. 1975—1982 年. 北京：人民出版社，1985：182.
② [德]马克思，恩格斯. 马克思恩格斯选集[M]. 第 3 卷. 北京：人民出版社，1983：167.

3. 文艺工作者必须投身于人民群众火热的时代生活，在人民的历史创造中进行艺术的创造，在人民的进步中造就艺术的进步

人民群众的生活，是社会主义文艺取之不尽、用之不竭的丰富源泉。在这个源泉中，既有文艺的服务对象，也有文艺的表现对象。深入这个源泉，是熟悉服务对象和表现对象的前提。文艺是为人民服务，为社会主义服务的，那么，作为文艺创作、文艺生产的主体，文艺工作者应当投身到人民群众火热的斗争生活中去，在今天也就是要投身到人民群众建设社会主义现代化的伟大历史洪流中去，"认识社会发展的客观进程，认识人民群众的利益所在，认识人民群众的历史创造性和精神生活的进步"[1]，力求用马克思主义的科学世界观，用人民的共同理想和健康的审美情趣，去描写最广大人民群众的生活、斗争和理想，反映他们的根本利益，表现他们的愿望和他们的历史要求，做他们忠实的代言人。"在人民的历史创造中进行艺术的创造，在人民的进步中造就艺术的进步"[2]——过去、现在和将来，这都是摆在中国的文艺家和文化人面前最艰巨的任务和最神圣的使命，是实现"二为"方向的根本途径。新时期文学之所以取得为世人瞩目的成就，一个重要的原因就是很多文艺家在十年"文革"中被卷进了生活的激流，被抛进了生活的底层。他们与人民一起，在不幸的人生和不幸的年代里为生存、为生活、为真理、为祖国和民族而挣扎、苦斗、奋争。不少作品就是那个年代真实、惨痛的记录。历史在他们的作品中得到了真实的再现，人民从他们的作品中获得了历史的真实，是历史带来的机会，也是历史造成的效应。历史的经验值得汲取。文艺家应该写自己所热爱的生活，在时代的发展中和在同人民群众的结合中拓宽艺术视野，扩大艺术创造的空间。"自觉地在人民的生活中汲取素材、主题、情节、语言、诗情和画意，用人民创造历史的奋发精神来哺育自己，这就是我们社会主义文艺事业兴旺发达的根本道路。"[3]那种淡漠"二为"方向、远离群众实践的倾向，那种迎合低级趣味，"一切向钱看"的倾向，那种鄙薄革命文艺传统，推崇腐朽文艺思潮的倾向，都是错误的，应该坚决反对。只有这样，文艺才能在提高人的综合素质，促进人的全面发展中，发挥应有的作用，也才能成为民族精神的火炬、人民奋进的号角。

三、正确认识和处理文艺与政治的关系

"文艺为人民服务，为社会主义服务"与"文艺为工农兵服务""文艺为政治服务"

---

[1] 江泽民. 在中国文联第六次全国代表大会、中国作协第五次全国代表大会上的讲话[N]. 人民日报，1996-12-17.
[2] 江泽民. 在中国文联第六次全国代表大会、中国作协第五次全国代表大会上的讲话[N]. 人民日报，1996-12-17.
[3] 邓小平. 邓小平文选[M]. 1975—1982年. 北京：人民出版社，1985：183-184.

有着直接的继承关系。这种关系不仅展示了社会主义文艺职能的现代变迁，而且深刻反映了不同历史时期文化工作重心的转移和政策目标的意义寻求历程。其中既有历史对文艺的必然要求，也有主体自觉的文化反思。正确认识两者的历史和现实的政策关系，对于正确理解和把握"二为"方向，具有特别重要的意义。因此，有必要对这两个口号变迁的政策原因，尤其是折射出来的文艺与政治的关系，从文化政策学的层面上给予符合客观实际的分析，以利于"二为"的贯彻执行。

　　"文艺为工农兵服务""文艺为政治服务"，是在对毛泽东《在延安文艺座谈会上的讲话》精神概括的基础上形成的。《讲话》的原文分别是："我们的文学艺术都是为人民大众的，首先是为工农兵的，为工农兵而创作，为工农兵所利用的"；"在现在世界上，一切文化或文学艺术都是属于一定的阶级，属于一定的政治路线的"，"革命的思想斗争和艺术斗争，必须服从于政治的斗争，因为只有经过政治，阶级和群众的需要才能集中地表现出来"，"因此，党的文艺工作，在党的整个革命工作中的位置，是确定了的，摆好了的，是服从于党在一定革命时期内所规定的革命任务的"。①第一段话是在回答和寻求解决"文艺为什么人"的问题时提出来的，此后的一些话是在讨论"党的文艺工作和党的整个工作的关系问题"时提出来的，两者的政策学视角，都是要从分析当时中国文艺的实际中找出方针、政策、办法。目的是"研究文艺工作和一般革命工作的关系，求得革命文艺的正确发展，求得革命文艺对其他革命工作的更好的协助，借以打倒我们民族的敌人，完成民族解放的任务"②。可见，后来简略概括为"文艺为工农兵服务""文艺为政治服务"的提法，是有特殊的深刻的历史原因和政策学要求，就提出的时间来说，它是抗日战争时期中华民族到了最危险的时候，就所针对的问题对象来说，是为了纠正当时延安文艺界不同程度地存在的轻视工农兵，脱离群众，脱离当时中国实际的不良倾向，需进一步端正革命文艺方向。历史地来看，民族危亡，维系着国家的利益、人民的利益，拯救祖国于水火，挽救民族于危难，争取全民族抗日战争的胜利，理应是当时中国一切进步力量、社会团体和政党的根本任务，是"中国政治的第一个根本问题"。一切为抗战服务，为中华民族最根本的政治利益服务，是历史提出的要求，当然也就成为以全体人民的根本利益为自己利益的中国共产党的崇高使命，成为它领导的革命文艺的使命。因此，要求"文艺服从于抗战建国的政治"，这在当时不仅不算过分，而且成为中国共产党的一项根本文艺政策，也是历史的必然。这正如中共十三大报告所分析的那样："当时，我们之所以必须把阶级斗争摆在中心的位置上，那是因为只有首

---

① 毛泽东. 在延安文艺座谈会上的讲话[M]. //毛泽东. 毛泽东选集：第3卷. 北京：人民出版社，1972：820，822.

② 毛泽东. 在延安文艺座谈会上的讲话[M]. //毛泽东. 毛泽东选集：第3卷. 北京：人民出版社，1972：823，804.

先推翻了反动阶级的统治，使劳动人民政治上不受压迫，经济上不受剥削，才能解决生产力。"①这是"文艺为政治服务"的提法产生的历史根源。在当时，就全国来说，工人、农民、士兵和城市小资产阶级劳动群众占总人口的百分之九十以上，在为抗战胜利而浴血奋斗的整个过程中，工农兵群众都是革命的主力军，是历史的主体，没有他们前赴后继、不怕牺牲的民族献身精神，便不可能有抗日战争的胜利和后来中国革命的胜利。然而，当时解放区文艺队伍的实际状况却是：轻视工农兵，脱离群众，普遍地把小资产阶级知识分子看得比工农兵还重要，不仅注重表现他们，而且还原谅他们的缺点并为之辩护。针对这种不良倾向并为解决这种状况，毛泽东才提出要把立足点"移到工农兵这方向来"的要求，让文学艺术"为工农兵而创作，为工农兵所利用"，并且认为："只有这样，我们才能有真正为工农兵的文艺，真正为无产阶级的文艺。"②联系当时的历史条件和革命斗争的根本任务，对文艺的服务对象提出这样的政策要求和政策规定——"文艺为工农兵服务"，"文艺为政治服务"，作为一种相对立的历史认识形态和文化政策形态，它与中国共产党的许多其他政策一样，在历史上确曾起过积极的重要作用。在这个文艺政策的指导下，广大的革命文艺工作者纷纷深入到人民群众为主的斗争生活中去，实行"文化入伍""文化下乡"，在了解和熟悉工农兵群众生活的基础上，改造自己，改造艺术，创作了大量表现工农兵的生活和思想感情的优秀文艺作品，发挥了教育人民、团结人民、打击敌人、消灭敌人的积极作用。这些优秀的文艺作品中的崭新的艺术典型所产生的巨大的精神动力和美学价值，在我国的新文化发展史上具有开创意义的成就，而在艺术实践中成长起来的一代革命文艺家，更是构成了社会主义文艺大军的核心力量，奠定了新中国社会主义文艺的宏伟基础。因此，必须从历史唯物主义观点出发，给"文艺为工农兵服务""文艺为政治服务"这一政策以应有的历史评价值和政策学地位。

首先，这一政策所反映的政策主体的目标追求，是符合文艺创作规律和文艺发展的历史进程的，是符合文化政策运动的一般规律的，即作为一定阶级文化意志的集中表现，文化政策是一定历史条件下一定阶级的文化利益、愿望、要求和目的的反映。作为这样一种规律性的体现及其所包涵的精神实质，不仅在民主革命时期具有指导意义，即使在今天也同样不失政策学意义。邓小平在全国第四次文代会上特别强调，"我们要继续坚持毛泽东同志提出的文艺为最广大的人民群众，首先为工农兵服务的方向"③，就是最好的说明。

---

① 1987 年 11 月 4 日《人民日报》。
② 毛泽东. 在延安文艺座谈会上的讲话[M]. //毛泽东. 毛泽东选集：第 3 卷. 北京：人民出版社，1972：814.
③ 邓小平. 邓小平文选[M]. 1975—1982 年. 北京：人民出版社，1985：182.

其次，文艺为什么人和文艺为什么样的社会理想服务的问题，始终是文艺的根本问题，也是马克思主义文艺政策的核心问题。在解放区已基本解决的文艺方向问题，不等于已在全国范围内解决；在战争环境中能做到的事情，并不等于在和平建设环境中也能做到。尤其是在今天，当一些人提出与"二为"方向完全相悖的"背对生活，面向自我"，"淡化政治"和"远离政治"等主张，这一文艺政策所蕴含的当代意义就越加显出价值。

但是，正如历史上一切服务于一定历史时期的口号和政策都有它的历史局限性一样，把"文艺为工农兵服务""文艺为政治服务"作为对《讲话》基本精神的政策学概括也有它的历史局限性。尤其是在新中国建立以后，在党和国家的工作重心转移以后，这样的概括所暴露出来的局限性和片面性就更加突出了。

"文艺为工农兵服务"的提出，虽然突出了工农兵的社会主力军的作用，但是在文艺的服务对象范围上却不能涵盖全体人民群众，在社会主义时期尤其不能涵盖其他阶层中一切爱国的、进步的人士。今天，一切赞成、拥护社会主义，热爱祖国的人，都属于人民的范围，都应成为社会主义文艺反映和服务的对象，而"文艺为工农兵服务"则显然不能全面反映这一历史面貌的根本变化。同样，"文艺为政治服务"就一般政策学意义而言，虽然也反映了文艺的一项十分重要的使命，却没有反映文艺的全部使命和全部职责。文艺既是人类社会生活的反映，它就应当反映政治、经济、军事、文化等人类社会生活的各个领域；文艺既然要对生活产生反作用，它当然就会对社会生活的各个方面产生影响；文艺可以而且应当为政治服务，但也应当为经济、军事、文化、科学等事业服务，为满足人民群众多样的精神需求服务。正是由于"文艺为工农兵服务""文艺为政治服务"在变化了的时代所表现出来的局限性，这一政策在社会主义文艺的实践过程中被不适当地绝对化和片面化了，产生了消极的政策后果。为工农兵服务，被片面地理解为文艺只能表现工农兵生活，塑造工农兵形象，而不能表现工农兵群众以外的人民大众的生活，塑造其他成分的人民的形象。"文艺为政治服务"，被狭隘地理解为文艺无条件地为政治斗争服务，图解党的具体政策和配合党在各个时期的中心工作。这就抹煞了文艺的艺术认识、审美享受和休闲娱乐等多方面的功能。这种片面和狭隘的理解导致了文艺创作内容、题材的单一化和艺术表现的公式化、概念化，后来甚至发展到拿"文艺从属于政治""文艺为政治服务"作为对文艺横加干涉的"理论根据"，严重阻碍了社会主义文艺事业的健康发展。十年"文革"期间，更是把这一口号推向极端，给社会主义文艺事业带来了极大的灾难。社会主义文艺曲折发展的历史实践证明，由于根本任务的发展、变化和服务对象的扩大，社会主义文艺政策理应作出新的政策选择和意义表述。

因此，在中共十一届三中全会顺利地实现党和国家在根本指导思想上的拨乱反正，把党和国家的工作重点转移到经济建设上来后，重新确定社会主义文艺工作的总政策，就具有紧迫的历史感。应该说，建国以后，党和国家的一些领导人，如周恩来等已经觉察到原有政策的局限性，看到了在新的历史条件下文艺的服务对象和功能应当有所扩大，多次强调文艺要努力为拥护和参加社会主义建设的广大人民群众服务，要讲艺术标准。1962年5月23日的《人民日报》社论中，提出了"为最广大人民群众服务"的口号，明确指出今天的情况同二十年前已经有了很大的不同，"现在，各民族的工人、农民、知识分子及其他劳动人民，各民主党派和民主人士，爱国的民族资产阶级分子，爱国侨胞和其他一切爱国人士，在中国共产党的领导下，结成了人民民主统一战线，积极地参加和支持建设社会主义的伟大事业。因此，这个人民民主统一战线内的以工农兵为主体的全体人民都应当是我们的文艺服务的对象和工作的对象"。可是，这样正确的认识，后来竟被当作"全民文艺论"而受到批判。正是鉴于这样的历史教训，1979年10月，在第四次全国文代会上，邓小平在祝辞中宣布，"不再继续提'文艺从属于政治'这样的口号"，认为"为个口号容易成为对文艺横加干涉的理论根据，长期的实践证明它对文艺的发展利少害多"。①"党对文艺的领导，不是发号施令，不是要求文艺学术从属于临时的、具体的、直接的政治任务，而是根据文化艺术的特征和发展规律，帮助文艺工作者获得条件来不断繁荣文学艺术事业，提高文学艺术水平，创作出无愧于我国伟大人民、伟大时代的优秀文学艺术作品和表演艺术。"②在经过一段时间的充分酝酿之后，中共中央明确提出，"我们的文艺工作总的口号应当是文艺为人民服务，为社会主义服务"，并以1980年7月26日的《人民日报》社论的形式，对这一口号的精神实质和内容作了全面阐述。此后，"文艺为人民服务，为社会主义服务"便成为社会主义初级阶段文艺工作的总政策，成为有中国特色的社会主义文化总政策的一个重要组成内容。

不再继续提"文艺从属于政治""文艺为政治服务"这样的口号，并不等于说文艺是可以脱离政治的。中共中央在提出把"文艺为人民服务，为社会主义服务"作为党和国家文艺工作的总的口号时特别指出："作为政策，党要求文艺事业不要脱离政治，坚持正确的政治方向"，并且"希望各级党委严格地执行党的统一的文艺方针政策"。③邓小平在阐述"不再继续提文艺从属于政治这样的口号"时，也明确指出："文艺是不可能脱离政治的……培养社会主义新人就是政治。"④作为一种社会意识形态的存在，文艺不能脱离政治，这是客观规律。文艺是社会生活的反映，而社会生活中首先就存在着人

① 邓小平. 邓小平文选[M]. 1975—1982年. 北京：人民出版社，1985：220.
② 邓小平. 邓小平文选[M]. 1975—1982年. 北京：人民出版社，1985：185.
③ 文艺为人民服务，为社会主义服务[N]. 人民日报，1980-07-26.
④ 邓小平. 邓小平文选[M]. 1975—1982年. 北京：人民出版社，1985：185.

民利益和国家利益高于一切这样最大的政治，在阶级斗争激烈和历史大变动、社会大转型时期更是这样。因此，把反映政治生活从反映整个社会生活中剥离出去，在实际上也是不可能的。所谓"淡化政治""背离政治""远离政治"等，其本身都是对"文艺从属于政治"所造成的局限的文化的政治反拨，在行为的意识深处，依然是文化的政治表现。因此，文艺要反映社会生活的矛盾和历史进步的趋势，表现人类社会中政治性的内容是不可避免的。改革开放，建设有中国特色的社会主义就是当代中国最大的政治。反腐倡廉，脱贫致富，现代化建设，哪一个不是政治问题？这些问题与人民的利益、国家的利益休戚相关，文艺当然不能不与它发生关系。同时，文艺家在自己的作品中不仅表现生活，而且也在评价生活，表现作者的真、善、美的倾向性，自觉或不自觉地通过作品去为促进他的理想社会生活的实现服务，这其中就蕴含着丰富的政治。政治作为一种强大的社会存在力量，总是要影响文艺家的创作生活的。因此，即使是那些主张"为艺术而艺术"的唯美主义文艺家，用普列汉诺夫的话来说，他们也是出于对当时的政治和阶级的状况的不满或反抗，用消极隐蔽的办法来表达自己的政治倾向的。而就文艺与文化统治的关系来说，任何一个统治阶级，总是要对文艺提出要求的，总是要对文艺有所规范的，无论是法律的还是道德的，抑或宗教的，他们对文艺进行某种政治干预都是不可避免的。因此，在抵制和反对对文艺的种种"横加干涉"的同时，中共中央也要求文艺不要脱离政治，要坚持正确的政治方向，肯定和承认正确的和有益的政治领导对于发展社会主义文艺的重要性。江泽民在中国文联第六次全国代表大会和中国作协第五次全国代表大会上的讲话中，就文艺与政治的关系代表中共中央作了政策性阐述。他说："政治具体地存在于我们的社会生活中，存在于文艺工作者的思想感情中。特别是在面临西方国家经济、科学占优势的压力和西方意识形态渗透的情况下，所谓不问政治、远离政治，是不可能的。在文艺工作中坚持党的基本理论、基本路线和方针政策，坚持正确的创作思想，多出精品，把美好的精神食粮贡献给人民，郑重地考虑作品的社会效果，旗帜鲜明地反对资本主义和一切剥削阶级腐朽思想文化的侵蚀，反对'一切向钱看'，旗帜鲜明地鼓舞人们为壮丽的社会主义现代化建设事业而奋发进取，这就是马克思主义政治对文艺工作者的基本要求。"[①]

　　"文艺为人民服务，为社会主义服务"的提出，是中国在文艺与政治的关系的问题上合乎逻辑的政策发展，它不仅纠正了长期存在的文艺与政治的不正常的政策关系，而且准确地阐释了在社会主义初级阶段的文化建设中文艺与政治的关系，坚定不移地贯彻执行文艺为人民服务、为社会主义服务这一社会主义文艺事业的总方向、总政策，繁荣

---

① 1996 年 12 月 17 日《人民日报》。

和发展有中国特色的社会主义文化。

第二节 百花齐放，百家争鸣

在社会主义社会，怎样为文化、艺术、科学的自由发展提供良好的文化环境和社会氛围，如何根据文化、艺术、科学的特殊运动规律制定正确的方针政策，以推动和促进社会主义文化事业的繁荣、进步，这是在社会主义制度建立之后，摆在中国共产党面前的一个重大课题。"百花齐放，百家争鸣"（简称"双百"方针），就是中国共产党促进文化和科学进步，促进中国社会主义文化繁荣的一项基本性的同时，也是长期性的方针。社会主义四十多年来的发展历史证明，实行这个方针，中国的文化艺术、科学事业就兴旺、发展，背弃这个方针，就停滞、倒退。切实贯彻执行"双百"方针，是促进中国社会主义文化事业繁荣、发展的根本保证。

一、"双百"方针的提出和当代中国文化矛盾分析

"双百"方针是 1956 年提出的。那年 4 月 28 日，毛泽东在中共中央政治局扩大会议上首次提出："'百花齐放，百家争鸣'，我看应该成为我们的方针。艺术问题上百花齐放，学术问题上百家争鸣。讲学术，这种学术可以，那种学术也可以。不要拿一种学术压倒一切。"[①]1956 年 5 月 2 日，毛泽东在最高国务会议第七次会议上重申这一方针。他说："现在春天来了嘛，一百种花都让它开放，不要只让几种开放，还有几种花不让它开放，这就叫百花齐放。百家争鸣是诸子百家，春秋战国时代，二千年前那个时候，有许多学说，大家自由争论，现在我们也需要这个。""中华人民共和国宪法范围之内，各种学术思想，正确的，错误的，让他去说，在刊物上，报纸上可以说各种意见。"[②]中共中央赞同毛泽东的意见，将"百花齐放，百家争鸣"确定为中国共产党指导社会主义文化工作的方针。同年 5 月 26 日，中共中央宣传部长陆定一代表中共中央向知识界作了题为《百花齐放，百家争鸣》的讲话，对这一方针作了详尽、透彻的阐述。1956 年 9 月，中共第八次全国代表大会确认了这一方针为党的"保证科学和艺术的繁荣"的方针。1957年春天，毛泽东又先后在《在省、市、自治区党委书记会议上的讲话》《关于正确处理

---

① 郭德宏等. 党和国家重大决策的历程[M]. 第 3 卷. 北京：红旗出版社，1997：326.
② 郭德宏等. 党和国家重大决策的历程[M]. 第 3 卷. 北京：红旗出版社，1997：327.

人民内部矛盾的问题》《在中国共产党全国宣传工作会议上的讲话》等一系列重要文章和讲话中，对"双百"方针作了全面、系统、深刻的论述。作为社会主义文化建设的一项重要政策，"双百"方针开始对社会主义文化建设发挥巨大的作用，产生深远的影响。

"双百"方针作为中国社会主义文化总政策中的一个完整的政策概念和政策内容，它的提出有深刻的社会历史背景，并经历了逐步整合的过程。这个整合过程，是随着政策主体——中国共产党对中国社会矛盾与文化繁荣的关系的认识、分析的不断深化而完成的。毛泽东在阐述和分析这一方针提出的依据时就明确指出：百花齐放，百家争鸣，"是根据中国的具体情况提出来的，是在承认社会主义社会仍然存在着各种矛盾的基础上提出来的，是在国家需要迅速发展经济和文化的迫切要求上提出来的"。[①]其中，"承认社会主义社会仍然存在着各种矛盾"是最重要的一条。任何政策的制定，在政策哲学的意义上都是着眼于矛盾的解决。制定文化政策，就是要通过科学的决策和运用科学的管理方法，解决现实社会中存在的文化矛盾，推动和促进文化的繁荣和发展。当代中国文化的矛盾存在于社会矛盾之中，因此，正确认识和把握当代中国的社会矛盾，是正确认识和解决当代中国文化矛盾，制定文化政策的前提和基础。"双百"方针就是中国共产党在对社会矛盾的科学认识和分析的过程中，在对社会主义文化事业繁荣、进步的发展规律和科学把握过程中提出来的。这个过程是经由从个别到一般，从局部到整体，从感性到理性，从实践到理论形态完成的不断提升的文化成熟过程。

"百花齐放""百家争鸣"最初都是用以解决不同文化领域里的不同文化矛盾提出来的。建国之初，文化工作面临着一个较大的矛盾，就是如何对待戏曲的问题。1950年开展的关于京剧问题的争论，一派意见主张全部继承，连糟粕也要继承，另一派意见认为京剧是封建主义的，主张全部取消。戏曲工作会议上有人提出应该"百花齐放"，周扬认为很好，向毛泽东作了汇报。1951年4月中国戏曲研究院成立时，毛泽东应请为该院题写了"百花齐放，推陈出新"，主张京剧还是要，不单旧京剧，各种戏曲形式都要去糟粕，取其精华，加以继承。这个问题，其实早在延安时期就已经解决。1944年毛泽东在《文化工作中的统一战线》中就已明确："在艺术工作方面，不但要有话剧，而且要有秦腔和秧歌。不但要有新秦腔、新秧歌，而且要利用旧戏班，利用在秧歌队总数中占百分之九十的旧秧歌队，逐步地加以改造。"[②]"百花齐放"解决了各种戏曲形式可以同时存在和改造发展的问题，但还没有解决文化工作中的其他矛盾、其他问题，还没有涉及科学界、学术界更广大的文化矛盾和文化问题。如何对待不同学派的争论，就是在

[①] 毛泽东. 关于正确处理人民内部矛盾的问题[M]. //毛泽东. 毛泽东选集：第5卷. 北京：人民出版社，1977：388.

[②] 毛泽东. 毛泽东选集[M]. 第3卷. 北京：人民出版社，1972：913.

不久后的文化工作中碰到的又一个较大的文化矛盾和问题。1953年，中国史学界出现了分别以郭沫若和范文澜为代表的对中国社会历史分期问题的不同意见，有人请中宣部出来裁定。问题到了毛泽东那里。毛泽东在刚组建的中国历史问题研究委员会请示历史研究工作的方针时，说要"百家争鸣"。这个精神当时并未公开宣传，只在中国历史问题研究委员会的会议上作了传达，它为解决怎样领导科学和学术工作的问题，怎样解决社会主义社会出现的文化矛盾，奠定了文化政策基础和科学的文化管理思路。问题是从两个具体的领域里提出来的，对矛盾和问题的解决在政策形态上就都带有就事论事，具体问题具体分析和具体解决的色彩，还未上升到矛盾的整体性把握和对社会主义文化矛盾普遍性认识的层面上。这一方向是由于新中国刚刚成立，百废待举，工作的重心是医治战争创伤，巩固新生政权，同时，社会主义改造刚刚开始；另一方面，在如何建设社会主义的政策思路上，还在向苏联"老大哥""一边倒"，尚未认真地思考中国的社会主义发展道路问题。这就决定了对当时过渡时期反映出来的文化矛盾的认识、解决和政策制定，都还只能是个别的、局部的和感性实践的。

把"百花齐放，百家争鸣"作为整体性的对象加以系统的政策思考，并确定为发展社会主义文化事业长期的方针政策，是源于1956年开始的对社会矛盾的重新认识。对准备在1956年下半年召开的中共"八大"，毛泽东思考的指导思想是：以反对右倾保守思想来推动一切工作，提早完成社会主义工业化和社会主义改造。然而，情况发生了变化。1956年2月，苏共"二十大"公开批判斯大林；在中国，1956年进入社会主义改造的高潮后，由于社会的大规模变动和经济建设的冒进，出现了一些未曾预料到的新的社会矛盾。这些情况和矛盾的出现引起了毛泽东和中共中央的高度警觉，从而使毛泽东为中共"八大"的指导思想发生了根本性的转变。这种转变的一个重要标志就是对盲目学习苏联经验的觉悟的反思，重新审视中国的国情，提出了调动一切积极因素，为社会主义事业服务的基本方针。

这就是毛泽东1956年4月在中共中央政治局扩大会议上所做的《论十大关系》的报告时所讲，"特别值得注意的是，最近苏联方面暴露了他们在建设社会主义过程中的一些缺点和错误，他们走过的弯路，你还想去？过去我们就是鉴于他们的经验教训，少走了一些弯路，现在当然更要引以为戒。"报告提出的十个问题，围绕着一个基本方针，就是要把国内外一切积极因素调动起来，为社会主义事业服务。[①]论"十大关系"，实质上就是对当时社会发展面临的主要矛盾的认识和分析，这个主要矛盾就是后来在中共"八大"决议中所概括的："我们国内的主要矛盾，已经是人民对于建立先进的工业国的要

[①] 毛泽东. 毛泽东著作选读[M]. 下. 北京：人民出版社，1976：720-721.

求同落后的农业国的现实之间的矛盾，已经是人民对于经济文化迅速发展的需要同当前经济文化不能满足人民需要的状况之间的矛盾。"①而 "十大关系"，或者十大矛盾，就是这主要矛盾在中国社会发展各个领域中的具体反映。这是对当代中国社会发展的矛盾第一次整体性把握和全面系统的分析 。《论十大关系》的结语明确指出："我们的任务，是要正确处理好这些矛盾。"②调动一切积极因素为社会主义建设事业服务的方针，就是对中国社会矛盾的重新认识和"正确处理好这些矛盾"的一个根本性的政策概括和反映。而"双百"方针就是在讨论这十大关系过程中，毛泽东就讨论情况作总结性发言时第一次把它们作为一整体提出来的："'百花齐放、百家争鸣'，我看应该成为我们的方针。艺术问题上百花齐放，学术问题上百家争鸣。"这样，"百花齐放""百家争鸣"就随着政策主体对中国社会主义发展道路的重新认识和对社会矛盾认识的转变，超越了个别性和局部性的层面，成为处理社会主义文化矛盾的一种成熟的政策选择，成为推动和促进社会主义文化繁荣和科学进步的统一的文化政策。因此，把"双百"方针作为一个整体提出，是毛泽东和中国共产党关于中国社会主义主要矛盾的认识在思想文化领域里的政策学转变的反映。这种转变是与毛泽东关于"现在的中心任务是建设"的观点相一致的，对正确把握和处理当时中国所面临的文化矛盾意义十分重大。因为斯大林在晚年讲事物的内在矛盾，只讲对立面的斗争，不讲对立面的统一；在科学文化领域，运用政治力量干涉科学研究和学术创作，随便以阶级斗争、政治批判的方式处理科学和艺术领域的问题，随便给科学家、艺术家扣上"资产阶级的""反动的"帽子。在此种影响下，中国的学术界和思想文化界也出现了乱贴阶级标签和乱扣政治帽子的现象，其中最典型的就是关于遗传学的争论和关于中医、西医的争论，哲学社会科学方面的听不得批评意见等这种情况如果不能得到正确的处理和解决，就谈不上调动一切积极因素为社会主义建设服务。因此，这一政策选择真实地反映了毛泽东和中国共产党以苏联的教训为鉴戒，努力探索中国式建设社会主义的战略思路。但是，这种政策选择就政策学意义而言，带有明显的事例过程性的特点，还没有将这种选择上升到理性和普遍真理及政策哲学的高度。即还缺乏给这一政策选择以科学的理论定位和内容的完整阐述。将"百花齐放""百家争鸣"作为一个整体认识是在讨论"十大关系"过程中提出来的，要解决"双百"方针的理论定位和内容的科学阐述，就还应该把它放到"十大关系"所构成的对中国社会矛盾的分析研究中去，把它放到《论十大关系》和中共"八大"所体现出来的正确处理人民内部各种关系（矛盾）的战略思路中去。鉴于斯大林混淆两类不同性

---

① 郭德宏等. 党和国家重大决策的历程[M]. 第3卷. 北京：红旗出版社，1997：367.
② 毛泽东. 毛泽东著作选读[M]. 下. 北京：人民出版社，1976：744.

质的矛盾的教训，针对对国内社会主义改造基本完成后出现的新矛盾还缺乏系统分析和理论指导的情况，毛泽东于 1956 年下半年开始系统研究社会主义社会中的人民内部矛盾问题。在 1956 年 12 月 4 日"致黄炎培"的信中，毛泽东提出了要正确处理两类不同性质的矛盾的命题。[①]同年 11 月底，在中共中央政治局常委会上讨论国际共产主义运动中的论辩文章——"再论无产阶级专政的历史经验"时，毛泽东明确指出：在社会主义社会内部，存在着矛盾，这是人民内部矛盾，不能用处理敌对矛盾的方法处理。[②]1957 年 1 月 27 日，毛泽东在省、市、自治区党委书记会议上，又一次论及了社会主义社会的敌我矛盾和人民内部矛盾，这是一门科学，值得好好研究。[③]把对社会矛盾的研究提升到科学的高度，这是毛泽东探索在中国建设社会主义新路子思想的一个飞跃，就是在这次会议上，毛泽东第一次把"双百"方针列为专题作了比较系统的论述。1957 年 2 月 27 日，在最高国务会议第十一次会议（扩大）上，毛泽东将自己对当代中国社会矛盾的分析及怎样处理社会主义社会的敌我矛盾和人民内部矛盾，尤其是怎样正确处理人民内部矛盾的研究成果，作了系统的阐述。在题为《关于正确处理人民内部矛盾的问题》的讲话中，毛泽东又一次将"双百"方针列为一个重要专题，并且第一次从正确处理人民内部矛盾这一中国政治生活主题的高度，对提出"双百"方针的社会基础、理论依据和具体内容等作了全面、系统的政策性阐述。他明确指出："百花齐放""百家争鸣""是在承认社会主义社会仍然存在着各种矛盾的基础上提出来的"，"目的是要用民主的原则来处理当代中国的文化矛盾，调动一切积极因素，促进艺术发展和科学进步"，它"是促进我国的社会主义文化繁荣的方针"。这样，"双百"方针就获得了完全的理论支撑和完整的生命形态，从而不仅在整体性的层面上实现了对个别领域的个别超越，而且还在整体性的层面上实现了政策形态的转换，使"双百"方针成为中国政治生活中关于正确处理人民内部矛盾主题，在文化领域得到了具体的体现，成为中国社会主义文化总政策的一个重要和必要的内容。因此，没有对中国社会主义社会矛盾的科学认识、分析，没有对社会主要矛盾的真理性判断以及探索适合中国国情的社会主义建设和发展的指导思想，就不可能找到解决中国社会主义文化矛盾的正确道路，就不可能有"双百"方针。遗憾的是，这样的矛盾分析在经历了 1957 年"反右派"斗争后，被导向成无产阶级与资产阶级的阶级矛盾，这就离开了原先科学的定位，从而逐渐导致了后来的全面性的政策失误。今天，在中国的现代化进程中，政治、经济、文化和社会生活中各种各样的矛盾

[①] 郭德宏等. 党和国家重大决策的历程[M]. 第 3 卷. 北京：红旗出版社，1997：386.
[②] 郭德宏等. 党和国家重大决策的历程[M]. 第 3 卷. 北京：红旗出版社，1997：293，387.
[③] 郭德宏等. 党和国家重大决策的历程[M]. 第 3 卷. 北京：红旗出版社，1997：386，387.

还将长期存在，阶级矛盾还将在一定范围内长期存在，社会的主要矛盾仍然是人民日益增长的经济文化需要同落后的社会生产之间的矛盾，所有这些反映在文化现代化进程中的各种文化矛盾也将长期存在。因此，用"双百"方针正确处理和解决社会主义文化发展中的矛盾，仍然是中国社会主义文化一项长期的总方针和总政策。

二、"双百"方针的基本内容和精神实质

"双百"方针有最初的内涵，也有后来的发展，立足于历史的整体性透视，是今天把握"双百"方针的基本内容和精神实质的文化态度。

"艺术上不同的形式和风格可以自由发展，科学上不同的学派可以自由争论。利用行政力量，强制推行一种风格，一种学派，禁止另一种风格，另一种学派，我们认为会有害于艺术和科学的发展。艺术和科学中的是非问题，应当通过艺术界、科学界的自由讨论去解决，通过艺术和科学的实践去解决，而不应当采取简单的方法去解决。"[1]社会主义社会仍然存在着因鉴别不清而压抑新生力量、压抑合理意见，以致妨碍新生物的成长的事情，而人们"为人判断正确的东西和错误的东西"，也"常常需要有考验的时间"，"因此，对于科学上、艺术上的是非，应当保持慎重的态度，提倡自由讨论，不要轻率地作结论"。"凡属于思想性质的问题，凡属于人民内部的争论问题，只能用民主的方法去解决，只能用讨论的方法、批评的方法、说服教育的方法去解决，而不能用强制的、压服的方法去解决。"[2]而马克思主义在中国思想界的领导地位，就应当在实行"百花齐放，百家争鸣"方针的过程中得到发展和加强。这是毛泽东于1957年2月27日在《关于正确处理人民内部矛盾的问题》中，对"双百"方针政策内容的完整而简洁的理论表达。同年3月12日，毛泽东《在中国共产党全国宣传工作会议上的讲话》中进一步论述道："百花齐放，百家争鸣，这是一个基本性的同时也是长期性的方针，不是一个暂时性的方针。"在"放"和"收"两种不同方针之间，"我们采取放的方针"。"放，就是放手让大家讲意见，使人们敢于说话，敢于批评，敢于争论；不怕错误的议论，不怕有毒素的东西；发展各种意见之间的相互争论和相互批评，既容许批评的自由，也容许批评批评者的自由；对于错误的意见，不是压服，而是说服，以理服人。"采取"放"的方针"有利于我们国家巩固和文化发展。"[3]

"双百"方针的提出也是政策主体集体文化意志的表现。在毛泽东对"双百"方针

---

① 毛泽东. 毛泽东选集[M]. 第5卷. 北京：人民出版社，1977：368，388.
② 毛泽东. 毛泽东选集[M]. 第5卷. 北京：人民出版社，1977：414-415.
③ 毛泽东. 毛泽东选集[M]. 第5卷. 北京：人民出版社，1977：368，388.

作出一次又一次论述的同时，刘少奇、周恩来、邓小平等领导人以及主管宣传文化工作的一些高级官员，也都从不同的角度对这一方针作了多方面的揭示和阐述。

刘少奇在中共"八大"政治报告和八届二中全会的讲话中谈到"双百"方针时说："党对学术和艺术方面的问题，不应当依靠行政命令来实现自己的领导，而是要提倡自由讨论和自由竞赛"，"科学上的真理是愈明的，艺术上的风格是必须兼容并包的"。①对过去单纯依靠行政命令管理文化的方法给予了否定。

1957年4月，邓小平在一次讲话中谈到"双百"方针时指出，如果我们不搞"百花齐放，百家争鸣"，思想就要僵死，马克思主义就要衰退，"只有搞'百花齐放，百家争鸣'，各种意见表达出来，进行争辩，才能真正发展马克思主义，发展辩证唯物主义"②。把实行"双百"方针的意义提到了发展真理，发展马克思主义的高度。

1956年5月26日，陆定一代表中共中央在向学术界、文化界作《百花齐放，百家争鸣》的长篇讲话中，对"双百"方针的政策内容作了比较系统、详细的阐述。他说，"双百"方针提倡在文艺工作和科学工作中"有独立思考的自由，有辩论的自由，有创作和批评的自由，有发表自己的意见，坚持自己的意见和保留自己意见的自由"，这"是人民内部的自由在文艺工作和科学工作领域中的表现"。"必须把人民内部的思想斗争同对反革命分子的斗争严格区别开来"，分清政治上的反革命分子和学术思想上犯错误的人，对学术思想上的严重的资产阶级错误观点的学术工作者，只要政治上不是反革命分子，就要尊重和发挥他们的专长，"鼓励他们积极参加学术的批评和讨论"。在学术批评和学术讨论中，"反对采取粗暴的态度""反对采取行政命令的方法"。攀登科学和艺术的高峰是很困难的工作，需要独立思考和进行复杂的创造性劳动，在这个过程中完全不犯错误是不可能的，因此，"应该给科学家和艺术家以充分的支持"。他明确指出，在文艺创作的题材问题上，"党从未加以限制"。批评了在文化管理和文艺领导工作中存在的妨碍艺术创造和科学发展的宗派主义和教条主义。③在1956年到1957年间，周扬则比较多地从文化艺术工作的角度论述"双百"方针对于繁荣文化创作的意义。他说"双百"方针的提出，"对于我们个性的发展有很大的好处"，可以"鼓励文化艺术工作者充分发挥个人的才能和特长来共同建设社会主义的新文化"，同时也批评了艺术创作中的教条主义和宗派主义。④这些讲话不仅回答了为什么要实行这一方针，而且分析了这一

---

① 刘少奇. 刘少奇选集[M]. 下. 北京：人民出版社，1986：235.
② 邓小平. 邓小平文选[M]. 1938—1965年. 北京：人民出版社，1989：260-261.
③ 社会主义教育课程中心. 社会主义教育课程的阅读文件汇编[M]. 第一编. 下. 北京：人民出版社，1957：960，974.
④ 周扬. 周扬文集[M]. 第2卷. 北京：人民出版社，1987：419，473.

方针的理论基础和科学依据及在实际工作中的巨大指导作用。

但是，由于各种复杂因素的干扰和政策环境的变化，"双百"方针的精神实质并没有得到全面的贯彻执行，在工作实践中仅仅停留在形式、题材和风格的"百花齐放"上，而较少涉及学术观点和思想内容的"百家争鸣"。这就在根本上丢掉了"双百"方针所主张的艺术民主和学术民主的精神实质。思想观念上的狭隘造成了贯彻执行中的极端片面性，在"文革"期间连"百花齐放"都没有了。因此，关注于艺术民主和学术民主的本体复归，在"文革"结束后就自然地成为政策主体思考重建"双百"方针的价值秩序的重要内容了。

1978 年 12 月，邓小平在中央工作会议闭幕会的讲话中，明确指出要把民主与"双百"方针联系在一起。他说："民主是解放思想的重要条件"，"在党内和人民内部的政治生活中，只能采取民主手段，不能采取压制、打击的手段"。"对于思想问题，无论如何不能用压服办法，要真正实行'双百'方针"[①]。《文艺报》在此前曾发表特约评论员文章"'百花齐放，百家争鸣'与艺术民主"，认为"艺术民主是'百花齐放，百家争鸣'方针的题中的应有之义。要贯彻'双百'方针，就必须实行艺术民主。"[②]在第四次文代会上，茅盾发表《解放思想，发扬文艺民主》的讲话，他说："我认为我们口号应当是文艺民主下的百花齐放和百家争鸣。没有文艺民主而空谈'双百'，是南辕北辙。"[③]1980年 1 月，中共中央在《关于认真学习贯彻"百花齐放，百家争鸣"的方针，发扬艺术民主，坚持"三不主义"，即不打棍子、不戴帽子、不抓辫子，切实保证人民群众有进行文艺创作和文艺批评的自由。1996 年，在中国文联第六次全国代表大会、中国作协第五次全国代表大会上，江泽民代表中共中央重申："实行'双百'方针，要求充分发扬艺术民主和学术民主，鼓励文艺工作者进行不倦的探索和创造。""判断艺术物优劣高下和学术上的是非，都不能靠行政命令。""支持学术上、艺术上不同形式、不同风格的自由发展的竞赛，使不同学术观点、不同艺术观点之间，能够互相了解，相互切磋，取长补短，共同进步。"[④]在民主的层面上恢复和重建"双百"方针的价值秩序和本来的文化面目，这就使这一政策回归到原初的政策意义。艺术民主和学术民主是社会主义政治民主在文化艺术和科学领域中的体现。没有艺术民主和学术民主，就不可能调动文艺家、科学家的积极性和创造性，就不可能有社会主义文化事业的繁荣和进步。这样，经由从个别性提出到整体性把握，从整体性把握到完整理论支撑的建立和生命形态，再经波折、

---

① 邓小平. 邓小平文选[M]. 1975—1982 年. 北京：人民出版社，1985：134，135.

② 《文艺报》1978 年第 6 期。

③ 《人民文学》1979 年第 11 期。

④ 1996 年 12 月 17 日《人民日报》。

变迁、丰富、深化，"双百"方针的内容构成就不仅在当代意义上复归了它发生的本原性，而且在历史经验的积累和反思的基础上，重建了它政策价值的当代性。它的基本内容主要有以下几方面。

第一，艺术上不同的形式和风格可以自由发展，创作题材应当非常宽广，创作方法可以自由选择，科学上不同的学派可以自由争论。写什么和怎样写，只能由文艺家在艺术实践中去探索和逐步解决。在这方面，不要横加进一步。用行政力量强制推行或禁止一种风格一种学派是错误的；艺术心和学术民主不仅体现在形式、题材的风格上，而且也表现在思想内容和学术观点上。

第二，对艺术和科学中的是非问题，应通过艺术界和科学界的自由讨论去解决，通过艺术和科学的探索和实践去解决，不应轻率地作结论。

第三，艺术民主和学术民主是社会主义民主在文化艺术工作和科学工作中的体现。凡属于思想性质问题，凡属于人民内部的争论问题，只能用民主的方法去解决，对待精神世界的问题，只能用讨论的方法、批评的方法、说服教育的方法去解决，而不能用强制的、压服的方法去解决。

第四，坚持"三不主义"：不打棍子、不扣帽子、不抓辫子。开展学术批评应当与人为善，注意区分学术问题和政治问题，不能把思想认识上的问题和不同意见随意说成政治倾向问题，努力创造团结、民主、和谐、融洽的学术研究气氛。

第五，真理只有在同谬误的斗争中才能得到发展，真的、善的、美的东西，总是在同假的、恶的、丑的东西相比较而存在，相斗争而发展的。人们对真、善、美的认识是渐进的、逐步提高的过程，一个科学的结论往往要经过多次实践和反复认识才能获得。只有通过比较、斗争和社会实践的检验，才能实现思想认识、审美观念、价值取向的转化和提高，才能防止思想上的衰退，使马克思主义不断得到发展。

第六，精神文化领域是需要极大地发挥个人创造性的领域。艺术工作和科学工作都是高度创造性的工作，既要付出辛勤的劳动，又要有敢于攀登的勇气；既要体现国家和人民的需要和意志，又要充分尊重艺术和科学的规律，尊重艺术家和科学家的劳动。调动文艺家和科学家的创造才能和进取精神，要营造适合于艺术和科学的发展以及优秀人才脱颖而出的良好的文化生态环境，最大限度地发展优秀人才脱颖而出的良好的文化生态环境，最大限度地激发起人们建设社会主义文化的积极性和创造性。

事物的发展是在多样化和自由竞争中进行的，精神文化生产不能强求一致，人们对社会生活复杂多样的认识，对精神文化需求的多样化，必然要在艺术和科学的创造中反映出来，表现为不同的内容、形式、风格、流派和学派。随着艺术和科学在实践中的考验，人们对客观事物的认识也必然是一个相对的、有条件的、循环往复以至无穷的复杂过程。在遵从事物矛盾发展的规律中推动艺术和科学的发展，在社会历史的进步中造就艺术的繁荣和科学的进步。这是社会主义文化繁荣发展的一条根本规律。因此，"双百"方针既是在思想、文化、艺术和科学领域里正确处理人民内部矛盾、发扬民主的方针，也是在人们的精神活动中，在社会主义文化管理中充分尊重客观事物的发展规律，激励创造精神的方针，是在民主和科学的基础上领导和建设有中国特色的社会主义文化的根本方针。

"百花齐放，百家争鸣"，既然成为社会主义文化总政策中一个重要的组成方面，就必须有政策主体的规定和要求，体现主体的文化意志和管理意志。

第一，"双百"方针的重点是"放"，但"放"必须坚持最基本的政治原则，即"四项基本原则"。其中最重要的是社会主义道路和共产党的领导。对实行"双百"方针，毛泽东"根据我国的宪法的原则，根据我国最大多数人民的意志和我国各党派历次宣布的共同的政治主张"，提出了"六个有利于"的"判断我们的言论和行动的是非"的标准，即著名的"六条标准"。这"六条标准""对于任何科学艺术的活动也都是适用的"[①]。邓小平1957年《关于整风运动的报告》中说，"党在学术文化范围内主张百家争鸣、百花齐放。所有这些方针政策都以社会主义为前提。""党的领导，无产阶级专政，民主集中制绝对不容动摇。"[②]刘少奇在《马克思列宁主义在中国的胜利》中针对有人说采取"双百"方针就是采取资产阶级"自由化"政策，明确表态："我们采取这个方针，绝不是实行资产阶级的'自由化'政策，而是实行无产阶级的极端坚定的阶级政策。"[③]1983年，同样针对把"双百"方针理解为鸣放绝对自由，甚至只让错误的东西放，不让马克思主义争的不良倾向，邓小平又一次明确指出："双百"方针是"无产阶级的马克思主义的方针"[④]。"双百"方针并不是不要任何原则的绝对自由。想写什么就写什么，想发表什么就发表什么，谁也不能批评或干涉，这就势必抹煞了真理与谬误、社会主义与资本主义的原则界限，有悖于"双百"方针的根本宗旨。如果把"双百"方针曲解为一个没有任何政治倾向的口号，放任自流，使"放"成为没有正确判断标准的浮言躁行，使争鸣的论坛变为散播错误言论的场合，就会把中国文化发展引向邪路。因此，邓小平一再强调：在今天中国，决不能离开共产党的领导进行社会主义现代化建设，这是全国人民的最大利益，"双百"方针当然要为这个最大的利益服务，而不能反对这个最大利

---

① 毛泽东. 毛泽东选集[M]. 第5卷. 北京：人民出版社，1977：393.
② 社会主义教育课程中心. 社会主义教育课程的阅读文件汇编. 第一编. 上. 北京：人民出版社，1957：272.
③ 《新华半月刊》1959年第19期。
④ 邓小平. 邓小平文选[M]. 第3卷. 北京：人民出版社，1992：47.

益。①四项基本原则，是当代中国的立国之本，集中体现了中国人民的根本利益和国家的最高利益，是国家一切政策的前提，实行"双百"方针当然也不例外。

第二，贯彻"双百"方针，必须强调马克思主义的指导作用。马克思主义是当代中国的国家意识形态，是国家指导一切行为（包括文化行为）的政府基础。提出和制定"双百"方针之初，毛泽东就明确指出：实行"双百"方针，"并不会削弱马克思主义在思想界的领导地位，相反是加强它的这种地位"②。这是当代中国文化建设和意识形态领域总的指导思想。马克思主义需要新的大发展，这是现时代的大趋势。邓小平理论，就是当代中国的马克思主义。对于马克思主义以外的各种思潮和学说，并不是一概打倒，而是要用马克思主义的观点加以科学的鉴别、批判，吸收其中有益的成果，以增强马克思主义的活力。在当代中国的文化建设中，正因为有马克思主义和邓小平理论的指导，人们才能从实际出发，逐渐接近真理，掌握真理，才能保证"百花齐放，百家争鸣"健康地发展。只有马克思主义指导下的"百花齐放，百家争鸣"，才能真正促进艺术的繁荣和科学的进步，把社会主义文化艺术和科学事业不断地推进到崭新的境界。

第三，批评和自我批评是"双百"方针的题中应有之义，"双百"方针的本原性，就是主张和提倡艺术上不同形式和风格可以自由发展，科学上不同学派可以自由争论。不同风格、学派和理论之间要有竞争、碰撞和交锋，或者是交流、沟通，当然也会有原则的分歧和思想斗争。这种批评和争论都应当是实行"双百"方针的正常现象。不争论，没有批评和反批评，就不可能有真正的文化进步。邓小平说："解决思想战线混乱问题的主要方法，仍然是开展批评和自我批评。"③这是人们探索真理、切磋学问的正确手段。人类的文明历程，就是在不同的观点、意见的冲突、争论中不断认识真理，不断开拓前进的。积极的批评和反批评是积极的创造的必要前提。一部文艺作品，一种学术观点，一经发表出来，就是客观的社会存在，就会有赞成还是反对的不同意见，就应该允许批评和反批评。在当代中国的文化发展中，从"左"的方面看成同批评和自我批评毫不相干的东西。邓小平说："把开展批评同'双百'方针对立起来，却是一种严重的误解或曲解。"④那种提着"棍子"进行批评的做法是错误的，把正常批评看成是"打棍子"以致拒绝批评的态度也是错误的。在人民内部一切正常的文化艺术和科学的活动中，要允许批评，允许反批评；既要敢于坚持真理，又要勇于修正错误。在学术和艺术问题上各抒己见，把尖锐批评与恳切商讨相结合，就能营造良好的学术、文化环境。只有这样，

① 邓小平. 邓小平文选[M]. 1975—1982年. 北京：人民出版社，1985：221.
② 毛泽东. 毛泽东著作选读[M]. 下. 北京：人民出版社，1976：787.
③ 邓小平. 邓小平文选[M]. 第3卷. 北京：人民出版社，1992：46.
④ 邓小平. 邓小平文选[M]. 第3卷. 北京：人民出版社，1992：46.

"双百"方针才能真正促进社会主义文化事业的繁荣和发展。

三、"双百"方针执行中的若干经验和问题

"双百"方针提出至今已经四十多年了。纵观它在执行中的艰难历程及给中国当代文化发展带来的影响，结果显示：当它得到切实的贯彻执行，其政策生命价值得到充分展现的时候，就是当代中国文化活跃、进步和繁荣的时候；当它的政策价值被忽视、价值意义被违背、真理形态被误解、曲解、政策执行被搁浅的时候，当代中国文化的现代化进程就陷入困境、逆境，整个文化事业就萧条、衰退。认真考察这种历史经验，对于建设有中国特色的文化政策科学具有十分重要的政策学价值。

1. 根本政策的科学性和正确性是切实贯彻执行"双百"方针的政策学基础和保证

国家根本政策是一切政策的主导政策。中国共产党的根本政治路线或叫总路线，在根本政策的层面上，对"双百"方针的贯彻执行有直接的制约作用和影响。"双百"方针之所以能在 1956 年提出并得到贯彻执行，根本的原因就是共产党对当时的形势作了正确的分析和清醒的估计，在根本政策的层面上，把党和国家的工作重心，从搞大规模的阶级斗争、政治运动转移到搞社会主义经济和文化建设上来，并且在党的"八大"上，把国内的主要矛盾定位在"人民群众对于经济文化迅速发展的需要同当前经济文化不能满足人民需要之间的矛盾"上，党和国家的主要任务是集中力量发展生产力，调动一切积极因素为社会主义服务，逐步满足人民日益增长的物质需要和文化需要。正是在这样的宏观政策思路的主导下，从"双百"方针提出到 1957 年开展"反右派"斗争以前不足一年的时间里，思想文化领域确实出现了"百花齐放，百家争鸣"的繁荣景象。在遗传学、经济学、社会学、史学、哲学、美学、文艺创作中的现实主义等领域，都展开了不同意见的争论。经济学方面，著名经济学家孙冶方提出了社会主义条件下的商品经济和价值规律问题；社会学方面，费孝通等人提出了必须控制我国人口增长的问题，北大校长马寅初发表了著名的《新人口论》；文艺学方面，钱谷融提出了"文学是人学"的观点，美学方面展开了建国以后范围最广大的大讨论，出现了朱光潜、蔡仪、李泽厚"三分天下"的局面。但是，"八大"的路线随着"反右派"斗争的严重扩大化，逐渐地被"以阶级斗争为纲"所取代，根本政策的变形，导致"双百"方针实施艰难，到了"文化大革命"期间则完全被文化专制主义所取代，出现了毛泽东于 1972 年所感叹的"百花齐放都没有了"的文化局面。虽然，毛泽东提出了"必须调整党的文艺政策"的问题，但是由于当时党的指导思想和错误的政治路线不能得到中止和否定，"双百"方针的有效执行是难以做到的。中共十一届三中全会后，"双百"方针的基本精神得以回归，价

值秩序得以重建，重新在文化生活中发挥积极的作用，主要原因就是中共的政治路线重新转移到以经济建设为中心的元政策层面上来。"双百"方针因而就在根本政策的主导下，成为在社会主义初级阶段建设社会主义新文化的总方针、总政策的一个重要内容。

2．把握"双百"方针的政策基点，不断排除和克服"左"、右两种干扰

从当代中国的文化发展和政策运动的历程来看。"双百"方针自提出之日起，就是在不断地排除"左"、右两种干扰中寻求实现自己的政策价值和生存空间的。"左"和右的问题，是当代中国政治生活，同时也是文化领域里有以判别不同思想倾向和政策倾向的特殊概念、特殊范围。胡乔木在分析"双百"方针经常受到"左"、右两个方面的干扰时认为，一个重要的原因是没有抓住或不承认"双百"方针的"基本点就是在学术上实行民主讨论，在艺术上实行自由竞赛，通过批评和自我批评来发展正确和先进的东西，纠正错误和落后的东西，用真、善、美来克服假、恶、丑，来求得社会主义科学文化事业的健康前进"①。来自"左"的方面的干扰，是不承认"百花"和"百家"是客观存在的现实，简单地将文艺作品、学术争鸣一刀切，机械地分为香花和毒草两类，否认在不同思想学术观点和理论之间的"中间地带"，否认艺术和科学的发展进程中的"交叉现象"，认为实行"双百"方针会助长各种错误思想的滋生和发展，因而在文艺创作和学术发展中混淆了两类不同性质的矛盾，过分夸大了意识形态领域里的阶级斗争。这是"双百"方针在二十多年时间里不能得到实行的主要障碍。来自右的方面的干扰，是把"双百"方针同党的领导、同"二为"方向、同批评和自我批评对立起来，片面地认为"双百"方针就是想"放"什么就"放"什么，想"鸣"什么就"鸣"什么，甚至可以不受宪法和法律的约束。

在"双百"方针的政策执行过程中，不论是来自"左"的还是右的干扰，从根本上说，都背离了"双百"方针的政策基点。"左"的错误的实质是抹煞了"双百"方针的民主和自由精神；右的错误的实质是取消了"双百"方针的社会主义性质，背离了为人民服务，为社会主义服务的方向。但是，就历史的整体性来看，"双百"方针执行的障碍主要是来自"左"。因此，在进入20世纪80年代后，中共中央对此反复强调："要警惕右，但主要是防止'左'。"②

3．在合规律中实现政策主体的合目的性，是贯彻执行"双百"方针必须具备的科学的文化态度

任何文化政策，就其主体意志和目标追求而言，都是运用国家文化权力倡导和推行

---

① 中共中央文献研究室．三中全会以来——重要文献选编[M]．下．北京：人民出版社（内部发行），1985：920.

② 江泽民．在中国共产党第十五次全国代表大会上的报告[N]．人民日报，1997-09-22.

一种文化。但是，这种目标的追求和主体意志的实现，必须是以对对象的规律性把握为前提的，即必须是合规律的，在对对象的规律性把握中实现主体的合目的性。因此，执行"双百"方针，不能离开对象生命运动的规律。否则，就有可能混淆政治斗争与艺术、科学的竞争、论辩的区别，混淆两种不同性质的矛盾的关系。精神生产与物质生产不同，多样性、创造性和个性化是其最显著的特点。精神世界，诚如马克思所说，是世界上最丰富的东西，不应该只有一种存在形式。任何一种形态的精神生命的完整存在，不论是原创的还是物化的，都应该是一个展开了的崭新的世界。"双百"方针的认识论前提，就是对这种规律的确认和尊重。因此，执行"双百"方针，必须要以对精神世界运动规律的服从为基本文化态度。以个人独创性为前提，以形象思维为特征的艺术创造，以探索创新、民主讨论为特征的学术研究，是最自由、最活跃的。面对这样的世界，如果框框太多，限制太死，机械平均，整齐划一，势必扼杀所有的天才的发现和创造。"双百"方针提出后的一个不短的时间里，主体恰恰在这个问题上背离了它的初衷，常常作茧自缚，陷于被动，动不动就把艺术问题和学术问题看成是政治问题，只用一种标准，即政治标准去看问题，而忽视了毛泽东所讲的"为了鉴别科学论点的正确或者错误，艺术作品的艺术水准如何，当然还需要一些各自标准"[①]的要求。在这里，"各自标准"，是指艺术和科学各自的特殊规律和由特殊规律决定的具体的特征、要求。结果，正是在"双百"方针执行过程中忽视了对规律性的关注，导致了主体合目的性的悲剧。如果当初听取和接受了马寅初的"新人口论"而不是轻率地对这种理论进行"政治批判"，也许今天的中国就不会面临如此巨大的人口膨胀的压力。这是规律对目的的惩罚。这样的教训是值得永远记取的。

第三节　"二为"与"双百"的关系的实现

"二为"方向与"双百"方针是当代中国文化发展最根本的一对政策关系。这种关系的矛盾运动不仅反映了它们之间的相关性程度，而且直接影响和构成了当代中国文化政策关系的全部矛盾运动。因此，正确处理和把握两者的相互关系，协调好与此相关的各种问题，对于实现各自的政策价值，推动社会主义文化的全面发展和政策关系正常化，具有重大意义。

---

① 毛泽东. 毛泽东选集[M]. 第 5 卷. 北京：人民出版社，1977：393.

一、"二为"与"双百"的政策关系

政策关系是不同政策及其特性之间的相互联系、相互作用的一种存在情况，一种统一性形式。在一个完整的政策系统或政策框架内，这种关系一方面表现出它们相互依存的客观性，另一方面又传达了这种相互依存关系的内在逻辑性，或关系内在主从性、因果性等。正是这种关系存在的客观性与内在逻辑性的有机统一所整合成的政策力量，推动了政策对象的运动、发展以及政策效益程度。对这种政策关系的任何形式的割裂，都可能给政策对象的健康发展造成损害。"二为"和"双百"这一当代中国文化两大主干政策，就其叙述语言而言，前者是明确表达社会主义文化目的和文化方向的语言，具有很强的质的规定性；后者则缺乏这种意义，带有较大的模糊性，用毛泽东的话来说，"无产阶级可以利用它们，资产阶级也可以利用它们"，但实际上它是中国共产党用以实现"国家巩固和文化发展的方针"。[①]也就是说，它是政策主体自觉地运用文艺发展的规律来领导、管理文化事业，用以实现自己的目的、目标的途径、方法和手段。提倡艺术上自由竞赛，学术上自由争论，这本身并不是目的，目的是要通过这种方法正确处理思想文化领域里的矛盾问题，调动一切积极因素，繁荣文艺，发展科学，为社会主义事业服务，满足人民群众不断增长的精神文化需求。这就在两者之间建立起一种关系，即目的与方法、手段的政策关系。"文艺为人民服务，为社会主义服务"是中国当代文艺发展的根本目的和根本方向。"百花齐放，百家争鸣"是实现这种目的的方法和途径。两者在政策学意义上存在着指导与被指导的关系，即"二为"方向对于"双百"方针具有指导意义。正是这种指导性才决定了在文化政策系统中，它是一项坚定的无产阶级政策，是被无产阶级所"利用"的文化政策。当然，"双百"方针本身也可以是个具体的目的，就是要实现艺术民主和学术民主，就是要促进艺术的繁荣和科学的进步，促进文化的发展。但正如任何事物的发展都有一个方向问题一样，文艺发展也有一个方向问题，这同样表现出"双百"方针的目的性。这里还有国家利益、民族精神的一致性与艺术、学术个性多样性的问题。就中国目前的情况来说，坚持一个中心、两个基本点，建设有中国特色的社会主义，大力推动社会主义精神文明建设，是国家利益和民族共同理想的一致性的基本要求。文艺工作体现这种一致性的具体标志就是"文艺为人民服务，为社会主义服务"。正是在这样的意义上，"双百"方针是实现"二为"方向的途径和手段，贯彻执行"双百"方针的终极目的就是实现文艺为人民服务，为社会主义服务。如果割裂"双百"方针和"二为"之间的必然联系，那么，"双百"方针也就失去了它作为社会主义文化政策的合规律性，从而作为当代中国文化政策的主干也就失去了它的整体性。

[①] 毛泽东. 毛泽东选集[M]. 第5卷. 北京：人民出版社，1977：393，415.

1990 年 2 月 21 日，李瑞环在同故事片创作会议代表座谈时曾说："'二为'和'双百'是统一的，不要把它们人为地对立起来，割裂开来，离开'二为'谈'双百'，会迷失方向，不坚持'双百'谈'二为'，电影的繁荣也就成为一句空话。"①这应该看作是"二为"与"双百"最根本的政策关系的内涵。

二、普及、提高和"二为"政策的实现

文艺为人民服务，为社会主义服务，是政策主体对中国文化发展的一种当代期待和关怀。这种关怀的政策缘起和意义，毛泽东《在延安文艺座谈会上的讲话》中已经作了充分的说明。20 世纪 80 年代初的《人民日报》社论《文艺为人民服务，为社会主义服务》对这种文化关怀的变迁的当代意义作了新的阐释和政策定位。然而，实现这种文化关怀和满足这种期待的现实困难仍然存在，即毛泽东在《讲话》中提出的"如何为"的问题依然存在。"双百"就其与"二为"的政策关系而言，在宏观意义上也可以看作是对"如何为"的一种解决，但其政策关怀的重心是精神生产行为和管理的合规律问题，而不是精神文化消费主体的合目的性问题，还不是从接受的层面上关注目的的实现。因此，从接受主体的层面实现"二为"的文化关怀，对政策主体来说，就更具政策本体论的意义。基于这样一种更为深刻的认识，毛泽东在提出并解决了"文艺为什么人"的问题，同时也提出了解决这个问题的政策思路：普及第一，普及与提高相结合。他明确指出："我们的文艺，既然基本上是为工农兵，那么所谓普及，也就是向工农兵普及，所谓提高，也就是从工农兵提高。"②虽然，与毛泽东发表《讲话》的年代相比，今天的中国在文化上已经发生了很大的变化，但是文化的现状仍然是文盲半文盲占人口很大比重，地区间经济、文化的发展还很不平衡，文化的"贫""富"依旧悬殊。文艺要实现为人民服务的目的，就必须从这样的文化现实出发。因此，几十年前毛泽东开出的"为什么人"的政策实现"处方"，在今天仍然有它的当代意义。普及和提高作为一种政策实现，仍然是具体落实"二为"的重要政策内容。一方面，要逐步改变中国文化落后的状况，变文化落后为文化比较发达。这就首先需要做大量的文化普及工作，需要"文化扶贫"，20世纪 90 年代实施的"文化扶贫"政策和建设边疆万里文化长廊的举措，都可以看作是实践这一政策内容的生动体现。另一方面，有中国特色的社会主义的文化，是综合国力的重要标志。要构筑这样的综合国力，推进中国现代化建设的进程，在很大程度上取决于国民素质的提高和人力资源的开发，这就需要着力提高全民族的思想道德素质和科学文化素质，不断提高人民群众精神文化生活的质量，"创造出懂得艺术和能够欣赏美的大

---

① 1990 年 2 月 22 日《人民日报》。
② 毛泽东. 毛泽东选集[M]. 第 3 卷. 北京：人民出版社，1977：816.

众"。因此，所谓普及，就是向人民普及，所谓提高，就是为着人民的需要和沿着人民自己前进的方向提高。普及是在提高指导下的普及，提高是在普及基础上的提高。只有在这样关系的基础上，政策主体在"文艺为人民服务，为社会主义服务"中所体现的精神也才有政策实现的有效通道。

三、创作自由与"双百"的政策认同和实现

在文化政策体系中，"创作自由"是一项有重要地位和广泛影响的文化政策。早在1954年颁布的第一部宪法中，"创作自由"就作为中国公民所享有的一项文化权利而列入国家大法之中。1982年颁布的宪法又规定：中华人民共和国公民有进行科学研究、文学创作和其他文化活动的自由。1986年9月28日《中共中央关于社会主义精神文明建设指导方针的决议》也明确指出："学术和艺术问题，要遵循宪法规定的原则，实行学术自由，创作自由，讨论自由，批评和反批评自由。"在中国实行创作自由，是党和国家共同的文化意志。但是，"创作自由"曾经在一个不短的时间里被视为"政策禁区"而无法得到贯彻执行。创作自由是具体构成"双百"方针的政策内容的重要组成部分。创作自由的被禁止，是造成"双百"方针未能得到全面贯彻执行的一个重要原因。因此，明确"创作自由"的政策内涵，理顺"创作自由"与"双百"方针的政策关系，对于"双百"方针的政策实现是一个必不可少的政策条件。

文学艺术是一种特殊的社会意识形态，文艺创作是作家、艺术家一种特殊的精神劳动，具有显著的个人特色。早在1842年，马克思在《论普鲁士最近的书报检查令》一文中，谴责普鲁士政府新的书报检查政策的虚伪的自由主义性质时就指出："真理是普遍的，它不属于我一个人，而为大家所有；真理占有我而不是我占有真理。我只有构成我的精神个体性的形式，'风格就是人'。可是实际情形怎样呢？法律允许我写作，但是我不应当用自己的风格去写，而应当用另一种风格去写。我有权表露自己的精神面貌，但首先应当给他指定一表达方式！哪一个真正的人不为这种要求脸红而不想尽力把自己的脑袋藏到罗马式的长袍里去呢？"他进而责问普鲁士书报检查政策的制定者："你们赞美大自然悦人心目的千变万化和无穷无尽的丰富宝藏，你们并不要求玫瑰花和紫罗兰发出同样的芳香，但你们为什么却要求世界上最丰富的东西——精神只能有一种形式呢？"[①]这是一个关于真理本身的普遍性和对真理的精神性把握的个体形式的丰富多样性问题。真理本身的普遍性只有通过精神个体性形式，才能获得它存在的价值和意义。精神生产的多样性完全取决于创作主体的"观念自由"。1920年，列宁提出了无产阶级的"创作自

[①] [德]马克思，恩格斯. 马克思恩格斯全集[M]. 第1卷. 北京：人民出版社，1966：7.

由"的主张。他说："无可争论，文学事业最不能作机械的平均、划一、少数服从多数。无可争论，在这个事业中，绝对必须保证有个人创造性和个人爱好的广阔天地，有思想和幻想、形式和内容的广阔天地。这一切都是无可争论的，可是这一切只证明，无产阶级的党的事业的文学部分，不能同无产阶级的党的事业的其他部分刻板地等同起来。"①这是对精神生产、艺术生产所作的科学的美学把握。从文艺生产的规律揭示创作必须是自由的规律，无产阶级的文艺创作也不能例外。更重要的是，对这种规律的尊重以及从理论形态的意义上给予这种规律以无产阶级文化政策的确认，是马克思主义美学、社会主义文艺学和社会主义文化政策的题中应有之义。当代中国所处的文化状况与列宁当时所论的语境当然已经有很多不同，但马克思主义经典作家关于"创作自由"所阐发的精神原则依然有它的普遍性，而正是这种普遍性沟通了"双百"方针在精神实质上与它的政策认同。这种政策认同的当代性集中反映在以下三个方面。

第一，国家以法律的形式，确认并赋予作家、艺术家以享有创作自由的文化权利。党和国家从政策上为作家、艺术家的艺术个性和创作才能的自由发挥提出必要的保证，进而在整个社会营造适合于这种"自由"的生长和展开的生态环境和条件，使作家、艺术家在维护国家和人民的根本利益的原则之下，说自己要说的话，写自己想写的东西。至于写什么和怎样写，由文艺家在艺术实践中去探索和逐步求得解决，在这方面，党和政府不横加干涉。这在当代中国的宪法中已作了明确规定。

第二，作家、艺术家在自由、宽松的文化环境中，只有克服自身的局限性，实现对必然的把握和超越，才有可能进入自由的精神境界。它包括两个方面的内容：一是对客观事物发展规律必然性的认识和把握，使自己的思想感情和创造活动同人民的伟大的历史实践和历史创造的进程一致起来。马克思主义认为，自由是被认识了的必然，是对必然的把握和对客观世界的改造。只有当作家、艺术家对人与自然、人与社会、人与人、人与自我等整体现实的多种复杂关系的必然性实现自觉的认识之后，他们的思想意识、境界才能在与客观存在的关系上进入自由状态。因此，"以科学的理论武装人"对文艺家自由地实践"创作自由"就具有重要的意义。二是必须实现对艺术特殊规律的把握，具备艺术创造能力。如果作家、艺术家缺乏对必然性的认识，又不能克服自身的局限，思想不解放，把可能当现实，主观努力与客观实际相脱离，那么，无论是哪种意义上的"创作自由"对他来说都是不存在的。

第三，在上述两个方面的基础上形成的作家、艺术家的社会责任和应尽的文化义务，这也是实现创作自由的重要内容。任何自由都只能是具体社会中的自由，并且也都是与公民所承担的义务相等的自由，超越社会限制和社会义务的自由，实际上是不存在的。如果把为了获得自己的自由而否定别人的自由看成是一种"超越"，那么这种"自由"

---

① 列宁. 列宁全集[M]. 第12卷. 北京：人民出版社，1966：94-95.

在任何一个文化环境中就都不是本体意义上的自由。一个作家要想在创作活动中获得自由，那他就不仅仅是想如何实现自己的目的，而是要把这种目的与自己应尽的文化义务、社会责任结合起来。在这里，国家利益、民族利益和人民利益高于一切，是每一个作家、艺术家在任何时代都必须具备的社会责任感。在当代中国，在赋予文艺家以"创作自由"的同时，要求文艺家"把最好的精神食粮贡献给人民"并不算过分。而实际上，它应该是文艺家自觉承担的文化义务。

由此可见，无论是从马克思主义美学还是从社会主义文艺政策学来说，"创作自由"都应当是对必然的把握与对艺术规律的把握的结合，是文艺家所享有的文化权利与应尽的文化义务的统一。从政策关系的层面上来看，"双百"方针既是对"创作自由"的保证，有利于文艺家克服创作活动的盲目性，促进文艺家对必然的把握和创作目的性的认识，同时又是对"创作自由"的要求，有利于实现文艺家的权利与义务的统一。"双百"方针是关注于精神世界的整体性把握，"创作自由"是侧重于对象的个别性实现；"双百"方针强调的是整个文化活动与文化民主的关系，是社会主义民主政治在文化活动中的体现，"创作自由"则强调艺术创作同自由的联系，突出了对艺术创作规律的政策学确认以及与社会环境和政治制度的关系。虽然两者都努力于促进艺术的繁荣和进步，但"创作自由"是在"双百"方针指导下的自由，具有鲜明的社会主义特征，"创作自由"又是"双百"方针在艺术领域里的政策实现，是"双百"方针的重要内容。

本章小结

➤ 中国社会主义文化的总政策，是指在一个较长的社会主义历史阶段所确立的根本文化目标和文化任务，在社会主义发展过程中文化发展的根本方向。它由"文艺为人民服务，为社会主义服务"、"百花齐放，百家争鸣"两部分内容构成，在中国当代文化政策体系中，这是一个带有战略指导性和根本原则性的文化政策，处于文化政策过程系统的元政策的层面上，是其他各种文化政策的依据、起点和归宿，规定社会主义文化政策的全部矛盾运动和发展走向。

➤ "文艺为人民服务"，是指为广大的工人、农民、士兵、知识分子、干部和一切拥护社会主义、热爱祖国的人们服务，首先是为工农兵服务。"为社会主义服务"，就是为社会主义的经济、政治、军事、文化等各项事业的根本需要服务。在社会主义初级阶段，就是要为发展社会生产力、为社会主义现代化建设的伟大事业服务，为建设有中国特色的社会主义的文化服务。

➤ "为人民服务"，是对文艺服务对象的表述，反映和强调的是文艺与人民的关系，从服务对象上规定了当代中国文艺工作的根本方向；"为社会主义服务"，则是对文艺的时代特点、思想内容和社会功能的规定，着重强调文艺同社会主义制度的关系，从服务内容上揭示当代中国文艺工作的性质。两者相辅相成，有机统一。

➤ 百花齐放，百家争鸣，是当代中国最重要的文化政策，它是根据中国的具体情况提出来的，是在承认社会主义社会仍然存在着各种矛盾的基础上提出来的，是在国家需要迅速发展经济和文化的迫切要求上提出来的。艺术问题上百花齐放，学术问题上百家争鸣是它的核心内容，是当代中国最重要的国家文化治理制度。

➤ "文艺为人民服务，为社会主义服务"是中国当代文艺发展的根本目的和根本方向。"百花齐放，百家争鸣"是实现这种目的的方法和途径。两者在政策学意义上存在着指导与被指导的关系，即"二为"方向对于"双百"方针具有指导意义。

思考题

1. 什么是当代中国文化的总政策？它的构成内容是什么？
2. "二为"方向是怎样形成的？它和"文艺的工农兵方向"的关系是什么？
3. 怎样正确理解文艺与政治的关系？
4. "双百方针"的实质是什么？怎样理解"双百方针"与"二为方向"的关系？
5. 中国文化发展为什么要坚持"二为方向"和"双百方针"？
6. 文化总政策与其他文化政策的关系是什么？

参考书目

1. 毛泽东. 在延安文艺座谈会上的讲话[M]. //毛泽东. 毛泽东选集：第3卷. 北京：人民出版社，1972.
2. 毛泽东. 关于正确处理人民内部矛盾的问题[M]. //毛泽东. 毛泽东选集：第5卷. 北京：人民出版社，1977.
3. 邓小平. 在第四次文代会上的祝辞[M]. //邓小平. 邓小平文选：1975—1982年. 北京：人民出版社，1985.
4. 许明. 当代中国的文化发展[M]. 北京：中国大百科全书出版社，2008.
5. 魏天祥. 文艺政策论纲[M]. 北京：中共中央党校出版社，1990.
6. 杨凤诚. 中国共产党与当代中国文化发展研究[M]. 北京：中共党史出版社，2013.

第八章

中国社会主义文化的基本政策（一）：
创作与批评政策

本章学习目标

通过本章学习，学生应了解和掌握以下内容：
1. 中国社会主义文化政策的基本内容；
2. 文艺创作与文艺批评政策的基本内容；
3. 文艺创作中的主旋律与多样化；
4. 文艺批评中的艺术与政治关系。

导言

基本政策是总政策的原则内容在某个政策方向上的体现，是政策过程系统的空间展开。在全面部署社会主义文化建设过程中，中国不但形成、制定了具有中国特色、适合中国国情的社会主义文化总政策，而且还逐步形成和制定了一系列体现总政策原则精神的基本政策和具体政策，它们共同构成了中国社会主义文化政策体系。弘扬主旋律，提倡多样化；坚持思想文化领域两个方面的斗争；古为今用，洋为中用，推陈出新：是中国现代文化政策系统中的三大基本政策，它们从三个向度集中表现了总政策的原则精神和政策主体的文化意志。

第一节　弘扬主旋律，提倡多样化

一、文化精神重塑过程中的文化政策建构

弘扬主旋律，提倡多样化，是当代中国文化经历了 20 世纪 80 年代末 90 年代初的震荡和冲突之后，试图重构中国文化的现代图式和重塑中国文化的当代精神的努力过程中渐进形成和确立的关于文艺创作的基本政策。它的提出具有深刻的文化背景。

20 世纪 80 年代末 90 年代初，在当代中国文化现代化的进程中，是一个特殊的交接时期。这个时期的最大特征，就是中国的经济体制改革走到了十字路口，政治体制改革中的一些深层次的问题已经尖锐地暴露出来并形成了激烈的冲突。作为这种交接在文化上的反应，则经历了一个比较它在政治上的交接更长一些时间的阵痛，它先政治而动，后政治而退缩。一方面，它是现代性的最初呼唤者，是向着这一方面变革的热情支持者；另一方面，它又对这种现代性的实现和可能带来的社会裂变、观念冲突和角色错位，缺乏应有的精神准备和心理承受能力。于是"真正的问题都出现在革命的第二天"[①]。20 世纪 80 年代呼喊的"反传统"的文化策略到 90 年代已自行瓦解，"传统"在世俗化的大潮中已构不成对峙性的力量。人们迅速地抛弃了传统，整合社会思想的中心价值观念也不再有支配性，偶像失去了光环，权威失去了威严。伴随着大众文化几乎在一夜之间以出其不意的方式迅速登场，精英文化在失落情绪的包围下怅然退场。一场"猝不及防的精神裂变"给文学带来了深刻的危机。这种危机被文学界深切地感知到了：反映现实题材的作品数量上可能不算少，但"在突出的问题已不在于数量的多少，而在于艺术质量的高与低，在于写得深刻还是浅薄，有多大艺术概括力，在怎样的深度上揭示了现实关系，是否创造出了堪称典型的或接近于典型高度的人物，以及是否真正把握到了时代的脉搏、走向、情绪和精神"[②]；90 年代的文学叙事对现在的把握，"无法在深度和广度上表现'现在'。而且对'现在'进行表象式的符号书写并未达到较高的艺术水准，表现力单调而缺乏创新动力。无法把对'现在'的有力表现与更高水准的艺术方法结合起来。过分追求市场化的成功，为各种非文学的利益因素所支配，这一切都使得 90 年代一批作家的艺术水准无法上升到一个较高的层次"[③]。不同类型的批评家对于 90 年代文学

---

① [美]丹尼尔·贝尔. 资本主义文化矛盾[M]. 生活·读书·新知三联书店，1989：75.

② 雷达. 命运，在时代潮流和文化冲突中穿行[J]. 小说评论，1997（5）.

③ 陈晓明. 九十年代：文学怎样对"现在"说话[J]. 北京文学，1997（4）.

缺乏深度的认知，达到了前所未有的共识，虽然这种深切的揭示已经是到了 90 年代中晚期，但他们所表达的却是 90 年代文学艺术——由 80 年代后期延伸而来的存在着的深刻的缺陷。从文学的危机上升到了对人文精神危机的认识，于是关于"人文精神"的大讨论有它自己关怀的重心和学术的范畴，但意义决不仅仅是"知识分子自我清理或检视的愿望"的表现，而是对文学的理想精神的"召唤"；"文学的建设最终作用于人的精神。作为物质世界不可缺少的补充，文学营造超越现实的理想的世界。文学不可捉摸的功效在人的灵魂。它可以忽视一切，但不可忽视的是它始终坚持使人提高和上升，文学不应认同于浑浑噩噩的人而降低乃至泯灭自己。"①如果文学"开脱了自己，逃避了反省，也就开脱了自己对于历史，对人类生活的责任"②。于是在"新理想主义"的关怀下，开始对文学有了新的理解："无论时代发生怎样的变化，文学都应当对人类的生存处境和精神处境予以关切、探索和思考，应当为解脱人的精神困境投入真诚和热情，作家有义务通过他们的作品表达他们对人类基本价值维护的愿望，在文学的娱乐性功能之外，也应以理想的精神给人类的心情以慰藉和照耀。"③正是经历了从"猝不及防的精神裂变""知识主角"的"失落"和"退场"到"人文精神危机"的发现和文学的理想主义精神回归这样一个文化历程，才完成了当代中国一种文化形态的两个发展阶段的"平稳过度和顺利交接"。

　　然而，所有这一切并不意味着这一交接时期的当代中国文化只是一个孤独者的"自我拯救"和"精神复活"的过程，恰恰相反，这一艰难历程自始至终都在政策主体认真而执着的关注之下。因此，面对文化正在发生的激烈冲突、碰撞和裂变，如何给前行中遇到困难、阻力的中国当代文化、文学以热切的关怀和诚恳的引导，也就自然地成为中国文化高层决策者所关心的主题。"弘扬主旋律，提倡多样化"的文化政策，就是在这样的文化背景下和在这个过程中，以同步的文化姿态萌生和形成的。其间也经历了政策意义的文化交接过程。

　　这一政策的最初表意是：发展多样化，突出主旋律。缘起于 20 世纪 80 年代后期文艺界在文学创作和文学评论多元化的情况下，如何在"多"中处理好"一"的问题。这"一"即是所谓要突出重点，要有主调，有主旋律，提出了要以革命的思想内容和更能表现这种内容的主题和题材作为主旋律，以民族风格为主调，以能为更广大的人民群众喜闻乐见为重点的指导文艺工作的意见。此后，"主导地位"和"主旋律"的提法，在文艺界引起了较为广泛的议论，意见并未取得一致。1989 年 11 月，中共中央宣传部文艺

---

① 谢冕. 理想的召唤[N]. 中华读书报，1995-05-03.
② 洪子诚. 文学"转向"和精神"崩败"[N]. 中华读书报，1995-05-03.
③ 孟繁华. 当代中国的文化冲突问题[M]. 北京：今日中国出版社，1997：263.

局和中共湖南省委宣传部在长沙联合召开研讨会，提出了"文艺在多样化发展中强化主旋律"的口号，认为文艺要进一步多样化，但更应当高扬充满社会主义时代精神的主旋律。1990 年 2 月，李瑞环在一次座谈会上代表中央提出，希望电影创作要奏出有利于社会主义现代化建设、能激发人开拓创新，奋发图强的主旋律，在主题、题材、形式、风格上必须保持多样化。至此，突出主旋律，发展多样化，已成为一种明确的要求。以文件形式提出这一要求的，是 1991 年 3 月 1 日中共中央宣传部、国家文化部、广播电影电视部联合发表的《关于当前繁荣文艺创作的意见》，其中明确提出"坚持发展多样化和突出时代和生活的主旋律"。[①]对当时被所谓"文化挫折和失败情绪"所笼罩，并悄然兴起以抒写"清闲安逸"的情怀来"消闲"自己的所谓"闲适潮"的中国创作界来说，这是一种积极的精神提示，与 80 年代后期仅从解决"一"与"多"的关系视界相比，也在拉开差距的过程中悄然调适。这种精神提示，与后来文艺家对 90 年代文学创作的评论——由"对现在的把握显得狭隘"的批评，要求创作把握时代脉搏、走向、情绪和精神，"把对'现在'的有力表现与更高水准的艺术方法结合起来"之间，具有内在的文化认同和美学精神一致的同构关系。不久，江泽民在庆祝中国共产党成立七十周年大会上的讲话中提出，要"努力创造勇于探索和创新的活跃气氛"，鼓励作家深入研究我国建设和改革的现实问题，创作更多的健康文明、积极向上、为人民大众喜闻乐见的作品，在这些作品中，反映社会主义时代精神应该成为主旋律。[②]在经历了文艺界又一次较为广泛、深入的议论、沟通和思想观念的整合之后，1994 年 1 月 24 日，江泽民在全国宣传思想工作会议上的讲话中，第一次提出了"弘扬主旋律，提倡多样化"的整体性政策概念，不仅在文字表意上与最初的提法有了变化，而且对它的内容作了明确的阐述。他指出："弘扬主旋律，就是要在建设有中国特色社会主义的理论和党的基本路线指导下，大力倡导一切有利于发扬爱国主义、集体主义、社会主义的思想和感情，倡导一切有利于民族团结、社会进步、人民幸福的思想和感情，大力倡导一切用诚实劳动争取美好生活的思想和感情"，"使我们的精神产品符合人民的利益，促进社会的进步，不断满足人民群众日益增长的精神文化需求"。并且强调："弘扬主旋律，提倡多样化，是坚持'二为'方向和'双百'方针的具体体现。"[③]从而确定了"弘扬主旋律，提倡多样化"在文化政策体系中的政策地位。在经由与创作界不断地诚恳对话、交流沟通，逐步取得较为一致的共识的过程之后，这一文化政策就从最初的"发展多样化、突出主旋律"整合成完整

---

① 1991 年 5 月 10 日《人民日报》。

② 1991 年 7 月 2 日《人民日报》。

③ 1994 年 3 月 7 日《人民日报》。

意义上的文化政策建构，实现了由政策问题而政策制定的顺利交接，进而在克服文化政策逆境的努力之中，开辟了繁荣文学创作的崭新的绿色之路。应该说，在这之后，中国的文艺界开始走出"低迷"状态。"五个一工程"的启动和"精品战略"的实施，都为在文艺界开展"人文精神大讨论"之后，进一步凝聚力量，振作精神，开拓进取，发挥了很好的政策指导作用。文艺界普遍认为："这一灵活的文化生产政策，带来了空前活跃的文化生产热情"，"既保证了国家主流话语的绝对权威地位，同时又在多样化的倡导下，繁荣了大众文化市场"，"是一个理想的文化设定"。①这样，20世纪80年代末和90年代初当代中国生活中这个特殊的交接时期，文艺和文艺政策之间，就不只是完成了各自本身的文化交接，而且也在追求共同理想的文化目标下，实现了文化政策主客体之间的顺利对接。

二、弘扬主旋律，提倡多样化的意义分析

主旋律和多样化是构成文艺创作繁荣的两翼，同时也是推动文艺发展的基本规律。

"主旋律"是比喻性、形象性的说法，其意义的本原性是指多声部演唱或演奏的音乐作品中，一个声部所唱或所奏的主要曲调。借用这样的音乐学术语来形象地传达政策主体对文艺创作的要求，是要文艺创作表现时代的整体精神。一个前进的时代总有向上的精神，一个发展的社会总有积极的主流。主旋律代表时代精神，集中表达了人民美好的思想感情。文艺要为社会进步提供精神动力，作家、艺术家要创作优秀作品，就必须表现这种精神。人类文明史上一些传诵至今的作品，之所以能给人以不尽的艺术营养和创造性的文化启迪，并不只是因为这些作品拥有经典性的描写和叙事方式，给人以艺术和美的享受，更主要的是它们是时代生活的一面镜子，是时代的精神象征和文化标志。人类通过它们追问自己的过去，同曾经拥有的文明进行心灵的沟通和感情的对话，进而在这些里程碑式的巨著和巨人垒起的阶梯上，攀登新的光辉的顶点。在马克思主义经典作家——马克思、恩格斯、列宁、毛泽东所爱好的文学家的队伍中，从荷马、但丁、莎士比亚、巴尔扎克、托尔斯泰到曹雪芹和鲁迅，哪一个不是他那个时代的代表和民族魂？但丁"是中世纪的最后一位诗人，同时又是新时代的最初一位诗人"；巴尔扎克的作品中不仅"对现实关系具有深刻的理解"，而且用诗情画意的镜子反映了整整一个时代；托尔斯泰是俄国革命的一面镜子；鲁迅的方向，就是中华民族新文化的方向。正因为有了他们和他们创作的不朽的作品，才支撑起了人类文明大厦，人类也才有了今天的辉煌。

---

① 孟繁华. 当代中国的文化冲突问题[M]. 北京：今日中国出版社，1997：78.

先前，人类并没有他们，但是，人类需要进步，社会需要发展，需要前行的指引和精神光辉的照耀，于是历史就把他们创造出来。就像高尔基曾经描绘过的那样，当人类迫切需要走出愚昧的黑森林的时候，就必须有胆量用自己鲜红的心脏去照亮人类前进的文明之路。因此，弘扬主旋律，高扬时代精神，不是文化政策主体外加给文艺创作的某种异己的力量，而是文艺繁荣、自我成长的内在需要，是对文艺发展规律的认同、尊重和奉行。当然，主旋律的内涵是丰富的，形式也是多样的。一个时代有一个时代的精神，不同的时代有不同的主旋律。即便是同一个时代，主流也会有多样的存在和表现形式。向上的精神会有变形的表现，主流也会有随物赋形的生命方式。"阿 Q 精神"曾经是一个特殊的历史时期"国民性"的心理状态和文化面貌的反映，构筑了那个时代特有的精神图景。渴望对这种民族劣根性的批判和摆脱，同样也是时代精神的表现。正是这种摆脱的渴望和批判的期待，真正代表了中华民族在那个时期的时代精神，而鲁迅正是在这个过程中承担起这种历史责任，成为中华民族文化性格的现代象征。因此，任何对"主旋律"精神的教条主义理解，都是有害于文艺创作的。社会主义的时代精神，是包含着爱国主义、集体主义、社会主义的思想和精神，包含着改革开放和现代化建设的思想和精神，包含着民族团结、社会进步、人民幸福的思想和精神，包含着用诚实劳动争取美好生活的思想和感情的无限丰富性的整体，这就是当代中国文学艺术创作的广阔空间。一切有利于这样的时代精神，都是鸣响着主旋律的。因此，"弘扬"包含着文化政策主体与客体之间更为广泛的一致、认同和对共同理想的关怀、追求。

弘扬主旋律的同时，要提倡多样化。社会生活是丰富多彩的，人民群众的精神文化需求也是多方面、多层次、多类型的，只要能够使人们得到教育和启发，得到娱乐和美的享受的作品，就都受到欢迎和鼓励。这就要求文学家、艺术家在注意"弘扬主旋律"的同时，也应在文化的和审美的意义上关注和体现多样化。这种多样化不只是一般意义上的追求主题、题材和风格的丰富和多样，而是包括对多样文化形态存在的接受。这种接受不只是政策学意义上的文化政策主体的政策态度，而且也是文化界、文艺界应有的文化态度。就文化的现实存在而言，对文化政策主体来说，不仅要提出国家主流文化及其意识形态在国家文化生活中的主导性地位，而且也要尊重包括"走向边缘的知识分子文化"在内的非主流文化、大众文化存在的合理性和合法性，尊重它们存在的权利；对文艺家来说，可以提倡"走向边缘的知识分子文化"，"现代"和"后现代"悉听尊便，但你也应当尊重国家有提倡和扶植主流文化，开拓大众文化的权利，给大众文化以应有的宽容和繁荣的空间。"提倡多样化"，在更深层次的意义上，是对宽容、宽松、宽厚的文化生态环境的追求，是对主客体双方共同的文化勉励。面对中华民族大复兴的时代使命，大家都应该有海纳百川、虚怀若谷、宽容大度、兼容并包的博大胸襟和文化气度。

在政治上，不要利用行政力量强制推行一种风格、一种学派，禁止另一种风格、另一种学派；在艺术上，利用艺术"圈子"，在文艺创作上搞"唯我独尊""舍我其谁"的"文化霸权主义"，也是有害于文艺创作和文艺繁荣的。也正是在这样的意义上，"提倡多样化"包含了文化政策主体对一段时期文艺界不良倾向的善意批评和诚恳引导，而这种"提倡"的话语表达又完全是平等的、互相尊重的、共勉的，是政策主体开放的政策态度的表现。诚如一位研究者所言："发达资本主义的社会精神历程已充分证明，世俗化生活绝非神话，它可能最大限度地满足人们的物质要求，满足人们的日常需要，但它并不能缓解人们因各种问题而造成的精神和心理疾患。现代人的焦虑、压抑、躁动、狂想、郁郁寡欢或对任何事物都失去兴趣，并非是世俗欢乐就可以治疗的。因此，对普遍意义的寻求，并非是知识分子没事找事。"①由此可见，不断满足人们多样的精神需要，是文化政策主客体双方共同的期望，这样，在"多样化"的意义认同上也就取得了文化上的一致。

弘扬主旋律，提倡多样化，是坚持"二为"方向和实践"双百"方针的具体体现。这是主体对这一文化政策的政策定位。反映主旋律的作品，不论思想内容还是艺术表现，在美学上都应当有高标准的、深刻的思想蕴含，要给人以启迪，给人以感染，给人民以信心向上的力量，更需要借助生动、精湛的艺术表现，而多样化正是这种"表现"合乎逻辑的美学创造。这就是弘扬主旋律与提倡多样化的完满统一。这种统一性必须通过优秀的作品完美地表现出来，它才是实证的。因此，在文艺创作活动中，必须树立精品意识，实施精品战略，努力追求思想价值、艺术价值和社会价值三者的统一，追求"曲高"与"和众"的高境界的统一。只有在这样的基础上，弘扬主旋律与提倡多样化的完满统一，才能由政策可能变成为政策现实。

第二节　坚持思想文化领域里的批评和斗争

坚持思想文化领域两个方面的斗争，运用文艺批评的手段，促进社会主义文化艺术事业的繁荣发展，是当代中国文化建设的又一基本政策。正确认识在思想文化领域里开展积极的思想斗争的必要性和重要性，掌握进行文艺上两个方面斗争的基本原则，正确处理学术问题与政治问题的关系，都是社会主义文化管理工作中需要不断解决的问题。

---

① 孟繁华. 当代中国的文化冲突问题[M]. 北京：今日中国出版社，1997：125.

一、文艺的冲突、斗争和文化政策的反应模式

　　文艺创作、文艺批评、文艺理论研究，以及由此形成的一定流派和思潮，作为运动着的社会生命现象，都不是完全独立的艺术的或美学的行为。无论就其结果还是就行为本身的运动过程来看，作为矛盾的一个方面，它们都是在一定的批评和一定的思想斗争发生交感共振的文化氛围中发展前进的。任何一部作品，一种观点、理论、流派或思潮，不论其规模的大小、层次的深浅和域面宽窄，作为文艺创作行为的成果一经问世，便立即会在社会生活中激起或强或弱、或大或小、或深或浅的反应。即便没有一般意义上的所谓反应，但就其作为一种社会效果及对创造主体心理中的自我意识所产生的力的效应来说，也仍然是一种反应。这种反应，作为对象的活动，其中有赞赏也有批评，有美誉也有攻讦，但在本质上都是肯定或否定、或真或假、或美或丑的情感和理智的能动的价值参预活动，都是意识的、思想的和情感的心理冲突行为，都是文化的碰撞。这种冲突和碰撞及由此造成的反应形态，不管怎样，对创作主体来说，都是寻求发展和进步以提升自己的一种反馈机制。缺乏这种反馈机制，就无法在社会的文化环境中恰当地选择和确立自己的位置，调适自己的生存条件和能力，因而无论是创作的还是理论的实践，要获得真正属于自己的生命价值都是不可能的。而这种冲突和碰撞的文化行为，一旦被赋予某种外化的形式表现出来的时候，便与它的对立面形成矛盾和斗争，包括创作倾向的、学术观点的、政治的、哲学的、艺术的批评和争论。不仅如此，作为创作的行为，任何一种文艺现象（作品、理论、流派和思潮）都是受制于并将反作用于一定社会的政治、经济、文化等综合形成的环境和条件的。只要是真正的创造性行为，就不可避免地要与现存的一切——政治的、经济的、文化的等条件和环境发生这样或那样的矛盾、冲突。也不管这种冲突、斗争是自觉的还是不自觉的，是心灵深处的还是激荡于社会生活大层面上的。要有所创造，必有所选择；而要有所选择则必有所扬弃、排斥。同时，任何一种文艺活动，无论是文艺创作、学术研究还是流派的思潮，一旦作为社会生命现象出现，为生存发展而竞争便成为它的原动力。竞争机制、优胜劣汰作为事物矛盾运动的普遍法则，当然也制约和影响着所有的文艺行为。注定要被历史淘汰的东西不肯轻易地退出历史舞台，千方百计地要寻找开始可能的环境和土壤生存下来，并与已经取得历史主人地位的新生命抗争；新生的、充满活力的朝气蓬勃的新生命，要维护自己已经得到的文化利益，要推动和促进自己更完善地发展，也需要巩固自己已有的文化地位。由这种生存竞争而产生的矛盾和斗争，那就远比一切表面的、由于暂时的文化误差而产生的斗争要深刻得多和持久得多。而文艺也正是在这个过程中演变、发展和进步的。因此，作为一个有机整体，文艺是由创作批评、理论研究、科学管理等诸多方面构成的辩证运动。文

艺的冲突和斗争，无论是作为原因还是作为结果，无论是在文化美学意义上还是在文化哲学意义上，都是构成这一辩证运动的必不可少的中介和重要组成部分。

作为观念形态的文化，是一定社会的政治和经济的反映，受制于一定社会的政治和经济。因此，文艺领域里的这种矛盾和斗争，作为一定历史时期精神现象和根本政治利益的整体性反映和折射，都还直接或间接地受影响于一定社会阶级的社会观、政治观、哲学观、艺术观和价值观。它的反应模式就是这些因素所产生的合力的直接结果，这样或那样地反映了一定阶级、阶层、社会集团的意志、愿望和要求，自觉或不自觉地服从、服务于一定阶级、阶层、社会集团的根本政治利益和文化利益。各种社会力量都要在文艺问题上发表自己的见解，并且力图引导文艺向有助于实现自己文化目标的轨道发展。阶级矛盾、阶级斗争会在政治、经济领域里表现出来，也会在思想文化领域、精神领域里表现出来。因此，无论是肯定还是否定，一种文艺现象一旦作为具有代表性的社会倾向而出现，就必然地会在更为广大的社会政治的和意识形态的层面上，同它的对立面直接产生更为广泛、尖锐的激烈的冲突和斗争。这种冲突和斗争，在一定的社会历史条件下，往往直接成为社会矛盾、冲突和阶级斗争的一个重要组成部分，其反应模式与一定社会历史条件下的意识形态、价值观念、国家结构和民族文化等相一致，并随着社会运动的作用而呈现波浪式前进态势。发生在欧洲19世纪的浪漫主义运动、战后的现代主义运动和中国的五四新文化运动，都是文艺史上的典型事例。从这个意义上来说，文艺领域里的冲突和斗争，作为一种反模式，无论是政治的、哲学的、伦理的或是美学的，都不可避免地带有社会思想倾向斗争的性质。这种冲突和斗争则又从另一个方面推动文艺的社会发展和文化的历史进步。

社会主义文艺，虽然就其文化社会形态来说，是人类社会迄今为止较为先进的文化，但是作为事物矛盾发展的普遍规律的体现，文艺生命过程中的这种冲突和斗争不仅规定和影响了以往一切社会形态里的文艺运动，而且也规定和制约着社会主义文艺的生命运动。社会主义文艺是文艺社会形态的一个历史发展，带有以往社会留给它的所有优点和缺点，物质的、精神的。同时，作为清醒的主体意识的一种社会生命现象，它不仅要吸收和继承人类社会的一切优秀的文化艺术遗产，而且也要按照自己的文化理想塑造、建构自己的文化系统和文化精神。在这个过程中，它既要与经济基础、政治体制中一切不协调的东西产生冲突，又要在意识形态、思想文化领域与一切违背自己的根本利益、理想、价值取向以及有悖精神文化建设的发展需要的东西产生矛盾、冲突和斗争。这种冲突和斗争的文化政策反应模式，在不同文化背景的社会主义国家形态里是不一样的。但与执政党的文化经历及奉行的意识形态主张相关，与政策制定传统有关。在中国，虽然马克思主义在思想文化领域里顽强地表现出来，尤其当国家比较强调解放思想，强调对外开放和学术民主、艺术民主，实行较为宽松、生动的文化政策时，以资产阶级自由化为特征的右的文化倾向就会表现出来。这当然会受到党和政府强有力的批评和反击。从建国之初反对资产阶级思想文化的侵蚀到中共十一届三中全会以后反对资产阶级自由化思潮，对资产阶级思想文化的斗争一直是文化发展的主题之一。社会主义政治、经济的建立，要求有与之相适应的文化。在社会主义文化还不够强大的时候，保持对资产阶级思想文化侵蚀的警惕，以保证马克思主义在意识形态领域里的主导地位和优势地位，是完全必要的。没有积极的思想文化斗争，缺乏各种必要的、生机勃勃的思想文化的碰撞、交锋，社会主义文艺的真正繁荣和发展是不可能的。然而，由于中国共产党特殊的文化经历和特殊的斗争历史，在对资产阶级思想侵蚀保持应有的警惕和批判时，国家文化管理经验的缺乏，往往对维护和捍卫马克思主义意识形态在当代中国的统治地位表现出过分的敏感和教条主义的倾向，把文艺看成是"阶级斗争的晴雨表"，过高估计思想文化领域里阶级斗争的形势，常常对思想文化领域里的认识问题上纲上线，混淆党的工作与文艺工作的关系、党的文化工作与非党的文化工作的关系，把党内斗争的方法应用于思想文化领域里斗争，混淆了不同性质的矛盾。反对一种错误倾向时，往往掩盖了另一种错误倾向，或者是用一种错误倾向去反对另一种错误倾向。从建国之初对电影《武训传》的批判，对《红楼梦》研究中的唯心主义观点的批判，对胡风文艺思想的批判，直到像"文化大革命"那样全面性的运动，"左"的错误倾向给文化发展的危害某种程度上比由右的错误倾向造成的危害更大。"左"右问题成为缠绕当代中国文化建设和发展的主要问题。这一方面同历史形成的政治体制有关，文艺领域里的"风吹草动"往往成为党内斗争的信号；另一方面又同执政党的文化政策思想的来源相联系。在建国初期对苏联采取"一边倒"的政策的影响下，不加分析地照搬苏联的文艺政策理论，特别是斯大林时期在思想文化领域里混淆两类不同性质矛盾的错误做法，这种文化政策上的"脐带"关系，也许正是当代中国思想文化领域里"左"的倾向的一个重要的文化渊源。于是，"左"在摇摆，由此构成的思想文化领域里的冲突和斗争，也就成为文化发展的一种重要存在方式。历史证明，这是严重危害中国社会主义文化建设和发展的两种错误倾向，因此，反对"左"在两种错误倾向，也就自然地成为政策主体在思想文化领域里的政策反应模式，成为建设有中国特色的社会主义文化的基本政策。1979年10月，在第四次全国文代会上，邓小平提出："对于来自'左'的和右的，总想用各种形式搞动乱，破坏安定团结局面，违背绝大多数人利益和意愿的错误倾向，要保持清醒的头脑，要运用文艺创作，同意识形态领域的其他工作密切配合，造成全社会范围的强大舆论，引导人民提高觉悟，认识这些倾向的危害性，团结起来，抵制、谴责和反对这些错误倾向。"①1981

---

① 邓小平. 邓小平文选[M]. 1975—1982年. 北京：人民出版社，1985：183.

年3月，针对包括文艺在内的思想文化领域里出现的反对和否定四项基本原则的错误倾向，邓小平又一次鲜明地提出："解放思想，也是既要反'左'又要反右"，"反对和否定四项基本原则，有来自'左'的，也有来自右的"，"有'左'就反'左'，有右就反右"。[①]1987年11月，这一政策思路被明确地写进了中共"十三大"的报告。这就把反对"左"右两种错误倾向的斗争作为党和国家一项长期的文化政策确定下来。1992年邓小平在南巡讲话中提出了"中国要警惕右，但主要是防止'左'"[②]的观点。这一新的政策意见被中共"十四大"和"十五大"所采纳，并被写进了党的报告和文件。对"左"右问题的警惕、防止、反对和克服，将长期在中国思想文化政策领域占有显著位置，影响未来中国思想文化建设和发展的走向。

二、文艺批评的标准问题

文艺批评的标准问题，是进行文艺领域里的思想斗争、开展文艺批评的一个基本政策问题，是用以衡量文艺领域是非问题的一种政策尺度。文艺领域里的冲突和斗争，是人们因政治主张、价值观念、审美趣味等差异，在对文艺现象进行评价时使用的不同标准而引起的。不同的批评标准，不仅反映了不同的指向领域，规定了不同的批评和斗争的性质，而且还直接影响了不同的批评和斗争的社会历史效果。由于人们用以进行文艺领域里的思想斗争的批评标准反映了当时人们对文艺发展规律普遍的认识水平，不同的标准集中体现了一定历史时期人们不同的政治、经济和文化利益、审美观念和发展文艺的愿望，因此，能否正确地从文艺发展规律出发制定文艺批评标准，指导文艺创作，推动文艺批评，繁荣理论研究，就不仅成为一定历史时期文艺政策主体规定文艺政策的一个基本问题，而且直接反映了这个时期文艺生产力的发展水平，以及文艺政策主体对发展文艺生产力认识的科学决策的程度。

在当代中国文艺政策发展中，比较早、比较明确地从文化管理、文化政策的层面上提出文艺的批评标准，并对此作了比较详尽的政策学论述的是毛泽东。由于毛泽东的领袖地位，其关于文艺批评标准的意见实际上成为党和国家关于文艺批评标准问题的基本方针。毛泽东第一次明确提出了文艺的批评标准问题，是在1942年5月召开的延安文艺座谈会上。他说："文艺批评有两个标准：一个是政治标准；一个是艺术标准。""又是政治标准，又是艺术标准，这两者的关系怎么样呢？政治并不等于艺术，一般的宇宙观也并不等于艺术创作和艺术批评的方法。我们不但否认抽象的绝对不变的政治标准，

[①] 邓小平. 邓小平文选[M]. 1975—1982年. 北京：人民出版社，1985：334-335.
[②] 邓小平. 邓小平文选[M]. 第3卷. 北京：人民出版社，1992：375.

也否认抽象的绝对不变的艺术标准，各个阶级社会中的各个阶级都有不同的政治标准和不同的艺术标准。但是任何阶级社会中的任何阶级，总是以政治标准放在第一位，以艺术标准放在第二位的。""我们的要求则是政治和艺术的统一，内容和形式的统一，革命的政治内容和尽可能完美的艺术形式的统一。"①

　　毛泽东的这些观点，从政策科学的层面来看是比较正确和比较科学的，是对人类文艺发展史的某种本质的真理性揭示。毛泽东关于文艺批评标准的政策主张，不仅在中国新文化建设和发展史上发挥过积极作用，即使在今天仍然不失文化政策学意义。

　　文艺作为人们艺术地把握世界、认识真理、反映社会、表达人生的一种方式，它的内容构成是多面、多层次的。其中既有对政治的态度，对社会的批判，对理想的追求，对丑恶的鞭挞，也有对人生的关怀，对爱情的向往，对生和死的探索，对永恒的追问。政治的、社会的、哲学的、伦理的和审美的等，在文艺世界都不是完全抽象的存在，而是同艺术的形象系统所表现的生活系统相结合，同艺术科学里的意义世界相联系的。这就要求人们在衡量、评价一部作品的思想内容时，除了分析它的政治观点、政治倾向外，还必须分析它对生活的认识价值，对真理揭示的程度其他方面的思想内容，这样才能全面评价作品所表现的意义世界。即便是政治倾向性十分强烈的文艺作品（这在社会转型和重大的历史转折期很容易出现），它的思想内容也不可能只限于政治倾向的传达，除非它不具备一般文艺作品和文艺研究、文艺批评的特征。在这方面，马克思、恩格斯和列宁在批评拉萨尔、哈克纳斯和托尔斯泰等的文艺作品所表现的文化批评态度，可以说是经典之作。因此，不能把文艺作品的思想内容仅仅归结为政治观点、政治倾向性这一个向度的指标（毫无疑问，革命的政治观点、政治倾向性对于革命文艺家是绝对重要和绝对必要的，丝毫也不等于说文艺批评可以放弃它的政治倾向性，在一定的环境、条件下，文艺批评仍然是政治和社会批评的一个重要方面），不能孤立地把政治标准作为衡量文艺作品和文艺批评的首要标准，如果硬要那么做，就必然导致批评实践的简单粗暴，用行政手段取代艺术批评，结果必然是妨碍文艺创作、文艺批评的健康发展。所以毛泽东明确指出："我们既反对政治观点错误的艺术品，也反对只有正确的政治观点而没有艺术力量的所谓'标语口号式'的倾向。我们应该进行文艺问题上的两条战线斗争。"②从这个意义上说，虽然突出政治标准的重要性反映了政策主体对文艺的利益要求，有它的政策必然性，但如果用以作为指导文艺领域里思想斗争长期的政策思路，不变的批评标准却不能反映政策主体变化了的文艺利益要求。

① 毛泽东. 在延安文艺座谈会上的讲话[M]. //毛译东. 毛泽东选集：第3卷. 北京：人民出版社，1972：825，826.
② 毛泽东. 在延安文艺座谈会上的讲话[M]. //毛译东. 毛泽东选集：第3卷. 北京：人民出版社，1972：826.

1957年2月，毛泽东在最高国务会议第十一次（扩大）会议上论述"双百"方针时，又一次提到批评标准问题，即著名的"六条标准"之后说："这是一些政治标准。为了鉴别科学论点的正确或者错误，艺术作品的艺术水准如何，当然还需要一些各自的标准。"[①] 这里，毛泽东在涉及文艺问题时没有再用"政治标准第一，艺术标准第二"的提法。这就从一个新的视角和广泛的认识论的意义上，给予当代中国政治生活中的根本是非标准同个别具体领域里衡量是非标准的逻辑关系以新定位，在具体的文艺领域，它们之间不再是"第一"与"第二"的关系，而是一般与特殊的关系。尽管在国家的根本行为准则方面，"六条标准"，特别是"社会主义道路和党的领导"这两条仍然规范着社会主义一切科学和艺术的活动，但是，作为用以指导社会主义文艺的政策理念来说，这一新表达就不能不带有新的时代意义和政策主体新的文化利益要求。虽然这种一般与个别的关系，在一定的环境条件下，还可能转化为"第一"与"第二"的关系，但在更多的情况下，在科学的本质上，则不再是这种序列关系了。这在政策主体关于文艺批评标准的政策问题上是一种发展，体现了国家政策主体对于社会主义条件下如何科学地领导和管理文艺的认识，在更高的政策层面上有所深化。如果把这种深化同"双百"方针联系在一起思考，那么可以认为，它从一个方面表现出党和国家在领导文艺和管理文艺方面开始步入成熟期。

可是，在生产资料所有制的社会主义改造基本完成以后，党没有把工作重点转移到以经济建设为中心上来，完善社会主义文化政策，实现文化范式的转变，而是仍然"以阶级斗争为纲"，仍然把"文艺为政治服务"作为文艺工作总的政策取向。因此，在文艺批评标准问题上不仅没能克服以往过分强调政治标准的缺陷，而且在批评实践中甚至任意地把什么问题都归纳为"政治问题"，变成"政治标准唯一"，把文艺领域里的思想斗争混同于阶级斗争，用政治批判、政治运动代替了正常的文艺批评。应当说，文艺批评的原则的确定，只有同时体现了文化艺术的特殊规律和社会历史发展要求的普遍规律，只有这种特殊与普遍的统一，才是科学的。而事实上的"政治标准唯一"的文艺政策违背了马克思主义的根本原则，结果导致"文化大革命"那样全局性的灾难性的后果，严重地阻碍和损害了文艺生产力的发展。

正是鉴于深刻的历史教训，中共十一届三中全会后，经过指导思想上的拨乱反正和改革开放的实践，在中国共产党"十三大"提出了社会主义初级阶段的理论，并根据这一理论提出："是否有利于发展生产力，应当成为我们考虑一切问题的出发点和检验一切工作的根本标准。""一切有利于生产力发展的东西，都是符合人民根本利益的，因

[①] 毛泽东. 毛泽东选集[M]. 第5卷. 北京：人民出版社，1977：393.

而是社会主义所要求的，或者是社会主义所允许的。一切不利于生产力发展的东西，都是违反科学社会主义的，是社会主义所不许的。""必须破除离开生产力来抽象谈论社会主义的历史唯心主义观点。""离开了生产力标准，用抽象的原则和空想来裁判生活，只能败坏马克思主义声誉。"[①]1997 年 9 月，中国共产党"十五大"进一步明确：在走向新世纪的新形势下，面对许多从来没有遇到过的艰巨课题，"一切以是否有利于发展社会主义社会的生产力，有利于增强社会主义国家的综合国力，有利于提高人民的生活水平这'三个有利于'为根本判断标准"[②]。这些关于标准问题的政策性提出虽然都不是针对文艺问题的，但毫无疑问是包括"文艺问题""文艺工作"的。虽然前后两次关于判断是非标准问题的政策性表达在文字表达上也还有差异，但核心的共同的命题只有一个，那就是一切以是否有利于发展社会生产力来衡量和判断当代中国一切是非的标准的转型，必然给文艺批评标准问题带来新的政策视野和价值取向的新的坐标系统。政策主体用来衡量当代中国的"一切问题""一切工作"的根本是非标准，当然也就为文艺批评注入了全新的政策内容：一切以"三个有利于"为标准。一切有利于社会主义文艺生产力发展的文艺作品、理论批评和思想斗争，都是符合人民的根本文化利益的，因而是社会主义文艺所要求的，或者是社会主义文艺所允许的；而一切不利于社会主义文艺生产力发展的作品、言论和行为，都是违反社会主义文艺原则，为社会主义文化所不允许的。这就在相当广阔的政策背景下，为文艺批评标准的把握提供了更为开放的政策空间，为社会主义文艺批评的健康开展提供了一条稳定的基本政策，为在文艺领域里开展积极的思想斗争提供了一条马克思主义的根本原则。

开展文艺批评，目的是繁荣文艺创作，促进理论发展，建设有中国特色的社会主义文化。然而，处在社会主义初级阶段的文艺，是在基本国情影响下，呈现多样的思想内容与多样化的新旧共生的表现形式相交融的文化存在状态。而且，实行对外开放政策后，西方各种各样的价值观念、文化态度也会交流、输入进来，成为影响文艺创作和文艺发展的重要文化因素。因此，开展文艺批评并不是要把诸多的方面整合成单一的文化模式，而是要在题材选择、创作风格、叙事手法、思想表达的深刻性和丰富性的方面展开自由竞争，只要不是违反宪法和法律，不是传播淫秽色情，不是为了煽动颠覆国家政权的，都要允许探索和存在。而所有这些都高度统一于是否有利于发展社会主义社会的生产力。离开了这个标准，不仅不可能开展正常的批评和平等、积极的文艺思想斗争，而且甚至还可能重犯过去忽视发展文艺生产力的"左"右两种倾向的错误。长期以来，人们在文

[①] 1987 年 11 月 4 日《人民日报》。

[②] 1997 年 9 月 27 日《人民日报》。

艺批评标准问题上之所以存在种种分歧，批评失当，很重要一个原因就是对开展文艺批评的目的缺乏科学的马克思主义分析。或者把文艺批评当作阶级斗争和工具，或者一说批评就认为是"打棍子"。这些都曲解了文艺批评的根本目的。建国以来文艺领域里风风雨雨的历史已经充分证明，在社会主义初级阶段离开了发展文艺生产力这个根本标准来批评作品，评判精神领域的是非功过，就容易走上强调和夸大意识形态领域里的阶级斗争这条老路。用"三个有利于"的标准来衡量、批评文艺创作和文艺理论研究中的问题，就可以有比较广阔的视野和平和的胸襟，就比较容易使文艺家倾听来自实践或来自领导和管理部门的呼声和意见，就比较容易使决策层和管理层用开放的政策思路去善待文艺界出现的纷争和意见，开展与人为善又不失原则的批评和自我批评，就比较容易树立建设有中国特色的社会主义文化，促进中华民族伟大复兴的共同理想，求同存异，开拓进取，共同为推动当代中国文艺的发展而努力。因此，进行文艺领域里的思想斗争，开展文艺批评，必须坚持以"三个有利于"为根本标准，只有这样，科学精神与创造活动的统一，文艺规律与主体意志的统一，先进性要求与广泛性要求的统一，才能真正实现。

三、文艺批评中的艺术问题和政治问题关系

"三不主义"是中国共产党关于发扬党内民主，正确对待不同意见，健全党内政治生活的一项重要行为准则。中共十一届五中全会通过的《关于党内政治生活的若干准则》规定："要严格实行不抓辫子、不扣帽子、不打棍子的'三不主义'。所谓不抓辫子、不扣帽子、不打棍子，就是禁止任意夸大一个人的错误，罗织成为罪状，并给予政治上、组织上的打击甚至迫害。"[①]这是一个具有特定内涵的政策概念和政策原则。1980年，中共中央在《关于认真学习贯彻第四次全国文代会精神的通知》中，把这一主要行为准则引进文艺生活领域，并作为党领导文艺的一项新的政策内容加以确定，要求各级党的组织，在文艺工作中必须坚持"三不主义"，即不打棍子、不扣帽子、不抓辫子。一个文艺工作者只要不反对党和国家基本政治立场，不做危害国家和人民的事情，而仅仅因为认识错误而讲错了话或者发表了有错误的作品或文章，不能以政治问题妄加罪名，给予处分。在过去比较长的时间里文艺批语很不正常，一个重要的原因就是动辄用政治运动的办法来解决思想文化领域的问题。"别人的话说出来，就给套框子、抓辫子、挖根子、戴帽子、打棍子"，"一来就是'五子登科'"，[②]极大地阻碍了文艺批评的健康发展，

---

① 中共中央文献研究室. 三中全会以来——重要文献选编[M]. 上. 北京：人民出版社（内部发行），1982：424.
② 中共中央书记处研究室文化组. 党和国家领导人论文艺[M]. 北京：文化艺术出版社，1985：33，35.

混淆了思想文化领域里两类不同性质的矛盾。中共十一届三中全会以后，针对这类不正常的情况给文化发展造成的巨大损失和沉痛教训，邓小平多次强调："纠正'左'的倾向和右的倾向，都不要随意上'纲'，不要人人过关，不要搞运动。"[①]因此，"三不主义"在文艺领域里的提出和实行，不只是党内民主生活原则在文艺领导工作政策观念上的反映，还包涵了对历史教训的文化反思和总结。

坚持"三不主义"政策，一个重要的方面就是在开展文艺领域两个方面的斗争中，正确处理文艺批评中的艺术问题（学术问题）与政治问题的关系。艺术问题（或曰文艺问题、学术问题）和政治问题是两个不同的范畴。前者属于美学的领域，后者则属于社会政治学的领域。所谓"艺术问题"，就是对文艺科学领域中的某个问题如何认识的问题，它既可以体现在对文艺作品的批评中，也可以体现在文艺理论及其他文艺对象（批评史、风格流派、学说思潮等）的研究中。不同的美学观、文艺观，各种分歧意见的争论所表现出来对某种文艺现象的关注，是形成所谓艺术问题的重要因素。所谓"政治问题"，不同历史时期，不同性质的国家及不同文化背景和思想来源的政党，可以有不同的理解。就中国现阶段来说，主要是指与当前党和国家的重大方针、政策、国家安全和社会稳定等有直接政治利益关系的问题。如要不要坚持党的基本路线，要不要坚持四项基本原则，要不要改革开放，要不要高举邓小平理论的旗帜等。相对于艺术和学术问题来说，政治问题是非学术问题（并不包括"政治学"意义上的"政治"）。艺术问题、学术问题主要是思想认识问题（包括哲学的、美学的、伦理的等），而政治问题则与政治立场、政治方向有关。但文艺批评也是一门有相当政治性的学科，许多关于文艺问题的争鸣涉及许多政治领域和国家政治生活中的问题，许多政治色彩很强的文艺评论文章也常常给政治以批评，有的文艺问题的讨论成了制定文艺政策的思想酝酿，也有不少由此而取得的成果成了文艺政策制定的理论依据。因此，不少文艺问题又是与政治问题不能截然分开的，利用文艺问题作为危害国家和人民根本利益的手段，这样的现象虽然很少，但也确有存在。然而尽管如此，也不能认为文艺问题和政治问题是等同的。

文艺批评是一个具有丰富内涵的、对象性较为广泛的概念。它既包括对某一作家、作品的评论，也包括对各种文艺风格、流派、思潮等的批评；既包括对文艺理论的批评，也包括对批评的批评，对文艺或文艺批评发展史、方法论、价值观的批评等。因此，文艺批评中的文艺问题与政治问题的关系，也是一个对象丰富，内涵较为广泛的意义世界。就这一意义世界构成的文化秩序来说，文艺批评中的文艺问题与政治问题的关系大致有如下几种存在的形态。

[①] 邓小平. 邓小平文选[M]. 1975—1982年. 北京：人民出版社，1985：336.

第一，与政治问题相去较远，关系不大的。例如《红楼梦》版本考异，唐诗宋词的审美特点和民俗风情等，这些文艺批评以及由此引起的学术争论，都与现实政治没有明显的关系，其中所涉大多属于不同学术观点、文化态度及学派之间的分歧，是一种纯学人情怀的世界。建国后，在这些领域里出现"政治问题"本来是不应该的。

第二，与政治问题有间接关系。例如关于封建文化制度及其政策形成和历史作用，鸦片战争与近代中国文化现代化的关系，近代文化变迁过程中的文化激进主义和文化保守主义等，这些批评和学术争鸣可供现实政治作借鉴。例如，封建主义是在中国历史上曾经长期存在的一种社会形态，它在奴隶制崩溃后的相当长一段时期推动了社会生产力的发展，是有积极意义的，只是到了近代，资产阶级和资本主义出现之后，它才成为反动的东西而失去继续存在的意义和价值。在那漫长的时期里，封建主义不仅创造了属于它自己的历史，而且也创造了自己的文化，形成了与这种文化的自下而上发展相适应的一套文化制度、文化政策。承袭先秦"采风"制度而设的"乐府"对中国诗歌发展的影响，"罢黜百家，独尊儒术"对中国国家意识形态的形成和文化政策制定的作用，"以赋取士"对唐诗繁荣的促进，"梨园"制度对中国音乐、戏曲、舞蹈发展历史的贡献，"八股取士""文字狱"与中国封建社会文化衰败的关系等——类似这些问题的讨论、争鸣、批评，都间接地与政治发生了关系，对其中带有规律性问题的揭示和历史经验的科学总结，有助于我们认识文化政策与文化发展的关系，给今天文艺政策的科学制定提供有用的历史借鉴。

第三，同现实政治有直接关系的。例如创作自由和社会主义文艺方向，社会主义初级阶段的文化同初级阶段政治、经济的关系，有中国特色的社会主义文艺发展规律，国际文化关系中的中国文化现代化等。这些讨论、批评和争鸣都是与现实政治有直接关系的，如果引导得好，有利于人们认识社会主义初级阶段文艺的性质和特点，有助于政策主体科学地制定符合实际的文化政策，为经济建设和社会全面发展提供理论支持，促进有中国特色的社会主义文化的繁荣发展。这里涉及的问题比较复杂，还可能触及到国家政策中的一些深层次的文化问题，要慎重对待，其中既有属于思想问题的，也有属于根本立场问题的，但主要是属于思想认识问题。对在这些批评和讨论中的错误观点，甚至比较严重的错误观点，一般应采取"和风细雨、心平气和、以理服人的方法"，"进行不直接涉及个人的原则性批评"，以帮助"澄清是非"，"始终坚持正面教育"。[①]

这有一些问题，本来就是政治问题，如文艺工作中党的领导问题、四项基本原则问题、文艺领域中的资产阶级自由化问题、"二为"方向和"双百"方针问题等。这些都

[①] 坚持四项基本原则，反对资产阶级自由化[M]. 北京：人民出版社，1987：386.

是直接关系到当代中国文艺发展大问题。对于这些问题，也可以在学术的层面上提出批评意见，但是，这种批评和讨论要遵守宪法规定的原则。例如法学界和文艺界对《中华人民共和国著作权法》某些内容规定的有待完善的方面进行的讨论和争鸣，就是一个生动的例子。这种批评、讨论和争鸣，对于完善国家的文化法律的法规，推动国家文化决策的民主化和科学化是有相当重要的积极意义的。因此，文艺批评中的文艺问题和政治问题是在正常的积极的思想斗争中涉及的问题。至于在思想文化领域直接否定党的领导，否定文艺的社会主义方向，甚至利用文艺进行颠覆国家政权的舆论煽动，诋毁马克思主义，这些都有违于国家的宪法和法律，就根本不属于学术性的文艺批评和文艺问题，问题本身的性质就是政治问题。因此，人们对他们的批判当然也就不同于一般意义上的学术争鸣了。在实际工作中，一方面要坚决反对把思想认识问题、学术观点问题当作政治问题，同时也要避免把明显的政治观点、政治倾向和政治立场问题说成是一般思想认识问题或学术（艺术）问题，否则，都有可能重犯"左"和右的错误。1997 年 1 月 11 日，中共中央在《关于进一步做好文艺工作的若干意见》中明确指出："对有缺点的作品，要秉笔直书，真诚帮助。对有错误的文艺观点，要敢于批评，以理服人。那种淡漠'二为'方向，远离群众实践的倾向，那种适合低级趣味，'一切向钱看'的倾向，那种鄙薄革命文艺传统，推崇腐朽文艺思潮的倾向，都是错误的，应该坚决反对。"①这是当代中国文艺批评中一个很重要的文化政策的质、量界限，鲜明地表达了文化政策主体在艺术问题与政治问题的关系上的政策态度。

　　坚持"三不主义"正确处理文艺批评中的艺术问题与政治问题的关系，在文艺政策上就是反对资产阶级自由化倾向时不要联系文学艺术风格技巧的探索。文学艺术中风格技巧的探索，是创造主体在艺术创作过程中对美学境界积极追求的体现，对意义世界把握的一种方式，主要是文艺的形式问题。虽然风格的追求和技巧探索的内在动因，要受到创作主体价值取向、政治信仰的影响，但就其本身活动的质的规定性和意义的表现域来说，主要还是对艺术理想的追求，对艺术生命的创造和对艺术美的发现，更多的是艺术活动的内部诸因素在起作用，因此文艺风格技巧探索当中的问题，主要是属于艺术认识或美学认识问题。同任何一种寻求真理的活动一样，文艺风格技巧的探索，作为人们艺术地把握世界的一种美学行为，也有一个不断地追求美乃至完美的过程。这个过程，当它尚未完全实现主体创造的目的和所追求的境界之前，都只能是渐近真理的行为。探索，就说明他尚未把握真理，把握美，就有叙事手法和技巧动作上的不完善，就难免有艺术上的失误乃至错误。这应该由作家、艺术家通过艺术实践去努力解决。这里涉及一

---

① 1997 年 5 月 23 日《光明日报》。

个问题，即如何对待西方现代派艺术的一些叙事手段、技巧和风格的借鉴问题。作为一种特别的文艺现象，西方现代派的产生不是偶然的。它既有与西方资本主义制度的种种社会病相依傍的一面，又有与人类文明里程相联系的一面。它既是世界资本主义文化矛盾发展到现代的产物，是对资产阶级正统文化程序的愤怒攻击和破坏，又是人类文明的现代折射——西方现代派艺术的许多叙事手段。它的存在有历史和现实的文化依据。按照马克思主义的观点，在文学艺术的发展过程中，一种文艺的民族特点和民族风格的形成，并不是在一个与世界文化隔绝的生态环境中完成的，而是必然地要超越民族文化的局限，从别的民族的文化艺术成果中汲取新鲜血液和有益的滋养来发展自己。特别是资本主义的兴起和世界市场的形成，民族文化和民族文学艺术的自我循环日益成为不可能。在全球经济日益一体化的今天，开放了的中国试图在文学艺术领域里割断或阻隔与世界文化的联系更是不可能的。中华民族在数千年的文化发展中，有积极引进、消化、吸收外来文化营养自己的悠久传统，中华民族文学艺术发展的每一个繁荣期，都与外来文学艺术的影响、交流、助长有密不可分的联系。新中国成立后，文化发展的方针是：“一切民族、一切国家的长处都要学，政治、经济、科学、技术、文学、艺术的一切真正好的东西都要学。”[①]整个来说，在当代中国存在把西方现代派作为文学的风格技巧的发展方向的土壤，特别是 20 世纪 90 年代以来，来自西方现代派理论的声音已渐渐稀薄，单纯地追逐西方理论话语不能解决中国的文化问题已成为学界的共识。然而西方现代派某些确实反映了艺术发展规律和艺术创造规律的叙事手段、技巧，如意识流等，还是可以经过改造为我所用。在这方面，如果一味地排斥，则是愚昧表现。应该使社会主义文艺能在广泛的世界文化氛围中获得更快的发展和更大的繁荣。没有探索，就不可能有创新；没有不同试验的比较和不同艺术风格的自由竞赛，社会主义文艺难以有生气。正是在这样的意义上，在反对资产阶级自由化倾向时，提出“不要联系文学艺术风格技巧的探索”的见解，才具有现实的政策指导作用。这也是在开展文艺批评，坚持思想文化领域两个方面的斗争中，特别具有现实主义精神的一条重要而又可操作的文化政策，具有特殊的政策意义和政策价值。

本章小结

▸ 基本政策是总政策的原则内容在某个政策方向上的体现，是政策过程系统的空

[①] 毛泽东. 论十大关系[M]. //毛泽东. 毛泽东著作选读：下. 北京：人民出版社，1976：749.

间展开。弘扬主旋律，提倡多样化；坚持思想文化领域两个方面的斗争，是当代中国文化政策系统中的两大基本政策，分别在文艺创作与批评两个方面集中表现了总政策的原则精神和政策主体的文化意志。

▶ 弘扬主旋律，提倡多样化是对于文艺创作的政策性要求和主体文化意志表达。弘扬主旋律，就是要大力倡导一切有利于发扬爱国主义、集体主义、社会主义的思想和感情，倡导一切有利于民族团结、社会进步、人民幸福的思想和感情，大力倡导一切用诚实劳动争取美好生活的思想和感情，使我们的精神产品符合人民的利益，促进社会的进步，不断满足人民群众日益增长的精神文化需求。"提倡多样化"，就是倡导百花齐放，在政治上，不要利用行政力量强制推行一种风格、一种学派，禁止另一种风格、另一种学派；在艺术上，互相尊重、包容，鼓励创新。

▶ 运用文艺批评的手段，促进社会主义文化艺术事业的繁荣发展，是当代中国文化建设的又一基本政策，也是实现国家文化治理的重要方式和途径。同时也是文艺生产力发展必不可少的动力机制。

▶ 文艺批评的标准问题，是开展文艺批评的一个基本政策问题，是用以衡量文艺领域是非问题的一种政策尺度。政治标准和艺术标准是文艺批评的两种基本标准。这两种标准在不同的国家和社会有着各自的内容。是否有利于发展生产力，应当成为我们考虑一切问题的出发点和检验一切工作的根本标准。一切有利于生产力发展的东西，都是符合人民根本利益的，因而是社会主义所要求的，或者是社会主义所允许的。一切不利于生产力发展的东西，都是违反科学社会主义的，是社会主义所不许的，构成了当代中国文艺批评最根本的价值尺度，实现政治标准和艺术标准的高度统一。

▶ 正确处理文艺批评中的政治问题与学术问题的关系，在文艺工作中必须坚持"三不主义"，即不打棍子、不扣帽子、不抓辫子。只要不反对党和国家基本政治立场，不做危害国家和人民的事情，而仅仅因为认识错误而讲错了话或者发表了有错误的作品或文章，不能以政治问题妄加罪名，给予处分。这是我国一项重要的基本文化政策。

思考题

1. 什么是当代中国文化的基本政策？它的构成内容是什么？

2．主旋律与多样化的政策内容是什么？怎样正确理解二者之间的关系？

3．文艺批评为什么会有标准？有哪些标准？需要坚持哪些原则？

4．怎样理解创作与批评之间的关系？

参考书目

1．毛泽东．在延安文艺座谈会上的讲话[M]．//毛泽东．毛泽东选集：第3卷．北京：人民出版社，1972.

2．毛泽东．关于正确处理人民内部矛盾的问题[M]．//毛泽东．毛泽东选集：第5卷．北京：人民出版社，1977.

3．邓小平．在第四次文代会上的祝辞[M]．//邓小平．邓小平文选：1975—1982年．北京：人民出版社，1985.

4．许明．当代中国的文化发展[M]．北京：中国大百科全书出版社，2008.

5．魏天祥．文艺政策论纲[M]．北京：中共中央党校出版社，1990.

6．杨凤诚．中国共产党与当代中国文化发展研究[M]．北京：中共党史出版社，2013.

第九章

中国社会主义文化的基本政策（二）：
文化遗产政策

本章学习目标

通过本章学习，学生应了解和掌握以下内容：

1. 文化遗产政策的形成与构成；
2. 我国文化遗产政策的基本内容；
3. 对待人类文化遗产的基本原则和文化发展的民族化道路。

导言

社会主义文化艺术，是人类精神发展史上一个特殊的表现形态和存在方式。在它的发展中，如何正确处理物质文化遗产与非物质文化遗产，正确对待人类创造的一切文化艺术遗产，正确处理继承传统与革新创造的关系，建设有中国特色的社会主义文化与借鉴外国文化的关系，是在建设社会主义新文化的历史过程中必须给予科学回答的重要的文化政策问题。"古为今用，洋为中用，推陈出新"，就是根据文艺发展的客观规律和当代需要，从历史的纵向承传和文化的横向互动的层面上，为解决这一问题而制定的一项基本的文化政策。

第一节　文化遗产与政策的构成

一、文化遗产与价值

文化遗产是相对于自然遗产而言的一种人类活动遗产存在形态。文化遗产包括物质文化遗产和非物质文化遗产。物质文化遗产是具有历史、艺术和科学价值的文物，包括古遗址、古墓葬、古建筑、石窟寺、石刻、壁画、近代现代重要史迹及代表性建筑等不可移动文物，历史上各时代的重要实物、艺术品、文献、手稿、图书资料等可移动文物；以及在建筑样式、分布均匀或与环境景色结合方面具有突出普遍价值的历史文化名城（街区、村镇）。非物质文化遗产是指各种以非物质形态存在的与群众生活密切相关、世代相承的传统文化表现形式，包括口头传统、传统表演艺术、民俗活动和礼仪与节庆、有关自然界和宇宙的民间传统知识和实践、传统手工艺技能等，以及与上述传统文化表现形式相关的文化空间。

文化遗产是不可再生的资源。文化遗产蕴含着一个民族特有的精神价值、思维方式、想象力，体现着一个民族的生命力和创造力。它是各民族智慧的结晶，也是全人类文明的瑰宝，是全人类赖以共同存在、彼此交流，促进文明、进步和发展的生命基础。保护文化遗产，保持民族文化传承，是连接民族感情纽带、增进民族团结和维护国家统一及社会稳定的重要文化基础，也是维护世界文化多样性和创造性，促进人类共同发展的前提。

二、文化遗产保护与文化资源危机

文化遗产资源是一个与文化生态相关的领域。如果说文化生态主要是对一种文化存在环境的综合性描绘的话，那么，文化资源则主要是对所有这些的人类精神文化结晶总和的表达，其中主要是非物质文化遗产。它是一个国家和民族全部的文化积淀之所在，同时也是解释一个国家和民族的文化身份、显示文化个性的依据，是一个民族和国家自尊和自信的精神归宿。它是一个民族进步与发展取之不尽，用之不竭的源头活水。每当一个民族和国家在生死存亡的危难关头，它都会从自己文化资源中汲取力量。因此，对本民族文化资源的开发和利用，就不仅一般地涉及对文化资源的保护，更重要的是对其意义世界解读的话语权。由于以文化遗产为主要内容的文化资源属于人类的共同文化财富，实行全球资源共享，任何人都可以从自己的视角去消化利用。然而，问题并不在于资源共享，而在于对资源内容的解释是否被人为的曲解。美国是一个文化资源稀缺的国家，却率先将内容产业纳入产业化轨道，通过 1997 年"北美行业分类系统"的颁布，实际上是提出了一个"全球开放式"的文化资源战略，从而为美国文化产业发展建立起全球的文化资源供应与保障系统合法化。这不仅消除了美国发展文化产业所需文化资源缺乏的危机，而且使世界各国的文化遗产资源暴露在国际文化产业巨头的掠夺与竞争的压力面前。在这个过程中，经济上的支配性力量必然衍生出文化霸权主义。他们占有的和他们剥夺他人的都是对文化资源内容的解释权，联合国科教文组织 1998 年《世界文化发展报告》对后发国家在文化遗产数字化过程中面临的这种危险曾明确指出：由于后发国家缺乏对本国文化资源的有效保护，依赖于国际资本实现其文化遗产数字化，从而在知识经济时代的国际格局中再一次成为文化资源的廉价出口国和文化产品的高价进口国，那么，他们失去的将不仅仅是对自己文化的解释权，而是整个文化遗产的基本含义发生的变异，从而使一个民族迷失最基本的文化认同感，在文化的根部彻底动摇它存在的依据。这就构成了文化资源安全问题。美国对《花木兰》的重新阐释就是一个典型案例。如果我们对"《花木兰》现象"不能引起足够的警惕和高度关注，那么，我们的子孙后代在将来看到的对中国文化资源的读本，也许就都是"美国版"的。

　　一种以非物质形态存在的，却与我们的民族智慧和灵魂血脉相承、保留着我们最纯粹最古老的文化记忆和文化基因的精神财富正迅速离我们远去。随着现代化进程的加速发展和经济一体化的影响、人们的生存环境或方式的改变，世界各国的重要文化遗产正受到越来越严重的破坏，有的濒临消失。而口头语非物质遗产因为形态的特殊性，生存环境遇到了前所未有的危机。尤其对于我国这样文化遗存丰厚但迅速走向现代化、城镇化的国家来说，危机四伏。口头与非物质遗产是指人类口传心授的，如口头文学、音乐、舞蹈、游戏、宗教意识、服饰、工艺等有突出价值并曾经广为流传的各种民族民间文化艺术的代表作，是一种无形的、不可重复的文化空间。这些无形的文化遗产包含了更多随时代迁移与变革而被人们忽视或忘却的文化记忆，只有唤醒这些记忆，才可能真正懂得人类文化整体的内涵与意义。文化的延续发展需要一个民族的根，文化创新的高度往往取决于对文化遗产发掘的深度。这些积淀了千年民族精神和民族感情的东西一旦消失，人类的损失无可挽回。如广为流传的经典民族乐曲《二泉映月》获抢救的第二年阿炳即去世。陕北黄土高原的民俗剪纸，20 世纪 80 年代还是铺天盖地，而现在已经近于完全消失。而恰恰在这里面包含着中国六亿妇女传承千年的文化精神和文化信仰对于生活的文化理解，是一种文化纽带，传递着华夏文明的信息。昆曲是中国乃至世界现存最古老的，具有悠久艺术传统的戏剧形态。它集文学、舞蹈、音乐、戏剧于一体，六百多年来，成为中国古典表演艺术的经典，全国几乎所有的剧种都不同程度地得到过它的滋养，有"百戏之祖"的美誉。昆曲之于中国文化发展的资源学意义诚如马克思所论希腊神话对于欧洲文化的意义一样，没有昆曲，中国的现代文化资源结构很可能完全是另外一个样子。2001年5月18日，正是由于昆曲在整个中国文化乃至世界文化发展进程中不可替代的文化地位，昆曲以全票入选联合国教科文组织首批人类口述和非物质遗产代表作名单。然而，市场萎缩、剧目锐减、人才流失，使得这一世界文化瑰宝、中华民族的优秀文化遗产面临严重的生存危机。昆曲尚且如此，全国多少地方戏曲作为中国文化一笔不可再生的资源安全状况也就可想而知了。①随着时光的流逝，我们确实没有必要为个别文化艺术模式的消亡扼腕叹息，但是作为几千年流传的民族传统文化的正根，是我们赖以生存的精神家园，是我们赖以存在的文化身份的识别标志，中国当今存在的文化艺术样式和中国人的文化审美结构都是在这样的正根上长出来的，是它滋润的一个结果。我们不能从根基上动摇中华民族存在中国新文化发展的合法性基础。

语言是一个民族中最稳定的因素。一个民族的语言一旦消失，整个民族也就消失了。然而据有关报道，在我国120种语言中有近一半处于衰退状态，有数十种语言处于濒危状态，赫哲语、满语、基诺语等少数民族语言，有的甚至只有几十个人会说了。基诺有2～3万人口，目前这个民族已经放弃了双语教学，统一用汉语授课，那么，20年后，这个民族的语言将会彻底消失。虽然这些濒临消失的语言大多没有相应的文字，但语言代表着一个民族的记忆和源流历史，他们的知识经验、民间文学都保存在口头语言中，靠口耳相传代代相袭，是语言成为一种独特文化和族群特征的重要表现形式。这些语言一旦消失，将是中华文化和人类文明成果无法挽救的重大损失。语言既是文化的载体，又是文化的重要组成部分，反映和体现着一个民族的思维特点和对于世界认识的独特性。口头与非物质遗产是构成我国整体性文化资源的重要组成部分。尤其是当大量口传文化通过语言相传的时候，任何一种语言的消失都是一种文化资源的流失。流传于蒙藏民族中的世界最大规模的口传文学《格萨尔王》，如果没有语言的传播，也就没有今天的《格萨尔王》。"现在民族语言已经到了一种非挽救不可的地步，一种语言的消失不亚于一个物种的消失。"②从某种程度上说，少数民族语言及其他所蕴含在其中的文化也是一种不可再生的文化资源。

根据有关部门不完全统计，从2000年到2002年10月，全国公安机关共破获文物案件3189起，抓获犯罪嫌疑人3780人，收缴各类文物707件。先后破获宝鸡市青铜博物馆负责人许知生等人非法出售、倒卖馆藏文物案，金门市文化局博物馆党支部书记王必

---

① 据报道，温州的瓯剧不久前因后继无人而消亡。在江西，平均每年就有超过20种地方戏灭绝。详见：面对重重困境，他们如何才能走出怪圈[N]. 新华每日电讯，2004-09-28.
② 中国数十种语言处于濒危状态[N]. 东方早报，2004-02-23.

胜等人私掘古墓葬、倒卖馆藏文物案等一大批大案要案。[1]针对国家自然和文化遗产遭受大规模开发性破坏的严重情况，以及在这一问题背后的深层次的原因，专家认为："不区分清楚世界遗产与普通旅游风景区之间的性质，混同于一般国有资产，将政府对遗产资源管理权混同于政府与一般国有企业的关系，机械地把承包转让等市场机制的'经验'往遗产的身上硬套，把保护性、社会公益性质的国家风景区和世界遗产作为旅游经济开发区进行开发，""这种错位开发是一种仿形性的错误和谬误。这种'公司经营风景区'模式是一种既背离世界潮流，又不符合中国国情的怪胎。"[2]

文化资源是一个国家和民族可以持续、稳定、及时、足量地获取所需文化资源的状态和能力，关系到保障国家文化安全和国家根本文化传统的维护。文化资源安全问题与国家文化可持续发展战略、国家文化创新体系建设密切相关。我国正处在重要的历史转型期，同时也是实现经济增长方式和社会价值取向根本性转变的关键时期，中国必须牢牢掌握对于自己文化资源意义阐释的权力，应建立国家文化生态质量评估体系。应该对构成文化生态系统的物质与非物质文化资源状况有一个全面系统的调查与分析，尤其是对那些非物质和口传文化遗产的资源调查评估，因为这是构成文化生态最基本的要素。因此，在国民经济发展和增长的评估体系中，国家应逐步改变国民生产总值按 GDP 统计的方法，因为这种统计方法没有扣除文化资源消耗和文化生态环境恶化的损失。应建立一种包括文化生态、文化资源损益统计在内的国民经济统计指标体系，也就是说，应该对文化资源，尤其是那些不可再生的文化生态资源的损耗，所可能给社会的经济与文化发展带来的无法挽回的经济与文化损失给出计量图系，从而在一种直观的数量面前，让人们知道我们所付出的文化代价，同时也使得很高的国民生产总值因扣除文化生态、文化资源的损耗部分而回落到它应有的价值位置，从指标评估体系上建立国家文化生态与文化资源的安全红线。

三、文化遗产政策及其构成

文化遗产政策是关于文化遗产保护、开发、利用等一整套法律和制度性规定、规范、原则和要求体系的总和。文化遗产政策分国内政策与国际政策，内容主要包括物质文化遗产政策和非物质文化遗产政策。

国际性文化遗产政策主要有：1964 年在意大利威尼斯通过的《国际古迹保护与修复

---

[1] 三年破案三千起，收缴文物四千多[N]. 中国文化报，2002-12-28.

[2] 黄山如何保持世界遗产的品位[N]. 光明日报，2003-02-18.

宪章》，简称《威尼斯宪章》；1972 年联合国教育、科学及文化组织大会第十七届会议
在法国巴黎通过的《保护世界文化和自然遗产公约》；1976 年联合国教育、科学及文
化组织大会第十九届会议在肯尼亚首都内罗毕通过的《关于历史地区的保护及其当代作用
的建议》，简称《内罗毕建议》；1987 年国际古迹遗址理事会在美国首都华盛顿通过的
《保护历史城镇和地区宪章》，简称《华盛顿宪章》；1994 年在日本奈良通过了旨在体
现《威尼斯宪章》精神的《奈良宣言》，全称为《奈良真实性宣言》；2005 年，作为联
合国教科文组织世界遗产委员会的官方咨询机构，国际古迹遗址理事会在我国西安召开第
十五届大会，并发表了用以保护古迹遗址的《西安宣言》。同年，联合国在法国巴黎通过
了《联合国文化多样性宣言》。这基本上构成了现代国际社会关于文化遗产的政策体系。
从内容上看，国际文化遗产政策主要包括：古迹保护与修复原则，历史地区的保护及其当
代作用的理论，环境对于古迹和遗产的重要性理论，突出强调，文化和遗产多样性是我们
这个世界不可取代的精神资源和全人类的智慧财富，文化和遗产的多样性是跨时空存在的，
需要得到各种文化和信仰的尊重。因此，联合国《保护世界文化和自然遗产公约》特别规
定，凡是被列入世界文化和自然遗产的地点，都由其所在国家依法严格加以保护。

我国关于文化遗产政策的法律性文件主要有《中华人民共和国文物保护法》和 2005
年 12 月国务院发布的《关于加强文化遗产保护的通知》。《关于加强文化遗产保护的通
知》是我国第一个以文化遗产保护为对象的政策性文件，标志着我国文化遗产保护事业
进入了一个新的历史阶段。这个文件明确：物质文化遗产保护要贯彻“保护为主、抢救
第一、合理利用、加强管理”的方针；非物质文化遗产保护要贯彻“保护为主、抢救第
一、合理利用、传承发展”的方针。坚持保护文化遗产的真实性和完整性，坚持依法和
科学保护，正确处理经济社会发展与文化遗产保护的关系。为了进一步加强我国文化遗
产保护，继承和弘扬中华民族优秀传统文化，推动社会主义先进文化建设，国务院决定
从 2006 年起，每年六月的第二个星期六为我国的“文化遗产日”。由于非物质文化遗产
直接地和人们今天的物质生活方式和精神生活方式有着广泛而密切的联系，因此，加强
非物质文化遗产保护法律法规的建设，推进非物质文化遗产保护的法制化、制度化和规
范化，制定《非物质文化遗产保护法》，建立和形成完善、科学的文化遗产保护体系，
将成为我国今后文化遗产政策建设的重要的战略目标。

第二节　古为今用、洋为中用、推陈出新

“古为今用，洋为中用，推陈出新”，是当代中国重要的文化遗产政策，其中包括

对外文化关系的政策意义。这项文化政策既体现了对建设和发展社会主义新文化所持的务实、求真和科学的文化态度，也表达了政策主体对文化的生命接续方式的理性尊重和认同。

一、古为今用、洋为中用、推陈出新的提出

作为一个有机的政策整体，这项政策并不是在一个时间里提出来的（这或许是当代中国文化政策运动的特点），虽然其中蕴含的理论意义在毛泽东和其他高层领导人的论述中早已有所阐释，但是，作为一种高度概括性的文化政策概念和意义形态，却是"百花齐放，推陈出新"和"古为今用，洋为中用"这两个文化方针整合的结果。

"推陈出新"的毛泽东于 1942 年 10 月为《延安平剧院成立特刊》题词的内容，旨在作为当时对戏曲改革、发展的希望和要求，要在批判地继承过去戏曲艺术的基础上，创作出反映新的时代精神和新的人物面貌的作品。1951 年 4 月，毛泽东在为中国戏曲研究院成立而写的题词中，又一次提出了这个希望——"百花齐放，推陈出新"，并把政策对象范围扩大到戏曲研究、戏曲创作和戏曲改革领域，使它成为新中国成立后最早提出来的文化政策之一。最初作为社会主义时期戏曲改革和戏曲发展的方针，后来成为对当代中国文化艺术工作的指导方针。目的就是要通过各种剧种和艺术形式的自由竞赛，在留存下来的文化艺术资源的基础上创造出新的艺术作品和新的文化世界，给人们以全新的文化精神鼓舞。地方戏曲和地方剧种是中国传统文化艺术特殊的存在方式和表现形态，不仅有各自特殊的艺术语汇系统和意义世界，而且还由于受到地域条件和传播手段的限制，存在着各种戏曲艺术之间长期自我封闭和互相隔离的状态，不利于戏曲艺术的当代发展和戏曲文化的当代需要。因此，"百花齐放，推陈出新"既为各种戏曲文化和戏曲艺术之间的交流、互动建立新型的文化关系和艺术关系，而且也为这种关系的发展提出了共同的文化目标；既传达出新中国成立后，中国戏曲发展、改革面临困难的信息，也体现了政策主体解决文化政策问题的科学、务实的态度和积极创新的期望。

"古为今用，洋为中用"首见于 1946 年 9 月毛泽东在一封学生来信——《对中央音乐学院的意见》上的批示。这是毛泽东对当时弥漫于中国音乐界乃至整个文化艺术界在中外文化遗产问题上的排外主义和民族虚无主义的文化态度的批评，也表明毛泽东对待中外文化艺术一贯的文化态度和政策主张。早在 1940 年，毛泽东在论中国新民主主义文化建设问题时就提出："中国应该大量吸收外国的进步文化，作为自己文化食粮的原料。""中国现时的新政治、新经济是从古代的旧政治、旧经济发展而来的，中国现时的新文化也是从古代的旧文化发展而来，因此，我们必须尊重自己的历史，决不能割断

历史。"①1956 年，在《同音乐工作者的谈话》中，毛泽东又说："向古人学习是为了现在的活人，向外国人学习是为了今天的中国人。"②因此，"古为今用，洋为中用"是毛泽东在对待中外文化艺术遗产问题上对自己一贯思想和主张的总的政策性概括，同时也是毛泽东在比较地重视思想文化领域里的阶级斗争时，简明扼要地表明了中国共产党在这个问题上所持的基本政策态度。1965 年中央美术学院王式廓等教师写信给毛泽东，反映美术教学中废除人体模特儿造成教学困难和毕业生创作质量受到影响的情况，毛泽东就此致信中央其他高层领导，明确表示："画男女老少裸体 model 是绘画和雕塑必需基本功，不要不行，封建思想，加以禁止，是不妥的"，强调"为了艺术科学，不惜小有牺牲"。1979 年"文革"正酣时，毛泽东又一次就此问题批示："画画是科学，就人体这个问题说，应走徐悲鸿素描的道路，而不走齐白石的道路。"③这进一步表达了毛泽东对艺术规律、艺术科学的尊重和开明、科学的政策态度。

如果说，"百花齐放，推陈出新"主要侧重于对中国传统戏曲改革及继承与创新关系的论述，有较为明确的政策对象性关系，那么，"古为今用，洋为中用"在文化时空关系上的政策视野则更为广大，气度更为宏阔，既包含了前者所有的文化态度和文化精神，又拓宽了前者所不具有的文化视野，在正确对待中外文化遗产问题上，比前者更具普遍性政策意义。而且，由毛泽东在不久之后又将"百花齐放"与"百家争鸣"联系在一起，赋予"百花齐放"以新的政策内涵和新的政策形象，并且在这新形象和新内涵中确实又包含原来的政策内容和政策形象的，"推陈出新"确与"古为今用，洋为中用"在主体文化意志实现方面又有某种内在精神逻辑联系，因此，将它们整成一个具有内在逻辑必然性的统一的政策概念和政策范围，成为一个具有特定内容的文化政策的生命存在方式，以期在整个文化政策过程系统中发挥特殊作用。

二、科学文化态度的现代整合和文化的生命接续方式

任何文化的现代存在都是一定时间、空间范围内文化生命接续方式的当代形态。在人类文明发展史上，文化首先是个时间概念。人们关于人类文明时期划分，无论是用石器、青铜，还是用远古、上古，实际上都是对文化生命形态存在方式的一种概括，标志着一定时间内人类文化所达到的文明程度。正因为文化在文明史意义上是个时间概念，文化也就表现为这样一种联系和过程，即文化的全部价值和意义，是在时间的流传中，

---

① 毛泽东. 毛泽东选集[M]. 北京：人民出版社，1972：667，668.

② 毛泽东. 毛泽东著作选读[M]. 下. 北京：人民出版社，1976：752.

③ 陈晋. 文人毛泽东[M]. 上海：上海人民出版社，1997：556-557.

通过一代又一代人的生命存在的世代接续而实现的。每一代的人类都在创造自己的文化，但是，这种创造并不是在他们自己选定的文化条件下的创造，而是在直接碰到的、既定的、从过去承继下来的条件下的创造。这是整个人类文化图景的最基本的特征。除此之外，人类不可能使自己获得任何另外的生存和发展的文化条件和生活方式，不可能通过任何其他的过程使自己在时间中获得"文化"的存在。因此，在每个时代、每个民族中，不管人们是否承认和是否愿意，只要他们是在用精神的方式把握世界，在作关于文化和艺术的思维，进行理论研究和文化、艺术的创造，就必然地要从已有的文化艺术形式所构成的全部精神价值和意义系统中汲取营养、灵感、智慧和勇气，从而达到实现"创造自我"的目的。然而，文化的时间意义并不只是给了人类以承传性，同时也向人们揭示了它的新陈代谢法则。虽然没有前文化所留下的既定条件和文化准备，后代人的文化存在和文化发展便失去了赖以存在的前提和依据，但是，时间中的文化也并不以某种固定不变的文化模式流传。文化作为人的一种生命存在方式，本质上是人不断地优化自己生命存在的实践过程，是后人对前人所提供的文化条件和文化环境的不断改造。正如没有前文化传承下来的一切文化条件和文化基础，人类便不可能以其他的方法获得自己的文化存在一样，如果后人不在前人提供的既定的文化处境中实现自我优化的努力，突破陈规，也不可能有其他方法把自己的生命存在状态升华到更高的文化层次。任何时间中的文化，都只有在文化的时代变迁、文化世界的质量的提高和人的生命存在的文化性质的不断升华中，才能获得永恒。因此，作为时间中的文化的意义，它的内容是不断变化的，任何一种新的文化形态的出现都是新旧两种文化在时间过程中整合的结果。由于时间在展延的方向性上都是向前的，与人的对于"明天"的期待存在着力的同构关系，在文化的意义上，时间就成为文化进步的一个起决定性作用的客观尺度。只要人不放弃对于"明天"，亦即未来的期待，不放弃由此而产生的文化动力，人类文化的理想境界就不只是一种可望而不可即的"期待"。正因为文化的时间意义具有趋前性、前瞻性的特征，文化的理想境界就在未来。人们只有向前看，推动文化向前发展，才能获得属于"我的"真正的文化价值。而要实现这一点，就必然地要对过去的东西、旧的东西、过时的东西，采取不断批判的扬弃的态度，而以"出新"作为总的文化价值的时间取向。这种取向是以人的生命存在于时间中的积极的文化实践为其现实基础的，任何对于未来的文化"出新"的设定，其根基都在于时间的现实性，即文化的现在时之中，而不在"将来时"之中。唯有对现实有用，才具有将来的意义。因此，毛泽东在谈到对于过去时代遗留下来的丰富的文化艺术遗产和优良的文化艺术传统所持的文化态度时，明确指出：我们的目的是"以利于推进中国的新文化"[①]。

[①] 毛泽东. 论联合政府[M]. //毛泽东. 毛泽东选集. 北京：人民出版社，1972：984.

文化不仅以时间的形式来接续自己的生命存在，同时也以空间的存在作为自己生命的接续方式。与文化的时间意义对于人的存在体验的单向度相比，文化空间则是以多向度展现其生命存在形式。如果说，时间意义是人从对文化世界的纵向运动的体验的观照中获得关于文化的意义的话，那么，空间意义则是人从文化世界的横向的差别联系和关系的互动中获得的文化意识。任何一种文化都是有范围的文化，即都是有空间边界的文化，是一种文化体，并且以其文化性质与边界之外其他文化的空间存在相区别。因此，各文化体空间存在的全部文化意义就在于它们的相邻性。一种文化关系，只有在这个关系的系统中，各个文化体的生命存在才是实证的和有意义的。然而，也正是这种相邻性的文化关系决定了它们间的各种接触、交往和影响。在这里，文化的交往关系具有特别重要的意义。通过交往，各种文化体都从对方的存在中获得了主体存在的认识，并且也都从对方的文化存在中发现并吸收了可供自己发展的文化因素，因此，在这个过程中，各文化体之间也必然在某种程度上部分地改变了自己，吸收对方的优势因素，从而使自己具有更多的优势。这也就是作为本体的文化体的优化过程。而这个过程，也就是文化体不断走向成熟的优化过程，是各个文化体中的优势文化因素的综合过程。正是这个过程在时间因素的作用下，才导致文化的现代性。所谓"文化现代化"，就是这种优化和综合过程的当代表现。如果说，在文化哲学的层面上，"古为今用"是对文化在时间上的生命接续方式的尊重和认同，那么，"洋为中用"则是在空间的意义上对文化生命接续方式的中国式把握。

无产阶级文化是人类社会发展史上崭新的文化形态。但是，正如列宁早已指出的那样："无产阶级文化并不是从天上掉下来的，也不是那些自命为无产阶级文化专家杜撰出来的，如果认为是这样，那完全胡说。无产阶级文化应当是人类在资本主义社会、地主社会和官僚社会压迫下创造出来的全部知识合乎规律的发展"，"只有确切地了解了人类全部发展过程所创造的文化，只有对这种文化加以改造，才能建设无产阶级的文化"。[①] 这是科学的文化发展时空观。离开了这样一种科学的认识，社会主义文化艺术的建设只能是空想。"古为今用，洋为中用，推陈出新"，正是在这样一种文化时空观上，具有中国式的文化政策学意义，从而为中国文化的当代发展和现代化提供了根本保证和实践思路。

三、"十二字方针"的政策精神和当代定位

古为今用，洋为中用，推陈出新，虽然就其政策形态的整合而言，是 20 世纪 60 年

[①] 列宁. 青年团的任务[M]. //列宁. 列宁选集: 第4卷. 北京: 人民出版社，1972：348.

代以后完成的，作用的对象也是针对具体艺术领域的政策问题，但是它的主要精神、基本内容和意义构成，却是政策主体在探索中国新文化发展与其他文化形态的关系的过程中提出来，并且在社会主义文化实践中不断发展、完善的。其政策精神和主要内容有以下三个方面。

1. 确立文化问题上马克思主义的历史主义原则

继承我们珍贵的历史遗产和实现马克思主义中国化，是这一原则的两大主要内容。1938 年 10 月，毛泽东在中国共产党六届六中全会上所做的《中国共产党在民族战争中的地位》报告中首次提出了这一原则。他说："学习我们的历史遗产，用马克思主义的方法给以批判的总结，是我们学习的另一任务。我们这个民族有数千年的历史，有它的特点，有它的许多珍贵品。对于这些，我们还是小学生。今天的中国是历史的中国的一个发展；我们是马克思主义的历史主义者，我们不应当割断历史。从孔夫子到孙中山，我们应当给以总结，承继这一份珍贵的遗产。这对于指导当前的伟大的运动是有重要的帮助的。共产党员是国际主义的马克思主义者，但是马克思主义必须和我国的具体特点相结合并通过一定的民族形式才能实现……离开中国特点来谈马克思主义，只是抽象的空洞的马克思主义。因此，使马克思主义在中国具体化，使之在其每一表现中带着必须有的中国的特性，即是说，按照中国的特点去应用它，成为全党亟待了解并亟须解决的问题。"[①]这可以看作是毛泽东和中国共产党对"古为今用，洋为中用"思想一次明确的表达。问题虽然是从"中国共产党在民族战争中的地位"这一层面上提出来的，但是问题所涉及的性质却有普遍的文化意义，蕴含对文化问题上的民族虚无主义和文化教条主义的批评，因为自五四运动喊出"打倒孔家店"以来，中国学界就一直存在着文化上的民族虚无主义和"全盘西化"两种错误倾向。错误倾向影响了共产党，造成"许多马克思列宁主义的学者也是言必称希腊，对于自己的祖宗，则对不住，忘记了"[②]的不良倾向，只会片面地引用马克思主义的个别词句，而不会运用他们的立场、观点和方法具体地研究中国的现状和中国的历史。因此，毛泽东明确提出，"不单是懂得希腊就行了，还要懂得中国"[③]，要给历史以一定的科学的地位，尊重历史的辩证法的发展，要马克思主义中国化。正是由于毛泽东的思想见解具有普遍的文化意义，它立即引起了当时中国文化界的注意。张申府著文说："我们认为这一段话的意思是完全对的。不但是对的，而且值得非常赞叹。由这一段话，更可以象征出来中国最近思想见解上的一大进步。"[④]时值

---

① 毛泽东. 毛泽东选集[M]. 北京：人民出版社，1972：499-500.

② 毛泽东. 毛泽东选集[M]. 北京：人民出版社，1972：755.

③ 毛泽东. 毛泽东选集[M]. 北京：人民出版社，1972：769.

④ 刘永结. 中国现代化导论[M]. 保定：河北大学出版社，1985：173.

中国文化界开展以"中国现代化问题"为母题的"全盘西化"与"中国本位文化"大论战，毛泽东的见解便越出了它原先设定的意义边界，而具有普遍性价值。也正是由于这一见解所确定的"马克思主义的历史主义"原则具有普遍性价值，而当代中国的文化建设与毛泽东提出这一命题的文化语境仍然还有许多惊人的相似之处，中国文化现代化仍然是当代中国文化发展的母题。因此，这一原则也就仍然是构成"十二字方针"和贯彻"十二字方针"的首要政策原则和政策精神。

2. 去其糟粕，取其精华，批判地继承和借鉴一切优秀文化遗产

政策原则的确立与正确措施的理论阐述，构成完整的政策内容必然是逻辑关系。既然问题的理论和实践的定位是着眼于中国文化现代发展的时间和空间的两个向度，定位于中国文化现代化问题，那么，就必须在政策的意义上给予科学的回答。也就是：怎样继承？怎样现代化？这里既有价值取向问题，也有取向的标准问题。

人类社会迄今为止创造的一切文化艺术成果，是一个极为繁茂芜杂的集合体。以往的一切文化艺术成果都是过去的人类根据当时的社会历史条件和文明程度创造出来的，同时，由于阶级和文化的对立，不同时代、不同阶级的人们所处的社会生产力水平和政治、经济地位的不同，由此形成的不同的思想文化材料必然是精华与糟粕杂陈共处。既有先进的，也有落后的；既有科学的，也有腐朽的；既有于现在有益的，也有于现在有害的。这就是列宁所说的："每一种民族文化中，都有两种民族文化"，"每个民族的文化里面，都有一些哪怕是还不大发展的民主主义和社会主义文化成分，因为每个民族里面都有劳动群众和被剥削群众，他们的生活条件必然会产生民主主义和社会主义的思想体系，但是每个民族里面也都有资产阶级的文化（大多数的民族里还有黑帮和教权派的文化），而且这不仅是一些成分，而且是占统治地位的文化。"[①]虽然列宁的论述较多地着眼于民族文化的阶级性，但他的"两种民族文化理论"确实揭示了人类文化发展和当下文化存在的一个普遍规律。然而，也正是在这里，某些五四新文化运动的倡导者和他们的领导都步入了歧途："对于历史，对于外国事物，没有历史唯物主义的批判精神，所谓坏就是绝对的坏，一切皆坏；所谓好就是绝对的好，一切皆好。这种形式主义看问题的方法，就影响了后来这个运动的发展。"[②]这是中国新文化或中国现代化发展的一个巨大障碍。这个问题以及在这个问题上的两种错误倾向如果得不到解决，那么，中国文化现代化问题永远仅具理论意义，而无实践的可能。由于自晚清以来的中国文化论争，本质上都是中国文化现代化之争，是关于中国的前途和命运之争，关系到"中国向何处去"的文明主体的整体战略定位，对中国文化问题、对中国文化的动向问题的关注，自

---

① [俄]列宁. 列宁全集[M]. 第20卷. 北京：人民出版社，1972：6.
② 毛泽东. 毛泽东著作选读[M]. 下. 北京：人民出版社，1976：508.

然地构成了毛泽东文化生命和理论视野的一个重要组成部分，构成了他一生的重要的生命内容之一。他无法回避这样重大的理论和实践问题，回答这个问题也就成为他神圣的文化责任。1940 年，毛泽东发表了他"讨论中国文化问题"的专门著作——《新民主主义论》，提出了著名的"新民主主义文化"论，并且在后来的一系列著作中，从诸多的文化角度对这一问题作了多方位的透视和阐述，以作为中国共产党在这个问题上的总体性回答。这就是批判地继承一切文化艺术遗产："中国应该大量吸收外国的进步文化，作为自己文化食粮的原料"，但是，对于一切外国的东西，如同我们对于食物一样，"分解为精华和糟粕两部分，然后排除其糟粕，吸收其精华"，"决不能生吞活剥地毫无批判地吸收。所谓'全盘西化'的主张，乃是一种错误的观点"，"清理古代文化的发展过程，剔除其封建性的糟粕，吸收其民主性的精华，是发展民族新文化、提高民族的自信心的必要条件；但是决不能无批判地兼收并蓄。必须将古代封建统治阶级的一切腐朽的东西和古代优秀的人民文化，即多少带有民主性和革命性的东西区别开来"。[①]这是一个问题的两个方面：既反对了"全盘西化"的主张，又避免了文化上的排外主义；既反对了对古代文化无批判地兼收并蓄的做法，也反对了文化上的民族虚无主义态度。显而易见，这样的理论主张，无论是与"全盘西化"论相比，还是与当时的"中国本位文化论"相比，在中国文化现代化过程中，都是更易实践和更易做到的。那么，什么是精华，什么是糟粕呢？当然，各个阶级有不同的价值标准。毛泽东认为："无产阶级对待过去时代的文学艺术作品，也必须首先检查它们对待人民的态度如何，在历史上有无进步意义，而分别采取不同的态度。"[②]"对待人民的态度"和"历史上有无进步意义"，这是两个具有同构、对应关系的价值尺度。"人民"是关于文明主体的概念，是一个国家、一个民族文明创造和文明实现程序的载体。虽然，在不同的国家和各个国家不同的历史时期，"人民"有不同的内容，但除为推动历史前进的力量外，人民一定是代表着文明发展方向和社会进步趋势的人类群体。历史上出现过的奴隶主阶级、地主阶级和资产阶级，当它们处于上升、发展时期，当它们作为新兴生产力和文化力的代表时，都曾经是那个时期的文明主体，都曾经是属于人民的范畴，在文明前行的历史进程中，发挥过积极的主导性文化作用。因此，属于人民的东西，也就自然地具有了历史进步的意义。"判断历史的功绩，不是根据历史活动家没有提供现代所要求的东西，而是根据他们比他们的前辈提供了新的东西。"[③]而正是这样的东西，作为一种人类文化资源和文化遗产，才可能使一个民族具有凝聚力，才是推动人的全面发展和社会全面进步、文明创造的精神

---

① 毛泽东. 毛泽东选集[M]. 北京：人民出版社，1972：667.

② 毛泽东. 毛泽东选集[M]. 北京：人民出版社，1972：668.

③ [俄]列宁. 列宁全集[M]. 第 2 卷. 北京：人民出版社，1972：150.

动力，也才是实现中国现代化和中国文化现代化所需要的。在这里，"人民"是全部问题的核心，是决定所有其他方面的主体因素。因此，继承一切优秀的文学艺术遗产，批判地吸收其中一切有益的东西，目的仍然是为了人民大众。这是文化遗产问题上的一元论。这样，就把对于一切文化艺术遗产的批判继承，建筑在对现代社会发展需要的基础上，建筑在文明主体的利益和意志的基础上，从而通过对现代中国社会矛盾与文化的矛盾的分析，根据中国现代化作为世界现代化的一个重要组成部分的必然趋势，确定现代中国文化的性质和实现文化现代化的核心和主体。没有对现代中国文化本质的规定，没有对其核心和主体的确定，不仅所谓"现代化"没有方向，所谓"继承"也是盲目的。"全盘西化"也好，"中国本位文化"也罢，实际上都是行不通的。20世纪80年代又一次掀起的"全盘西化"浪潮以及它的实践者"在尴尬境地中颓然退场"，已使许多文化人再一次认识到，"单纯地追逐西方理论话语"，"不可能解决中国的文化问题"。[1]而以"复兴传统文化"为己任的所谓"新儒家"，也因为它"对广大的中国人和中国社会没起什么作用或影响"，终成"隔世回响"，"很难开出自己'时代'"。[2]根据社会的性质概括文明主体的利益和意愿，根据文化现代化的需要认真地、全面地清理、分析一切文化艺术遗产，找出有用的因素和成分，弘扬民族优秀文化传统和文化精神，这也许成为我们"批判地继承一切文化艺术遗产"的当代定位。

3. 坚持对外开放，以我为主，为我所用

同一切别的民族联合，建立互相吸收和发展的关系，共同形成世界的新文化，毛泽东认为这是实现中国文化现代化（新民主主义文化——社会主义文化）的一个重要途径。然而，这种工作过去还做得很不够。对于外国文化，尤其是资本主义文化，"全盘西化"是错误的，排外主义的方针同样也是错误的。纵观近代以来对待外国文化的态度，以某种程度看，由于有狭隘的民族主义的支持，排外主义在中国的市场更大，更有社会基础。与"全盘西化"论相比，闭关自守的排外主义更具欺骗性，统治时间更长，对现代中国文化的危害更大。因此，毛泽东在批判"全盘西化"论的同时，不断强调吸收外国文化对于发展中国新文化的重要性和必要性，强调实行文化上的开放对于发展现代中国文化的意义。在评价五四运动的历史功绩时，毛泽东就曾说过："如果'五四'时期不反对老八股和老教条主义，中国人民的思想就不能从老八股和老教条主义的束缚下面获得解放，中国就不会有自由独立的希望。"[3]从国家的"自由"和"独立"的层面上评估五四运动对于中国思想解放的意义，这不仅发前人之所未发，而且迄今也还很少有人从现代

---

[1] 孟繁华. 当代中国的文化冲突问题[M]. 北京：今日中国出版社，1997：17.

[2] 李泽厚. 新儒家的隔世回响[J]. 天涯，1997（1）.

[3] 毛泽东. 毛泽东著作选读[M]. 下. 北京：人民出版社，1976：508-509.

化的意义上认识这一观点对于我们今天坚持思想解放和文化开放的意义。毛泽东紧接着论道："这个工作，五四运动时期还不过是个开端，要使全国人民完全脱离老八股和老教条主义的统治，还须费很大的气力，还是今后革命改革路上的一个大工程。"[①]"民主"和"科学"是"五四"思想解放的灵魂。着眼于"五四"思想解放对于中国进步的意义，并且认定这是中国今后革命的一大工程，也许这正是毛泽东传达给我们在文化上必须坚持开放的信息："凡是我们今天用得着的东西，都应该吸收。"[②]也许，也正是在这样一个文化信念的支配下，20世纪50年代中后期，在清理了对苏联"一边倒"的外交政策和对外文化关系政策后，毛泽东又一次强调："我们的方针是，一切民族、一切国家的长处都要学，政治、经济、科学、技术、文学、艺术的一切真正好的东西都要学。"[③]并且一再指出："应该学外国的近代的东西"[④]，"近代文化，外国比我们高，要承认这一点"[⑤]；"地主阶级也有文化，那是古老文化，不是近代文化"[⑥]，"资产阶级在近代文化、近代技术这些方面，比其他阶级要高，因此必须团结他们，并且把它们改造过来"[⑦]；"要承认近代西洋前进了一步"[⑧]。这是毛泽东在《同音乐工作者的谈话》中反复强调的一个观点。在一篇文章中，如此地强调要承认和学习资产阶级近代文化，在毛泽东全部著作中是不多见的。联系他的《论十大关系》中提出的方针来思考，其中贯穿的一根思想红线，就是要实行文化上对外开放，积极引进、大量吸收和消化西方现代文明成果，克服"一边倒"的政策，努力沟通与世界的文化联系和交流。所有这些，都可以看作是毛泽东对"洋为中用"这一政策内涵及其当代性的文化阐释。尽管这一政策思想随着后来国内外形势的变化而未能得到有效的贯彻执行，但是实行文化上的对外开放这一政策思想无疑是正确的，应当成为当代中国的一项基本文化政策。因此，在20世纪80年代，《中共中央关于社会主义精神文明建设指导方针的决议》中明确指出，"对外开放作为一项不可动摇的基本国策，不仅适用于物质文明建设，而且适用于精神文明建设"，强调"不这样做就是愚昧，就不可能实现现代化"。[⑨]邓小平说："社会主义要赢得与资本主义相

① 毛泽东. 毛泽东著作选读[M]. 上. 北京：人民出版社，1976：397.
② 毛泽东. 毛泽东著作选读[M]. 下. 北京：人民出版社，1976：740.
③ 毛泽东. 毛泽东著作选读[M]. 下. 北京：人民出版社，1976：750.
④ 毛泽东. 毛泽东著作选读[M]. 下. 北京：人民出版社，1976：748.
⑤ 毛泽东. 毛泽东著作选读[M]. 下. 北京：人民出版社，1976：749.
⑥ 毛泽东. 毛泽东著作选读[M]. 下. 北京：人民出版社，1976：753.
⑦ 毛泽东. 毛泽东著作选读[M]. 下. 北京：人民出版社，1976：508-509.
⑧ 毛泽东. 毛泽东著作选读[M]. 下. 北京：人民出版社，1976：508-509.
⑨ 中共中央文献研究室. 十二大以来——重要文献选编[M]. 下. 北京：人民出版社，1985：1177.

比较的优势，就必须大胆吸收和借鉴人类社会创造的一切文明成果。"①这样，就在社会主义和现代化的层面上赋予"洋为中用"以当代内容，同时也复归它历史本体的意义，从而实现了它与改革开放总政策的内在精神的一致性。

文化交流是各民族文化发展、互动的一条基本规律。纵观世界文化发展史可以看出，不同地区、不同民族和不同国家间的文化互相开放、互相交流、互相引进、互相吸收，同时又不断分化，是各文明形态发展必不可少的条件。中华民族具有悠久的文化历史和辉煌的文化成就，它在发展过程中每一次在历史大台阶上的提升和跃进，都是与外来文化的广泛交流和影响联系在一起的，并且是在这种影响力的作用下实现的。汉魏时期佛教文化的传入，盛唐时期西域文化的传入，宋元以后吸收的契丹、蒙古、阿拉伯以至西方基督教文化，无不为中国文化的发展注入了新鲜的活力。就中国革命的实践而言，没有马克思主义的传入和国际共产主义运动的经验，中国的新民主主义革命就不可能取得成功，社会主义文化和文化制度就不可能在中国确立。可见，一国民族的文化艺术不仅是处在垂直方向上的、历史传统的前后联系中，而且处于水平方向上的、与别国文化艺术不间断地交流之中。这种交流，除非使用强制手段，否则是地理或政治的界限所不能阻止的。尤其到了近代，诚如马克思、恩格斯在《共产党宣言》中所说的："资产阶级，由于开拓了世界市场，使一切国家的生产和消费都成为世界性的了……物质的生产是如此，精神的生产也是如此。各民族的精神产品成了公共的财产。民族的片面性和局限性日益成为不可能，于是由许多种民族的和地方的文学形成了一种世界的文学。"②所以，在现代生产方式下，绝对的自然经济、与世隔绝的文化，是不可能获得现代意义上的发展的。文化交流以经济和社会发展水平及交流程度为现实前提，而经济和社会的发展、交流又必然促使文化的交流和发展。自近代以来，如同经济的发展一样，人文科学、文化艺术等的发展都已经超越了国界，成为一种世界性的文化现象。也许，这正是毛泽东反复强调要学习资本主义在近代以来的文化的意义：资本主义在近代的发展、它的开放心态和创造精神，对于中国的现代化和走向世界具有持久的借鉴价值。早在 20 世纪 40年代，毛泽东在谈到借鉴对于创造自己作品的重要性时指出："有这个借鉴和没有这个借鉴是不同的，这里有文野之分，粗细之分，高低之分，快慢之分。"③文野、粗细、快慢，包括了借鉴外国文化的深度、广度和速度。在今天，要缩短与西方国家在现代化方面的差距，要适应中国改革开放的需要，就"必须下决心用大力气，把当代世界各国包

---

① 邓小平. 邓小平文选[M]. 第 3 卷. 北京：人民出版社，1992：373.

② [德]马克思，恩格斯. 马克思恩格斯选集[M]. 第 1 卷. 北京：人民出版社，1972：254-255.

③ 毛泽东. 毛泽东著作选集[M]. 北京：人民出版社，1972：817.

括资本主义发达国家的先进的科学技术，具有普遍性的经济行政管理经验和其他有益的文化学到手，并在实践中加以检验和发展"①。

　　然而，学习和借鉴也有不同的政策态度和政策方法，介绍、引进并不等于照单全收，一切照搬。学习和借鉴，要采取分析的态度，区分先进和落后、科学和腐朽、有益和有害，积极吸收先进、科学、有益的东西，坚决抵制落后、腐朽、有害的东西。属于文化领域的东西，一定要用马克思主义对它们的思想内容和表现方法进行分析、鉴别和批判。历史和现实都告诉我们，国家要独立，不仅政治上、经济上要独立，思想文化上更要独立。洋为中用，以我为主，为我所用，这就是当代中国对于外来文化，特别是对于现代西方资产阶级文化的政策态度。

第三节　民族文化发展的科学化道路

一、文艺发展的民族化道路

　　当代中国的文化政策主体一贯反对文化上的教条主义和保守主义。在提出马克思主义中国化的同时，也提出了文化上的民族主张，即："中国文化应有自己的形式，这就是民族形式。民族的形式，新民主主义的内容——这就是我们今天的新文化。"②建国后，从文化国情出发，重申马克思主义中国化和文艺民族化的政策主张，指出："实现社会主义的基本原则，各个国家都是相同的，但在小的原则和基本原则的表现形式方面是不同的。"③"艺术的基本原理有其共同性，但表现形式要多样化，要有民族形式的民族风格。"④"艺术离不了人民的习惯、感情以至语言，离不了民族的历史发展。""社会主义的内容，民族的形式，在政治方面是如此，在艺术方面也是如此。"⑤要"创造出中国自己的，有独特的民族风格的东西"⑥。因此，把马克思主义的普遍真理同中国的具体实际相结合，走建设有中国特色的社会主义道路，不仅是当代中国在政治和经济方面的政策，也是文化艺术发展的政策。

① 中共中央文献研究室. 十二大以来——重要文献选编[M]. 下. 北京：人民出版社，1996：1177.
② 毛泽东. 毛泽东著作选集[M]. 北京：人民出版社，1972：667.
③ 毛泽东. 毛泽东著作选读[M]. 下. 北京：人民出版社，1976：745.
④ 毛泽东. 毛泽东著作选读[M]. 下. 北京：人民出版社，1976：746.
⑤ 毛泽东. 毛泽东著作选读[M]. 下. 北京：人民出版社，1976：747.
⑥ 毛泽东. 毛泽东著作选读[M]. 下. 北京：人民出版社，1976：753.

　　世界各民族的文化艺术发展史证明,一个民族的文化艺术能否取得独立发展的资格,能否同步于世界文明潮流而不断发展,取决于这个民族的文化艺术是否有鲜明的个性,坚持民族化的方向和道路。一种只会跟在别的民族文化后面亦步亦趋的文化,是决不会赢得独立发展的资格的,也决不会在世界文明中获得自己独特的主体存在和生命价值。而一个保持了鲜明的民族文化个性,坚持走民族强大之路的民族,在文化引力和文化压力面前,保持卓然独立的品格,不但不会被别的民族文化所同化,而且还会在相互的竞争中消化一切别的民族文化艺术的珍贵品,在历史的实践中不断完善、丰富和充实自己的文化含量和表现力。因此,在引进、消化外来文化艺术的同时,中国人必须坚持走文艺民族化的道路,把社会主义的文化艺术的同时,中国人必须坚持走文艺民族化的道路,把社会主义的文化艺术之根深扎在本民族的土壤里,而民族精神、民族性格、民族的审美意识传统应是它根本的生命所在。

　　任何一个民族都有自己的民族精神、民族性格和民族的审美文化,这是在本民族长期的历史发展中形成和积淀起来的。同样,任何一个民族的文化艺术都带有本民族所独具的个性特征,这是一眼就能识别的民族品质的差别性。文艺的民族特色是在文化和艺术的内容与形式和谐统一中呈现出来的,本质上是一个民族文化艺术生命的自然流露,源于民族的物质文化生活以及文艺家和文艺接受者的民族审美文化意识。由于民族是稳固的整体性人群,它的物质生产和精神生产是持续不断的文化历史现象,民族文艺就具有很大的稳定性和保守性。文艺的这种民族特色是民族文艺的生命之所在。对于中国这样一个具有悠久历史和灿烂文化的国家来说,由于民族传统的深厚积淀和文化艺术经验的丰富积累,它有更强的文化积淀性和稳定性。民族性不是一个封闭的概念,而是处在不断地演变之中的文化生命活体。但是,它总是在保持基本文化色调的前提下变化和发展着,仿佛是围绕轴心作向上的曲线运动。作为中华民族精神世界重要组成部分的文艺,是民族文化的精英,是民族精神的形象展现和载体,是民族精神的火炬。中华民族是以诗经、楚辞、唐诗、宋词、元曲和明清小说为人类文明画廊增加辉煌的民族,是产生了屈原、李白、杜甫、关汉卿、曹雪芹这些世界文化名人的民族,是产生了伟大的文学家、思想家、革命家鲁迅的民族,产生了郭沫若、茅盾、聂耳、冼星海、梅兰芳、齐白石、徐悲鸿等现代大文学家、大艺术家的民族。无比丰厚的精神遗产铸就了无可比拟的民族精神和民族文化传统。对于当代文化发展和文化建设来说,民族精神和优秀民族文化传统的继承发扬,是建设有中国特色的社会主义文化生命攸关的问题。古为今用,就包含着发扬民族精神、弘扬民族性格和丰富民族的审美意识的文化内涵。没有一种新的民族文化形态不是建立在民族传统的基础上的。有中国特色的社会主义的文化,渊源于中华民族五千年文明史,因此,建设社会主义新文化必须战略性地将当前的文化建设与社会主义未来结合起来，全面、系统地研究和总结中华民族光辉灿烂的文化艺术传统和革命文艺传统的种种经验，挖掘传统文化中的合理价值资源，探讨民族特点，在发掘和利用当今社会新的价值观、历史观和社会观的基础上重建中国文化的价值系统，重铸中华民族文化之魂，并以此来激励民族自信心和民族自豪感，振奋民族精神。尤其是面对西方世界已经确定的 21 世纪文化进攻战略，中华民族文化的当代发展和未来趋向就更应该作出回应的对策。

当然，坚持走文艺发展的民族化道路，并不是要提倡狭隘的民族主义和文化保守主义，并不是忽视借鉴外来文化。借鉴外来文化是为了"中用"，而外来文化中一切合理的因素也只有融入和通过本民族的文化艺术传统才能发生作用。中华民族的传统文化具有强大的凝聚力，又对外来文化具有惊人的消化力。中华民族尽管不断遭到外敌的侵犯，但民族的优秀传统却永续不断，愈益雄健宏富。而外来的文化一经汇入中华文化的洪流，就迅速改变了原来的面貌，化为中国文化的血肉。这些外来文化在中国定居的历史，正是它们同中华古老文化和中华民族审美文化互相适应、彼此结合的过程。在这一对文化矛盾中，占支配地位的是中国文化，而不是外来经验；是前者消化、吸收了后者的合理因素，而不是后者原封不动地输入中国。在这里，起决定性作用的是作为文明主体的中华民族文化的包容、整合精神与民族认同精神的高度统一。这就是民族化。只有民族化，才能使社会主义文化建设具有中国特色；只有民族化，才能在全民族形成共同理想和精神支柱；只有民族化，才能为中国老百姓所喜闻乐见，欣然接受；也只有民族化，才能使有中国特色的社会主义文化兴旺发达。因此，我们必须记住这样的原则，也是结论：民族精神、民族性格、民族审美文化意识，是植根于民族文化土壤之中的当代中国文化之魂。美国哈佛大学教授亨廷顿"文明冲突论"的提出，引起包括一些西方国家在内的许多国家对于本国民族文化发展的高度关注。文化建设和文化发展的民族化问题已经发展成为一个世界性主题。对此，"我们的文艺，在保持自己的社会主义性质和民族特色，在提高民族自尊心、自信心和抵制殖民文化侵蚀方面，在以自己的优秀成果丰富人类文明方面，应该作出更大的成绩。"①这是当代中国文化发展的民族化方向。

二、切实保护优秀民族文化遗产

民族文化遗产是一个民族的文化湿地和精神植被。它们是各民族在长期与大自然相处中产生和形成的，包含着一个民族对人与自然关系的理解和生存策略。正是这些不同

①　江泽民. 在中国文联第六次全国代表大会、中国作协第五次全国代表大会上的讲话[N]. 人民日报，1996-12-17.

的文化和不同的生存智慧，构成了它们之间不可替代的文化多样性，一个完整的文化生态群落。据一份来自国际跨学科研究小组对南美洲土著部落考察的结论显示：一些土著居民知道如何组合多种植物，让它们成为一起生长的朋友，而习惯于单一作物的现代农艺家在这方面几乎一无所知。"卡亚波人能分辨出250种不同类型的痢疾，每一类型各有一种治疗方法。这使得科研小组的药学家目瞪口呆。"这说明，每个民族，无论是先进落后，都有他自己独特的与大自然相处的智慧，一些看起来落后的民族，在某些方面的智慧，甚至超过了现代发达的科学范围。①人类未来的生存与发展需要多种智慧和多种文明的经验来支持。每一个民族的文化中蕴含的智慧和经验都是其他文化难以取代的。应当通过对优秀民族文化遗产的保护来提高民族自尊性。一个地区的历史遗存和时代精神往往是通过一个地区凝固的文化生态来表现的。是一个地区和城市的文脉，起到传承历史的重要作用。留住时代的记忆，它们往往是一个地区或城市的灵魂。留住它们，实际上就是留住了一种具有永恒魅力的精神家园。这是任何一种意识形态说教都无法取代的原始力量。正是这种力量，可以不断地给人们以创造新文化的冲动。因此，从某种意义上来说，保护历史文化遗产，无论是物质的文化遗产，还是口头非物质的文化遗产，都是涵养文化多样性不可多得的文化湿地。越剧原本是浙江的地方戏曲，但是70年前的一场越剧革命却使它发展成为一个全国性的大剧种，也因为这场革命的影响，以表演为中心的中国戏曲终于走上现代剧场综合艺术的发展道路。地方戏曲所呈现的是一种文化精神植被，这种文化精神植被的丰富多样性程度，决定了一个民族文化多样性可持续发展的能量。因此，我们应当珍惜自己的文化个性，珍惜自己的历史文化传统，珍惜那些曾经涵养过中华优秀传统文化成长和壮大的地方文化生态群落，不能把在漫长的历史和文化进程中所形成的文化个性消溶到千篇一律的所谓现代化的建设当中去，丧失自己有赖于区别其他民族文化的记忆和个性，应当根据联合国关于世界遗产保护的有关公约的精神和《威尼斯宪章》的原则，制定我国的文化遗产保护体系，以为推进国家原创文化必要的法律制度进程。

建立国家文化资源安全观念和政策，从保护国家文化生态环境的角度认识文化资源安全的全部重要性。文化资源安全是一个国家和民族可以持续、稳定、及时和精神地获取它的存在与发展所需的文化资源的状态和能力。文化资源安全关系到国家文化安全的有效保障所需要的文化的可持续发展，在国家实现经济增长方式和社会价值取向发生根本性转变的关键时期，国家应该建立国家文化资源评估指标体系，正确区分战略性文化资源和非战略性文化资源，实现由对文化资源的过度消耗向文化资源可持续利用的转变，

---

① 方李莉. 保护文化遗产是本世纪重要任务[N]. 光明日报，2004-04-07.

把文化资源安全纳入国家文化安全战略之中，特别是将关系到文化的国计民生，在文化资源系统中居支配地位的战略性文化资源，作为国家文化安全的重要内容之一；建立国家文化资源属性划分和评估指标体系，对于那些涉及中华民族根本文化认同的文化资源属性，国家应当通过学术和制度的程序建立相应的标准，不允许随意地改变已经积淀为国家文化资源、成为一个时代标志性文化的文化资源属性，随意地改变文化资源属性，将使我们丧失文化之根和回家的路。对国家及区域文化资源安全态势进行动态评价研究，特别是要对外国破坏性掠夺我国文化资源，改变我国文化资源属性，歪曲我国文化资源审美和伦理意义的开发和使用所构成的我国文化资源安全危机态势进行研究，建立国家文化资源安全保障体系；制定国家文化资源战略，积极发挥战略规划、政策引导、信息服务和金融支持在文化资源安全中的指导作用，把文化资源战略纳入国家整体战略统筹安排，尤其是积极实施国家文化资源建设战略，在全面推动国家文化创新战略的同时，大力实施国家文化资源储备工程，对那些濒临灭绝的民族民间文化艺术进行抢救性保护，由国家设立专项基金，在推动少数民族现代化进程和提高少数民族生活水平的同时，对那些原生态的文化存在实施国家文化生态保护区，参照和借鉴联合国关于世界文化遗产保护的经验，建立中华文化遗产保护的制度和法律体系，只有这样，增实保护优秀民族文化遗产，才能有一个科学和安全的基座，保证我国优秀民族文化遗产保护状况的持续改善，从而不断地使之成为中国文化原创的基因库。

本章小结

‣ "古为今用，洋为中用，推陈出新"，是根据文化艺术发展的客观规律和当代需要，从历史的纵向承传和文化的横向互动的层面上，为正确处理物质文化遗产与非物质文化遗产，正确对待人类创造的一切文化艺术遗产，正确处理继承传统与革新创造的关系，而制定的一项基本的文化政策。

‣ 古为今用是对于历史文化遗产的政策原则。文化发展不能割断，今天的文化是历史文化发展的一个结果和形态。文化上的历史虚无主义，不利于文化的传承与创新。不能照搬历史文化遗产，而是必须选择与今天有用的内容加以继承和发扬光大。洋为中用是对于外来文化的一种政策态度。一切外国的优秀文化艺术都应该积极借鉴，为中国的文化发展所用，结合中国的文化特点和文化实践，丰富发展和创造中国的文化艺术，使之在人类文明的交流和交往过程中，不断丰富和提高本国本民族的文化创造能力和文化发展能力，在人类文明发展中推动和促进中华文明的伟大发展。去其糟粕，取其精华，批判地继承和借鉴一切优秀文化遗产，推陈出新，是这一文化政策的核心价值所在。

➤ 一个民族的文化艺术能否取得独立发展的资格，能否同步于世界文明潮流而不断发展，取决于这个民族的文化艺术是否有鲜明的个性，坚持民族化的方向和道路。一种只会跟在别的民族文化后面亦步亦趋的文化，是决不会赢得独立发展的资格的，也决不会在世界文明中获得自己独特的主体存在和生命价值。而一个保持了鲜明的民族文化个性，坚持走民族强大之路的民族，在文化引力和文化压力面前，保持卓然独立的品格，不但不会被别的民族文化所同化，而且还会在相互的竞争中消化一切别的民族文化艺术的珍贵品，在历史的实践中不断完善、丰富和充实自己的文化含量和表现力。坚持走文艺发展的民族化发展道路，把社会主义的文化艺术之根深扎在本民族的土壤里。这是中国一切文化艺术发展的方向。

思考题

1. 什么是文化遗产？为什么要制定文化遗产政策？
2. 古为今用、洋为中用、推陈出新的精神实质是什么？
3. 怎样正确理解中国文化发展的民族化和现代化道路？

参考书目

1. 毛泽东. 在延安文艺座谈会上的讲话[M]. //毛泽东. 毛泽东选集：第3卷. 北京：人民出版社，1972.

2. 毛泽东. 关于正确处理人民内部矛盾的问题[M]. //毛泽东. 毛泽东选集：第5卷. 北京：人民出版社，1977.

3. 邓小平. 在第四次文代会上的祝辞[M]. //邓小平. 邓小平文选：1975—1982年. 北京：人民出版社，1985.

4. 许明. 当代中国的文化发展[M]. 北京：中国大百科全书出版社，2008.

5. 魏天祥. 文艺政策论纲[M]. 北京：中共中央党校出版社，1990.

6. 杨凤诚. 中国共产党与当代中国文化发展研究[M]. 北京：中共党史出版社，2013.

第十章

文化工作中的统一战线和知识分子政策

统一战线和知识分子政策，这是两个既互相区别又互相联系的文化政策问题，在当代文化政策的全部内容构成中占有相当重要的地位。如果说，前几章所论述的内容还主要是解决关于重建中国文化价值系统的"物"的问题的话，那么，文化工作中的统一战线和知识分子政策则主要是解决"重建"的原动力——"人"的问题。

第一节　文化工作中的统一战线政策

文化工作中的统一战线政策是中国文化政策体系构成的一个显著特点，同时也是将长期坚持的重要的文化政策内容之一。它是在中国新民主主义革命过程中形成的，既反映了中国民主革命过程中多党合作、共赴国难的文化历史，同时也反映了中国共产党在成为执政党之后处理党与非党的文化关系的一条基本原则。

一、中国近代社会构成的历史特点和现代文化重建的自我选择

统一战线，是中国共产党成功地领导中国革命取得胜利的"三大法宝"之一，同时也是在世界文化政策中绝无仅有的文化政策。它是中国近现代社会性质的成分构成对中国革命的一种策略规定和中国文化现代化发生、发展自我选择的结果。

毛泽东在分析中国社会的基本状况时曾指出：中国社会是一个两头小中间大的社会，无产阶级和地主大资产阶级都只占极少数，最广大的人民是农民、城市小资产阶级以及其他中间阶级，任何政党的政策如果不顾到这些阶级的利益，如果这些阶级的人们不得其所，如果这些阶级的人们没有说话的权利，要想把国事弄好是不可能的，这是中国社会的一个基本文化状况。因此，中国无产阶级应该懂得：他们自己虽然是一个最有觉悟

性和最有组织性的阶级，但是，如果单凭自己一个阶级的力量是不能胜利的，而要胜利，他们就必须在各种不同的情形下团结一切可能的革命的阶级的阶层，组成革命的统一战线。没有革命的统一战线，就不可能有中国革命的胜利和社会与国家政权的重建。政治上是如此，文化也同样如此。因此，在确定文化工作统一战线政策的基本理论时，毛泽东就明确提出："中国无产阶级的科学思想能够和中国还有进步性的资产阶级的唯物论者和自然科学家，建立反帝反封建反迷信的统一战线；但是决不能赞同他们的唯心论和宗教教义。"[①]从对中国社会构成的文化特质出发，服从于中国民主革命和文化重建的终极需要，着眼于调动各个社会阶层的人的力量为实现这一目标而奋斗，这是中国共产党建构统一战线政策的显著特点。

但是，这一政策的文化形成并不单纯是中国共产党的一个卓越创造，而且也是它的对象——中国文化发展到了近代的一种历史规定和历史选择。中国共产党及其领袖们的杰出之处，在于他们发现了中国文化发展到近代的这一宏观走向，并且毫不犹豫地承担起了这种选择。对于这一点，毛泽东在1940年1月总结五四运动以来中国新文化运动的历史经验时，就曾通过对这一历史过程的分析和对这一历史的规定性和选择的必然性的深刻论证，坦陈中国共产党的心路历程。他明确指出，文化革命的统一战线，二十年来，分为四个时期。在第一个时期中，"五四运动，在其开始，是共产主义的知识分子、革命的小资产阶级知识分子和资产阶级知识分子（他们是当时运动中的右翼）三部分人的统一战线的革命运动。""发展到六三运动时，就不但是知识分子，而且有广大的无产阶级、小资产阶级和资产阶级参加，成了全国范围的革命运动了。"[②]到了大革命时期，文化革命的统一战线进入第二个时期，这个统一战线又有扩大，"以中国共产党的成立和五卅运动、北伐战争为标志，继续并发展了五四运动时三个阶级的统一战线，吸引了农民阶级加入，并且在政治上形成了这个各阶级的统一战线，这就是第一次国共两党的合作。"[③]在这一时期中，革命的三民主义，即新三民主义，"成了国共两党和各个革命阶级的统一战线的政治基础"，这是一种具有普遍意义的文化基础。"'共产主义是三民主义的好朋友'，两个主义结成了统一战线。以阶级论，则是无产阶级、农民阶级、城市小资产阶级、资产阶级的统一战线。"[④]以文化论，则以重建中国文化价值系统为共同文化目标。"那时，以共产党的《向导周报》，国民党的上海《民国日报》及各地报纸为阵地，曾经共同宣传了反帝国主义的主张，共同反对了尊孔读经的封建教育，共同

---

① 毛泽东. 新民主主义论[M]. //毛泽东. 毛泽东选集. 北京：人民出版社，1972：667.

② 毛泽东. 新民主主义论[M]. //毛泽东. 毛泽东选集. 北京：人民出版社，1972：660.

③ 毛泽东. 新民主主义论[M]. //毛泽东. 毛泽东选集. 北京：人民出版社，1972：660.

④ 毛泽东. 新民主主义论[M]. //毛泽东. 毛泽东选集. 北京：人民出版社，1972：661.

反对了封建的旧文学和文言文，提倡了以反帝反封建为内容的新文学和白话文。"①没有这样一个广泛的文化统一战线，没有共产主义与新三民主义的文化联合，也就不可能取得这一时期的新文化运动的胜利。共同文化目标的设定，在实现这种联合和统一中具有特别重要的意义。在文化革命的统一战线的第三个时期，大资产阶级转到了帝国主义和封建势力的文化营垒，民族资产阶级也附和了大资产阶级，革命营垒中原有的四个阶级这时剩下了三个，剩下了无产阶级、农民阶级和其他小资产阶级（包括革命知识分子）。这种分裂的结果是，文化的统一战线缩小了，原有的文化整体分裂成两个对立的文化系统。但是，由于大地主、大资产阶级在政治上、文化上"腰斩"了"新三民主义"，摧毁了中国文化统一战线共同的文化基础，这就使得以鲁迅为代表的一大批文化人和知识精英，对国民党的文化专制主义有了比较清醒的认识，从而在文化运动中形成了以共产党为中坚力量的新文化统一战线，即左翼文化运动。因此，尽管"共产党在国民党统治区域内的一切文化机关中处于毫无抵抗的地位"，但还是取得了"文化革命"的"深入"，还是打破了国民党的文化"围剿"。②这样的结果是富有文化意味的，它似乎隐喻着，在中国这样特殊的文化国度里，任何对于这种具有普遍意义的"文化统一战线"的破坏，由于背离了中国文化近代发展的特殊规律，它的失败也就是必然的。文化专制主义在中国行不通。抗日战争爆发后，在文化革命的统一战线的第四个时期里，"在中国革命的曲线运动中，又来了一次四个阶级的统一战线，但是范围更放大了"，"全国各阶层都成了盟员"，③"救亡，图存"成了新的普遍的文化共识。政治上的民主化趋势和文化上的较普遍的动员，形成了抗日战争时期中国文化界最广泛的统一战线。中国的新文化运动虽然曲折地经历了一个"之"字形的艰难历程，但是，要使整个中国文化价值系统的重建和文化现代化的努力走向扩大和深入，没有这种广泛的文化统一战线是不可能的。这是中国社会的成分构成及文化结构对中国文化走向现代的客观规定，是中国文化发展到了近代走向更高的历史层面，重建中国文化价值系统的自我选择。这种选择虽然是以"重估一切价值"，对传统的全盘否定开始的，有它外部的促成机制，但真正规定了这种选择的，仍是中国文化全部发展规律运动的必然结果。只不过从某种意义而言，它是以一种屈辱的方式实现的。中国共产党在文化工作中实行广泛的统一战线政策，正是对这种规定和自我选择的真理性和历史性的把握，是科学的政策选择。这是从中国文化的具体国情出发而提出的科学决策，而这种特殊的文化国情在中国进入社会主义初级阶段

---

① 毛泽东. 新民主主义论[M]. //毛泽东. 毛泽东选集. 北京：人民出版社，1972：661.
② 毛泽东. 新民主主义论[M]. //毛泽东. 毛泽东选集. 北京：人民出版社，1972：663.
③ 毛泽东. 新民主主义论[M]. //毛泽东. 毛泽东选集. 北京：人民出版社，1972：660.

后还依然普遍地存在着。在文化工作中实行广泛的统一战线政策，就不仅是中国共产党在夺取全国政权前的文化政策，而且仍然是共产党执政下的当代中国的基本文化政策。

二、党的文艺工作与非党的文艺工作的关系

文化工作中的统一战线问题，实质上"是党的文艺工作和非党的文艺工作的关系问题"①。这是毛泽东对文化工作统一战线问题的政策定位。这一定位的文化指向具有鲜明的政党文化的色彩。恰恰在这个关系问题的处理上，当代中国文化政策在执行中曾经出现严重的"左"的错误。混淆党的和非党的文化工作的界限，用党的文学原则来要求社会主义时期的一切文化艺术，是文艺领导工作中发生失误和"左"的错误的一个重要原因。因此，正确处理党的文艺工作与非党的文艺工作的政策关系，既是贯彻执行文化工作中的统一战线政策的重要内容，也是克服文艺领导工作中"左"的错误的重要内容之一。

中国的社会主义文化运动，是五四新文化运动的当代形态。它不仅在根本文化精神上继承了"五四"关于重建中国价值系统的方向，而且在它的队伍构成方面依然与"五四"时期有许多一致性。无论就文化环境还是就文化土壤而言，都存在着文化上的兼容和多元整合的趋势。同时，中国正处在社会主义初级阶段，一方面，以生产资料公有制为基础的社会主义经济制度、人民民主专政的政治制度和马克思主义在意识形态领域里的指导地位已经确立，另一方面，以公有制为主体的多种经济成分，共产党领导下的多党合作协商制度，以及包括宗教信仰自由在内的其他非主流意识形态依然合法存在。因此，无论就政治、经济还是文化而言，都是以一元为主，即以社会主义为主，多元并存的文化状态。党的文化工作和非党的文艺工作同处于一个文化共同体的状态。在这个文化共同体中，要求非党的文艺工作都信仰共产主义，所有的作家都接受马克思主义是不可能的。但是，这并不妨碍他们与党的文艺工作在国家文化利益、民族文化利益的基础上获得学术的、艺术的和文化上的认同。历史学家陈寅恪就曾公开宣布不信奉马列主义，但是，当共产党在1956年的春天提出"双百"方针，面对祖国和民族文化即将迎来长足发展的历史新时代，他也答应担任全国政协委员，兼任中国科学院近代史研究所所长。②因此，正确处理党的文艺工作与非党的文艺工作在当代文化工作中的关系，首先就要在国家和民族的文化利益高于一切的前提下，给予非党的文艺工作者和文化人以充分的学术理解和学术尊重。诚如江泽民在中共"十五大"的报告中论及"在全社会形成共同理想和精神支柱"时所说：我们"提倡共产主义思想道德"，但"同时把先进性要求和广

---

① 毛泽东. 在延安文艺座谈会上的讲话[M]. //毛泽东. 毛泽东选集. 北京：人民出版社，1972：822.

② 陆健东. 陈寅恪最后的20年[M]. 上海：上海人民出版社，1995：256.

泛性要求结合起来，鼓励一切有利于国家统一、民族团结、经济发展、社会进步的思想道德"。这"是有中国特色社会主义文化建设的根本"。[①]同时也是正确处理党的文化工作与非党的文化工作的关系的根本。在今天，一切符合"三个有利于"的学术主张、艺术观念、叙事方式和文化学派，都可以而且应当用来为社会主义服务。然而，在过去的一个历史时期内，虽然也讲"对党外作家、文艺家不能采取关门的态度"，但又片面地认为"马克思主义的标准只通用一个，不能有两个，这就是社会主义现实主义的标准。无论批评党内、党外作家都是这一个标准"。[②]这就从根本上背离中国当代文化的发展规律。用无产阶级的党性原则去规范和要求一切非党的文艺工作者的文化行为和艺术行为，这是建国后很长的时间里，文化领导工作没能正确处理好党的文艺工作与非党的文艺工作的关系的根本原因。结果不仅极大地伤害了党外文艺家的感情，而且给社会主义文化事业带来了无法弥补的学术的和文化的损失。这样的历史教训是值得永远记取的。

正确处理党的文艺工作与非党的文艺工作的关系，就是要求大同，存小异。但是，求大同，存小异，并不是不要进行文化批评和文化斗争。在统一战线里面，只有团结而无斗争，或者只有斗争而无团结，不仅不可能正确处理好两者的关系，而且对繁荣和发展社会主义文化艺术事业也不利。这里，不仅有学术的、文化的标准，也有政治的标准，即必须在宪法和法律的范围内从事一切文化和艺术的活动。当然，在具体的批评和斗争中，也还应当执行党在一定时期和斗争中制定的一定的政策。例如在1987年初的反对资产阶级自由化思潮的斗争中，中共中央就明确规定："这场斗争严格限于党内"，"不涉及民主党派和党外知识分子"，着重解决的是"根本政治原则和政治方向问题"，"不联系文学艺术风格技巧的探索"。[③]这是在处理文学界和思想文化领域里的思想斗争时尤其要注意的。

正确处理党的文艺工作与非党的文艺工作的关系，还包括学术民主和艺术民主监督的内容。中国共产党虽然处于国家政治、文化生活的统治地位，同时也需要来自社会各界包括民主党派和无党派人士的批评监督。实行民主监督，就是要在文艺工作中广开言路，活跃思想，畅所欲言，使各种意见、要求、批评和建议充分反映出来，实现在文化问题上的"参政、议政"。这种学术民主和艺术民主监督，是在文艺工作中社会主义民主不可缺少的重要渠道。对于防止文艺工作中的官僚主义，及时发现和纠正包括文艺方针政策在内的文艺领导和文化管理工作中的缺点和错误，实行科学、规范的文化管理，都有极大的好处。因此，党对文艺的领导，必须在统一战线的原则下，善于倾听各种不同的文化意见，坚决

---

① 1997年9月22日《人民日报》。

② 周扬. 周扬文集[M]. 第2卷. 北京：人民文学出版社，1997：296.

③ 中共中央关于当前反对资产阶级自由化若干问题的通知[M].//中共中央文献研究室. 十二大以来——重要文献选编：上. 北京：人民出版社，1996：384-385.

反对对党外文艺工作的批评、建议表面客气而实质敷衍了事的官僚主义，维护党外文化人士和知识分子的合法文化权益，从而使国家的文化生活更加健康，也更加生动活泼。

三、"一国两制"和文化统一战线的新鲜内容

20世纪80年代初，为结束海峡两岸祖国大陆和台湾的长期分离状态，邓小平提出用"一个中国，两种制度"的政策来解决和平统一问题。"统一后，台湾仍搞它的资本主义，大陆搞社会主义"，"香港问题也是这样"。①邓小平这一构想的提出，以及香港按照这一政策顺利回归的现实，不仅展现了未来中国国家形态的基本特征，而且在文化的层面上使统一战线政策具有了更为丰富和更为深广的民族主义内容。

要求香港、澳门、台湾的同胞及海外华人都在社会主义的旗帜下团结起来，是不现实的。"凡是中华儿女，不管穿什么服装，不管是什么立场，起码都有中华民族的自豪感。"②他们不能在社会主义的旗帜下团结起来，却可以在祖国统一和中华民族伟大复兴的旗帜下团结起来。文化认同对于每一个中国人来说都是有生命意义的东西。邓小平在谈到什么叫爱国者时说过，爱国者的标准是，尊重自己民族，诚心诚意拥护祖国统一。"只要具备这些条件，不管他们相信资本主义，还是相信封建主义"，"都是爱国者"。③凡是赞成祖国统一、民族复兴的人，不管属于哪个阶级、政党和集团，不管政治主张、思想信仰如何，都是团结、关心、理解的对象。因此，当代中国的文化工作中的统一战线政策，就不能只有大陆的社会主义文化这一个向度，而是应当包括港、澳、台在内的中华民族统一大文化以及其中的每个文化人。在"一个中国，两种制度"的文化形态下，一切爱国主义、民主主义、人道主义、科学的和进步的思想精神和道德观念，各种正当的个人信仰，一切关于文化的探索和艺术创作的努力，只要能够使人们得到教育和启发，得到娱乐和美的享受，得到精神的丰富和充实，都应当在中华民族统一的大文化中占有自己的位置，都应当得到肯定的尊重。

中国正处在实现中华民族伟大复兴的历史阶段，崭新的时代特点，崇高而伟大的事业，决定了中国必须高举两面旗帜：一面是建设有中国特色的社会主义旗帜；一面是祖国统一和民族复兴的爱国主义旗帜。这不仅是实现祖国统一、国家繁荣、民族昌盛的政治旗帜，而且也是实现中华文化复兴的文化旗帜。正是在爱国的文化的统一战线的旗帜下，"一切社会主义的和爱国主义的文艺工作者，一切维护祖国统一的文艺工作者，都

---

① 邓小平. 邓小平文选[M]. 第3卷. 北京：人民出版社，1992：49.
② 邓小平. 邓小平文选[M]. 第3卷. 北京：人民出版社，1992：60.
③ 邓小平. 邓小平文选[M]. 第3卷. 北京：人民出版社，1992：61.

要更好地互相帮助、互相学习，把全部精力集中于文艺的创作、研究和评论"①，共同把中华民族的文化事业和文化复兴推向前进。

第二节　文化工作中的知识分子政策

与统一战线政策一样，文化工作中的知识分子政策也是在中国革命的历史过程中形成的。它是由知识分子在中国革命的整个历史发展进程中所占的特殊地位和所起的特殊作用决定的。这种特殊地位和特殊作用并没有随着中国进入社会主义后而失去了它的价值和意义，相反，知识经济社会的到来，坚持文化工作中的知识分子政策仍然是我国文化政策中一项基本和重要的政策。

一、一个不可替代的动力群体

知识分子政策，是一项极其重要的政策，也是社会主义文化政策的重要内容构成之一。早在抗日战争最艰难的时候，中国共产党在关于大量吸收知识分子的决定中就曾指出："对于知识分子的正确的政策，是革命胜利的重要条件之一"，"没有知识分子的参加，革命的胜利是不可能的"。②因此，"争取一切进步的知识分子于我们党的影响之下，是一个必要的重大政策"③。在革命战争年代是如此，在社会主义建设时期同样是如此。建国之初，周恩来在关于知识分子问题的会议上，就曾指出：为了最大限度地满足整个社会日益增长的物质和文化需要，建设社会主义，除了必须依靠工人阶级和广大农民的积极劳动以外，还必须依靠知识分子的积极劳动。"知识分子已经成为我们国家的各个方面生活中的重要因素。"④因此，党的各个部门、各级组织，都应当采取有效措施，最充分地动员和发挥知识分子的作用。中共十一届三中全会以后，党在总结知识分子问题的经验教训的基础上，在全面落实知识分子政策的同时，明确提出知识分子是工人阶级一部分的政策主张，在社会主义现代化建设中，必须尊重知识，尊重人才，反对把马克思主义同人类文化成果割裂开来、对立起来的错误倾向，在纪念五四运动七十一周年大会的讲话中，江泽民进一步提出：知识分子"在社会主义现代化建设中发挥着不可替

---

① 邓小平. 邓小平文选[M]. 1975—1982 年. 北京：人民出版社，1985：184.
② 毛泽东. 毛泽东选集[M]. 北京：人民出版社，1972：583.
③ 毛泽东. 毛泽东选集[M]. 北京：人民出版社，1972：581.
④ 周恩来. 周恩来选集[M]. 下. 北京：人民出版社，1986：161.

代的作用，承担着重大的社会责任"，"在决策的研究、论证、咨询、制定和组织实施中，知识分子的作用都越来越突出"，在今天，"没有知识分子的参加，建设和改革的胜利更是不可能的"。①中国的现代化和当代中国的历史命运，从来就是与知识分子的命运密切地联系在一起的。

文化艺术界是知识分子比较集中的领域。作为中国知识群体中的一支重要力量，中国的文学家、艺术家和其他的文化专家，从五四新文化运动至今，在中国现代化的整个历史过程中都曾在自己的领域里，为重建中国文化的价值系统，推动中国文化现代化，作出了为其他方面的知识分子所无法替代的历史性贡献。正如邓小平在全国第四次文化会上的祝辞中所指出的：在长期的革命斗争实践中，"文艺工作者作出了令人钦佩的、不可磨灭的贡献"，"文艺工作者理应受到党和人民的信赖，爱护和尊敬"。②

中国现有的文艺队伍，是由"五四"时期就投入新文化运动的老一辈文艺家，"五四"以后在中国革命的不同阶段，为人民解放事业作出贡献的文艺家，建国以后成长起来的文艺家和在改革开放后涌现出来的文艺家这几部分人构成的文艺大军。这支队伍产生于中国文化现代化进程的历史深处，重建中国文化价值系统构成了他们全部的生命内容和意义世界。他们是近代以来社会各个阶层中对现实感觉最敏锐的群体，也是最富有危机感和使命意识的群体。他们中的大多数来自普通的劳动阶层，对祖国的前途、命运的关切和对中华民族伟大复兴不懈地前赴后继、虽九死而不悔的努力，使得他们在精神世界与现实世界的联系上，天然地与工人和农民具有文化上的"脐带"关系，并和工人、农民等其他劳动阶层共同构成了我们国家的主体。"不论是对于满足人民精神生活多方面的需要，对于培养社会主义新人，对于提高整个社会的思想文化、道德水平，文艺工作都负有其他部门所不能替代的重要责任。"③一支不可替代的文化力量，一个在中国现代化进程中不可替代的动力群体——这就是对文化艺术界的知识分子在现代化进程中的社会价值和存在意义的根本政策定位。它是我们今天全面认识和把握文化工作中知识分子政策全部精神的指导思想和政策前提。

二、充分发挥文艺家的聪明才智和创造精神

能不能充分发挥知识分子的积极性和创造性，是我们事业成败的关键之一，也是衡量政策主体的领导水平和管理艺术的一个重要标志。早在1982年10月，邓小平就指出，

① 江泽民. 爱国主义是我国知识分子的使命[N]. 人民日报，1990-05-04.
② 邓小平. 邓小平文选[M]. 1975—1982年. 北京：人民出版社，1985：180.
③ 邓小平. 邓小平文选[M]. 1975—1982年. 北京：人民出版社，1985：181.

落实二十年的发展规划，"要落实知识分子政策，第一位的就是科技队伍的管理使用问题"①。这番话言简意赅：第一，知识分子的使用问题，是落实到 20 世纪末的二十年发展规划的第一位工作，如果这个问题解决得不好，那么，二十年发展规划也就谈不上落实；第二，落实知识分子政策的第一位工作是管理和使用问题，这是调动和发挥知识分子积极性的关键。管理是为了使用，归根到底是个使用问题，是如何发挥知识分子的业务专长问题。邓小平的这番话中体现的政策精神，对在文艺工作中如何贯彻知识分子政策，同样具有指导意义。放手使用，充分发挥文艺家的聪明才智和创造精神，是文化工作中落实知识分子政策的核心问题。

文艺是一个特殊的意识形态部门，文艺生产在本质上是一种不可重复的，以个体价值体现为特征的创造性生产。但是，由于它与政治的无法脱离的密切关系，与经济的千丝万缕的联系，无论是对它的建设还是进行管理，都具有政治性与文化性、意识形态性与产业性交相融合的双重品格。然而，在相当长的时间里，文艺作为社会感应的神经的一面被过分强化了，文艺一直被视为"阶级斗争晴雨表"，而这一观念形成的直接的社会心理效应，就是把文艺界看成是"文化祸害"的策源地，文艺家关注社会，"干预生活"，每每被认为是社会不安定的因素之一。在这样一种"左"的观念束缚下，知识分子常常被戴上"资产阶级"的帽子。在对文艺家的使用上，一直缺乏应有的文化信任，当然就谈不上放手使用了。信任是放手使用的前提。对文艺部门的领导者来说，只有充分地信任文艺家，具有同他们平等交流、对话的文化心理，才能做到文化的沟通、理解，充分发挥他们的积极性和创造性。所谓"信任"，就是相信我们的文艺队伍是好的，绝大多数的作家、艺术家和社会科学家是热爱祖国，忠于人民，具有高度的社会责任感，是愿意把最好的精神食粮奉献给祖国和人民的。"文艺这种复杂的精神劳动，非常需要文艺家发挥个人的创造精神。写什么和怎样写，只能由文艺家在艺术实践中去探索和逐步求得解决。在这方面，不要横加进一步"，"保证文艺工作者充分发挥自己的聪明才智"。②即使是发表了不好的作品，说了一些错话，甚至在工作上发生了重大失误，只要不是背叛祖国和人民，都应该看作是他们在探索真理过程中遇到的挫折。对这种文化迷失，应该相信他们会在理论学习、艺术实践和不懈的学术研究中逐步地修正错误，在改造客观世界的同时改造主观世界，在追求真理的过程中实现主体的真理化。只有在这样的基础上，放手使用才能落到实处。当然，真正做到合理和放手的使用，关键还是用其所长。文艺家的艺术专长和学术专长是长期不断实践和不倦探索的结果。对文艺家的使用，首先就是要看到他的长处，考虑怎样发挥他的长处。一般来说，一个人总是有所长、

---

① 邓小平. 邓小平文选[M]. 1975—1982 年. 北京：人民出版社，1985：17.

② 邓小平. 邓小平文选[M]. 1975—1982 年. 北京：人民出版社，1985：185.

有所短的。因此，文化上的用人之道，就是要避其短而扬其长。即使是一些在政治上有过比较严重的历史错误的人，也要用他们的一技之长，对文艺家的某些缺点、毛病，不要苛求。在这方面，毛泽东对待周作人就是一个典型的例子。周作人是著名的"文化汉奸"。北平解放后的他闲居在家，生计困难，不得已而给周恩来总理写了封六千多字的长信，诉说苦衷。周恩来将信转呈毛泽东。毛泽东批示："文化汉奸嘛，又没有杀人放火。现在懂古希腊的人不多了，养起来，做翻译工作，以后出版。"①对于像周作人这样的知识分子尚且用其所长，何况已经是工人阶级一部分的文艺工作者？

"必须十分重视文艺人才的培养。"②邓小平在全国第四次文化会上说："在一个九亿多人口的大国里，杰出的文艺家实在太少了。这种状况与我们的时代很不相称。我们不仅要从思想上，而且要从工作制度上创造有利于杰出人才涌现和成长的必要条件。"③社会主义社会的根本任务是发展生产力，社会主义文化建设的根本任务是发展文化生产力和艺术生产力。在生产力构成的诸多要素中，人的因素是起决定性作用的。从这个意义上来说，"重视文艺人才的培养"，是对知识分子本质的关怀。而文艺杰出人才的涌现和成长，需要良好的文化生态环境。这种生态环境，除了充分信任和放手使用外，还应当在工作制度上，包括物质方面创造良好的条件。尤其要为作家、艺术家和社会科学家的艺术创造和学术探索营造良好的舆论环境，帮助文化家自觉地同人民群众创造新生活的丰富实践相结合。对那些有突出贡献的作家、艺术家、理论家，都应根据国家的奖励政策，给他们以应有的奖励和荣誉。同时，还应努力创造鼓励、保护竞争的环境，只要有利于解放文化生产力，有利于拔尖人才脱颖而出，各种手段、方法都可以尝试。"改革就是要创造这种环境。"④只有这个根本问题解决了，文艺才能真正活起来，才能涌现与我们泱泱大国相称的杰出的文艺人才，也才能真正实现政策的全面的人文肯定。

三、力求把最好的精神食粮贡献给人民

文化工作中的知识分子政策是一个具有丰富内容的整体。它既包括对文艺界知识分子在中国革命和建设中的地位、作用的肯定性认识和评价，为文艺杰出人才的涌现创造团结、和谐、信任、理解的良好的环境和气氛，也包括对文艺家实现自我完善、自我超越，努力创作出无愧于伟大的时代的作品，"力求把最好的精神食粮贡献给人民"⑤的要

---

① 舒湮. 毛泽东对周作人长信的批示[N]. 香港《文汇报》，1987-11-29.
② 邓小平. 邓小平文选[M]. 1975—1982年. 北京：人民出版社，1985：184.
③ 邓小平. 邓小平文选[M]. 1975—1982年. 北京：人民出版社，1985：184.
④ 邓小平. 邓小平文选[M]. 第3卷. 北京：人民出版社，1992：109.
⑤ 邓小平. 邓小平文选[M]. 1975—1982年. 北京：人民出版社，1985：183.

求。两者相辅相成，有机统一，缺一不可。因此，在文化工作中，必须全面地、完整地贯彻知识分子政策。

文艺工作者要努力学习马列主义、毛泽东思想，提高认识生活、分析生活，透过现象抓住事物本质的能力。这也是文化政策的一贯要求。在今天，首选就是要求文化工作者认真地了解和准确地把握中国处在社会主义初级阶段的基本国情，运用科学的理论和方法，站在改革开放这个时代精神的"制高点"上，观察和分析中国社会的全部矛盾和运动。20 世纪 80 年代以来，中国共产党在对社会主义革命和建设历程的深刻反思和再认识的过程中，在哲学、政治经济学和社会主义学说等许多方面，提出和形成了一系列反映当代中国社会运动的特点和规律的理论观点和政策主张，例如，关于建设社会主义必须根据本国国情，走自己的路的观点；关于中国还处在社会主义初级阶段而不以超越这个阶段的观点；关于社会主义社会的根本任务是发展生产力，消除贫困，最终达到共同富裕的观点；关于改革是社会主义社会发展重要动力，是中国现代化的必由之路的观点；关于坚持四项基本原则与坚持改革开放相互结合，缺一不可的观点；关于社会主义市场经济的观点；关于公有制为主体，多种经济成分并存的社会主义经济制度的观点；关于"三个有利于"的观点；关于经济、政治、文化三者协调发展和社会全面进步的观点；关于只有"两个文明"都搞好，才是社会主义的观点；关于建设有中国特色的社会主义的文化的观点等。所有这些理论观点和政策主张，对于从事文艺工作的广大知识分子全面认识现实生活，把握社会主义发展历史走向，都有深刻的指导意义。中国的作家、艺术家、理论家和一切爱国的文化人，要对当代纷繁、复杂的社会生活和各种各样的理论问题，有比较清醒的把握和正确的判断，就离不开对于这些理论观点和政策主张的学习、研究。如果不能对这些新理论观点和政策主张有所了解，有所研究，还是视野狭隘，观念陈旧，用某些僵化的思想去看待不断发展的事物，那就不可能有关于现实生活的深切思考和正确答案，当然也就很难摆脱困惑和迷茫。正如有些作家所说，当前文学面临的困惑很多，而最大的困惑在于"对现实生活把握能力的丧失"，"文艺批评的流失与文艺创作的虚假浮华，其焦点都在于对现实丧失了把握能力之后的逃遁"。[①]文学创作的"过于个人化和个人性，使 90 年代的文学叙事对现在的把握显得狭隘，无法在深度、广度上表现'现在'……无法把对'现在'的有力表现与更高水准的艺术方法结合起来"，"这一切都使 90 年代一批作家的艺术水准无法上升到一个较高的层次"。[②]之所以会这样，关键就在于不少作家的所谓"精英"的文化身份在社会转型过程中的失落，对于"时代的脉搏、走向、情绪和精

---

① 孟繁华. 当代中国的文化冲突问题[M]. 北京：今日中国出版社，1997：209.
② 陈晓明. 九十年代：文学怎样对"现在"说话[J]. 北京文学，1997（4）.

神"把握的失落。孟繁华在《当代中国的文化冲突问题》一书中，对此的批评无疑是深刻的。因此，认真学习一点马克思主义，了解和掌握当代中国在社会实践中建设和发展的马克思主义的新理论和新观点，像报告文学作家陈祖芬那样"总是趴在经济学理论研究的窗口，使劲朝里窥望"，这是使文学摆脱困惑，寻回自我，走出迷茫之后，紧跟着"现在"并深刻地表现它的根本途径。张贤亮就一再表明也对当代中国社会的把握和分析，得力于对马克思《资本论》的反复研读，以至将类似的情节表现在他的作品中。

当然，要实现这一步，还要求作家、艺术家、文艺理论家进一步深入生活，深入群众，深入改革开放的无限生动活泼的社会实践中去观察、研究，与人民一起去感受转型的阵痛，去体验新旧体制的冲突、新旧观念的碰撞，在感受和体验生活的实践中提高自己运用理论分析生活、抓住事物本质的能力。"一切进步文艺工作者的艺术生命，就在于他们同人民之间的血肉联系。""自觉地在人民的生活中汲取题材、主题、情节、语言、诗情和画意，用人民创造的奋发精神来哺育自己"[1]，在人民的历史中进行艺术的创造，在人民的进步中造就艺术的进步。这是我们社会主义文艺事业兴旺发达的根本道路，也是文艺工作者成长的必由之路。

还较贫穷落后，是中国现阶段的基本国情。党和政府要求全国人民"警醒起来，团结一致，奋起直追"，迎接新世纪的挑战，赶上世界的发展。这是一种历史的危机感和紧迫感。任何民族要振兴，国家要强盛，都需要有这样一种危机感和紧迫感，使人民感奋起来，形成强大的精神力量，推动历史的前进。还在延安时期，毛泽东就要求文艺应该帮助人民群众"惊醒起来，感奋起来，推动人民群众走向团结和斗争，实行改造自己的环境"[2]。文艺的这种启蒙功能、神圣使命永远不会过时。社会主义文艺要使广大人民"惊醒起来，感奋起来"，使全民族在危机感、紧迫感和使命意识上达到广泛的共识，产生精神的和文化的共鸣，就像改革开放之初，20世纪80年代的中国文艺曾经是民族精神的火炬和人民奋进的号角一样。这就要求一切"对人民负责的文艺工作者，要始终不渝地面向广大群众"，把握时代的脉搏、精神和情绪，传达人民的心声，"在艺术上精益求精，力戒粗制滥造，力求把最好的精神食粮贡献给人民"，[3]给人民以信心和向上的力量，鼓舞人们为壮丽的社会主义现代化事业而奋发进取。

中国现在还处在没有完全实现工业化的前工业社会，人民还在为消除贫困、解决温饱、实现小康生活而奋斗。在经济领域和政治生活中搞超越阶段的政策，是脱离国情的做法。在文艺领域里，热衷于表现实际上属于后工业社会的种种病态现象，描写后工业

[1] 邓小平. 邓小平文选[M]. 1975—1982年. 北京：人民出版社，1985.
[2] 毛泽东. 毛泽东选集[M]. 北京：人民出版社，1972：183.
[3] 邓小平. 邓小平文选[M]. 1975—1982年. 北京：人民出版社，1985：183.

社会出于对高技术与高情感的平衡的需要而产生的种种"后现代"病，其实也是超越国情和脱离实际的表现。现实生活对于作家的创作来说，任何时候都是第一性的。广阔的世界，丰富多彩的现实生活，才是激发创作冲动的源泉和突发艺术灵感的动因。现在不少作品之所以缺乏激动人心的力量，上演"天鹅之死"，就是因为没有多少真的生活，真的人生。"在后现代主义和商业实利主义的'共谋'的解构中，任何经典的价值、意义和深度都被'拆解'了。"①因此，对于一切向人民负责的文艺家来说，最要紧的全面地了解生活，充分拥有生活，密切联系群众。拥有了巨大的真实，作品才能深刻，也才能具有永久的魅力。否则，所谓文化眼光、哲理高度、超验象征、后现代等，虽不失为好角度、好方法，但都难免落空。创新是一种更为宽广的生活视野与审美境界走向成熟的结晶，而不是简单的横移。不能止于对形式美的追求，还应有新的思想，塑造新典型人物。任何时候，文艺家都不能用一己的情绪来代替生活发展的情绪，无论哲理的、道德的还是审美的。

在社会主义现代化的伟大事业中，文艺具有为其他部门所不可替代的作用，是建设有中国特色的社会主义文化的主要体现。同历史上任何时期相比较，中国人民从来没有像今天这样，对自己的文艺家提出如此广泛和迫切的要求。因此，对于当代中国文艺家来说，任何时候都不能忘记自己肩负的历史使命，要通过富有成效的创造性工作和优秀的成果，激励人们的社会主义积极性、创造热情和献身精神，把全民族的力量凝聚到建设有中国特色的宏伟事业中来。只有这样，才能在时代的进步中造就出无愧于时代的文艺家。

本章小结

▶ 文化工作中的统一战线和知识分子政策是当代中国最重要的基本政策之一，也是最富有中国特色的文化政策，在当代中国的国家文化治理体系中具有特殊地位和作用。

▶ 文化工作中的统一战线是在中国革命和历史进程中形成的，在不同的历史发展阶段具有不同的历史内涵。核心是党的文艺工作与非党的文艺工作的区别。正确处理党的文艺工作与非党的文艺工作的政策关系，既是贯彻执行文化工作中的统一战线政策的重要内容，也是克服文艺领导工作中"左"的错误的重要内容之一。

▶ 当代中国的文化工作中的统一战线政策，就不能只有大陆的社会主义文化这一个向度，而是应当包括港、澳、台在内的中华民族统一大文化以及其中的每个

---

① 孟繁华. 当代中国的文化冲突问题[M]. 北京：今日中国出版社，1997：214.

文化人。在"一个中国，两种制度"的文化形态下，一切爱国主义、民主主义、人道主义、科学的和进步的思想精神和道德观念，各种正当的个人信仰，一切关于文化的探索和艺术创作的努力，只要能够使人们得到教育和启发，得到娱乐和美的享受，得到精神的丰富和充实，都应当在中华民族统一的大文化中占有自己的位置，都应当得到肯定的尊重。

➤ 知识分子政策，是当代中国一项极为重要的基本文化政策和重要内容构成之一。文化工作中的知识分子政策与统一战线政策具有某种程度上的叠合性，即绝大多数的文艺界统战对象读书与知识分子范畴。适用于统一战线政策的对象同时也都适用于知识分子政策。

➤ 文化工作中的知识分子政策的核心就是：知识分子属于工人阶级的一个重要组成部分。知识分子在社会主义现代化建设中发挥着不可替代的作用，承担着重大的社会责任，在决策的研究、论证、咨询、制定和组织实施中，知识分子的作用都越来越突出，没有知识分子的参加，便不可能有效地实现国家文化治理，推进国家文化创新体系建设和文化艺术的繁荣发展。

思考题

1. 文化工作的统一战线和知识分子政策是怎样形成的？
2. 文化工作中的统一战线和知识分子政策的基本内容是什么？
3. 为什么在今天还要执行文化工作中的统一战线和知识分子政策？
4. 如何理解"一国两制"在我国文化建设与发展工作中的重要作用？在国家文化治理体系建设中的地位？

参考书目

1. 毛泽东. 新民主主义论[M]. //毛泽东. 毛泽东选集：第二卷. 北京：人民出版社，1991.
2. 毛泽东. 文化工作中的统一战线[M]. //毛泽东. 毛泽东选集：第三卷. 北京：人民出版社，1991.
3. 龚育之. 周恩来与建国以来党的知识分子政策[J]. 中共党史研究，1998（2）.
4. 潘晔. 中国共产党知识分子政策的变迁与创新[M]. 武汉：武汉理工大学出版社，2008.

第十一章

文化产业政策

　　文化产业正在以全新的方式改变着中国文化建设与文化发展的形态，影响着中国社会的发展和国家战略的创新和实现，在创造性地破坏在计划经济条件下形成的国家文化形态和文化结构的同时，正在创造性地建构中国的新文化、新经济和新政治格局。从这个角度看问题，不仅可以帮助我们正确地认识文化产业发展在当代中国社会发展和国民经济发展中的特殊地位和作用，而且更重要的是可以帮助我们建立起关于中国新文化变革的新观念。

第一节　重新发现文化产业：作为政策的提出

　　中国有文化产业，也有文化产业政策。但是，在比较长的时间中，这一问题并不为人们所注意，也没有成为问题和研究对象。文化产业作为国家文化政策学说的提出，是在中共十六大。十六大的政治报告专论"积极发展文化事业和文化产业"，并且就发展文化产业问题正式成为党的政治决议，这在当代中国文化政策发展的历史上是没有的。中国共产党是执政党，党的政治决议是形成中国国家政策的一个重要途径和重要依据。这是文化产业作为国家政策提出的大背景。但是，这一政策是经过政策权衡、政策评估提出来的，是在分析和把握全球化发展进入了一个新的阶段后所作出的一项具有战略开局意义的战略决策，经历了一个从战略模糊到战略清晰的政策决策过程。

一、中国社会全面改革的历史需求

　　中共十一届三中全会以后，中国开始深刻的国家改革运动。这是一场全面的改革，广泛地涉及国家的政治、经济、文化和社会的各个方面和各个领域。经济体制改革必然提出文化发展道路和发展模式与之相适应的要求。20世纪80年代，当理论家们还在进行文化反思和文化批判的时候，人民群众就开始从自身发展的实际需要出发，以自己的方式和智慧，以及对于文化发展规律的把握，创造性地探索以市场经济的方式和文化产业的形态发展经济和文化，营业性舞厅到穴头经济的出现，开始了中国文化产业的娱乐业革命。文化的百废待兴，从文化形态和发展道路的变革开始，从人民的精神文化需求渴望得到满足开始。联系到2005年响彻中国大地的"超级女声"所带给中国文化产业发展观念的冲击，历史的发展有着何其惊人的相似之处！人民群众的智慧、胆识和对文化发展规律把握惊人的深刻性，是它的一个重要逻辑起点和依据。群众的文化选择和需求往往包含着文化发展深刻的规律性。它和市场经济的运动规律往往有惊人的一致性。这是中国改革发展的内在动力，也是中国文化产业发展的内在动力。中国文化产业前进发展的每一步，都是中国全面的社会改革的一个必然结果和深刻反映。

二、融入现代世界体系和全球化的战略选择

世界贸易组织是现代世界体系的制度性表现。它是一种制度、一种法律体系和政策系统。中国加入世界贸易组织改变了中国社会进步和发展的动力模式，就是要用现代世界体系创造性地重建中国的社会制度和发展模式。以进一步对外开放的形式推动国内的全面改革和国家创新体系建设是它的一个显著特征。全球化提出来的在全球范围内配置资源的要求，不仅经济上是如此，文化上也是如此。世界贸易组织的建立导致了国际较量的形势与格局的重大变化。国际文化力量格局在这个过程中的重组，导致意识形态领域里的和平演变转化成文化市场领域里的文化软力量的竞争。文化市场准入的挑战，使得文化产业第一次成为一种国家力量和国家安全内容进入国际竞争领域。当不发展文化产业便不能适应发展了的世界对中国文化建设的新的要求的时候，发展文化产业便成为中国在加入世界贸易组织和进入21世纪后必须完成的一次新文化革命以适应变化了的中国世界角色的战略性转变。

三、经济结构的战略性调整中的文化发展转型

粗放型的增长方式和刚性的经济结构是计划经济时期形成的我国主要的经济结构。随着中国经济体制改革的深入和对外开放的扩大，积极参与新一轮国际分工，在经济全球化背景下推进经济体制改革，经济结构战略性调整的体制性障碍和结构性矛盾所形成的巨大的改革成本，当仅仅依靠原有的国民经济和社会进步的传统发展模式已经无法承受和解决这一巨大的承办压力的时候，必然提出寻求改革成本转移的产业空间问题，文

化产业成为一块重要的能够提供并可以提供的产业空间，成为国家的重大战略性政策选择。2001 年中国《政府工作报告》在谈到如何克服经济结构战略性调整中的体制性障碍和结构性矛盾的时候，"大力发展文化产业"成为国家的重大战略选择。把发展文化产业作为解决国家经济结构的战略性调整中巨大困难战略选择，不仅突破了计划经济时代形成的狭隘的经济发展观，而且使我们对文化功能的认识在国家战略层面上第一次建立起了全新的文化产业价值观：文化及其产业形态不再仅仅是意识形态的载体，而且也是国家新的财富增长方式和增长领域，是新的社会生产力形态。

四、文化建设进入新历史发展时期的变革

文化的这种功能的丰富性由于文化产业而被重新发现。文化建设形态不只是作为观念形态的意识形态和思想理论建设，而且也可以是在创造社会的物质财富的同时、在满足人民群众精神文化消费需求的过程中创造。在市场经济的条件下实现先进文化建设的重要途径和方式。通过积极发展文化产业和文化创新能力的培养，实现公民文化权利的充分享有，积极推进全球化背景下的中国文化民主化进程，从而使中华文化在民族伟大复兴的目标下开始了一个全新的发展时代。伟大的复兴需要伟大的文化，而伟大的文化创造有待于全体人民文化创造能力的极大激发，这种激发只有在公民文化权利的充分享有的前提下才能得到充分的实现。这是中国文化发展的民主化进程，也是中国文化发展的基本规律。执政党与时俱进，深刻地把握住了历史发展的客观规律，做出了战略调整和战略部署，从全球整体发展趋势和中国根本的国家战略利益的高度，把发展文化产业确立为国家战略，积极推进全球化背景下的文化民主化进程。

第二节　中国文化产业政策的几个主要特征

发展文化产业是在中国社会发展进入到一个全面变革和转型的大变革时期提出来的，是为克服和解决经济结构的战略性调整和转型过程中遭遇到的结构性矛盾和体制性障碍的过程中提出来的，是在中国加入世界贸易组织用开放促改革的过程中提出来的，是在社会主义事业遭遇到苏联和东欧阵营的集体性解体的危机中提出来的。也就是说，发展文化产业的国家战略决策是为一系列国家战略需求服务而提出来的，是为克服与解决国家危机而提出来的。从这个意义上说，发展文化产业具有重建国家文化治理体系和治理能力的特征。

一、推进国民经济和社会发展动力结构的调整

2004 年 4 月和 2005 年 1 月，国家统计局先后发布了《文化及相关产业分类》和《文化及相关产业分类统计指标体系》两个文件。这两个文件，一方面给文化产业下了一个定义，一方面对我国现行文化产业进行了行业划分。这是一个重要的指导性文件。国家关于文化产业分类指标体系的提出，实际上对我国产业结构体系根据已经发生了的条件和情况进行了建国以来最重要的一次战略性的调整。如果说，1985 年国家统计局第一次把文化艺术纳入第三产业范畴只是完成了对文化艺术形态在国民经济和社会发展体系中的属性定位的话，那么，2004 年国家统计局关于文化产业分类指标体系的提出，则是完成了对文化产业形态的统计学划分，为国家制定新一轮国民经济和社会发展计划提出了新的国家产业发展标准及其合法性依据。国家统计局的这个划分是对已经发生了的文化产业发展对国民经济和社会发展的作用的肯定和确认。这是一项重要的国家产业政策，同时也是一次重要的价值观革命。它第一次使得文化的生产及其所形成的产业体系成为重建国家产业政策的标准，从而为从根本上转变传统的文化观念奠定了制度性基础。人们将由此出发重新安排自己的生存方式和生存结构，这将深刻地影响国家和地区经济结构与产业结构的调整和空间布局。文化及其产业形态以前所未有的方式改变中国经济和社会发展的动力结构，这就是和平崛起。

二、改革意识形态和文化建设的传统模式

长期以来，在处理文化和政治、经济三者关系的过程中，我们有一个经典性的依据，就是毛主席在《新民主主义论》里面关于文化和政治、经济的表述：文化是政治、经济的反映，反过来又反作用于政治和经济。这样一个关系性判断，在今天仍然是我们正确处理三者关系的重要指导思想。但是，毛主席主要谈的是"作为观念形态的文化"和政治、经济的关系，还不包括文化事业和文化产业。党的十六大第一次全面系统地提出和阐述了"积极发展文化事业和文化产业"的重要观点和思想。这是我们党的文化思想的一次重大的理论突破，它标志着我们党对文化建设的认识不再仅仅停留在作为观念形态的文化上，而是根据对如何建设社会主义文化的崭新认识，进入了一个全面建设有中国特色文化的新阶段。作为执政党，我们在坚持马克思主义在意识形态领域里的指导地位不动摇的同时，还要积极大力发展公益性文化事业，向广大的人民群众提供公共文化服务和公共文化产品，同时还要根据市场经济的规律，积极发展文化产业，把发展文化产

业看作是满足人民群众不断增长的精神文化需求的重要途径和实现方式。这样，中国的文化建设和文化发展就呈现出三维结构：作为观念形态的文化建设及先进文化前进方向的建设，始终是我国文化建设的主导方向，指导文化事业和文化产业的发展。我们将两分开，两加强。怎样分开？靠什么加强？靠指导思想来加强。所以，作为观念形态的建设是思想建设，是首脑建设。在这个领域里，我们必须坚持马克思主义在意识形态领域里的指导地位不动摇。这不仅是一项必须坚持的原则，而且也是一项必须努力履行的实践。马克思主义在意识形态领域里的指导地位只有充分体现和落实在文化事业发展和文化产业发展的过程中的时候，社会主义文化建设才是一个完整、丰富的内容。

对文化发展规律的认识和把握更加深刻，作为观念形态的文化、文化事业和文化产业，构成了党的文化执政能力的新的内容结构和新的历史使命：要把文化产业作为坚持先进文化前进方向和意识形态建设来抓；要把在市场经济条件下发展文化产业作为满足最广大人民群众的精神文化需求来抓；要把文化产业发展作为发展文化生产力来抓。先进文化的前进方向和意识形态建设是具体的，不是抽象的。今天的农民已经不再田头听广播了，工人也不再班组读报了。先进文化和意识形态的接收和传播方式发生了根本变化。如果我们不能掌握意识形态传播和接收的全新方式和革命，我们就会落后，我们就不能完成历史使命。因此，在这个深刻的变化过程中，我们要善于把握事物发展的客观规律，适应新的发展了的形势去进行和开拓新的意识形态建设工作。而要做到这一点，在今天离开了发展文化产业和文化产业的发展是很难实现的。

中国加入世界贸易组织之后，我国的文化产业政策和文化市场准入机制发生了很大的变化。国家允许民营和社会资本进入国家没有明令禁止的文化领域从事文化产品的生产、销售活动；允许境外资本进入我国没有明令禁止的文化产品的生产、销售和服务领域。在这样的一个历史进程中，中国文化发展的格局和意识形态建设的力量型格局就发生了一个生态学的变化：原来以单一的国有文化为主体的文化建设机制，发展成为国有的、民营的、其他社会资本的、境外资本的这样一个多元的文化力量结构。在这样一个多元的文化结构里，我们的文化建设和文化的意识形态建设的传统动力模式就发生了变化。这个变化的一个最大的特点就是文化建设主体的多元化。这就给我们的文化建设和宣传工作带来了新的任务：文化产业多元发展政策和文化市场准入，提出了先进文化建设和意识形态管理的新要求。外资和社会资本进入文化产业领域带来的新的挑战：资本以盈利为目的和先进文化建设之间必然存在着深刻的矛盾和冲突。文化市场主体结构的战略性调整必然同时要求文化市场管理制度的创新。如何实现创新？这是一个很大的难题，而且又是必须给予回答的难题。

三、创建新文化产业结构和文化生态结构

文化产业是人类文明的产物，同时也随着文明的进步而发展。科学技术是文化产业发展的最重要的历史推动力。现代科学技术的任何变化，都会带来文化产业形态的深刻变化和文化建设与发展的深刻变化。仅以录音机的发展为例，从便携式录音机到现在风行的 MP3。产业形态的扩张空间在不断地营造和培育着新的文化市场消费主体。传统的文化产业遭遇到了前所未有的危机。人们的阅读习惯、阅读方式和阅读注意力随着文化产业的现代化和数字化转移了。以数字化为特征的新的文化产业形态的出现正在引发一场深刻的文化革命。数字电视、动漫游戏和网络电视等正在挑战传统文化产业的生存空间和人们的市场注意力。一代人有一代人的文化生存方式，一代人有一代人的文化社会需求，一代人有一代人的文化使命。在这种情况下，文化资源优势并不等于就一定构成文化市场优势。动漫游戏产业的出现，数字技术在某种程度上不仅改变了传统的文化资源形成机制，而且决定了这个以新的资源形态为存在方式的新一代文化产业的兴起。年轻一代对于数字文化的偏爱，显示着新的一代文化取向的转型，这种转型具有五四时期从文言文向白话文转型同样重要的价值，问题是我们能否在这个不可逆转的转型过程中掌握文化创造的主动权，成为又一种新文化的缔造者。在这里，网络文化的兴起提出的关于新文化建设的命题远远超过了它本身的意义。

四、转变文化力量格局和文化生产力形态

产业革命必然导致和要求制度革命。文化体制改革是中国改革必须经历和完成的一项重要的战略过程和目标，也是正在发生的新文化变革最为主要的内容之一。与五四时期的新文化运动不同，这场将改变中国文化发展前途与命运的新文化变革，是由执政主体根据发展了的世界文化形势而主动作出的制度改革。深化文化体制改革，把在计划经济体制下形成的单一的文化体制，转变成市场经济条件下文化事业和文化产业两种形态的发展，成为全面构建社会主义和谐社会的必然内容和要求，是增强综合国力的迫切需要和重要途径。积极推动非公有资本进入文化产业是我国国家文化制度创新的战略安排，具有深远战略意义。多元文化资本的进入和原有文化利益格局的冲突，形成了新的文化利益需求。新的文化利益需求包含着对和谐文化建设的深刻诉求。中国文化产业发展的体制性障碍和结构性矛盾如何在构建和谐社会中得到有效地克服，成为中国文化建设的重要指标。

文化体制改革推动政府从办文化向管文化转变，政府职能转变的实质是文化权力构

成形态的转变，是从文化集权向文化分权的转变，这种转变不是放弃政府的文化权力，而是通过这种文化权力的转移，充分地实现公民文化权利，重新提炼政府文化权力的质量；是从粗放型向集约型转变，这种转变是文化生产力构成质量和构成形态的革命性转变，提高了党的文化执政能力的现代指数，形成了政府、社会、公民共同办文化的新格局。

五、促进区域文化建设和经济增长优势竞争

文化产业作为现代财富重要增长方式的被发现和对繁荣和发展社会主义先进文化的重要地位和作用的重新认识，使得文化产业第一次作为一种社会进步和文明发展的重要力量而作为地区科学发展的战略资源和要素，被列为各地编制十一五规划和中长期发展规划的重要内容；被作为实现经济结构战略性调整的重要目标和战略措施。区域文化产业发展必然导致区域经济增长方式和文化增长方式的竞争，文化创新能力的竞争决定了区域文化产业竞争的最后格局的形成。区域文化产业竞争和区域文化产业合作将同时影响区域文化产业发展。原有的区域文化产业格局和文化资源分布与空间配置，随着区域文化产业发展战略的普遍实施而呈现出了新的博弈态势。两个市场、两种资源的战略运动使得原有的区域文化产业发展内涵发生了深刻的文化变化。中国的新文化变革将在这个过程中形成新的资源构造。

六、建构中国特色文化产业发展保障体系和制度支撑体系

文化产业的发展和文化体制改革的深入必然提出法律和制度保障体系建设的要求。1999 年来，国家出台了一系列文件和政策。例如，关于深化经济体制改革的决定、关于金融支持文化产业发展的意见、关于文化体制改革试点单位的若干经济政策、关于非公有资本进入文化产业的若干决定、关于文化领域引进外资的若干意见和关于文化产品进出口的政策等。如此集中地出台了这么多文化产业政策，这在中国文化产业政策发展史上是不多的。一方面说明了我国文化产业发展和文化市场开放在不断走向成熟，另一方面也体现了国家致力于依法管理文化市场推进文化产业发展的决心。规范和有序是一个市场成熟程度的标志，也是一个国家和政府驾驭市场经济和文化发展规律成熟性程度的一个标志。中国的文化产业发展不能走西方发展文化产业的道路。建设有中国特色的文化产业发展体系，只有在建构中国特色的文化产业发展保障体系和制度支撑体系的过程中才能实现。

第三节　中国文化产业政策创新体系建设的走向

以全面建设国家文化治理创新体系为目标，加强文化产业政策创新系统，尽快完成实现国家文化治理体系和治理能力现代化，理顺各种文化权力关系和文化政策关系，制定符合中国文化发展国情的文化产业政策，进行文化政策创新，改善和优化文化产业发展所必不可少的政策生态环境，建设国家文化产业创新体系，将成为中国文化产业政策创新体系建设的根本趋势，长期影响中国文化产业政策运动走向。

一、建设社会主义文化强国

"建设社会主义文化强国"是中国共产党于 2011 年 10 月召开的十七届六中全会通过的《中共中央关于深化文化体制改革，推进社会主义文化大发展大繁荣若干重大问题的决定》中提出来的中国文化建设的发展目标。在相当长的一个历史时间里，中国一直都是一个文化大国和文化强国。近代以来中国文化衰落了，中华文明衰落了。振兴中华，实现中华民族的伟大复兴、实现中华文化的伟大复兴，成为近代以来几代中国人为之奋斗不已的目标。为此，先进的中国人高喊过民主与科学，打倒孔家店，也为此，新中国成立后进行过社会主义文化改造，搞过文化大跃进和发动文化大革命，一直到进入 21 世纪提出实行文化体制改革。先进的中国人总是不断地在中国的历史进步中，探索中国现代化和现代文化的强国之路，并且也曾为之付出过沉重代价。虽然，在 2005 年我国也出台了《十一五时期我国文化发展规划纲要》，2009 年出台了《文化产业振兴规划》，但是鲜明地提出"建设社会主义强国"的伟大目标这是第一次。这在中国文化发展的战略目标上是一个伟大突破和重大贡献，解决了长期以来我国社会主义文化建设与发展目标不清晰这一重大战略问题，为有中国特色社会主义文化建设指明了方向。并且由此而形成了当前目标和长远目标相结合的我国文化发展的战略目标系统，为由中国特色社会主义文化发展开辟了广阔道路。

建设文化强国集中体现了一百多年来中华民族的强烈愿望，凝聚了全体中国人的共同理想和共同追求，具有中华民族的普适价值，是实现国家统一和民族团结的最大公约数。因为唯有这样，中华民族才能对人类作出较大的贡献，才能在人类文明的历史进步中推进和实现中华民族和中华文化的文明进步。这是建设社会主义文化强国的题中应有之义。

文化产业是文化建设的重要载体，同时也是文化强国实现与否的具体指标。建设社会主义文化强国，不仅一般地规定了中国未来文化发展的总的战略目标，同时也提出了发展文化产业的具体要求，那就是中国的文化产业建设与发展也必须要服从于和服务于这个总目标。而要实现这一战略目标，就必须加快发展文化产业，构建现代文化产业体系，形成公有制为主体、多种所有制共同发展的文化产业格局；推进文化科技创新，增强文化产业核心竞争力，推动文化产业成为国民经济支柱型产业。只有这样，建设社会主义文化强国才能有一个可实现的战略基础。没有一个强大的文化产业，就没有一个社会主义文化强国。

二、推进和实现国家文化治理体系和治理能力现代化

"推进国家治理体系和治理能力现代化"，是中共十八届三中全会提出的全面深化改革的总目标，这一目标的提出，既是对改革开放多年经验的深刻总结，同时也提出和规划了未来中国改革开放的目标：国家制度现代化。这一目标也提出了中国文化产业政策创新体系建设的总命题和总目标：推进国家文化治理体系和文化治理能力现代化。

中国是在"内忧外患"的情况下进行文化体制改革的。所谓内忧，是指文化体制改革滞后于经济体制改革，不能满足经济体制改革的不断深入所带来的社会的深刻变革对文化提出的新要求；所谓外患，是指中国加入世界贸易组织后面临着全球文化市场的巨大挑战，文化产业的市场准入和中国尚未准备好之间形成了尖锐的矛盾和冲突。加快扩大开放的步伐，要求加快文化体制改革的历史进程。中国是在理论和政策两个方面都还没有准备好的情况下推进文化体制改革的，这就决定了中国文化体制改革的渐进性特点：从试点开始，逐步积累经验，在改革中探索市场经济条件下中国文化产业创新体系的建立和国家文化创新体系的建立。文化发展不平衡和东西南北的巨大差距决定了中国文化体制改革的艰巨性和改革成果和经验的多样性。巨大的智慧将在艰难的改革进程中作出中国文化体制和制度的全新创造：推进国家文化治理体系和治理能力现代化。

文化具有社会治理的功能与特征。人们创造和生产文化本来就是为了对人和社会的治理。"古人结绳而治，后人易之以书契"。这是中国古代最早的关于文化与社会治理关系的描述。"书契"——文字符号表达系统是从"结绳"——物质符号的表达系统演变发展而来的。它的初始目的是为了实现有效的劳动和人与自然关系，进而建立人与人之间的社会行为关系的协调，解决和克服不协调，这就是"治"，就是"治理"。

文化治理是文化价值观和文化的生存方式的有机统一。作为一种文化治理形态和治理方式，文化价值观和人们的文化生活方式相分离，或者说意识形态的价值观追求和人

们被要求的生活方式相脱离的话，是不可能形成文化治理能力的，尤其是国家文化治理能力。一个国家的文化治理能力对内首先表现为高度的文化吸引力和认同力，由此而形成的内在精神生活质量和外在物质生活满足的完整统一，及其所形成的对自身生活状态和质量的自豪与满足。没有内在的认同力不可能有内在的向心力和凝聚力。当然也就无法实现文化对于国家治理的价值和作用，在文化产业作为社会价值观的生产机器正在深刻地影响和建构着人们的精神生活系统和物质生活的存在方式的时候，尤其是如此。因此，用什么样的价值观来发展文化生产，也就在这个意义上与生产什么样的文化治理能力具有了内在的建构关系。一方面，一定的价值观影响着文化生产发展的价值导向；另一方面，由此而生成和形成的文化价值观又再影响着一定的价值观的运动形态，在这里，二者之间的任何矛盾都会引发更大程度的冲突和对立。因此，二者的有机结合构成了文化生产发展和国家文化治理能力建构之间的规定性。而正是在这个意义上，发展文化产业就具有了文化治理的属性，具有了文化治理性，从而使得发展文化产业在国家治理能力建构与提升的层面上成为重要的国家文化治理。

推进国家文化治理体系和治理能力现代化，提高国家文化治理能力，就是要正确处理政府与市场的关系，转变政府文化管理职能，简政放权，充分发挥文化在团结人民、教育人民、组织人民、动员人民中的积极作用，解放蕴藏在人民群众中的巨大的文化生产力和创造力，解放蕴藏文化的社会活力，在人民的文化治理过程中，转变政府文化职能，在社会的文化治理中，提高国家文化治理能力；在完善文化生产经营能力，建设和完善公共文化服务体系和转变政府文化职能的同时，积极建构企业法人治理、社团法人治理和国家治理相统一的"三位一体"的国家文化治理机制，以充分的文化自信推进国家文化治理体系建设；提高国家文化治理能力，就是要提高文化开放水平，以开放、自信与包容的文化治理观，积极吸收、借鉴世界上一切优秀的文化成果，提高中华文化与现代世界文化的交往能力和融入现代世界文明的能力，在人类文明转型的同时实现中华文明的创造性转型，从而在实现中华文明的历史性转型过程中，实现中华文化的伟大复兴。

推进国家文化治理能力建设，目的就是要推进国家创新体系和创新能力的现代化，核心是实现中华文化的伟大复兴。以市场经济的方式实现文化的政治、经济、社会和文化的价值性转换，进而改变和重塑人们的国家治理模式。从这个意义上说，推进国家治理体系和治理能力现代化，使得文化产业发展在文化本位的层面上又回归了它的价值理性：人—社会—国家的治理，从而实现了文化产业发展的工具理性和价值理性的有机统一：文化发展与国家治理的融合。

三、建立健全现代文化市场体系，积极推进文化产业数字化

建立健全现代文化市场体系，是衡量国家治理体系和治理能力现代化的重要内容和重要指标。深化文化体制改革，推进文化体制创新涉及国家治理体系中的文化体系的建构，机制创新涉及国家治理体系中的文化能力的建构。没有这两个方面的建立和健全，难以实现国家治理体系和治理能力现代化。

建立健全现代文化市场体系，必然推进政府从"办文化"向"管文化"的转变，进而实现向文化治理的转变，也就是说，必然导出推进国家文化治理体系和国家文化治理能力现代化的必然要求，这就使得国家治理体系和国家治理能力现代化，必然同时要求实现推进国家文化治理体系和国家文化治理能力现代化。这里就提出一个问题：什么样的文化治理体系才是国家文化治理体系和国家文化治理能力现代化。在这里，提高国家文化治理能力，建设统一开放、竞争有序的现代文化市场体系，破除以政府行政划分的"行政文化市场"，最大限度地提供文化生产要素和文化商品流通的便利性，减少政府对文化生产经营的刚性干预，提高文化市场的资源配置过程中的自我调节能力和自我治理能力，把建设现代市场体系和推进国家文化治理体系与提高文化治理能力有机地结合起来，最大限度地突破利益集团对文化市场不公平"定价权"，充分释放和激活文化市场的公平与正义，应该是最重要的衡量标准之一。

开放性与安全性是现代文化市场构成的重要内容和标志。不开放的文化市场一定不是现代文化市场，同样缺乏安全性的文化市场，不能给国家、社会和公民个人提供安全的文化消费品、提供文化消费安全的文化市场，同样也一定不是现代文化市场。现代法制国家都建有文化市场准入制度。文化市场准入机制的设置实际上就是一种国家文化安全保障机制和国家文化安全审查制度安排。其中无论是电影"分级制度"、网络审查制度和网络实名制、等级制，以及美国对全球实施的网络监控等，都是基于国家文化安全和个人以及社会文化安全的认识与判断。因此，开放的文化市场并不是一个无政府主义的市场。文化市场开放的程度是衡量一个国家文化民主的一个标志，同样，文化市场规范化的现代程度也是衡量一个国家文化民主的一个标志，而且是一个更重要的标志。这一标志是以文化法制建设的现代化程度表现出来的。宪政精神是最终反映一个国家文化民主进程的。中国的文化法律建设还很不完备，离开完善的文化法制体制的建立还有很多路要走。但是，国家法制化进程的巨大努力和政治民主进程的加快发展，已经为我国文化法制建设提供和创造了条件，中国加入世界贸易组织后所大力推进的国家文化市场法制建设所营造的环境，已经为中国文化法制体系建设创造了前所未有的良好条件。因此，随着中国文化市场的更加开放，各项文化产业法的建设的进一步到位，将使中国文

化民主建设进入一个依法管理的历史新时期。在这个过程中，中国的新文化变革在经受更加严峻的挑战的同时，也将获得新的生长机制。文化产业市场行为规范将随着文化产业市场准入的进一步开放而进一步制度化和法制化，文化法律建设的进一步到位将使中国文化民主建设进入一个依法管理的历史新时期。

文化产业具有科技产业的性质。人类历史上文化产业发展的每一次革命性变革都是由于科学技术发展深入的被应用到文化生产与服务中而发生的。印刷术催生了图书出版业，机械复制诞生了电影电视业，数字技术与互联网缔造了网络文化产业。人类社会科学技术的每一次重大发明创造，都会给文化产业发展以更大的发展动力。大数据时代到来引发的第三次工业革命，必将进一步推进文化与科技融合，积极发展数字文化产业，实现文化产业的数字化和数据化，必然地构成中国文化产业发展的新政策。文化产业数字化在深刻地改变传统文化产业增长方式的同时，构成了对传统文化产业生存与发展的巨大挑战。传统与现代的冲突，必然引发传统文化产业与新兴文化产业之间的激烈竞争。传统文化产业在通过数字化革命提高自身的优势竞争力的同时，也向新兴文化产业提出内容革命的要求。文化产业数字化发展是未来中国新文化变革的总趋势，必将带来中国文化建设形态更为深刻的革命。人类社会正在从 IT 时代走向 DI 时代，即从信息时代走向数据时代，人类社会正面临一次更加深刻与广泛的思想意识变革和互联网思维变革。数字技术将进一步从手段和工具向力量和内容的战略转移，数字技术如果不能完成各项内容的战略转移，将会造成中国文化产业发展和新文化变革的深刻危机，同时也将构成中国文化产业发展政策的全新内容。

四、优化文化产业国土规划布局

实现文化产业的跨行业、跨地区、跨媒体发展，打破传统的文化产业空间模式，是中国文化体制改革的方向。历史的原因造就了中国文化产业空间布局的分散性，行政区划体制的限制，使得文化产业国土空间布局还不能在规划新的区域经济空间布局的同时实现对区域文化产业空间布局的战略性调整。国家在部署国土规划发展进程中，先后提出长三角、珠三角（泛珠三角）和东北振兴、西部开发、中部崛起等一系列政策与战略，这都是区域发展的概念。这种区域发展又成为大城市集群发展的概念。如何整合区域资源和力量，形成共同市场、共同的利益群体，以最小的资源消耗换取最大的利益增长，这是中国社会发展面临的问题，也是中国文化产业发展和新文化变革面临的问题。中国农村的城市化发展道路正在为传统的行政区域理念输入新的智慧元素。这就给文化产业的区域发展和区域布局提供了巨大的想象空间和改革空间。这就使西部开发和中部崛起在新的中国文化产业力量格局和整个中国文化产业综合国力的形成过程中将起决定性作用。2014 年 3 月 17 日，中共中央、国务院颁布了《国家新型城镇化规划（2014—2020）》，这份规划将不仅重塑我国城乡经济格局，而且将极大地改变和重构中国文化产业发展的国土空间格局。加快发展文化产业的创造性冲动与这个冲动所需要的科学决策之间的脱节，使得在发展文化产业园区的过程中和规划区域文化产业发展过程中，缺乏对优化文化产业国土规划布局的可持续发展的思考以及对资源和环境因素的自我约束，从而导致文化产业国土规划布局的非集约型。以人为本的中国特色的城镇化发展要求，必然同时提出调整中国文化产业空间规划布局的要求。尤其是中国新型城市化进程所对原有城市功能的再造和人口规模与结构的调整，新的文化诉求必然同时提出优化文化产业空间布局、优化文化资源空间配置结构的要求。原有的文化产业国土空间布局及其结构将在这个过程中被深度调整。文化产业发展如何在这一新的深度调整的历史机遇中在优化资源配置的同时，实现文化产业功能优化，将长期影响中国文化产业的可持续发展。中国的新文化变革是要重新创造中华文明的辉煌，这就是崛起，就是改变中国文化产业的力量格局，就是要在新一轮整个中国文化产业发展和新文化变革中起到决定性作用。

五、转变文化产业增长方式，促进文化产业与其他产业相融合

文化产业在为转变经济增长方式提供新的战略选择的同时，将面临自身增长方式的战略性转移，以版权产业为核心的文化产业将成为文化产业发展的主流和文化产业综合竞争力强弱的战略性标志。

文化产业属于集约型文化经济形态。这是由于文化产业在本质上是智力创造所决定的。在经济结构的战略性调整中和经济增长方式的战略性转型过程中，人们之所以选择文化产业作为战略对象，其中一个重要的原因就在这里。这就给文化产业的发展提出了一个命题，那就是文化产业自身增长方式的战略性转型问题。前不久在北京刚刚结束的全国音像制品论坛上传出了这样一个令人关注的信息：中国的唱片贸易都是成品贸易，通过远洋船队的集装箱运输实现；而美国等国际文化贸易大国则是通过转让版权来实现自己的增长方式和文化市场扩张。这就是文化产业的增长方式问题。我国对外文化贸易与西方发达国家相比的一个最大的战略性差异就是：我们输出产品，他们输出版权，成本与效益呈现出截然的反差。因此，以版权产业为核心的文化产业将成为文化产业发展的主流和文化产业综合竞争力强弱的战略性标志。中国文化产业发展的国际化战略不能走低端产品发展的老路。只有实现文化产业增长方式的战略性转型，中国文化产业发展才能够在文化和经济两个方面在国民经济和社会发展过程中，在中国构建和谐社会的进

程中发挥战略作用。而这一战略目标只有在全面的文化创新能力的根本提升过程中才能实现。

文化创意与设计产业在为传统的制造业发展与改造提供新的支持系统和可持续发展因素的同时，将深刻地带动中国文化发展的创造性，为文化产业发展提供新的思维空间，进一步推进文化产业与其他产业的深度融合。2014年3月14日，国务院印发了《关于推进文化创意和设计服务与相关产业融合发展的若干意见》，这是我国第一次就文化创意和设计服务与相关产业融合发展出台的系统性政策。《意见》明确提出"推进文化创意和设计服务等新兴、高端服务业发展，促进与实体经济深度融合"。文化产业具有创意性，通过发展以艺术设计为主体的文化创意服务业改造工业文明遗产，从而在传承工业文明的进程中推进人类文明社会的现代化，是现代发达国家一项重要的国家发展政策。为了避免在于文化创意产业、创意产业等概念的混淆，国务院就《意见》所涉及的政策范围做了清晰的界定：依据国家统计局发布的《文化及相关产业分类》（2012年版），把"文化创意和设计服务"的内容界定为文化产业大概念下的一部分，包括文化软件服务、建筑设计服务、专业设计服务和广告服务四个方面，大体涵盖了国民经济涉及的文化创意和设计服务活动，重点行业包括设备制造业、消费品工业、建筑业、信息业、旅游业、农业和体育产业。

中国的文化建设形态将因此更加多样化，中国传统文化资源和文化元素将在这个过程中获得新的发展形态，特别是在经济结构的调整过程中对老工业基地的改造。上海、杭州等城市在利用创意产业对传统的工业结构进行艺术重建的过程中已经取得了很好的经验。在这里，艺术设计和艺术创造起着十分关键的作用。艺术设计和艺术创造在改变传统制造业和传统经济的同时，正在改变着人们对废旧厂房的重新认识。历史人文价值的再发现，会对文化产业的发展和我们关于发展文化产业的思维方式提供巨大的推动力。物质经济和非物质经济将在文化创意产业的运动过程中碰撞出新的生产力形态。

六、加快发展对外文化贸易，切实维护国家文化安全

发展对外文化贸易是最重要的文化产业政策。衡量一个国家文化产业的发展程度和发展水平一个最重要的标准就是它的国际文化市场竞争力。体现这种竞争力的就是这个国家在国际文化产品市场和国际文化服务市场的占有率。文化产业发展不仅要有国内市场，还要有国际市场，这是文化产业发展的两大动力。同时，由于现代世界体系结构的不平衡，导致和决定了国家间的竞争不只是体现和局限于军事和经济的"硬实力"竞争，而且还体现在文化领域的"软实力"竞争。通过文化产品和服务贸易的国际竞争，最大

限度地服务于本国的国家战略利益，是当今世界文化竞争最重要的形态。因此，无论是西方发达国家还是拥有自己比较优势的新兴国家没有不重视通过国际文化贸易把本国文化产品推广到全世界去的。

　　国际文化贸易诞生于人类社会不同文明之间的文化交流，著名的"丝绸之路"就是沟通亚欧大陆的国际文化贸易早期形态。作为现代世界经贸体系的一个重要组成部分，现代国际文化贸易制度发端于关贸总协定，定型于《服务贸易总协定》。中国的对外文化贸易经历了一个以文化交流为主，以文化贸易为辅，发展到以文化贸易为主，以文化交流促进文化贸易发展的演变过程。新中国成立以后，在相当长的一个时期内，国内外的复杂环境和条件使得中国长期停留在对外文化交流阶段，这对于让世界了解和接受新中国和新中国的新文化是非常必要的，奠定了中国发展对外文化贸易的基础。今天和今后，只要世界上还存在着文化差异，这种交流就是必不可少的。中国加入世界贸易组织，标志着中国对世界的开放，不仅在经济上而且在文化领域里也开始融入现代世界体系，参与国际文化市场和国际文化贸易竞争。尤其是在中共十六大明确提出"文化走出去"和"文化产业走出去"的发展战略之后，开展对外文化贸易就成为国家文化产业政策的重要内容和组成部分，2014年3月，国务院根据中共十八届三中全会提出的要进一步"提高文化开放水平"的要求，印发了《关于加快发展对外文化贸易的意见》（国发[2014]13号），从而使中国文化产业发展进入到一个国家文化贸易发展新阶段。针对我国对外文化贸易存在的主要矛盾和突出问题，《意见》明确提出了中国发展对外文化贸易的要求、目标和措施。优化市场环境，改善贸易结构在更大范围、更广领域和更高层次上参与国际文化合作与竞争，把更多具有中国特色的优秀文化产品推向世界，将成为中国对外文化贸易的战略要求，从而在根本上扭转在核心文化产品和服务贸易逆差状况，大幅度提高对外文化贸易在我国对外贸易中的比重，扩大中国文化产品和服务在国际文化市场上的份额，提高国家文化整体实力和竞争力。鼓励各种所有制文化企业从事对外文化贸易业务，在税收政策上，对国家重点鼓励的文化产品和服务出口全部实行增值税零税率或免税，同时对书报刊等时效性较强的文化产品实行集中申报制度，减少行政审批环节等，将成为长期指导中国对外文化贸易的政策内容。

　　中国的对外文化开放不是无原则的，也不是不要制度保障的。我们的文化开放是在法律框架的开放，是按照中国加入世界贸易组织议定书所作出的承诺开放的。中国必须建立起自己在市场经济条件下的国家文化安全保障体系。这是我们在发展文化产业过程中必须同时引起高度重视的。2014年2月27日，中国成立网络安全与信息化领导小组并召开领导小组第一次会议，会议就我国网络安全战略提出了建设网络强国的目标。习近平在会上深刻分析了中国在信息化和经济全球化背景下在面临的深刻而巨大挑战的形势，提出并阐述了中国国家网络安全理论。习近平指出："当今世界，信息技术革命日新月异，对国际政治、经济、文化、社会、军事等领域发展产生了深刻影响。信息化和经济全球化互相促进，互联网已经融入社会生活方方面面，深刻改变了人们的生产与生活方式。""网络安全和信息化对一个国家很多领域都是牵一发而动全身的"。"网络安全和信息化是一体之两翼、驱动之双轮"。"没有网络安全就没有国家安全，没有信息化就没有现代化"。①因此，建立科学、规范的国家文化安全管理和国家文化安全预警系统，将成为我国文化产业发展和中国新文化变革顺利实施的重要保障。

中国文化产业是中国新文化变革的重要内容，在不同的阶段呈现出不同的特点是其基本特征。关注中国文化产业发展的特点，把握中国文化产业发展的总体趋势，是把握未来中国新文化变革发展走向的重要前提。中国正在走向文化产业的战略时代。密切关注和深入研究中国文化产业发展的特点和走向，对于深刻把握中国新文化变革的大趋势及其对我国未来创新型国家建设的影响，推进文化创新和文化创新能力的提高具有特别重要的意义。

本章小结

▸ 文化产业是文化建设与发展最重要的动力机制，同时具有文化存在形态、文化制度形态和文化政策形态多种属性。作为文化形态，它是现代社会衡量文化发展现代化水平和国家文化治理能力构成的重要价值尺度；作为文化制度形态，它与文化事业（公共文化服务体系）一道共同构成了现代国家文化治理体系；作为文化政策形态，它具有鲜明的政治导向性，同时具有在市场经济条件下对内和对外提高文化开放水平的特征。

▸ 文化产业作为当代中国的文化政策和国家治理工具是在中国社会面临深刻转型，经济结构的战略性调整，融入现代世界体系和文化建设转型创新的历史进程中提出来的，是为一系列国家战略需求服务而提出来的，是为克服与解决国家危机而提出来的。文化产业国家战略的提出，具有鲜明的国家文化治理性。

▸ 推进国民经济和社会发展动力结构的调整，改革意识形态和文化建设的传统模式，创建新文化产业结构和文化生态结构，转变文化力量格局和文化生产力形态，促进区域文化建设和经济增长优势竞争，建构中国特色文化产业发展保障体系和制度支撑体系，是中国文化产业发展的主要特征。

---

① 总体布局统筹各方创新发展，努力把我国建设成为网络强国[N]．人民日报，2014-02-28．

▸ 以全面建设国家文化治理创新体系为目标，加强文化产业政策创新系统，尽快完成实现国家文化治理体系和治理能力现代化，理顺各种文化权力关系和文化政策关系，制定符合中国文化发展国情的文化产业政策，进行文化政策创新，改善和优化文化产业发展所必不可少的政策生态环境，建设国家文化产业创新体系，将成为中国文化产业政策创新体系建设的根本趋势，长期影响中国文化产业政策运动走向。

思考题

1．中国为什么需要大力发展文化产业？
2．中国文化产业发展有哪些鲜明特征？
3．怎样认识和理解中国文化产业发展的未来走向和趋势？
4．发展文化产业与推进国家文化治理体系和国家文化智力能力现代化的关系是什么？

参考书目

1．胡惠林．文化产业发展与中国新文化变革[M]．上海：上海人民出版社，2009．
2．胡惠林．国家文化治理：中国文化产业发展战略论[M]．上海：上海人民出版社，2012．
3．欧阳坚．文化产业政策与文化产业发展研究[M]．北京：中国经济出版社，2011．

第十二章

国家文化安全政策

　　国家文化安全是在经济全球化背景下，我国进一步融入现代世界体系之后，面对思想文化领域里各种思想文化进一步激荡而提出来的一个重大国家文化战略命题。1999年2月26日，江泽民同志在全国对外宣传工作会议上就外宣工作对于我国实现跨世纪发展的宏伟目标的极端重要性的时候强调："维护我国的政治经济文化安全，具有十分重要的意义。"这是我们党第一次明确提出国家的"文化安全"这一重大政策性概念。2003年8月12日，胡锦涛同志在中央政治局第七次集体学习会上，在强调"始终坚持先进文化的前进方向，大力发展文化事业和文化产业"时，进一步明确提出要"始终高举社会主义文化旗帜""确保国家的文化安全和社会稳定"；2004年，在党的十六届四中全会通过的关于提高党的执政能力的决定中，又一次以党的政治决议的形式，提出要维护国家文化安全，把提高党的执政能力提高到维护国家文化安全的高度。在如此短的时间内，党的最高领导人以及党的政治决议以如此高的频率突出强调和提出"国家文化安全"问题，这在我们党的历史上是前所未有的，它不仅说明了当前我国国家文化安全面临的严峻形势，而且也十分清楚地部署了当前和今后我国文化建设所面临的一项艰巨任务。

第一节　全球化时代提出的国家文化战略命题

　　一个时代有一个时代的战略命题。不同时代的战略命题是不一样的。但是，并非所有的时代问题都能构成这个时代的战略命题。只有那些能够造成国家间利益格局的变动和国家间力量对比的转移，造成国际较量形势和秩序重组的那些问题，才能成为这个时代和这个时代的国家战略命题。国家文化安全，正是这样的国家战略命题。

一、文化安全是一种国家大战略

大战略作为现代国家一种全新的国家战略概念是由德国人和英国人率先提出来的。[①]
美国战略学家在英国人的基础上创造了"国家战略"这一新概念，把原来只是局限于军
事领域里的"大战略"扩大到整个国家的层面上。然而，无论是"大战略"还是"国家
战略"的提出，都是为了维护和实现国家安全利益和目标。美国战略学家约翰·柯林斯
在其所著《大战略》中明确指出：大战略"是在各种情况下运用国家力量的一门艺术和
科学，以便通过威胁、物力、间接压力、外交、诡计以及其他可以想到的手段，对敌方
实施所需要的各种程度和各种样式的控制，以实现国家安全的利益和目标"。[②]是"发展
和使用国家的政治、经济和心理力量，以实现国家目标的艺术和科学"，是综合运用国家
总体战略资源实现其战略目标的艺术，即一个国家运用自身的各种手段和资源——政治、
经济、军事、文化和意识形态等，保护并拓展本国整体权、价值观和国家利益等。如果
说，这些概念的提出，虽然也主要是关于国家的国防安全的，但是，就定义所包括的内
容来看，从一开始就包括了文化的内容在内（"精神力量""心理力量"）。冷战结束后，
包括美国在内的西方国家都已普遍地认识到，国家安全已经由传统的军事安全领域扩大
到经济、文化、生态等非传统国家安全领域。尤其是美国哈佛大学教授亨廷顿在冷战结
束后提出的"文明的冲突"理论，不管人们是赞成还是反对，都激起了全世界对由此而
产生的国家文化安全问题的关注，把国家文化安全问题纳入到一个国家更为基本和长期
的国策。因为亨廷顿是在回答"变化中的安全环境与美国的国家利益"的命题时提出这
一理论的[③]，因此，文化安全作为冷战后、全球化背景下凸显出来的国家安全的一种新的
安全形态，现实地成为当代国家战略决策的一个重要组成部分，直接关系到国家的现状
和未来，关系到一个国家在变动中的世界格局中的位置和分量，从而使之现实地成为一
种国家大战略。

[①] 1929 年，英国军事思想家利德尔·哈特在其《历史上的决定性战争》一书中，提出"大战略"概念："大战略的任务是协
调和指导国家的全部力量以便达到战争的目的，即国家确定的目标。大战略既要算计又要发展国家的经济力量和人力，一
边维持作战部队。对精神力量也应如此，因为培养、加强（国民）取胜和忍耐的意志同掌握有形的实力同样重要……大战
略不仅把各种手段结合起来，而且协调其运用一面有损未来稳定而繁荣的和平状态。"转引自：吴春秋. 论大战略和世界
战争史[M]. 北京：解放军出版社，2002：29.

[②] [美]约翰·柯林斯. 大战略[M]. 北京：中国人民解放军军事科学院，1978：412.

[③] 1993 年，亨廷顿在美国《外交》杂志上发表《文明的冲突》，1996 年出版了《文明的冲突与世界秩序重建》，他认为：冷
战后的世界，冲突的根源不再是意识形态，而是文化差异。亨廷顿的目的，是试图为美国新时期的世界战略提供一个完美
的逻辑依据。因为它是在"变化中的安全环境"中提出来的，因此，一开始便使之具有了"文化安全"的意义。

1．文化安全关系国家和民族安全：国家战略的当代命题

文化被看作是人的生活方式的表现，这种生活方式不再被纯粹地限于自然环境内，而是一种介入和干预自然环境的方式。"文化"这个术语与其说是名词，不如说是动词。是人的活动和各种行为模式。文化的一个方面是传统，即所有物和规则的传统，然而这种传统是包含在人的活动变化之中的，是包含在现存文化形式所体现的无数变化和发展可能性之中的。文化是历史遗产。

人不是生活在一个纯粹的自然世界中，而是生活在一个历史的世界中；因而如果他不愿意被传统或自然所强加的规则的固有性所羁绊的话，他就必须不断地创新。这就保证了他在任何特定的时期都能对他周围环境的情况作出完全不同的反应。所有的文化，即使是最原始民族的文化也不例外，都可以看作是人对其周围力量施加影响的方式。任何一种文化形式所奉行的总规则体系，都可以被理解为是一种政策。它是关于固性和超越性之间的一种具体战略，而人类文化的任务就是要调节这种关系。我们用战略来表示一种对特殊规则和行为提供证明的一般性规则，事实上被给定的东西，包括自然过程在内，都被包含在文化战略之中了；而且这种战略是作为人的群体对环境做出反应的方向存在的。人永远靠文化活动来改造自然和评价自然。那些被人作为"自然现象"所看到的东西，必须放在超越的、跨过自然界限的范围，也就是一种负责任的战略的范围内来观察。①

20世纪90年代，在关贸总协定的乌拉圭回合谈判上，法国针对美国提出的文化产品贸易自由化问题，提出了"文化例外"的政策，受到欧共体各国的拥护，并最终赢得了胜利。这一事件历时数年，由法国而扩大到整个欧共体国家，争论之激烈是关贸总协定谈判中少有的。因而引起了各国政府的广泛关注。其中一个重要的原因就是，文化及其产品涉及各国文化的民族特性。问题的性质就其表面现象来看，仿佛是纯粹关于视听产品是否要被纳入服务贸易总协定，而要害则是关系到对神圣的文化权的捍卫。②

2002年9月13日，中国外交部长唐家璇在第57届联合国大会上发表讲话时指出，当前国际形势正在发生深刻的变化，安全的内涵不断扩大，安全问题不再是单纯的军事问题，已经涉及政治、经济、金融、科技、文化等诸多领域；在国际舞台和国际关系的层面上代表中国政府，第一次明确提出文化安全问题。并在此基础上提出了中国的新安

---

① [荷]冯·皮尔森．文化战略——对我们的思维和生活方式今天正在发生的变化所持的一种观点[M]．北京：中国社会科学出版社，1992：2，8，18，19．
② "文化例外"是法国前文化部长雅克·朗率先于20世纪80年代提出来的，是法国一项重要的文化政策。1999年法国文化部长托德曼在《世界报》上撰文：《文化例外不容置疑》，反对美国把视听产品纳入世贸组织服务贸易规章之中。其中有着重要的国家利益。详见：朱威列．国际文化战略研究[M]．上海：上海外语教育出版社，2002：128．

全观。其中一个重要内容就是，超越意识形态和社会制度异同，摈弃冷战思维和强权政治心态，加强不同文明之间的交流与对话，防止文明对抗和冲突的发生。[①]这是中国政府在新的世纪提出的一种新的国家战略，旨在新的国际背景下最大限度地维护中国的国家安全利益。

在历史发展的每一个阶段及其所有的形式中，人们都试图发现它与周围力量之间的正确关系。因为这是人用以处理它与周围力量之间的关系的前提。任何对这种关系的判断的正确与否，都会造成人的不同生活方式和存在选择。因此，从这个意义上说，对于国家文化安全的关注，并不是某种强加于国家的一种责任，而是人的这种发现的国家形式。也就是说，一个国家的文化政策选择或文化发展道路选择，是建筑在它与周围文化力量之间的正确关系基础之上的，而是否安全则完全取决于对于这种关系的判断。固本兴邦，国家文化安全首先就是关于国家的文化存在、文化生存和文化发展问题的。无论是法国还是中国，虽然各自提出的问题的角度不一样，问题的性质也有很大的差别，但是，出发点却是共同的，那就是如何在新的历史发展阶段最大限度地维护国家利益。这就是一个国家战略问题。

2. 文化安全是当代民族国家的生存与发展战略安全

一个民族、一个国家要独立于世界民族之林，必然满足两个最基本的需求：一是国家生存安全的需求；二是经济社会发展的需求。国家、民族生存安全是第一位的需求，是首要的利益。只有生存安全有保障，发展才有坚实的基础。文化是决定一个民族之所以存在的全部合理性与合法性之所在。一个民族在发展过程中，文化是其和世界各民族间相区别的重要标志，同时也是最后确定其人类学身份的最后依据。因此，文化对于一个民族和一个国家来说，是一种能够凝聚和整合民族和国家一切资源的根本力量，这种力量的任何形式的丧失都将构成一个民族和国家的生存安全。正是由于文化对于一个国家来说具有生存安全的意义，因此一个民族和国家的文化安全就成为能否确保它的生存安全的一种战略安全。维护和捍卫本民族的文化传统进而社会发展的目的，既要满足人民不断提高的物质和精神生活需求，也要满足国家和人民不断增长的安全需求。发展的目的，是为了获得更多、更可靠的安全保障。因此，从根本上讲，国家文化安全是在对于国家文化生存状态的关怀的基础上提出来的，也是基于国家文化安全对于国家安全的全部重要性而提出来的。

战后，美国国际政治理论的现实主义学派代表汉斯·摩根索就明确提出，国家的生存包括领土完整、政治制度和文化；美国战略学家约翰·柯林斯认为："最重要的国家安全利益是生存，即国家的生存，要保证一定程度的独立、领土完整、传统的生活方式、基本制度、社会准则和荣誉等不受侵害"。①国家生存，是国家全部活动的基础和前提。没有生存，便没有一切，失去生存，便失去一切。虽然国家的生存包含着自然的、经济的、政治的和社会的等各种要素，但是，由于文化的存在是可以起到最后凝聚一个民族和国家的纽带作用，因此，维护民族文化的全部意义就在于它是可以起最后作用的力量。犹太民族曾经在自己的发展史上饱经磨难，但是最后使它能够实现复国理想的就是存在于犹太民族精神之中的希伯来文化。美国白宫写作班子负责人曾发表文章，论述美国的第四种力量：文化力量——将是决定21世纪走向的主轴。英国曼彻斯特市在其文化产业的战略咨询报告中，也提出"文化变成城市发展战略的轴心，经济、社会、技术和教育等，都将日益维系于文化这个轴心"的理念。②

　　3．文化安全是国家大战略的根本价值取向系统

　　文化安全之于国家安全的意义，在于文化安全在本质上是国家大战略的根本价值系统。任何国家战略的制定，都基于对国家目前形势和未来发展目标之间的分析、判断和定位。对目前形势的分析、判断虽然所采取的技术路线可能完全不一样，这是由不同的主体所采取的不同的评价事物的指标体系决定的。由于文化是最能从根本上区别一个国家和民族的价值差异的，因此，不同的文化背景对于同一个问题完全可能得出截然相反的结论。而正是这种结论左右了国家的决策者对于整个世界形势的分析和判断，包括对国家安全形势的判断。任何这样判断的尖锐对立，都可能直接导致国际冲突。由于国家不同的文化背景直接决定了人们观察问题的方法论和世界观，因此，维护国家文化安全也就成为维护国家安全的重要组成部分。没有国家文化安全的国家安全是不存在的。没有国家文化安全等于使得国家安全失去了它存在的灵魂。因为文化是最终决定人们判断国家安全与否的最后标准。没有文化安全也就从根本上失去了判断国家安全与否的价值体系存在。国际社会之所以长期以来一直处于不断的冲突之中，甚至于不断出现大规模的局部战争，就在于各自都是以自己的安全为安全，以自己的安全观为安全观来判断国家的安全形式。美国所关注的国家安全是以美国的价值尺度为标准的安全，是建立美国文化中的"天赋使命"的价值观念之上的，在一切与之不一致的安全，都不是美国所认定的国家安全，都不能成为美国的国家安全，都可以被认为危害美国的国家安全。正如美国学者约翰·P.洛弗尔所说，"人是在文化氛围中长大的，受到其中基本价值、风俗习

---

① [美]约翰·柯林斯. 大战略[M]. 北京：中国人民解放军军事科学院，1978：22.
② 谬其浩，陈超. 21世纪对文化和文化产业的重新认识[M]. //叶取源. 中国文化产业评论：第一卷. 上海：上海人民出版社，2003：80.

惯和信仰的熏陶。那些在每个社会中握有政治权力的人易受社会文化的影响；他们的行为与态度将有许多文化根源。此外，在每个民族国家，统治本身和外交政策的制定都是在一种文化背景下发生的。"①美国文化人类学家莱斯利·怀特进一步认为，决定民族国家特征的不是其内部种族的外部结构，而是固存于他们身上的特殊文化心理或意识。②美国学者厄尔·H.弗赖伊则更明确指出，"政治领袖必须在符合国家价值观的前提下才能形成政策，国家价值观只是个人价值观的集合。关于美国国家利益的问题只有研究国家价值观才能找到回答。正是这些价值观才规定了国家利益和国家的安全。"③因此，只要美国认为危及到美国在全球的利益，美国都可以国家安全的理由进行干涉。美国的国家安全理论不仅是一种一般意义上的所谓安全理论，它还是一种意识形态，是美国的一种国际战略。如果把这样的一种战略放到文化的层面上来理解的话，那么，这样的战略也同样是一种国家文化战略和国家文化安全战略。这也就可以找到美国为什么要别人开放市场，奉行文化贸易的自由化的原因。国家大战略是关于国家的根本利益的战略。文化安全作为国家大战略的全部价值，就在于它不仅构成国家安全战略的重要方面，而且更重要的是它为整个国家大战略提供安全保障所必不可少的价值观念和由此而形成的国家价值体系。

二、国家文化安全是全球化时代的国家文化战略

1. 国家战略形态的历史性

国家文化安全是全球化时代提出来的一种全新的国家战略形态。就它的主体意义而言，是一定国家对于本国文化形势所处危机状况的一种当下性判断及其所运用的整体性对策的结果。但是，就其形态的发生性意义而言，却是国家战略发展的历史性产物。在人类社会发展的不同的历史阶段，不同国家发展的不同的历史阶段，它们所面临的国家危机和挑战是不一样的。当对土地的争夺还主要反映在土地作为财富之母的意义的时候，领土的广袤是国家实力的象征。因此一个国家国防能力的强弱集中地反映了一个国家的全部安全性程度。国家战略形态主要表现为国家的军事战略便成为历史发展的一个合规律性。虽然文化在一个国家的生死存亡中具有重要意义，但是，它还不是国家战略的历

① John P.Lovell, "The United States as Ally and Adversary in East Asia:Reflections on Culture and Foreign Policy," in Jongsuk Chay,ed.,*Culture and Lnternations,*New York,1990.p.89.

② [美]L.A.怀特. 文化科学[M]. 中译本. 济南：山东人民出版社，1988：145.

③ Earl H Fry,Stan A.Taylor,Robert S.Wood,*America the Vincible:U.S.Foreign Policy for the Twenty-First Century,*New Jersey,1994,p.113.

史性主导方面的时候，它对于国家安全的全部价值，就还有一个有待展开的过程，直到它被历史的发展自然地推上历史舞台，开始在国家安全方面扮演重要角色。国家战略形态的历史性，集中地反映在国家战略内容的历史性上。它是由一个国家所处的特定的历史时期、历史环境和历史地位决定的。因此，国家战略形态的变动是随着国家战略利益的变动而变动的。

国家战略是一个国家的总体战略或根本战略，广泛涉及一个国家的政治、经济、军事、外交、文化、科技等各个方面，是一定时期国家战略利益的一种反映，是国家根据当前国际形势与格局变化做出的一种战略选择，因此，在不同的历史发展阶段上国家战略形态总是以具体的形态方式来反映国家的战略利益需要的。它包括国家经济战略、外交战略、军事战略、政治战略和文化战略等。

2. 全球化背景下国家战略形态的变动

国家战略形态形成于一个国家生存与发展的内外需求。在现代国际体系的背景下，各国总是根据自己对国际形势的判断和分析来制定本国的国家战略的。因此，国际形势发展的任何重大变动都会导致国家战略形态的变动。

全球化是前所未有的一种世界性发展趋势。它不仅一般地改变了经济的全球流动的形式，而且更深刻的是，它改变了国家间关系，国际力量格局的变动和力量对比。如何应对全球化给自己带来的深刻的国际政治、经济和文化生态环境的变化，以及由此而带来的本国国际角色的变化，国内经济结构的变动，许多国家都不得不调整自己的国家战略和国际战略。原先以意识形态或国家制度为标准确定自己的国际身份和国家战略，在全球化背景下，这样的标准发生了历史性的根本变化。

冷战的结束，使得两大对立的社会阵营不复存在。不以意识形态和国家制度为标准发展国家关系，成为许多国家的现实主义选择，也成为中国的国家战略选择。两极对抗的战略形态被和平与发展的战略形态所取代。两极对抗的意识形态战略转变成"文明的冲突"。文化战略第一次从历史的后台走向前台，成为国家战略的一种存在方式。"软力量"被作为一种重要的国家力量被普遍地提到了国家战略的高度。中国也提出"文化是综合国力的重要标志"这样的前所未有的政策判断。把"大力发展文化产业"看成是克服和消除"经济结构战略性调整中的结构性矛盾和体制性障碍"的重要的政策选择和战略安排。这就使文化在当代中国获得了在全球化背景下的一种战略身份和地位，成为国家战略需求不可缺少的重要组成部分。文化获得了战略意义和价值肯定，这样，文化的生存与发展，文化的建设与安排，就必须纳入国家整体战略的大事业、大范畴，成为国家大战略的重要组成部分。文化战略作为国家战略形态的一种体现和存在，也就历史地获得了一种独立的身份。这是全球化背景下国家战略形态变动的一个历史的结果。国家文化安全也正是在这样的意义上成为国家文化战略形态的变动。

3．国家文化安全是全球化时代的国家文化战略

对于国家文化安全的关注，进而影响到全球条件下国家文化战略的制定，是由于文化在现代国家发展和国际关系中日益显示出其价值和作用而产生的。对此，加拿大学者谢弗指出："世界正经历一个明显的生气勃勃的文化变革时期，文化日益成为社区以及地区、国家和国际事务中越来越有影响的力量。"①美国学者约翰·P.洛弗尔在谈到文化对国际关系的影响时说："在每个民族、国家，统治本身和外交政策的制定都是在一种文化背景中发生的。"国外许多学者已经充分地看到了文化在整个国际关系中的重要性，用美国学者M.J.麦哲的话来说，"文化，是当前研究有关国际关系、国际安全和世界经济等问题的著作中最时髦的概念。最近发表的大量论文、著作都指出，文化是驱使民族国家、其他机构乃至个人，采取行动和自主运作的基本动力。"②

20世纪90年代以来，尤其是美国学者在这一领域里的深入研究，直接和间接地为美国的文化输出的外交战略和国家安全战略提供理论支持和服务，这就使得一些西方国家进一步把向发展中国家输出他们的文化价值观看作是实现其外部利益的一种国家战略。发达国家内部也把美国在国际贸易中推行文化贸易自由化政策看作是对世界文化多样性和国家文化个性的一种威胁，因而提出"文化例外"的战略主张，以捍卫国家文化安全，并且使之成为国家整体战略中的一个重要组成部分。由于全球化消解了国家文化主权，给各民族国家的文化存在和发展造成了巨大的威胁，这就使得各国对于本国的国家文化安全给予高度的重视，并且制定相应的国家文化安全战略，来确保本国的文化生存与发展能够有一个符合本国人民根本文化利益的生态环境。世界各国对于保护文化多样性的努力，以及联合国教科文组织关于保护人类文化多样性的宣言，集中地反映了这种世界趋势：维护国家文化主权和人类文化的多样性。因此，国家文化安全不只是哪一个国家的文化战略，而是在全球化背景下形成的出于对国家文化安全和国家文化特性的维护的普遍的国家文化战略形态。

三、国家文化安全是全球化时代的国际文化战略

1．全球化时代国际文化关系的变动与范式转换

问题不在全球化本身，而是谁在主导全球化的进程？谁在为全球化制定游戏规则。因为规则将直接影响和制约全球化进程的路径选择、制度安排以及由此而涉及的全球利

---

① [加]谢弗. 从文化观点看新的世界体系[J]. 现代外国哲学社会科学文摘，1997（12）：14.
② [美]麦哲. 文化与国际关系：基本理论述评（上）[J]. 现代外国哲学社会科学文摘，1997（4）：13.

益再分配。而恰恰在这一点上，文化是最后起决定因素的东西。对于世界的不同判断，产生不同的行为方式。这是不同文化背景的结果。因此，当今国际关系的游戏规则，不管怎样具有客观性或普世性，都是一种文化的产物。根据什么样的价值尺度来制定游戏规则，直接决定了游戏的结果，即全球利益再分配的世界格局。

　　经济上的霸权主义，往往要滋生出强权政治和强势文化。在强势文化主导下产生的规则，必然反映着他们对世界形势的判断和主导性意见，其他的处于弱势文化的发展中国家尽管他们可以有自己的意见和表达方式，但是由于他们不能参与和主导游戏规则的制定，因此，他们的利益是不可能在新的世界利益再分配的过程中获得平等的权利的。因而其结果必然是不平等的。由于当今世界还是以民族、国家为主体构成的世界，国家主权还是维护和决定一个国家的根本利益之所在。因此，这种不平等的结果必然同时构成对弱势国家主权的消解和侵害。这种侵害当然同时也包括国家文化主权。以一种强势文化主导下的全球化进程的游戏规则的制定，构成了对弱势文化国家主权的侵害。这种侵害是双重性的。既然侵害了国家文化主权，也就构成了国家文化安全问题。因为当一种文化主导了具有普遍约束力的国际制度规则的制定时，也就在实际上剥夺了另一种文化存在的合理性。例如市场准入，进而文化市场准入。合理性的被剥夺必然危及合法性的地位。因此维护国家主权的同时维护国家文化主权，也就成为全球化背景下发展中国家的国家主题。从这个意义上说，反全球化运动具有和工业革命时代的珍妮机运动完全不同的性质，而美国恰恰在这一点上把它看作是获得国家软力量的根本之所在。1992年9月10日，美国总统布什在《美国复兴日程》计划中写道："我们的政治和经济联系由于美国文化对全世界的吸引力而得到补充。这是一种新的我们可以利用的'软力量'"。①国际文化关系范式的转换，将文化作为软力量的竞争演变成为国际文化战略。美国文化史学家卡洛莱娜·韦尔曾经就文化范式对人的行为影响时说："文化范式对个人形成制约，为他们提供了基本的设想以及观察和思考的工具，确定了他们的生活框架。"② 卡洛莱娜·韦尔的这一观点，完全可以用来帮助我们认识国际文化关系模范形式的转换给当今国际文化战略变动带来的影响。

　　2. 国际文化关系系统中的国家文化战略

　　任何国家文化战略都是相对于其他国家而言的一种战略考虑和战略安排。国际性是国家文化战略安排和选择的重要参照。缺乏国际性的国家文化战略没有任何意义。因此，国家文化战略总是一个主权国家关于国际文化形势以及当下所处的一种国际文化关系的

---

① 新华社华盛顿1992年9月10日英文电。

② 转引自：王晓德. 美国文化与外交[M]. 北京：世界知识出版社，2000：5.

判断，反映的是基于这样一种判断的一个主权国家所采取的一种对策。任何国家的文化战略都是国际文化关系系统的一个链接。因而，一个国家的文化战略通过这个链接必然地要对与此相链接的另一个国家的文化战略产生影响，并进而影响整个国际文化关系系统的变化。我们不能离开国际文化关系的现实存在去抽象地研究国家文化战略及其国家文化安全。国际文化关系的结构变动状态以及变动过程中所产生的张力，都会给一个国家的国家文化战略带来很大的影响。中国在冷战时期曾多次调整国家文化战略，就是由于国际冷战格局的变动，以及中国政府对这种变动所可能给中国的国家安全进而文化安全的影响而做出的战略上的调整。今天我们研究全球化背景下的中国国家文化安全，并且把它放到国家文化战略的层面上来考虑，也是基于对国际文化关系的变化给中国国家文化战略环境的巨大影响的判断。这是因为一个国家的文化战略既是基于对国际文化关系的判断，同时也是一个国家处理对外文化关系的原则，是在国际文化关系的基础上对于国家文化利益的维护和保障艺术。

3．国家文化安全的国际文化战略意义

国家文化安全首先是就国家文化主权意义而言的一种文化生存是否受到威胁的状况。对于国家文化安全的关注性程度，是和一个国家确定的国际文化战略程度密切相关的。美国是当今世界上最强调国家安全的国家。对于美国式民主和美国价值的关注是美国国家安全的核心内容之一。因此，从某种意义上来说，美国的国家安全战略实际上也就是美国的国家文化安全战略。然而，美国的国家安全战略从来都不是只是关注与本土的国家安全，而是美国关于它的世界战略政策，是它的国际战略，在这里，关于国家文化安全的政策性安排也就自然地具有了国际文化战略的意义。这是我们在全球化背景下把握国家文化安全必须要建立起来的一个维度。也就是说，要从国家的国际文化战略的角度来思考国家文化安全对于国际文化战略的全部意义。

全球化时代的一个最大特征就是对国家主权的弱化，文化的同质化是这一趋势下的一个表现，它使得一个主权国家在有关国家文化事务的处理方面的决策权在很多情况下要受到多种来自全球化力量的牵制。国家文化主权的弱化使得国家文化安全成为重要的国家安全的问题。因此，对于国家文化安全的问题的关注与维护，有关国家文化安全政策与法律的制定和变动与修订，就都不只是一个国家关于本国文化发展的一种考虑和安排，在全球化时代，这种考虑和安排必然包括了一个主权国家对全球化所给本国文化发展所带来的各种消极因素的思考、判断和决策。这种思考、判断和决策是站在全球角度来进行的，反映的是一个国家的发展与全球化的关系，一个国家的文化发展与文化全球化的关系，是一种对于这种关系的战略性处理艺术的表现。真正对于国家文化安全的关注和对于国家文化安全的研究与对策，从某种程度上说，就是全球化引起的人们对于国家文化安全的普遍关注。虽然对于文化之于国家安全的命脉性始终是国家发展的主题，但是，明确地用国家文化安全这样的概念来表达国际社会对于文化安全对于国家安全的重要意义，却还是全球化时代的直接命题。也许正是由于全球化已经给人类社会带来了一些不容忽视的负面结果，这才引起了国际社会的反全球化浪潮。国际社会对于文化多样性的普遍支持，以及对于文化帝国主义和文化殖民主义的抵制与反对，可以更加清楚地看出国家文化安全在全球化时代的国际文化战略意义。

四、国家文化安全的概念系统与意义分析

国家文化安全是什么？或者说什么是国家文化安全？它的指涉对象是什么？国家文化安全与国家安全的关系是什么？国家文化安全与国家军事安全、政治安全、经济安全、社会安全、环境安全等的关系又是什么？所有对这些问题的回答，都将直接规定着我们对国家文化安全这一命题的理解和把握，决定着我们所有关于这一命题内蕴逻辑关系展开的合理性程度。因此，在我们从文化安全与国家战略的关系层面上把文化安全定义为一种国家大战略后，我们就还必须把这一定义逻辑化，从而为我们的全部研究奠定一个完整与科学的学理基础。

1．国家文化安全的定义系统

国家文化安全是国家安全的文化形态。因此，国家文化安全的定义系统和内涵与国家安全的定义系统和内涵，在逻辑关系上应当存在着本质上的一致性。"安全"就其内涵而言，"指的是事物生存免受威胁或危险的状态，"国家安全"特指国家生存免于威胁或危险的状态，"[①]从这样的意义出发，所谓国家文化安全，是指国家文化生存免于威胁或危险的状态。但这还不完整，当我们把发展看作是为了实现一种更高意义上生存需要、不发展就不能继续生存的时候，任何对发展的威胁或构成危险，也应当是国家文化安全的题中应有之义。也就是说，我们所指称的国家文化安全，是指国家文化生存与发展免于威胁或危险的状态。对这一状态的任何破坏，都构成国家文化安全问题。

生存与发展是国家文化安全的核心，也是我们试图提出国家文化安全模型的主体构架。但是，核心是相对于非核心而言的，核心是相对于一个系统结构而言的。核心不能单独存在。生存要有基础；发展要有条件。离开一定的基础和条件，生存与发展的选择与道路是完全不同的。这种基础和条件，规定着国家文化安全的指涉对象和动力结构，是这两个方面的结合构成了国家文化安全的意义系统。这就构成了国家文化安全定义系

---

① 陆忠伟．非传统安全论[M]．北京：时事出版社，2003：1，2.

统的一种关系，正是这种关系的互动，这才推动了国家文化安全的运动，决定了它在运动过程中的内容结构及其发展走向。因此，要给出国家文化安全的定义系统，就有必要首先对与此相关的安全关系给出一个简略的表述，从政治、经济、社会几个不同的方面分析国家文化安全与国家政治安全、经济安全和社会安全的关系，以及在这种关系中所反映出来的国际关系与内政关系、国家与社会关系、国家整体利益与个人需求关系，从系统整体的观念对国家文化安全进行界定。

一般来说，军事安全关系到国家的武力性进攻和防御能力两个层次的相互影响、互动，以及国家对相互间意图的洞察力，是关于武力性胁迫的关系；文化安全在表面看来似乎与军事安全没有关系，但是任何意义上的无理性胁迫关系的背后，或者前台都包括着文化安全的能力，"不战而屈人之兵"不仅是古代关于文化与军事关系的经典原理，而且也是不断被现代战争反复证明的公理。伊拉克战争中，美国在对伊拉克战争中对于以现代媒体为主要手段的文化能力和心理战的运用，以及在最后决定战争胜负中所起的作用，又一次彰显了文化安全与军事安全之间的关系；也就是说，文化安全能力的强弱在国家军事行为过程中是可以加强国家军事能力的实现。文化安全与军事安全客观上存在着一种安全的相互依赖需求。不仅如此，军事领域的进攻与防御和文化领域里的扩张与抵御有着极为相似的共同点，区别在于所作用的领域不同和形式上的差异。结果有时也并不完全以力量的对比来决定胜负。

国家文化安全与国家政治安全的关系，对外是就国家主权意义而言，是指一个国家的文化主权神圣不可侵犯，一个国家的文化传统和文化发展选择必须得到尊重，包括国家的文化立法权、文化管理权、文化制度和意识形态选择权、文化传播和文化交流的独立自主权等，这是国家文化安全最核心的内容。维护国家文化安全，就是保障国家文化主权，捍卫国家文化主权的独立性和自主性。对内是指文化在国家稳定、民族认同所起的凝聚力作用的不可替代性。国家文化安全在国家政治安全中的特殊作用在于：文化是维系一个国家、一个民族团结和国家稳定的重要基础，是一个国家综合国力的重要组成部分。文化的强盛、安全不仅可以形成一个民族巨大的民族凝聚力和文化认同感，而且由这种认同感和凝聚力所形成的安全屏障可以极大地提高国家整体安全度，由此而赢得的良好的国际安全环境将成为国家稳定发展的重要力量。

然而，正如人类生态环境的恶化常常是由于人类自身造成的一样，一个国家的文化安全并不都是由外部文化力量的威胁造成的，自己的文化战略的重大位移，并且由这种位移导致了文化危机的发生，有的是由国内政治危机所造成的文化安全，有的则是由经济与社会发展政策的重大失误而造成的，还有的直接就是由于文化政策本身的重大决策失误造成的，因此，国家文化安全还包括非主权内容的意义项，如国家的政治经济环境、文化生态质量、文化资源保护、文化技术的自主知识产权的拥有能力以及文化市场的占有率等，也都会产生文化安全问题，影响国家文化安全。国家文化安全是一个有着丰富内容的意义系统，主权与非主权相互交叉，并且由此而构成了意义结构。在国家经济发展和政治稳定的情况下，国家文化安全的核心是国家文化主权和国家文化生态平衡，这是规定一个国家合法性与合理化存在的全部文化基础和依据，这两个方面中的任何一个发生危机，都会构成国家文化安全问题。由于不同的时代有着不同的文化安全主题，造成一个国家文化安全的原因和构成一个时期国家文化安全的内容，并不是一成不变的，而是在发展中不断演化的，因此，国家文化安全不是一个静止的概念，而是一个动态的内容世界。

全球化时代的中国国家文化安全，必然要涉及在这一语境下的中国国家政治安全和国家经济安全这两个范畴。已有的研究表明，在关于国家文化安全的思考中，有的只把它看作是政治安全的一个方面或组成部分，①有的是用它来说明国家信息安全问题的。②文化，尤其是作为观念形态的文化是政治经济的反映。国家文化安全当然与国家政治、经济、社会、信息甚至和军事安全有着密切的关系。然而当我们把文化定义为人们的一种存在方式和存在形态时，是把国家文化安全作为一种具有生态学意义的对象来研究的，也就是说，是从人们的社会存在与发展是否受到威胁的意义上来看的。它既涉及人的文化的物质存在，如历史文化遗存包括文物和居住环境的历史性；同时也涉及人的文化的非物质存在，即联合国教科文组织所界定的口头与非物质文化存在。因为这些直接规定了一个民族和国家存在的全部合法性与合理性依据。一旦这种依据丧失了，它作为一个独立的享有主权地位的合法性也就不存在了。文化的价值取向决定经济政策、经济结构，从而也决定了经济发展的水平和实力，亦即经济安全；经济发展水平和实力又进一步决定了社会和军事发展水平，亦即社会、军事安全。反过来，经济、社会和军事的发展水平又对文化发展创造了有利条件和保障基础，提高了文化发展和文化安全的层次。因此，国家文化安全问题与政治、经济安全相关，也与社会发展相关。既涉及国家文化主权，也涉及国家内部自身的问题；既涉及作为观念形态的文化，也涉及制度和器物层面上的文化；既涉及有形的也涉及无形的；既和现在的经济制度、经济生产方式相联系，又和社会的现代化发展选择模式与态度相联系，因而是一个有着特定对象的意义范畴和对象系统。所以，在构成国家文化安全的概念系统以及我们的讨论范围中，就必然要包括国家文化政治安全、国家文化经济安全、国家意识形态安全等这样宏观层面上的对象领域，

① 陈传刚等. 网络时代的政治安全[M]. 郑州：中原农民出版社，2000.
② 张春江，倪健民. 国家信息安全报告[M]. 北京：人民出版社，2000.

同时还包括文化生态安全、文化遗产资源安全、文化市场安全、文化技术安全等，由此而形成一个以国家文化主权安全和国家文化生态安全为核心的国家文化安全概念系统。

我们定义：国家文化安全是关于一个国家以文化生存与发展为基础的集合，一种由这种集合形成的动力结构规定和影响一个国家文化生存与发展的全部合法性与合理性的集合体。它既包括客观的存在，反映着一个国家文化的生存与发展免于威胁和危险的状态，又包括主观的心理感受，反映着主体对这种状态是否存在的一种价值判断。因此，"国家文化安全"是利益、环境、感觉、理想与实践的统一，是主客观因素合而为一的综合概念。它把国家的需要与社会的需要结合起来，把外交与内政结合起来，以本国的核心文化利益为中心，在尊重全球化时代的国际法准则和国家主权等国际因素和国内因素的前提下，确立科学的综合性国家文化安全政策。这就是本文所定义的国家文化安全。

2. 国家文化安全的类型与特点

文化安全和政治安全、经济安全、社会安全、信息安全和军事安全本质上是一致的，同属于国家安全。由于当代国家文化发展和国家文化运动与国家的政治、经济、社会、环境、信息和军事有着广泛和深刻的联系，或者说，当我们离开了文化与政治、经济、社会、环境、信息的广泛联系就无法准确地认识和把握当代文化存在和文化发展的特点的时候，文化安全也就和政治、经济、社会、环境和信息安全之间存在着力的同构关系，并且正是这种力的同构关系形成了国家文化安全的不同类型：文化政治安全、文化经济安全、文化社会安全、文化信息安全和文化环境安全，构成了国家文化安全不同于其他国家安全形态的结构性特征。

文化政治安全规定着文化的国家主权和制度保障，有关国家尊严和独立；文化经济安全决定着文化产业的整体实力和竞争力，涉及文化市场安全问题；文化社会安全反映着文化的凝聚力程度，其中最重要的是关于意识形态安全和文化价值安全；文化信息安全涉及文化核心技术的掌握和文化内容传播的提供与控制能力；文化环境安全关系到文化生态的优化发展文化遗产保护的水平。任何关于对象的分类都是相对的，都只是为了研究的需要。因为在实际的国家生活中，国家文化安全的各个方面往往是联系在一起的，只是在不同的情况下它所表现和反映的侧重点不一样。只是存在形态和表现的方式不一样，在不同的历史阶段和不同的形势下所体现的重要性不一样，不能因为有文化交流，要实行拿来主义，就否认文化安全问题的存在；同样也不能因为发展而必须克服的障碍就认为是安全问题。这里面有一些共同的判断安全的标准。

国家文化安全也还可以有硬安全与软安全、外生安全与内生安全之分。所谓硬安全，就是表现为涉及国家文化主权安全和国家文化经济安全，对国家文化安全构成直接的威胁，可以采取制度性措施予以应对；所谓软安全，主要是指表现为对一个国家精神世界的渗透，表面上不构成直接的文化威胁，难以采取有形的制度性措施加以抵制。硬安全具有显著性特征，明显的国家文化安全相对容易被识别，也较容易采取应变和预警措施；软安全具有隐蔽性特征，识别和预警的难度大。所谓外生安全，是指来自于外部威胁的文化安全；所谓内生安全，是指一个国家内生的威胁到国家文化生存与发展的文化安全。一个国家文化安全危机的爆发，则往往是在内外两种因素和力量的共同作用下产生"共振"的结果。

3．国家文化安全作为文化科学范式研究的意义

对于国家文化安全的关注是自国家诞生以来就已经发生了的历史现象。而且从古到今，不同的国家、不同的民族站在不同的角度和不同的文化背景，都有关于国家文化安全的理解和维护与保障的理论、法律和政策。无论是作为文明古国的古埃及和古罗马，还是中国的上古时代，都有关于文化的管制制度设定。在人类社会的早期，由于艺术常常是人们把握世界最简单的方式，因此，这种设定也就比较多地表现为对文学和艺术的要求与约束。后来的所谓文艺审查和书报刊审查，进而整个文化审查制度的形成，就是起源于这种对于安全需求的发展与变形。区别只是它们在表述上的差异。如果我们暂时撇开意识形态的约束，只是为了讨论问题的便利化，那么，任何政权和国家关于文化的政策与法律以及为了这些政策与法律的制定而形成的理论，都是对于国家文化安全的考虑（在封建社会更多地表现为对王朝统治安全的维护），尽管这些政策与法律有的非常专制甚至扼杀文化的繁荣发展，但是，仅是从统治者的角度而言，它仍然是出于在它的意义上的维护国家的安全和统治。虽然我们完全可以对这种行为提出历史性的审判。

问题并不在于国家文化安全作为一种历史现象的客观和长期的存在，而是它一直没有成为一种科学的范式进入学术的视野，成为科学的文化学或文艺学、政治美学研究的重要范畴，并由此而建立起关于国家文化安全的系统理论乃至学科。这固然与对象的复杂性和学科边界的模糊性有关，[①]但是也与长期以来学术界所形成的学术思维定势有关。因为尤其是在中国的文艺学理论系统中关于文艺与政治、文艺批评的内容，有相当的部分涉及关于国家文化安全的内容，只是我们的文艺学理论和美学理论研究与建设从来没有建立起一个国家和国际文化安全的概念，以至使得国家文化安全问题研究成为学术盲点。然而，中国文化战略地位重要性的被发现和全球化背景下国际安全形势的复杂性，决定了中国文化在国际文化关系格局重组这一矛盾中的重要地位。中国的任何对内、对

[①] 一般认为，"安全"含义本身不明确的，一些国际知名学者，例如布赞、弗雷、杰维斯、沃尔弗斯等甚至认为很难搞清其确切含义。

外文化政策的选择，都会深刻地反映出中国对这一矛盾的深刻思考，以及它对由此而构成的国家文化安全关注的程度。20 世纪 60 年代的反修防修，80、90 年代的反对资产阶级自由化，邓小平关于既反"左"又反右的告诫，这些曾经深刻地影响了中国的文艺理论建设与文艺思想的发展，成为研究中国 20 世纪文艺思潮无法回避的一个重要组成部分的内容，可以说都是围绕着战略上的反"和平演变"这一国家文化安全的核心问题展开的。但是在迄今为止我们在关于文艺学的讨论中却还始终未能建立起这样的学术范畴和概念。而影响和决定反"和平演变"的内容，则是由中国战略地位和整体安全形势的变动而变动的。因此，离开了在整个世界力量格局变动中的中国战略地位和安全形势，一般地，讨论中国的国家文化安全，就会在国家大战略的终极层面上失去一个具有战略意义的坐标。因为当我们说"国家要独立，不仅政治上要独立，文化上也要独立"①的时候，实际上我们要强调的就是国家文化主权，隐含着对于国家文化安全的思考和关切。中国的国家最高领导人在中国作家代表大会上专门提出这样的问题，凸显了长期以来在这个问题上的文艺学缺席。主权问题是威胁国家文化安全的最根本、最核心的问题。中苏 20 世纪 60 年代在意识形态领域里的分裂的重要原因，就是中国对于国家主权维护的文化反映。主权问题是不容讨论的。文化问题在当代国际战略格局中，有时就成为维护国家主权执政的重要形态和表现方式，也正因为如此，国家文化安全也才具有了文化科学研究范式的意义。

第二节　文化全球化与国家文化安全问题

经济全球化所带来的，不仅是一个以跨国资本运作为基础的世界经济市场及其活动方式，而且也必然产生出一种内在于整个全球市场活动中的无法抗拒的文化强制力，这种波及全球的文化强制力带来的是文化在全球的广泛传播和冲突。全球化使得国家文化主权的主体地位受到挑战；文化形态的变化使得国家文化安全内容发生了变化，媒体革命使得文化形态发生了本质性的转型，构成了文化安全的主要内容。因为它使得文化内容的传播变成无障碍；信息战对国家文化安全的威胁日益突出；文化技术水平的竞争成为国家文化安全较量的新领域；综合国力和软国力的提出，改变了文化的战略地位。文化安全由此而成为国家安全的一部分而引起普遍关注。

---

① 江泽民. 在中国文联第六次全国代表大会、中国作协第五次全国代表大会上的讲话[N]. 人民日报, 1996-12-17.

一、经济全球化趋势下的文化全球化危机

全球化不仅仅是经济领域中产品与资本的跨国流动，更是以信息为载体的文化思潮在全球范围内的传播。全球化进程中强势文化形成的超时空、跨地域的浪潮，正在有力地冲击着以民族国家为基础的世界文化存在的全部合法性与合理性，这就是经济全球化趋势下的文化全球化危机。

英国全球化研究学者戴维·赫尔德等，在分析文化全球化的历史形态时，曾专门地比较过不同的帝国在全球化进程中的表现。在他认为"在所有正式帝国中，大英帝国在最高峰时是最全球性的一个"时，他专门论证了他的这一观点："在许多领土和殖民地范围内，大英帝国在实行统治以及维系中央与周边地区以及都市和各省之间的复杂联系时，却有强大的文化或意识形态维度。这种文化或意识形态维度有许多形式，但是最重要的两种形式就是帝国教育政策的执行以及帝国通信基础设施的建立，这两种形式提供了文化和交往全球化的最明显的例证。"在看起来似乎毫不相关的两种形式中，其实恰恰包含了文化全球化的两个最主要的功能与特征，那就是借助于现代通信技术对殖民地国家和民族最大限度实行文化殖民主义教育。通过这种教育，最大限度消除本土文化对于帝国主义殖民文化的反抗和抵制。在早期殖民时代，这种目的直接是通过在全世界范围内实施"英国公立学校模式和基础学校模式在培养地方精英的子女"中实现，而"最重要的是，教育和培养的主要语言是英语。"[①]正是通过这种被汤姆林森称之为的"非领土化扩张"，[②]英国迅速地在早期的全球化过程中实现了对被殖民地国家的文化殖民统治，而在宗主国文化逐渐占据统治地位的同时，是殖民地国家语言和文化传统的消亡。虽然当下的全球化形态已经与资本殖民时期在早期拓展有了很大的区别，但是利用现代技术手段最大限度把自己的文化产品输送到全球每一个角落，在占领世界文化市场的同时，占领一切思想和文化空间，用西方的文化推进文化全球化，却是共同的特点。因此，从这个意义上说，由西方发达国家主导下的经济全球化趋势下的文化全球化在本质上并没有改变它的文化殖民性质，它和一般意义上所说的世界各民族之间的文化交流有着本质上的区别，是性质完全不同的两个概念。正如已经有人所指出的那样，由于文化全球化"在许多非欧洲国家中""并没有与当地的文化传统协调一致"，其结果"从不稳定的方面来看，全球化表现出不仅尝试将当代重新殖民地化，而且也要使未来继续成为殖民地。"[③]因

---

① [英]戴维·赫尔德. 全球大变革——全球化时代的政治、经济与文化[M]. 北京：社会科学文献出版社，2001：468.

② [英]约翰·汤姆林森. 全球化与文化[M]. 南京：南京大学出版社，2002.

③ [德]特纳·特茨拉夫. 全球化压力下的世界文化[M]. 南昌：江西人民出版社，2001：19.

为世界各民族之间的文化交流是在充分尊重彼此间的文化存在的合法性基础上进行的，交流的目的不是为了消灭对方，而是在取长补短的过程中获得共同的繁荣和发展，不断地推进人类文明的进步。

然而，从16—20世纪，西方国家的思想、价值观和文化制度以及文化实践在全世界的接受与传播，其中强迫殖民地国家"接受的关键内容都是在西方自己的中心地带产生的：它们包括现代民族文化、民族主义和跨越国界的世俗意识形态和话语。"① 正是由于在西方发达国家主导下的经济全球化趋势下的文化全球化在本质上仍然具有文化殖民的性质，因此，他所给世界文化带来的影响在很大的一个程度上是危机大于生机。对此，墨西哥剧作家、电影导演萨比纳·贝尔曼在谈到全球化带给墨西哥的影响时说，"全球化似乎给我们带来了四个方面的变化：过去的10年里，我的朋友们所赖以生活、工作与其中的文化遭受到了来自发达国家的艺术产品前所未有的侵犯，这些艺术品改造着他们的观众，并迫使他们改变原有的工作方式；他们的作品被越来越多地邀请到国外，但仅限于艺术节、会议等高级场合；一些新的投资源出现了，他们大多来自法国和日本等发达国家的政府基金，但这些资金还远远不够；最后一点，个人以创作者的身份到发达国家工作似乎变得容易了，但是这一半意味着这个人要放弃自己的特质，放弃自己的文化特征。"他说，"不论如何，全世界的电影、戏剧都要经过美国这张滤网。你必须成为北美人才能走向全球。""拉美的电影制造商和剧作家认为，从我们国家和第一世界国家经济上的巨大不平等的状况来看，全球化只是无情的帝国主义的一个好听的代名词。现在，根本看不到将来会出现那种被大肆宣扬的各个文化中心之间思想的自由流动。给人的总体印象是，单个的中心文化正在强烈地向外辐射。"② 对此，韩国学者白乐冲指出："这种文化是对世界文学的压制与分解，而非促进，更非世界文学的崛起。""如果这一全球化的特定版本对世界文学和文学本身构成威胁，民族文化也将成为一种虚设。在思想和风格都趋于雷同的潮流中，不仅歌德所说的'偏袒、狭隘的民族心理'，而且世界文学活动中任何具有鲜明色彩的传统都将遭到诋毁。""世界文学和民族文学都将因资本主义全球化而零落殆尽。"因此，"在全球化时代，遭到威胁的不仅是民族文学，也是世界文学；今天我们所面临的主要威胁是全球资本和他的世界注意的文化市场，而非'民族的片面性和狭隘性。'"③

问题是，正如日本学者所指出的那样，"今天文化全球化的每一种潮流从根本上都处

---

① [英]戴维·赫尔德. 全球大变革——全球化时代的政治、经济与文化[M]. 北京：社会科学文献出版社，2001：470.

② [墨]萨比纳·贝尔曼. 全球化的委婉语[M]. //联合国教科文组织. 2000：世界文化报告——文化的多样性、冲突与多元共存. 北京：北京大学出版社，2002：93，94.

③ 白乐冲. 全球化时代的民族与文学[M]. //[美]弗雷德里克·杰姆逊. 全球化的文化. 南京：南京大学出版社，2002：167，168，172.

于西方思维方式的影响之下。""事实上文化全球化是指西方价值体系在不同的、古老的价值体系中的扩展，是全球范围内的西化。文化全球化就是非西方文化被西方文化同质化与一体化的过程。"①它对人类文化的全部威胁就在于使得马克思所讲的"各个民族的精神活动的成果"的创造与"共享"成为不可能，而"各个民族各个方面互相往来和各个方面互相依赖"也就成为世界文化对单一文化，也就是对西方文化的依赖。由于现在所致的西方文化又往往是美国文化的代名词，正如弗朗西斯·福山所说，全球化很大程度上就是美国化在全球规模上的普及——从麦当劳到米老鼠到好莱坞，莫不如是。②现在，西方文化，尤其是美国文化，正侵蚀着许多发展中国家的传统文化。对此，美国的影视节目大约占据世界市场的四分之三。布热津斯基在《大棋局》中指出，不管你对美国大众文化美学价值有什么看法，美国大众文化有一种吸引力，尤其是对全世界的青年。形成这种局面主要有两个方面的原因：一是信息的自由流动。互联网使信息能前所未有地在世界各个角落无限制、无限量地自由流动。从非洲大陆腹地的偏僻村庄，到亚马逊河流域的原始部落，再到喜马拉雅山脚下的高原小城，简直是无孔不入。这种信息的自由流动，打破了许多人也已习惯并视为当然的生活方式，破坏了已有的文化结构，造成了文化危机。信息的自由流动使人们对文化的选择有了多样性。二是西方为了推行自己的强势文化，正利用自己的科技优势和对信息技术的垄断，致力于将非西方文化视为异端并进行无情的打压。重要的是，西方国家正把强势文化作为一种可以操作的政治资源进行运用，有意识、有目的地为实现其国家利益服务。在这种新型的殖民文化的入侵下，一些国家作为民族标志的文化符号正失去活力，民族身份的认同正处于失语状态。发展中国家，尤其是弱小民族的本土文化受到压抑，甚至处于被西方文化吞噬的危险境地。文化具有特定的历史背景和地域特色，一种文化就是一个成熟民族身份认同的特定符号，是民族亲和力和凝聚力的重要源泉。因此，任何民族文化的全球化如果不能同时实现民族文化的有机互动，而只是单项度的融合，把民族文化的存在性个性消融到全球化的原则中去，那就必然引发民族文化的安全危机。

二、文化全球化与国家文化主权安全

文化全球化是伴随着经济全球化给予文化形态的变化以巨大的影响而提出来的。虽然关于什么是文化全球化，或者说，是否存在着文化全球化至今也还存在着激烈的争论。但是，不可否认的是，无论从文化的生产、传播，还是文化的消费，全球化的影响正日

① [日]星野昭吉. 全球政治学——全球化进程中的变动、冲突、治理与和平[M]. 北京：新华出版社，2000：196.
② 转引自：郭剑英. 全球化与文化译序[M]. //[英]约翰·汤姆林森. 全球化与文化. 南京：南京大学出版社，2002：11.

益加深，而且由于这种加深又反过来给世界的政治和经济的全球化进程以深刻的影响，一直就有人提出这样的观点："经济与政治领域中物质与权利的转移日益被某些象征物所取代，它们基于价值观念、偏好与审美等关系而非物质上的不平等与限制。根据这些观点，全球化应当被看作社会生活'文化化'不断加深的一种形式。"[①]因此，伴随着客观上存在的全球化对于国家主权的弱化，文化全球化与国家文化主权安全的关系也就呈现出因果同构关系。

国家主权的现代原则历史产生于国家的特征及其发行的法的表现形态。它表达的最根本的内容是在划定的领土边界内行使合法权力是在划定的领土边界内行使合法权力界定。文化主权是伴随着国家主权产生的权利，是主权国家处理和决定自身文化领域一切事物的最高权力，它在一国上层建筑的运用中对外具有突出的排他性。一个在世界上被认可的具有生存权和发展权的国际政治实体，不仅享有政治上的完整主权和经济上的完整主权，而且还应该享有包括社会意识形态、物质生活方式、特定的价值观念等完整的文化主权。[②]全球化作为一种具有相当破坏性的无序过程，使得处于国际社会弱势地位的发展中国家未能获得全球化带来的发展机会，而不得不以部分国家文化主权的丧失作为进入主流社会的代价。西方国家经历了几个世纪的发展过程，积累了经济、资本、技术、人才和管理等多方面的优势，使得它们不仅占据着世界经济发展的主导地位，而且还由于它们同时还在现代传媒领域里所占据的绝对优势地位，因此，无论是在文化产品的生产还是在产品的传播方面它们都在世界文化发展中占据着主导地位。全球化在迅速打开全球文化市场的同时，并没有同时带给世界各国相同和相等的发展条件和发展机遇。绝大多数发展中国家由于还承担着完成工业化进程的历史重任，有限的经济力量还支撑不起发展现代文化产业所需要的庞大的资本支持，难以对文化产业进行全面的投入，资源优势无法转换成产业优势，而当国内的经济发展又继续需要国际资本的支持时，以牺牲文化市场来换取国际资本投资也就成为许多发展中国家无奈的选择。在这里，如果我们把世界贸易组织看作是全球化的一种具体的制度性存在的话，并且这种存在在文化的制度和规制方面有着强大的约束力，而只有当一个国家加入世界贸易组织后才能享有世界贸易组织所提供的贸易便利化时，那么接受世界贸易组织的约束和条件也就成为一个成员方必须付出的代价。对于一个国家的文化主权来说，国家的文化主权安全正是在这个过程中形成了。这也就是在市场准入的资格问题上中国为什么始终坚持以发展中国家的身份加入世界贸易组织的道理。因为以不同的身份加入世界贸易组织它所承担的义务是

---

① Waters，Malcom，Globalization (London：Routledge,1995),p.124.
② 王沪宁. 文化扩张与文化主权，对主权观念的挑战[J]. 复旦学报（社会科学版），1994（3）.

不一样的。中国只能以发展中国家的身份加入世界贸易组织，以中国所能承受的代价来换取中国发展所需要的最大的安全空间和时间。经济上是如此，文化上也是如此。市场准入与反准入，实际上就是对于国家安全，进而国家文化安全的考量。因此，如何把握文化上的对外开放尺度，建立起应对全球化挑战的适应机制，既能利用全球化所提供的机遇带动自身经济和文化的发展，同时又能防止文化全球化对本国文化主权的侵蚀，以较小的文化主权让渡换取最大限度的国家文化发展所需要的时间和空间，通过最大限度赢得本国发展所需要的时间和空间、资本和技术，在提高国家经济国力的同时提高国家的文化综合国力，从而在一个新的历史层面上重新建构起新的国家文化主权，将成为处在全球化非主导地位上的发展中国家文化发展和经济发展亟待解决的两难课题。

三、文化帝国主义、文化霸权与文化多样性安全

文化霸权、文化帝国主义和文化多样性安全是我们讨论国家文化安全问题时无法回避而且又是必须给予回答的全球化下的问题。因为在关于文化霸权主义、文化帝国主义和文化多样性的一系列命题中都包含了当今世界所普遍关注的国家文化安全问题。即便是一些发达国家也面临着文化霸权主义的严重威胁。正是由于文化霸权主义政策和文化多样性的主张需求之间存在着尖锐的矛盾和冲突，文化霸权现实地威胁到民族国家文化的生存与发展，乃至民族国家存在的合法性，这才有了法国以及整个欧盟关于电影进口配额制度的产生。中国在历史上曾经身受帝国主义和殖民主义的文化之害，正如赛义德所揭示的那样，所谓 19 世纪和 20 世纪的东方传教士在中国的活动，从一开始就"深深打上了帝国主义的烙印"，即使是那些"东方传教士也认为他们的使命并非是由一个普遍的上帝而是由他们的上帝、他们的文化和他们的命运所设定的。"[①]在今天，这一文化威胁并没有随着中国文化主权地位的获得而稍稍有所减弱，某种意义上来说，中国今天的文化建设在全球化背景下所面临的文化霸权主义和文化帝国主义的文化威胁，更加严重地威胁着中国的国家文化安全。这是由于，相比较于历史而言，中国面临的是在和平崛起过程中建设有中国特色的社会主义文化，以一个负责任的大国的身份参与创建国际文化新秩序的重大历史使命，因此在这一历史进程中，必然导致国际文化关系和国际文化权利格局的重大变化，国际文化利益格局的重大调整，必然导致对原有的文化霸权主义体系以及在文化帝国主义的事实上的挑战，因此，围绕着在国际文化战略格局的历史性转变过程中的调整与反调整必将空前的激烈，利用中国改革开放发展经济所需要的国

[①] [美]萨义德. 东方学[M]. 北京：生活·读书·新知三联书店，1999：377.

际空间这一战略需求，强行要求文化市场的市场准入就成为在文化上的反霸权的重要领域，而也正是在这样的问题上文化霸权主义、文化帝国主义在全球化背景下对我国的文化威胁也才是现实地构成了当前中国的国家文化安全。

"文化霸权"最早是意大利的马克思主义理论家安东尼奥·葛兰西在 20 世纪 30 年代提出来的一个命题，用以解释社会或国家的一种统治形式，他认为，统治阶级要统治市民社会，就必须借助于文化人和文化机构，使自己的伦理、政治、文化价值观成为普遍接受的行为准则，使广大群众自由地同意统治集团所提供的生活方式，就其本意而言，是指某个单一全体影响形成了一种民众广为接受的主宰世界观。由于这一概念所包含的意义世界的广泛性与丰富性，尤其是它在对一种国家文化行为在国际文化关系中所表现出来的强权政治的文化表现的描述具有不可替代性的时候，这一概念被引进到关于世界文化关系研究的范畴。因此，文化霸权在被普遍用来表达对一种国际文化关系行为或国际文化现象的态度的时候，它是指一国把自己的文化强加于他国的强权文化行为。我们也正是在这一意义上使用这一概念，并用它来揭示对国家文化安全的威胁性关系。

"文化帝国主义"是一个在意义上有着与文化霸权内容相似性的概念，但是在学术界站在不同的学科角度对"文化帝国主义"的阐释和意义揭示并不完全相同。英国学者汤林森所著的《文化帝国主义》是一本有着广泛影响的著作。在这本书中，汤林森借用了法国哲学家福柯的"话语分析"理论对"文化帝国主义"作了许多相当精辟的分析，并且提出了文化帝国主义作为"媒介帝国主义"的话语、作为"民族国家"的话语、作为批判全球资本主义的话语和作为现代性的批判四种形式。然而由于它并不同意葛兰西的霸权理论和坚持始终如一的西方文化中心主义，所以汤林森虽然运用了福柯的"话语分析"理论，但是他并没有通过对文化帝国主义四种形式的分析揭示蕴涵于其中的"话语与权力的关系"，否定了文化帝国主义对第三世界的"文化支配""文化殖民"和"文化霸权"，从而在强调"全球化"带来的"统一性"过程中丢失了对文化的"民族性"问题的应有考量，这就使得汤林森的"文化帝国主义"理论从解释学出发把它等同于"文化的全球化"，从而消解了"文化帝国主义"对于第三世界国家民族文化生存与发展所构成的安全威胁。也正因为如此，有学者才尖锐地指出汤林森的理论其实是掩盖了全球化背景下存在的不均衡的文化权力关系，"具有为美国为代表的大国资本主义'脱罪'的嫌疑。"[①]

较为深入地对帝国主义与文化的关系作了学理上的分析与批判的是美籍巴勒斯坦学者萨义德。在《东方学》中，萨义德以中东地区为对象，探讨了帝国主义是如何以话语想象的构想出所谓东方的形象。在萨义德看来，在西方人的文化和地理认知中，东方向

---

① 赵修艺. 解读汤林森的《文化帝国主义》[M]. //[英]汤林森. 文化帝国主义. 上海：上海人民出版社，1999：4.

来是一个异化的空间：许多西方作家笔下的东方，往往是一个充满神秘色彩并拥有丰富资源的疆域，西方人既可以在那里驰骋其浪漫的情怀，又可实行经济剥削和资源掠夺。总之，在西方人的文化中，东方已被定型为浪漫化和掠夺的客体。作为《东方学》的姐妹篇，萨义德在《文化与帝国主义》一书中把批判的视野扩大到非洲、印度和澳大利亚等中东以外的其他殖民地，通过对简·奥斯汀、加谬和康德拉等英法作家文学作品的解读，揭示了西方文学与帝国主义的关系，即一方面欧洲人是如何通过这些文学叙事来建立起作为"他者"的殖民地文化经验；另一方面，殖民地国家的人民又是如何借助于来自欧洲的有关解放和启蒙的大叙事来反抗帝国主义。后者与其说是一种民族自决，不如说是帝国主义话语的一种变相强化。尽管在第二次世界大战以后，帝国主义随着世界范围的民族解放运动的高涨已经日薄西山，尽管直接的殖民主义在今天已经基本完结，但是"帝国主义像过去一样，在具体的政治、意识形态，经济和社会活动中，也在一般的文化领域里继续存在"。[①]尤其是在"全球化时代"。在萨义德看来，帝国主义的"西方/非西方"这一典型的二元对立仍是今日西方世界用来建构其话语的主导修辞，只不过控制这一修辞的帝国已从19世纪的英法转向了美国。1999年，法国外交部长与巴尔·韦德里纳说："美国今天的霸权地位已经延伸到了经济、货币、军事、生活方式、语言和铺天盖地地涌向全球的大众文化产品等领域。这些文化产品左右着人们的思想，甚至使美国的敌人也为之着迷。"[②]有两位美国学者指出："今天的国际机制不是以实力均衡为基础，而是以美国的霸权地位为基础建立的。"[③]

在这个问题上，美国国际政治学者汉斯·摩根索说得最明白，他认为，"文化帝国主义"是一种帝国主义政策，而且是"最成功的帝国主义政策"。这一政策的目的，"不是征服领土，也不是控制经济生活，而是征服和控制人心，以此为手段而改变两国之间的强权关系。"他说："如果我们能假设，A国的文化，尤其是其政治观念，以及其具体的帝国主义目标，征服了B国所有决策者的心灵，那么A国就将赢得比任何军事征服或经济控制更彻底的胜利，并在更稳定的基础上建立他的至高无上的威权。为了达到自己的目的，A国将不需要以武力相威胁或动用武力，也不需要施加经济压力；因为这个目的，即B国服从其意志，已经由一种更高的文化和更吸引人的政治观念的说服力而实现了。"汉斯·摩根索把文化帝国主义政策看作是一种"辅助其他方法"的手段，也就是说，文化帝国主义政策一方面要"为军事征服做准备"，另一方面也要"统治"被征服者的"心灵"。并且极为深刻地分析道，第二次世界大战以来，为了避免自我毁灭的核战争的风险，

[①] [美]萨义德. 文化与帝国主义[M]. 北京：生活·读书·新知三联书店，2003：10.
[②] 转引自：胡鞍钢，门洪华. 解读美国大战略[M]. 杭州：浙江人民出版社，2003：39.
[③] [美]约瑟夫·奈. 处于十字路口的美国巨人[M]. //胡鞍钢，门洪华. 解读美国大战略. 杭州：浙江人民出版社，2003：39.

大规模的军事帝国主义不再是对外政策的合理工具，"决意进行帝国主义强权扩张的国家经常会用经济和文化方法代替军事方法"。而一些"殖民帝国已分解为很多弱国，其中许多必须依赖外援为生，这就为帝国主义国家通过经济和文化手段扩张势力提供了新的机会"。在这里，汉斯·摩根索非常明确地把文化帝国主义看作是"帝国主义的三种方法"中的一种，是从国际关系中的强权运动的三种形态的角度来分析"文化帝国主义谋求以另一种文化取代一种文化"的目的性，[①]可以这样说，它是毫不掩饰地揭示了"文化帝国主义"作为大国强权政治支配下的文化的本质特性。

文化霸权和文化帝国主义有着天然的联系，都表现为采取强权政治的手段，强行向他国推行西方的宗教信仰、文化习俗和价值观念。尤其是在全球化背景下，西方作为全球化进程的主要推动者和主导力量，所追求的已经不再仅仅是一个开放的全球市场，还包括西方政治和文化价值的推广，是西方式的制度模式和文化观念成为压倒一切的意识形态，这就在很大程度上把全球化导向了一场霸权色彩浓厚的文化帝国主义的扩张运动。因此，我们是在全球化的语境下来考量文化帝国主义和文化霸权主义对于国家文化安全的威胁和影响的，也就是说，我们更侧重于从文化政策的层面，即我们主要的把它看作是一种帝国主义的文化战略，一种大国试图在全球扩张和实现其战略意图的文化战略选择，而且这种选择是这样地进入到国家的政策议程，并且在国家实施它的全球战略中生动地体现出来，在这一方面上美国前总统安全顾问布热津斯基曾经对此有过极为坦率的表白：

"当前，美国前所未有的全球霸权没有对手。由于美国主宰全球通信、大众娱乐和大众文化的巨大但又无形的影响，也由于美国技术优势和军事作用的潜在的有形影响，以上这一切都得到了加强。"

文化统治是美国全球性力量的一个没有受到足够重视的方面。不管你对美国大众文化的美学价值有什么看法，美国大众文化具有一种磁铁般的吸引力，尤其是对全世界的青年。他的吸引力可能来自他宣扬的生活方式的享乐主义特征，但是在全球的吸引力却是不可否认的。美国的电视节目和电影大约占世界市场的四分之三，美国的通俗音乐居于同样的统治地位……互联网用的语言是英语，全球电脑的绝大部分点击内容出自美国，影响着全球会话内容。最后，美国已经成为那种寻求高等教育的人的圣地，有近50万的外国留学生涌向美国，其中很多最有能力的学生永不再回故国。

民主理想同美国的政治传统结合起来，进一步加强了一些人眼中的美国的"文化帝国主义。"从这个体系是以美国为中心这个意义上说，这个体系是霸权主义的"，[②]因此，

[①] [美]汉斯·摩根索. 国际纵横策论——争强权、求和平[M]. 上海：上海译文出版社，1995：90，92，93，87.

[②] [美]布热津斯基. 大棋局[M]. 上海：上海人民出版社，1998：35-40.

文化帝国主义在本质上与文化霸权主义有着内在的一致性，即它以否定和排斥"他者"为前提，把自己的文化强加给"他者"，而也正是在这样的意义上文化帝国主义和文化霸权主义共同构成了对他国国家文化安全的现实威胁。同样出于对本国国家文化安全的捍卫而制定关于保护文化多样性的政策也就自然地成为反对文化霸权主义和文化帝国主义的普遍要求。

文化帝国主义和文化霸权主义必然构成对人类文化多样性的破坏，坚持和维护全球文化多样性，从本质上说，是要在经济全球化所造成的文化生产、消费趋同化趋势进一步增强，威胁到整个人类文化生态安全的情况下所提出来的全球文化安全机制。这也是最终推进经济全球化的成功的重要保证。全球化最终是人类社会发展的一种选择，但是不应以牺牲人类安全为代价。人类社会存在的全部合法性基础就在于它的文化多样性存在。人类社会是一个变动中的网状结构。文化的多样性是构成这一网状结构的重要动力源性。因为正是这种多样性，这才使得这一网状结构得以成立的可能。如果构成这一网状结构的每一条边都是一样的，那么它就无法形成这一结构的运动所需要的张力，也就是说，无法形成的矛盾运动，因为正是这种矛盾运动才是推动人类社会不断创新发展、进步的力量。多样性才能使它有创造性，而创造性才是人类社会不断进步的文明机制。经济发展的最终力量取决于人类整体的创造力的可持续能力。而这种能力的有无，关键在于它是否拥有一种生存与发展所必需的竞争力机制。这种竞争力决定于它的多样性。没有多样性就没有竞争力。因为只有多样性才能显示出差异性，有差异才会有比较，有比较才会有竞争，有竞争人类社会的发展才会有动力。

第三节　全球化背景下国家文化安全政策

建设文化大国是确保国家文化安全的根本战略。要实现建设文化大国这一大战略，必须要有相应的国家文化战略系统配套，从而通过一个高控制的国家文化战略配套系统，构筑中国国家文化安全战略系统。

一、全面推进国家文化创新体系建设

在新的世界文化关系格局中，影响中国的国家文化安全的因素和力量是多方面的，但最基本、最突出的是国家文化内源与外源共振风险，以及由此而产生的文化危机和国家文化安全。所谓文化内源风险是指一个国家出现的群体性的原创能力依赖，即国家和民族缺乏整体性的创新要求、冲动和欲望，把国家的前途与命运寄托在某个人的身上，丧失一个民族和国家最基本的生存合理性；所谓文化外源风险，是指由于内源文化抵抗力的不足，缺乏一种群体性的识别和抗病毒的免疫能力而导致外来文化的恶意侵犯和扩张对本国文化的殖民主义。一旦这两种风险形成共振，将造成中国全面的国家文化危机和国家文化安全的发生。鸦片战争就是一个典型的历史教训。因此，要避免内外源文化风险共振的发生，就必须建立以全面提高群体性原创能力为目标的国家文化创新体系建设，全面提升全民族文化健康的整体水平，在积极地发展中保障中国的国家文化安全。

创新是一个民族的灵魂，是一个民族发展的不竭动力。没有文化的原创，就没有一个国家和民族真正的文化安全。创新的核心是民族的整体创新，是全民参与性创新。在中国要全面实施国家文化创新工程，就必须充分调动和发挥整个中华民族的创造力。创新不是哪个民族的专利，所有的民族都有创新的权利。中国是一个多民族的国家，各个民族在中华文化发展的历史进程中都创造出其他民族所不可替代的灿烂文化。国家文化创新主要包括思想体系创新、制度创新、政策创新、机制创新和文化原始创新。核心是文化原始创新。要把文化创新权交给全民族。只要不危及国家安全，颠覆国家政权，一切思想理论创新都应该得到鼓励。改革不只是改革家的事，创新也不是少数思想家的专利。负责任同样也不仅仅是政府的事，而是全体国民和整个中华民族的大事。中华民族要自立于世界民族之林，首先就是一个对世界文化负责任的不断创新，并且用自己的创新成果丰富世界文化宝库的民族。总结中华民族在每一次历史转型期的文化创新经验，中国现在正面临一个历史上少有的战略发展机遇期。这个战略机遇期不只是经济上和政治上的，更重要的是文化上的。

1. 创造新的马克思主义意识形态理论

中国当然要坚持马克思主义在意识形态领域里的主导地位。不能搞指导思想上的多元化。这是必须坚持的原则。但是，不能把它和文化创新与理论创新对立起来。不能把它和新的马克思主义意识形态理论的创造对立起来。今天中国的文化安全和文化执政，需要有新的马克思主义意识形态理论建立起它的全部合法性。合法性是有效统治和政治稳定的基础，同时也是维护国家文化安全和文化执政的重要前提。合法性在英文中称为Legitimacy，意思是指某种政治秩序被认可的价值。这种合法性不是指通过颁布法律就必然获得的合法性，也不是指按照一定的法律规范活动就必定具有合法性的那种情况，而是指社会大众对政权的认同和忠诚、政治体制的价值与其社会成员的价值的一致性。它不是统治者单向作用的结果，而是在统治者的执政意志和执政理念中，充分体现了社会群体的利益和要求，是被社会群体成员认为是合理的产物。正是源自于这种合理性基础上的合法性，才是国家文化安全和社会文化繁荣的保障。中国的国家文化安全很大程度上取决于我们所确定的价值能否和在多大程度上为社会大多数成员所接受和认同。尽管意识形态具有天然的群体性和阶级性，但是，意识形态的发展要求我们不断突破这种"意识形态局限。"尤其是我们今天的国家主流意识形态建设，它不是要将越来越多的群体排斥在自己之外，成为自己的意识形态对立面，而是要将越来越多的群体凝聚在自己的周围，这就需要我们的意识形态建设具有广泛的普遍性和高度的涵盖性。这是我们获得国家文化安全的一个极其重要的保证。这就需要我们克服那种表面上看来结构完整、论证全面的具有超稳定性特征的意识形态理论的"意识形态局限"，创造性的马克思主义意识形态理论，以满足中国国家文化安全建设对于意识形态理论创新的要求。

理论创新是马克思主义的灵魂。这是因为马克思主义是实践的，是为解决实践中不断出现和发生的层出不穷的新问题而存在的。实践是发展的，马克思主义不可能预知到所有未知领域的发展和规律，而要回答实践提出来的新问题，当已有的马克思主义经典作家的著作中又找不到现成的答案的时候，用马克思主义所提供的世界观和方法论实现理论创新，超越马克思就成为继承马克思必须要完成的涅磐。马克思主义意识形态理论只有当它能够不断成功地解释社会可观察到的各种变化了的现象，它才是有生命力的。只有这样，马克思主义才能在人类社会发展的不同的历史阶段不断地获得新的生命形态，而确保它作为我国意识形态领域里的指导思想地位。

然而，意识形态范畴和内容要远比马克思主义丰富得多。理论创新也并不仅仅是指马克思主义理论的创新。马克思主义只能包括而不能代替具体学术领域里的学术创造。中国急需一大批经过严格理论训练的、成熟的具有马克思主义创新精神和批判精神的各类人文社会科学领域里的理论家和思想家，重建哲学社会科学在中国文化精神生活中的学术权威。没有这样一大批严肃的哲学社会科学家和人文学者对于当代西方现代学术的学术性批判，诚如当年马克思对费尔巴哈、恩格斯对杜林那样的思想批判，就不能建立和维护马克思主义在整个意识形态领域里的指导地位。这个指导地位只有具体地落实和体现在中国的学术建设与创新的实践中，它才是真正具有生命力的。否则，所谓指导地位的强调也就只是国家的一种意识形态控制和制度。社会主义社会不是自发产生的，而是依靠以马克思列宁主义为指导的政党自觉建立起来的，建立以后的建设、发展和改革都要求自觉性。没有对人类社会发展规律的不断探索和求得新的认识、对社会主义发展规律的不断探索和求得新的认识，并用这样的新的认识来推动国家的发展和社会的进步，就不可能建立起中国国家文化安全所需要的现代文明屏障。"可以说，1956年后近20年中我们实际工作中的许多错误，与我们哲学社会科学中理论混乱是相互推动的。"①因此，

① 繁荣发展哲学社会科学的重要意义[N]. 学习时报，2004-04-26.

要使马克思主义真正地在我国的国家文化安全中发挥积极性的作用，就应当把整个社会科学研究导入国家战略需求，从整个国家和民族的整体利益的高度来建立全新的国家哲学社会科学学术制度。

就美国学者雷迅马在《作为意识形态的现代化》一书中所提供的研究成果来看，美国社会科学家在 20 世纪 60 年代建立起来的一整套现代化理论，一个基本的前提就是服务于美国冷战时期的国家战略需要，其中重要的一项就是参与美国对外政策的制定并且为美国对外政策的制定提供完整的理论依据和理论模型。因而，所谓现代化理论是美国国家战略需求的产物。正是由于美国冷战时期的国家战略需求，这才使得美国的社会科学家"得到其学术专长的空间。"在美国 20 世纪 60 年代对外政策的制定中，社会科学家在国家意识形态的建设中的作用得到了最大限度的发挥，政府充分地发挥了社会科学家的政府思想库的作用，而不是由政府自身去产生思想，政府在这里只是出题目需要社会科学家给予理论的解答，从而最大限度地发挥了社会科学家的创造能力，既为政府解决了对外政策制定所需要的理论支持与合法性依据，同时又创造了一个让社会科学家充分发挥创造力的环境。美国经验具有深刻的可持续性：那就是，在制定国家政策和战略的过程中，应该充分发挥社会科学家的作用，由社会科学家去为国家的战略需求提供多样的理论系统和完整的理论支持，而不是由政府去制造理论和概念，即便在形式上由政府提出来（某种程度上来说这是需要的），而在内容上也应该是由社会科学家通过系统的研究创造出来的。而这也是美国社会科学界能够不断突出新理论，在许多社会科学领域里获取前沿性原创成果并且给予世界发展以影响的重要原因。相比之下，中国的社会科学研究阐释多于原创。这就不能不使政府过多地承担了本不应该由政府来承担的思想和理论原创的任务。这么多年来，中国之所以在哲学社会科学的广大领域里缺乏原创性的理论成果，并且给予国际社会以足够的影响，一个重要的原因就是中国的社会科学家的学术研究游离于国家战略需求之外，国家也没有赋予社会科学家在国家战略需求的层面上应有的国家责任。因此，应当把社会科学理论原创建设作为国家意识形态和国家理论建设来抓，把社会科学理论原创纳入国家整体性内外战略与政策的制定行动中，让社会科学为国家的内外战略和政策提供系统的理论支持，从而使中国的社会科学理论原创获得一种不懈的国家原创动力，消解国家意识形态建设与社会科学家研究之间的非对称关系和矛盾。

2. 整体性推进全民族文化创新

文化多样性是中华文明的一种表现形式和基本特征。中国是一个多民族的国家，也是一个文化多样性的国家。汉、蒙、藏、维、满、苗、彝、壮、侗、回等，正是这种文化多样性所构成的中国文化生态群落，也才使得五千年中华文明能够在漫漫历史的发展进程中，不断地获得它的文化进化和突变所需要的基因种群。然而，这种基因种群也不是永远不变的，由于生物界本身所具有的一种再生能力，这才使生物的不断进化和升级成为可能。在自然界，生物的多样性是与生态的多样性相一致的，这是生物发展自然建立起来的一种平衡。任何对这种平衡的打破，都会给整个自然的生态结构和生命链带来毁灭性的灾难。全面推进国家文化创新战略，就是推进中华民族全民族的文化创新，而不是哪个民族的创新。恰如一种生物一旦不能实现基因突变以全新的生命形态实现自己物种的生物延续便会遭遇物种灭绝一样，当一种文化不创新就不能发展的时候，创新就成为实现自己生命形态革命必须完成的历史过程。因此，创新不是外加给我们今天的一种压力，而是文化发展的一种社会法则和文化法则。但是，这种创新不是拿别人的来代替我们的。也恰如生物进化，并不是什么物种都是可以被引进的，由于不同的物种的基因构成不一样，它对其他物种所构成的相容性是不一样的。有的可以相容，引进后甚至可以促进物种的改良和进化，而有的物种不仅不能相容，而且还是相克的。外来物种的进入一旦打破原有生态环境的平衡机制，就会给原有的物种带来生物性灾难。导致以个体物种生物的灭绝。文化也同样如此。世界各不同文化之间有许多是可以互相交融的，但也有不少是完全不能相容的。文化也具有排他性。否则我们就很难解释自有人类文明以来会有那么多的文明冲突，这种冲突在今天不仅没有随着人类文明的进步而有所弱化，相反还呈现出愈演愈烈的趋势，以至于美国学者作出关于文明冲突的预言。因此，任何形式和意义上的文化引进和文化拿来，都不能代替本土文化的原始创新。即便在自然科学领域里，原始物种对于新的物种培育的重要性都是人和人工培植的物种所不能取代的。如野生水稻对于水稻新品种的意义。自然基因库对于人类的重要性尚且如此，那么我们有什么理由在现代化的进程中倒是可以忽视人类文化基因对于我们自身发展的全部价值和意义呢。所以，我们讲文化创新绝对不是一种去个性化的文化创新，而是在保持和弘扬个性化的文化创新，是在这个过程中扬弃那些被实践证明已经丧失了生命活性的文化因素。

二、大力发展文化产业，提升国家文化的综合竞争力

建设和发展先进文化需要政策和体制的保障，更需要落实到文化产业的实践层面。在当代社会，人类文明和文化的发展与传播，已经到了不能脱离文化产业这样具体的文化存在方式去抽象地谈论文化的繁荣与发展的历史新阶段。在今天，一切优秀的人类文明成果，都只有获得它的当代形态，通过并借助于文化产业这样的媒介系统才能实现它的价值存在和有效传播。在不到 100 年的时间里，文化产业所创造的巨大的文化生产力

比过去一切社会所创造的全部文化生产力还要多，还要大。文化产业已经成为当代人类社会发展的重要组成部分和存在方式，它正以其独有的生命形态和创造力在深刻地影响和改变人类社会的文化面貌、生态结构和生存方式。在某种意义上，今天的人类社会已经不能脱离文化产业这一社会系统而存在。正如人类历史上任何一种崭新的文化媒介和文化形态的出现，都必然地要构成对于一种文化的创造性破坏一样，文化产业的迅速发展和优化升级不可避免地将对现成的文化结构、存在方式和生态系统带来"破坏"。这种"破坏"是人类社会进步所必然要付出的一种新陈代谢的代价，因为当不破坏原有的文化状态人类文明便不能进步的话，那么，破坏就成为一种历史发展的必然要求，从而也就使破坏具有了革命的意义，成为一种文化创新，一种人类实现对于自身不断超越的肯定。

在迄今为止的人类历史上，也还没有哪一种文化的意义载体系统像文化产业那样迅速地推动着人类文明的历史进程，像文化产业那样迅速地改变着人类社会的存在方式，像文化产业那样把各民族创造的不同文化成果迅速地传播给全世界，在极大地推动不同文明成果快速交流的过程中，推动着人类文明整体的全面进步。尤其是对于信息技术的广泛采用，文化产业及其数字化已经使得人类在把握世界上拥有了一种全新的形式和力量。它不仅使得时间和空间作为阻隔文化传播的自然力量失去意义，而且使零时空跨越成为现代文化传播重要的战略资源性力量。因此，这就决定了发展文化产业并不是一般地满足经济文化发展的需要，而是对一种新的战略资源的掌握，是对一种战略市场的争夺，是一种对于新的文化存在的主导权的争夺。由于这种争夺的结果将直接决定一种文化在经济全球化背景下的前途与命运，因而也就成为当前条件下维护国家文化安全的核心内容。因为构成对当下民族、国家文化安全威胁的主要方面，正是通过和借助于文化产业这样具体的现代文化传媒形态和系统来实现的。因此，文化产业是把双刃剑。在今天，文化产业已经成为一个国家特殊的文化主权形态，当不发展文化产业便不能有效地维护国家文化主权的时候，发展文化产业就成为一个国家维护国家文化主权和文化安全的必不可少的战略需求和战略选择。所以，发展文化产业不仅不会必然地构成对国家文化安全的威胁，相反，只有大力发展文化产业，国家文化安全才能得到有效的保障系统。

三、以公共的文化力量实现国家文化安全

国家文化安全与公共文化安全之间存在着很大的依存度。国家文化安全是建筑在全体公民文化安全基础上的。这是由国家文化安全的目的决定的。在"非典"的普遍威胁下，中国的人类安全（人的安全）问题已经是一个切身的严峻问题。然而，非典所留给

我们的不仅仅是关于公共卫生安全的警示，而且也给我们提出了一个关于全面的公共健康安全的警示。1994年，联合国《人类发展报告》首次试图重新定义安全，提出人类（人的）安全广泛构成要素，包括经济安全、食品安全、健康安全、环境安全、人身安全、社区安全和政治安全。此后，每年的联合国《人类发展报告》都要提到人类安全问题。2003年5月由国际知名人士组成的"人类（人的）安全委员会"在向联合国提交的《人类安全委员会的最终报告》特别强调，人类安全依靠两个不可分割的东西：保护和赋予。政府在保护与赋予人类安全上具有重要的、关键的作用。保护人民不受各种危险的威胁。一系列的社会规则、进程与社会组织结构，都要充分强调保护人民安全的重要性。人民有要求社会和国家提供健康有益的精神文化产品供其消费的权利，同时也拥有政府确保这种确立能够获得保护的权利。健康安全不只是一般意义上的生理卫生健康，而且也必然包含人的精神和心理健康。精神和心理健康是人类文明进步的重要和必要的条件。没有这种精神和心理的健康人类文明便不可能发展进步到今天。任何对于这种健康的摧残都必然地造成文明的毁灭。这也就是为什么当今世界许多国家都有根据不同国情而制定的电影分级制度和关于淫秽、暴力等文艺作品的制度性管制的文化原因。保护人类文明的纯洁性是人类社会的普遍要求和终极关怀。因此，在走向现代化过程中的中国，理应在维护公民文化权利上把是否提供健康的文化艺术作品确定为国家文化安全的一个重要内容和指标。任何违背这一原则都应视为对公民文化权利的侵犯而遭到法律制裁。没有公民文化权利的安全，就不可能有真正意义上的国家文化安全。国家的职责是为人民服务，也就是保护、促进人安全，而不是让人类（个体与社会）单向度地保障国家安全。因此，维护公民文化权利，首先就必须为公民社会提供一个良好的文化生态环境。对文化生态环境的要求，不仅关系到文化与技术和经济打交道的问题，而且还在根本上影响乃至动摇鼓舞和推动现代社会发展的人生意义。变为生存服务的文化为促进人的全面发展的自由文化。文化性是决定人之所以为人的全部本质规定。正是语言和工具等文化性创造使人从动物界分离出来，不断发展的文化改造和提升着人。

公民文化安全是公民人身权的重要内容之一，是公民依法所享有的涉及其生存与发展安全的自由度的文化实现。从我国对公民人身权利的立法来看，它主要包括人身自由权、生命健康权、人格权、姓名权、肖像权、名誉权、荣誉权、通信自由权和知识产权等。人身权在法律实践上的一个最基本的条件，就是个人安全价值在司法中的确立。一个人要在社会中生存和发展，它自身和所处的环境就必须是安全的。这里的环境安全当然包括文化环境的安全。文化环境安全是人的发展的重要前提和条件。中国历史上流传下来的"孟母三迁"的故事，就包含着这样深刻的关于社会文化环境安全对于人的生存与发展安全的现代意义。人身不安全，他的生存与发展就谈不上安全。在这里，一般来说，不仅主体的生命、健康、尊严、财产和其他利益受到保护，而不受他人和社会非法的侵扰，而且作为权利主体的独立人格和文化权利必须是神圣不可侵犯的。一个人只有在精神上和行为上摆脱了对他人的依赖，才能真正体现出他的社会文化价值。这是主体生存与发展的前提。人身权所表达的就是这种个体的人身安全。人身权是人成为人的最基本的条件，是公民其他权利实现必不可少的前提。而正是这种普遍的个人安全是国家安全的重要前提。没有公民个人的文化安全，也就无所谓国家文化安全。国家文化安全是建立在公民文化安全充分实现的基础上的。

公民文化权利安全作为人类安全的一个重要内容，还包括赋予，即是人民充分享有发展他们自身的能力、民主参与社会决策。人是发展的中心。发展是扩展人们享有真实自由实现更高程度上的生存的一个过程。在这里，公民文化权利作为人的一项基本文化权利，它是在现代条件下反映和体现人所享有和获得自由达到的一种发展阶段。因为对于任何公民文化权利的实现，它都是和一定阶段上一个国家的政治、经济和文化发展水平相联系的，或者说，就是这种发展水平所达到的一个文明程度的一种体现。它是和一个国家的整体发展的文明进程联系在一起的。所以，文化权利作为自由的实现和享有的程度的法的肯定，它是和人们所处的社会条件下拥有多大的文化"可行能力"同构的，也就是说，人们在所处的社会条件下能够在一个多大的自由空间里享受他们根据自身的理由而珍视与渴望的那种生活、他们的生活和生存方式。这一方面由法律规定的各种文化权利来保证，另一方面又涉及在人的发展中要实现的、一个由社会为其成员提供的各种"安全。"也就是说，应当确保其各种正当的文化权利不受侵犯与威胁，并且对任何这种侵犯和威胁有权要求"安全"保障。因此，从这个意义上来说，任何一个公民在向社会提供文化产品时都必须遵守国家根据民族文化传统和公民发展自由所规定的美学标准，尊重其他公民关于文化产品不能损害它的精神健康的要求。因为对公共精神健康的任何侵害都威胁到人的自由发展所需要的公民文化权利安全。公民要求政府加强对网络文化市场的管理，建立健康的网络文化市场和文化娱乐市场的要求，实际上就是公民出于对自身的文化权利安全利益已经遭到不同程度的侵害，这种侵害已经阻碍到他的自由发展而提出来的安全保障。

四、维护国家文化信息安全

1. 全面建设国家文化信息技术标准

21世纪人类将全面进入信息时代，整个社会的基础将发生改变，传统经济将迅速地向信息经济过渡，信息将成为最重要的战略资源。信息时代为国家和个人提供了全新的发展机遇和生活空间，但也增加了新的安全威胁。除了传统意义上的影响国家文化安全的因素更加复杂多样外，来自网络空间的文化安全问题正日益彰显。在信息化时代，信息系统的安全是国家安全的重要基座。无论是国家还是事关人民生活的系统，其运行将越来越依赖于信息网络系统。一旦这种系统发生问题，轻则导致国家经济和个人财产损失和社会生活不便，重则是整个国家的政治、经济和文化生活陷入瘫痪，社会秩序失控。因此，随着我国信息化建设的加快，信息安全日益引起社会关注。

历史证明，人类每开拓一个新的生产和生活空间，都会在相应的空间确立疆界。当人类进入海洋时代，国家的领地就从领土扩大到领海；当航空事业发展到一定程度后，天空也被列为主权国家不可侵犯的领空。今天，人类的生产和生活正在步入全新的数字时代，数字空间的出现必然会导致"信息边疆"的出现。"信息边疆"与传统的国家边疆不同，"信息边疆"是超越国家界限的，就文化信息来说，它可能在人们的网上文化娱乐消费空间系统里，但同时也可能在海外的某个电脑终端上——国际文化信息供应商，只要它和国家文化安全有关，就应该是国家"文化信息疆域"的所在之处。

信息是当今社会发展的重要战略资源，整个社会对信息的依存度越来越大。信息安全已经成为维护国家安全和社会稳定的一个焦点。如果信息安全解决不好，将全方位地危及我国的政治、经济、军事、文化、社会生活的各个方面，使国家处于信息战、信息恐怖和高度经济金融风险的威胁之中。目前，我国信息和网络安全的防护能力处于发展的初级阶段，许多应用系统处于不设防状态。由于目前国家信息安全的技术屏障相当脆弱，现有法规规章数量少，相互之间不够协调、统一，应根据国情，从信息安全整体着手，尽快制定统一的国家信息安全法。

信息技术带来了电子娱乐的新时代，逼真刺激的游戏软件正对青少年产生越来越大的影响。必须采取有力措施，发展我国自己的游戏软件，阻止不健康的进口游戏软件在我国泛滥；建立对进口游戏软件的审查制度和流通渠道的监管制度；修改未成年人法，增加防范网络游戏负面影响的惩罚条款。

今天的世界，国与国、人与人的利益与安全日益紧密地联系在一起。在信息化、全球化时代，每一个人都将要面对世界，每一个人都肩负着在世界上争取国家利益和安全的责任。尽快制定统一的游戏业知识产权的我国游戏软件标准体系及其他数字艺术软件标准体系；出台有利于形成游戏软件大市场的国家引导政策；支持和发展大型软件企业，增加自主开发能力；培养游戏软件开发人才。2004年2月17日欧盟委员会宣布，将在今后三年内投入1.63亿欧元的资金用于欧盟各国的网络内容的建设，以满足网上用户的需求和促进宽带业务的发展。网络内容建设是欧盟"电子欧洲"计划的一部分，欧盟将在2005—2008年度继续拨款支持成员国增加网络内容建设，其重点将放在文化、教育和地理数据库等方面。欧盟委员会指出，目前全球数字内容市场价值高达 5 150 亿欧元，而欧盟各国由于文化和语言不同，数字内容市场分割非常严重。欧盟的目的是为了鼓励那些能够超越文化障碍的跨国项目，以促进一个多语言、多文化欧洲市场的形成。①与此同时，日本自民党拟定了提交日本国会审议的《振兴软件文化产业法案》，该法案"谋求把在世界上深受欢迎的日本动画和游戏软件提升为新的骨干产业，""向外传播日本文化。"该法案明确提出"高等教育机关要培养专门人才。日本 2001 年的软件文化产业市场规模大约是 11 万亿日元，相当于钢铁产业（5.2 亿万日元）的两倍以上，汽车产业（20.8 万亿日元）的一半"。自民党预测："如果政府以法律形式加以扶植，软件产业将发展成为 25 万亿日元市场规模的产业。"②

2．制定和实施国家知识产权战略

全面建设国家文化技术信息标准，必须建立在完备的国家知识产权制度体系的基础上，必须借助于国家整体性知识创新和技术创新能力的全面提高。没有一个国家知识创新和技术创新能力的全面提高，不可能建设起一个能够承担起国家文化安全战略实现所需要的知识产权支持系统。因此，当我们正在进入一个自主创新和引进技术相结合的国家创新与发展新阶段的时候，为确保国家文化信息技术安全战略的有效实现，就必须制定和实施国家知识产权战略。

知识产权战略是国家整体性国家文化安全战略的一个重要组成部分。没有一个知识产权的国家战略，不仅无法形成国家文化安全战略的充分实现所需要的技术安全保障体系，而且也无法形成中国在和平崛起过程中所需要的、在知识创新中所凝聚起来的国家软力量。国家知识产权局局长王景川在谈到目前我国知识产权困境时，曾专门分析了造成这种困境的原因：一是我国企事业单位知识产权意识比较薄弱的状况还没有从根本上得到扭转，尊重他人知识产权、维护自身合法权益的意识和能力普遍缺乏；对国际规则的了解还相当贫乏，运用知识产权保护制度参与市场竞争，尤其是国际市场竞争的准备和经验不足。二是在经济、科技、外贸等领域中，知识产权管理的内容和要求严重滞后于发展的需要。三是在制定国家经济结构、产业结构调整和科技发展计划时，研究和运用知识产权战略的意识不强。四是多数行业和企业的核心技术和关键设备基本上依赖国外，缺乏能够支撑经济结构调整和产业技术升级的技术体系，特别是缺少拥有自主知识产权的核心技术，存在着产业技术空心化的危险。五是侵犯知识产权、制假售假的违法行为在某些地方、某些领域还比较严重，严重地妨碍了我国自主知识产权核心技术的研

---

① 欧盟巨资建设网络内容[N]．新华每日电讯，2004-02-20．
② 日力求振兴软件文化产业[N]．参考消息，2004-02-10．

究与开发。①王景川在这里所揭示的也涵盖了目前我国在国家文化信息安全领域里所存在的实际上的知识产权障碍。因此，要克服和改变中国在国家文化信息安全领域里的危机状况，就必须制定国家知识产权战略。通过以培育和发展国家综合文化竞争能力为目标，以大幅度提高文化技术产品的自主知识产权的数量和质量为核心，以提高知识产权保护和管理为重点，以推动文化信息技术创新和技术扩散，提高文化产业技术水平为目的，以完善国家文化安全战略的全面实施所需要的知识产权的法律环境、政策环境、市场环境为内容的国家层次的知识产权战略，实现我国知识产权发展目标的战略性转变。

国家知识产权战略的核心是制定出一套行之有效的知识产权制度，通过这些制度来确保中国和平崛起所需要的国家文化安全系统的完整建立。对文化科技创新活动实行更加明确有力的知识产权政策导向，建立归属清晰、权责明确、保护严格、流转顺畅的现代知识产权制度。进入 21 世纪以来，创意产业（Creative Industries）在一些发达国家迅猛崛起，其对国家经济结构和产业结构的战略性调整，及其对国民经济的贡献，日渐成为"超越文化产业"②的新的经济和文化增长点。据统计，2003 年英国文化创意产业已经成为英国的第二大产业，其产值占国民生产总值的 7.9%，就业人口位居第一。③仅伦敦就有 62 万人从事创意产业的工作，创意产业产值占伦敦经济 15%，就业人口占 20%，年交易额在 25 万亿英镑到 29 万亿英镑之间。④所谓创意产业，英国创意产业特别工作组的筹划文件的定义是："来源于个体创造力技能和才华的活动，而通过知识产权的生成和取用，这些活动可以发挥创造财富和就业的潜力。"⑤在这里，"通过知识产权的生成和取用"是整个创意产业的核心。这就决定了国家知识产权战略应该推进和鼓励真正的知识产权的生成与获得。从文化产业向创意产业发展，这是文化产业发展的必然趋势。文化产业只有获得创意产业的生命形态，它才能在未来的人类社会与文明发展中承担起它应当肩负起的文化形态转型的使命。成为国家发展的重大国家战略需求。因为，尤其像中国这样的大国，如果还按照传统投入方式发展经济，从人力、耗能、环境等各个方面都是我们所承受不了的。提升和发展它的软产业和软力量，改善它的国家力量形态构成比，是当代中国国家战略发展的必然选择。和平崛起的要义，就是通过全面提高中国的综合国

---

① 转引自：蒋建科，李薇薇，谭浩. 知识产权呼唤国家战略[N]. 人民日报，2004-06-24.
② 荣跃明. 超越文化产业：创意产业的本质特征[M]. //叶取源. 中国文化产业评论：第二卷. 上海：上海人民出版社，2004.
③ 郭承. 国际艺术授权及其发展趋势[M]. //张晓明，胡惠林，章建刚. 2004 年蓝皮书：中国文化产业发展报告. 北京：社会科学文献出版社，2004.
④ [加]查尔斯·兰德利. 伦敦：文化创意城市[M]. //林拓，李惠斌，薛晓源. 世界文化产业发展前沿报告. 北京：社会科学文献出版社，2004.
⑤ [澳]斯图亚特·坎宁安. 从文化产业到创意产业：理论、产业和政策的涵义[M]. //林拓，李惠斌，薛晓源. 世界文化产业发展前沿报告. 北京：社会科学文献出版社，2004.

力，以和平的方式实现中华民族的伟大复兴。和平的方式是一种国家文化安全充分保障的方式。而我们已经知道，文化综合国力的低下是不可能有一个国家的文化安全的，因此，当世界文化产业的发展正在实现从文化产业向创意产业发展的时候，中国国家文化安全战略内容的增长和丰富也就成为必然的发展趋势。由于文化产业的深入发展和自我超越主要体现在创意产业，而创意产业发展动力的核心又是取决于"知识产权的生成与取用，"因此，从这个意义上说，中国能否在最大的程度上实现国家文化信息安全战略，完全取决于国家知识产权战略制定与实施的程度。

五、构建国家文化安全管理体系

1. 国家文化安全管理机制分析

国家文化安全管理是一种历史性制度。它是国家文化管理的一种本质性机制。这种机制并不是在今天才形成的，而是自有国家形态的出现就有了对国家安全的管理和对国家文化安全的管理，区别只是在它的国家意识程度。实际上任何国家文化管理，从国家安全的意义上来说，都是国家文化安全管理。因为任何管理都是建立在一定的关于管理理念的价值基础上的，也就是说，为什么要管理和进行怎样的管理，都是服从于和服务于一定的国家文化目的和战略目标的，是建筑在一定的价值标准上的。而在所有这些标准中，维护国家文化的利益是最根本的标准。所以无论是各种文化法律的制定，政府文化机构的设置，各种文化制度的规定，维护统治阶级的统治利益不被颠覆，维护国家的文化利益不受侵犯，维护公众基本的文化权利保障，都是其中的题中应有之义。虽然在不同的国家中国家文化安全管理的具体内容有着巨大的差别，但是，几乎没有一个政府会以牺牲本国的文化利益为己任。因此，基本的国家文化管理制度也就成为国家实现国家文化安全的长效管理的基本体制和机制。区别只是世界各国总是根据本国文化安全环境和形势的实际情况来选择与建立符合本国文化国情与需要的国家文化安全管理体制和机制。

国家文化安全管理机制，是一个国家按照本国的文化利益和国家战略需求，建立起来的对国家文化安全状态进行预警、应对和恢复的组织体系和制度形态。由于各国的文化背景及其在世界文化力量格局中所处的位置的差异，不同的执政主体获取国家政权的方式和途径不同，因此，无论是国家文化安全管理机制的形成还是作为一种国家文化制度的组织机构运作，国家文化安全管理机制作为国家文化安全管理制度形态的运作系统，在不同的社会制度形态下都有着很大的区别。

国家文化安全虽然是新提出来的一个概念，但是对于国家文化安全管理的需要却是随着国家文化安全需求的出现而出现的。虽然在国家不同的历史发展阶段上，人们对于国家文化安全为了确保国家文化主权和维护国内政治、经济和社会发展与稳定的需要，不同的国家都会有不同的关于国家文化安全的保障系统，例如关于文化贸易的许可证制度、电影审查制度、关于广播电视的国家专营制度、关于出版编辑业务不对外开放制度等，都是政府涉及国家文化安全的防范体系和制度构架。因此，从某种程度上说，国家文化制度也就是一个国家的文化安全制度。由于处于不同历史时期的不同的执政主体对国家文化安全形势的判断的差异，以及由此而对国家文化利益理解与追求的不同，因此，国家文化安全制度总会随着国家形态的变化和国家执政主体的变化而不断发生变化。国家文化制度与国家文化安全制度之间存在着同构兼出的特性。即一方面国家文化机构具有公共部门的特性，另一方面它又有着国家主权的特点。这两个方面又都同时兼顾内外。然而就中国在进一步参与经济全球化进程所面临的机遇和挑战来看，无论在战略高度，还是在决策体系，中国的国家文化安全管理体制都必须加以改善，要修改现有架构，制定出更加系统的国家文化安全体系和国家文化安全危机处理机制。

2．我国国家文化安全管理机制分析

我国国家文化安全管理体制和机制是随着我国社会主义文化事业发展的需要和国家的政治、经济和社会发展与稳定的需要而逐渐形成与发展起来的，是历史发展的产物。历史文化背景的特殊性和中国共产党作为国家执政主体获取国家政权道路的特殊性，历史地规定了我国的国家文化安全管理机制的中国特色。但是正如任何机制的运动结构都是两种力量运动作用的结果一样，中国的国家文化安全管理机制也是两种力量运动和作用的结果，并且随着这两种力量运动方向的变动而变动，从而在不同的历史发展阶段表现出不同的力的运动形态和特征。

以冷战的结束为标志，我国的国家文化安全管理机制可以分为以意识形态安全为主要内容的单一的国家文化安全管理机制和以国家文化主权安全为核心、以包括意识形态在内的其他文化安全为主要内容的综合的国家文化安全管理机制。这两种国家文化安全管理机制的演变，一方面的原因是国际政治格局的巨变使得原有的在冷战格局下形成的以资本主义和社会主义两极冲突与对抗为特征的国际安全的格局发生了变化，意识形态冲突为中国的国家整体利益所取代，国家文化安全在经济全球化背景下上升为国际文化安全的重要形态。另一方面的原因是中国国内战略需求发生了重大战略转移，从以阶级斗争为纲转变为以经济建设为中心，国家的改革开放和进一步融入现代世界体系，使得中国国家安全结构呈现出多元化发展趋势，非传统安全不但改变了传统安全结构，而且也使得原来的以单一的意识形态为内容的国家文化安全出现了许多新的非传统文化安全特征。

中国加入世界贸易组织和经济全球化发展趋势的不可逆转，原有的国家文化主权和安全客观上发生了重大变化和面临着许多新的危机，因此，对于国家文化安全形势的判断和安全政策的制定也都随之发生了重大的战略调整。国家文化安全管理机制在组织和制度形态上开始了从偏重于党的政策管理向建立科学的国家文化安全的法制管理转移，政府依法管理国家文化安全事务的职能和制度体系，在这个过程中不断地得到加强，初步形成和建立了以《国家安全法》为核心、以《中华人民共和国文物保护法》为主要内容、以各部门文化行政规章为框架结构的国家文化安全法制管理体系，以党委领导、政府依法管理的组织制度体系，以及以国家文化主权安全为主要战略安全利益、以意识形态安全为主要内容、以文化产业安全和网络文化安全为主体框架的国家文化安全对象系统的多层次、宽领域和党政综合管理的中国国家文化安全管理机制。然而就中国在进一步参与经济全球化进程所面临的机遇和挑战来看，无论在战略高度，还是在决策体系，体系内部发展极不均衡。中国的国家文化安全管理体制都必须加以改善，改革现有国家文化安全管理架构，制定出更加系统的国家文化安全体系和国家文化安全管理机制。

3. 全球化下的国家文化安全形态变迁与管理转型

国家文化安全形态与管理机制是制度运动的一种过程系统，它是和一定历史时期的国家形态和国家管理需要本质相适应的。全球化是以往任何一个历史时期未曾有过的国家形态存在的特定的国家生态环境，全球化不仅一般地改变了国家存在的生态环境，而且由这种环境所产生和形成的一种巨大的力量，使得在这一环境下的任何一种国家形态要想摆脱它的引力作用，而完全按照自己的运行轨道发展都成为不可能。尤其是对于一个已经加入世界贸易组织、参与经济全球化进程的国家来说，全球化在给它带来许多便利的同时，也构成了对它的国家安全的威胁与挑战，从而导致国家文化安全形态的变迁与转型。

首先，在表现形态上国家文化安全呈现出多种变化的趋势，原来主要集中在政治意识形态领域里的国家文化安全，现在向文化主权、文化经济、文化市场、文化产业、文化资源、文化信息等几乎所有文化领域扩展，文化原教旨主义和文化多样性问题成为全球关注的人类文化安全问题；外来文化入侵和内部文化安全问题在全球化引力作用下呈犬牙交错状态共同构成国家文化安全的主体。其次，从诱发动因上，国家文化安全的产生更加不确定，政治、经济、文化、民族、宗教、网络等各种因素相互作用，互为诱导因素，甚至一些突发公共事件也会产生意想不到的文化安全问题，例如2003年发生的"非典"事件给我国旅游业和娱乐业等文化经济带来的巨大冲击。

战略所需求的是实现需要健全的机制和体制的保障系统，没有一个健全的机制和体制的保证，任何战略目标的实现都是不可能的。能否建立起科学高效的国家文化安全管理，这对于降低国家文化安全战略实现成本，提高战略效益具有重要意义。国家文化安全战略的实现本身需要各种综合因素的有机配套。任何一个必要条件的缺损，都会导致国家文化安全战略目标实现的折扣。尤其是在全球化的背景下，在各种不确定的因素进一步加大、国家文化安全面临全球挑战的时候，建立健全科学、高效的国家文化安全管理制度对于实现国家文化安全战略目标也就具有特别重要的意义。根据世界发展进程的规律，在社会发展序列谱上我国当前恰好对应着"非稳定状态"的频发阶段，即在国家和地区的人均 GDP 处于 500 美元至 3 000 美元的发展阶段，往往对应着人口、资源、环境、效率、公平等社会矛盾的瓶颈约束最严重的时期，也往往是"经济容易失调、社会容易失序、心理容易失衡、社会伦理需要调整重建"的关键时期，[①]国家文化安全问题也就成为所有这些方面在文化上的表现形态。因此，稳定压倒一切，在这里就不仅仅是一句政治口号，而是有着极其丰富的内容的国家文化安全的战略需求，对于中国的和平崛起，尤其是在未来 20 年的战略机遇期，具有直接关系到能否实现中华民族伟大复兴的特殊意义。

在计划经济条件下和冷战时期，中国的国家文化安全管理体制和机制，一个突出的特点就是，对内以阶级斗争为纲，对外防止帝国主义的和平演变。这两种安全管理机制虽然表现形式不同，但在本质上却是一致的，那就是集中在国家的意识形态安全管理上。改革开放和建设有中国特色社会主义市场经济体制目标的提出，国家工作重心的转移和国家利益的转移，使得国家安全管理的中心也发生了相应的变动。全球化背景下出现的各种以往所没有的或者还并不显著的国家文化安全形态，不仅改变了中国国家文化安全的形态结构和内容，而且也提出了国家文化安全管理转型的历史要求，以适应变化了的中国国家文化安全管理的需要。建构市场经济条件下国家文化安全管理新体制，实现全球化背景下的中国国家文化管理的战略转型，也就自然地成为中国国家文化安全发展的历史必然要求。

4．建立国家文化安全预警系统

国家文化安全预警是指一个国家根据本国国家整体利益的需要，而对文化运行状态所可能威胁到它自身以及整个国民经济和社会发展的安全态势进行监测，并在此基础上作出预期性警示评价和对策的国家文化安全的政策过程和反应控制系统，国家文化安全预警系统是它的制度系统。国家文化安全科学管理就是建立在国家文化安全准确、科学

① 牛文元：《社会燃烧理论与中国社会安全预警系统（研究提要）》，清华大学公共管理学院与中国行政管理学会联合举办的"社会变革中突发事件应急管理"专家研讨会讨论稿。转引自：薛澜，张强，钟开斌. 危机管理[M]. 北京：清华大学出版社，2003：6.

的预警基础上的。

（1）建立现代国家体制下的国家文化安全预警系统是实现国家文化安全管理的重要机制

建立国家安全预警机制是现代国家体制下实现国家安全管理所达到的现代化国家管理程度的一个重要标志，虽然各个国家所处的国际安全环境不同，面对的国家安全威胁也有着很大的差别，因此，各国对本国文化安全的关注领域和理解也是不一样的，但是，纵观世界各主要国家，都大同小异地存在着国家安全委员会这一类高层战略制定和决策机构，已为国家安全管理的重要组成部分。特别是各个不同的国家根据本国的国家文化利益和安全需要所建立起来的一系列国家文化制度，在这一制度下形成的一系列文化法律和管制机制，本质上都是着眼于维护国家文化利益安全，通过制度性建构和法律保障系统把国家文化安全预警建筑在一个合法性的基础上，也就是说，要把可能构成对本国文化生存与发展各种危机因素阻隔在国家文化安全的红线之外。如影片审查制度、书报刊检查制度、文化市场准入制度、文化产品进口配额制度等，都是为维护本国的国家文化安全利益而建立起来的国家文化安全保障体系，在这里，这些由一系列文化法律所建构起来的国家文化制度形态，既是国家文化安全管理机制，也是国家文化安全预警机制。因为任何试图进入一个国家的文化领域，它都会构成对一个国家文化安全的刺激，从而引起这个国家的关注性安全反射，启动安全预案，实施安全保障对策。20 世纪 90 年代中美之间关于知识产权保护问题而发生的贸易冲突，其实质就是美国试图以此为借口，使它的音像制品生产强行进入中国的主流文化市场。应该说，当时中国政府在这方面还缺乏相当的经验和准备，但是，它使中国政府清楚地认识到在这个问题上所涉及的国家文化主权问题不只是音像制品这一个领域，随着中国进一步对外开放和中国加入世界贸易组织，在全球化背景下，中国将面临着一个全面的国家文化安全问题，因此，建立健全中国完整的国家文化管理体系，改革与维护国家文化安全不相适应的国家文化制度也就自然地成为中国文化体制改革的重要内容。从这个意义上说，中国的文化体制改革就是要在全球化背景下为了适应中国更好地融入现代世界体系而构筑全新的国家文化安全管理体制和机制。这是中国为实现和平崛起的战略目标而必须实现的国家文化战略管理重组。随着国家安全整体机制的建立，国家文化安全预警系统的建立作为实施国家文化安全管理一个必不可少的环节，也就自然地成为构筑我国综合性国家文化安全管理体系一个必须建立起来的重要机制，没有这样一个机制，国家文化安全管理制度的建立是不可能的。因为一切国家文化安全管理目标的实现都必须建立在预警的基础上。没有预警，国家文化安全管理也就成了无源之水、无本之木。

（2）完善国家文化安全预警系统建构是实现国家文化安全管理的重要保障

由于历史的局限性，虽然长期以来我国也建有各种形式和性质的"文艺通报"或"舆情通报"，但这些预警工作由于受到主体自身的局限性，尤其是往往受影响于一时的政治形势的需要而难以对预警对象给予科学的评价，结果造成中枢决策主体对安全形势判断的失误，而导致管理过当。从已经披露的材料来看，毛泽东在20世纪60年代的关于文艺的两个批示及其造成的后果，就是一个比较典型的案例。20世纪80年代，文艺界有人对"谎报军情"给予严厉批评就是基于历史上的严重教训。因此，如何防止国家在文化安全管理上的重大失误，实现国家文化安全管理的科学恰当，就成为我国构筑综合性国家文化安全管理体系必须加以解决的重大命题。完善国家文化安全预警系统，就是要最大限度地克服国家文化安全管理中决策的随意性和个人因素，把对国家文化安全的管理纳入科学管理的体系中。消除国家文化安全管理中的"铁路警察、各管一段"的安全管理困境，消除国家文化安全管理盲区、体制性障碍和由体制而构成的结构性矛盾。把对国家文化安全管理纳入到现代政府管理系列，完善和加强政府的国家文化安全管理职能，把由于各种形态和性质的利益保护主义可能造成的对于国家文化安全的危害降低到最低的程度。

（3）建立国家文化安全监测和预警体系是实现国家文化安全管理必要的科学规范

任何科学的管理都应该建立在对管理对象运动态势和发展规律充分的了解和掌握的基础上。没有一个对对象运动状况各种材料和数据的充分占有，作为管理基础的政策决策也就失去了它的合法性与合理性依据，管理性和目的性也就不存在。由于文化安全广泛地涉及文化与国民经济和社会发展密切相关的各个领域，各个不同领域的文化发展和运动由于各种不同的力的张力的差异，因此，必然存在着文化安全本身的不平衡与非对称性。简单地用一个领域内的文化安全状况去判断文化领域的整体状况，容易导致安全控制过当，这在我国文化发展的历史上都曾经不止一次地犯过这样的错误。因此，能否依据科学检测得来的材料作出准确的判断和科学的预警，就成为能否做出科学的决策的关键。建立国家文化安全预警体系，就是要在国家文化安全管理方面实现科学的规范，使所有的政策与法律措施、安全手段都建立在实证的基础之上，把可能由于对文化安全警示状况的主观判断与实际的误差控制在一个最低的数值之内，从而最大限度地提高决策的科学性和管理效益的最大化。过去我们之所以在文化领域里常常容易犯错误，一个最大的问题就是"谎报军情"，夸大了文化安全状况的危机程度，从而导致了决策和管理上的扩大化，造成了文化上的伤害反而导致了国家文化的不安全。

5. 准确判断国家文化安全形势与发展动态

建立国家文化安全预警系统，就是要在对中国文化生存与发展基本国情广泛调查分析的基础上，建立起开放条件下的中国文化发展的安全"红线"。尤其是它的早期报警系统。通过对国内文化遗产保护状况的随机检测和安全性变化，国际文化市场文化商品的流动趋势及其以各种渠道影响和进入我国文化市场所可能导致对我国文化生态、文化产业、文化市场发展构成威胁，特别是可能引发对我国文化生态和文化产业发展构成灾难性后果的不良趋势的分析，能够及时而准确地作出预告性和警示性反映，启动相应的国家文化安全危机管理机制，运用法律的、行政的、市场的和经济的及其他文化安全管理手段，对那些可能危机中国国家文化安全和文化产业发展的文化因素和文化力量进行鉴定和识别。符合中国国家文化利益和有助于中国文化建设发展的，表示认同，给予支持，对不符合甚至严重侵害和违背中国国家文化利益，对中国文化产业发展构成严重威胁的，则依照有关国际文化多样性公约和我国文化法规，坚决予以拒绝，并给予打击和破坏，从而把对中国文化及其产业发展造成生存与发展危机的因素和力量，牢牢控制在安全警戒"红线"之下。

国家文化安全形势与发展动态是一个国家各种文化的、经济的和政治的安全系数的综合反映，也是国内国际各种文化因素和力量较量的结果。当下的文化安全形势既是过去和现在国家文化安全运动的存在性产物，同时又蕴含着未来国家文化安全发展走向的重要条件。能否准确判断当前国家文化安全形势与发展动态，不仅直接关系到国家能够在多大程度上实施国家文化安全预警，而且还直接决定了国家在怎样的层面上启动国家文化安全机制，处理国家文化安全危机。因此，准确判断国家文化安全形势并对未来的发展趋势作出预测，也就自然地成为国家文化安全监测和预警的首要前提条件。没有这个条件，一切所谓国家文化安全危机管理都是无法有效组织的。重点是要对当前的国家文化安全形势有一个符合实际的总体性准确判断，要对这种形势发展的未来走向有一个清晰的认识和把握，从而为准确地分析和决策提供宏观依据。

（1）科学进行国家文化安全"状态界定"

根据不同的安全状态等级启动不同的安全预警与处理机制，这是国家文化安全危机管理的原则。能否科学地界定国家文化安全状态，对于能否正确地启动相应等级的国家文化安全危机管理机制，具有决定性作用。任何对安全状态程度的估计不足或夸大安全状态的严重性程度，都会给国家文化安全决策造成重大失误，进而造成国家文化建设的重大损失。由于迄今为止，我们还没有建立起关于国家文化安全状态的明确标准和确切界限，对于"安全"或"不安全"的状态的描述，往往是在一个多维的模糊空间和采用多种指标下进行的，还缺乏一个可操作的量化指标。过去，我们比较关注意识形态领域里的国家文化安全，对于国家文化安全形态缺乏系统整体观念和科学管理机制，往往混淆不同性质的国家文化安全问题，结果给必要的和科学的国家文化安全管理造成了极大危害。局部文化安全与整体文化安全并不一定存在着安全上的力的同构关系，局部文化安全并不一定就能保证国家整体文化安全，在某些情况下，过分强调某一局部领域的安全，结果反而会造成整体的文化安全危机。这就要求我们在界定国家文化安全状态的时候，必须充分考虑到文化领域各局部安全与整体安全之间的关系，局部安全与局部安全之间的关系，从而使对于国家文化安全状态的科学、恰当界定，能够成为国家适时启动文化安全预警系统等级的重要依据。

（2）认真分析国家文化安全风险的形成与作用机制

影响国家文化安全发展和形成一定的国家文化安全状态，是多种力量和因素共同作用的结果。由于不同的历史发展时期影响一个国家发展走向的力量因素是不一样的。不同的历史发展时期，一个国家的文化安全发生、表现和它对国家文化以及国家安全的影响性程度也是不一样的。因此，必须认真分析国家文化安全风险的形成与作用机制，分析各类文化风险因素和力量相互联系和相互作用的机理，以及国家文化整体抗风险能力之间的矛盾运动，分析导致国家文化安全状态变化的实际动力结构，揭示和分析造成这种态势的主要力量因素和结构；要分析构成国家文化安全形势的各力量和因素之间的相互关系，从机理上分析构成各种国家文化安全问题对国家文化安全态势的显在影响和潜在影响，特别是国家文化安全状态从"安全"到"危机"的"突变式转化机制"。只有在揭示了影响国家文化安全的各类风险因素和力量的相互联系和作用机理，文化风险因素和国家文化抗风险能力之间的矛盾运动，以及它们所导致的国家文化安全状态的转化机制后，我们才可能提出一个符合国家文化安全涉及的国家文化安全预警指标体系和它的结构系统，进而对国家文化安全态势进行实际的动态的监测和预警。

（3）正确区分国家文化安全问题的性质

国家文化安全问题的性质在不同的国家和不同的分析背景下是不一样的。以民族国家为标准，可以划分成文化主权安全和文化非主权安全两种性质。在当代中国，国家文化安全又可以根据中国文化发展的存在性形态，分为文化政治安全、文化经济安全、文化意识形态安全、文化社会安全、文化能力安全和文化民族宗教安全；不仅这些不同性质的国家文化安全对于整个国家文化安全的作用和影响是不一样的，而且对它的预警措施和管理手段也是不一样的。在这当中，完全可能是主权与非主权相交叉，国内与国际相缠绕，例如跨国文化走私，文化民族分离主义和文化恐怖活动，都是一些新的非传统安全问题。主权问题中很可能包含着非主权安全问题，非主权安全问题也可能转化成主权安全问题。如何正确地区别和处理不同的国家文化安全问题性质，直接决定了国家文化安全管理机制的性质。既不能把主权问题看成是非主权问题而导致预警不到位，也不能把非主权问题扩大成主权问题造成预警过当；既不能把属于文化经济安全领域里的问题看成是文化意识形态安全，也不能把确属文化意识形态安全性质估计不足。而问题的复杂性，恰恰表现在二者的文化市场的结合上。由于文化产业同时兼有文化的意识形态和文化的经济形态双重属性，因此，如何区分文化产业在市场条件下的国家文化安全性质，也就自然地成为现在和今后相当长的一个时期中国国家文化安全预警和管理的重点和难点。经济全球化给文化多样性生存与发展带来了新的安全生成机理和安全性质转化的条件。在中国，尤其要注意正确区别由于中国加入世贸组织，深度参与经济全球化进程给中国文化生存与发展带来的一系列新的国家文化安全问题。这个问题处理得如何，将在一定程度上直接影响和决定了我们对中国国家文化安全形势的判断和决策。

6. 我国国家文化安全管理制度建设

维护国家文化利益和公众文化利益；追求公共文化利益，致力于建立集体的共同的公共文化利益观念，在创造共享文化安全利益的同时承担共同的文化安全责任。公共文化利益源自于公众对国家和民族共同价值准则的认同，而不是简单相加。因此，政府在本质上要在为公众提供文化安全这一"公共文化产品"的同时，要使这种产品与公共文化利益需求相一致，帮助公民表达和实现他们共同的文化安全利益，要创造在国家文化安全问题上的共享利益和共同责任，而不是要把国家文化安全利益与公众的文化安全利益对立起来，不是要试图在国家文化安全问题上控制或驾驭他们。特别是在市场经济条件下，政府不能仅仅关注市场，从给公众提供公共文化安全来说，政府更应该关注与公民文化安全利益的有效实现和充分保障有关的宪法和法令，关注社会价值观、政治行为准则、职业标准和公民利益。对于符合公共文化安全需要的国家文化安全政策和计划，政府都应当通过集体努力和战略协同，最有效、最负责任地得到贯彻执行。对一些重大而又具有普遍性，涉及公民切身文化安全利益的国家文化安全问题，应当建立起政府与公众之间的对话机制和完全交流，在对话和交流过程中建立关于国家文化安全的广泛共识和安全利益机制。选择服务型政府的职能模式定位，被认为是中国行政改革目标的方向。提供公共文化安全服务应当成为政府的国家文化安全职能的题中应有之义。

为了有效地实现国家文化安全危机管理，中国应当积极探索、建构自己的国家危机控制和管理体系，加紧对控制文化安全危机作出制度性安排和政策设计，建立综合性国家文化安全危机应对体制，这是中国在加入 WTO 更为深入地融入现代世界体系、参与全球事务之后在国家安全战略层面上控制国家危机的基础条件。没有一个稳定的国家文化安全环境，就不可能有一个稳定的国家安全。因此，面对全球性文化安全危机，中国必须全面推进国家文化安全危机管理制度建设。

（1）建设国家文化安全管理决策制定、协调的核心机制。国家文化安全管理随着非传统安全领域的进一步扩大及其在国家安全中的重要作用的日益突出，已经成为现代民族国家政府管理的一个方面。由于国家文化安全危机作为国家安全类型的复杂性，因此，无论在体制上还是在机制上，仅仅把国家文化安全危机管理局限在传统的思想意识形态一个领域，已经远远不能适应国家文化安全危机管理本身所需要的国家安全管理体制的变革。我国必须在新安全观这一战略思维指导下，重新审视我国的国家文化安全危机管理体制和机制，确立国家文化安全管理是国家大安全管理的新思维，调整我国目前国家文化安全管理体制，建立直接隶属于国家最高决策层的国家文化安全危机管理决策制定和突发文化事件处置的核心机制，在设立国家安全委员会的同时，设置国家文化安全管理和决策机构，建立相应的国家文化安全危机预警机制和制度系统，统一协调处理国家文化安全管理重大政策的制定和国家文化安全危机处理。

（2）建立和健全国家文化安全危机决策咨询机构。国家文化安全危机管理涉及许多专门性很强的领域，需要有许多专业性的研究，政府不可能也没有必要把所有关于国家文化安全危机的预警和处置全部承担起来。政府应当通过建立健全多种形式的国家文化安全危机决策咨询机构，来承担对于国家文化安全危机的预警研究，从而在形成多元的立体化的国家文化安全危机管理研究中，实现政府决策所需要的决策咨询成果，为政府处置突发性公共文化事件和国家文化危机提供科学决策的依据。

（3）完善和优化国家文化安全管理法制体系和行政组织体系。长期以来，我国比较注重通过直接领导和条线管理、集中地以意识形态为唯一标准来维护国家文化安全，宏观的制度建设和法律管理体系的建构比较薄弱。缺乏科学的国家文化安全管理的行政组织体系和国家文化安全管理法制体系。面对正在深度融入现代世界体系的过程中，中国所面对的国家文化安全问题不仅有着过去所完全没有的内容，而且有着过去所完全没有的表现形式。国家文化安全形势的复杂性决定了中国必须根据发展了的国家文化安全形势，完善和优化国家文化安全法制体系和行政组织体系。政府应当通过充分利用法律法规资源实现对国家文化安全管理，尤其是国家文化安全危机管理，从而使政府介入文化事务于法有据，特别是在涉及国家文化主权问题上的国家文化安全危机处理，国家文化安全法制建设的完善性程度，将直接影响和决定了政府文化行政的合法性程度。国家应当通过制定科学完善的文化法规和制度规划，重新设计政府对国家文化安全管理行政组织模式，科学配置、合理部署各种文化行政管理力量，明确权责界限和行使范围，规范资源共享信息交换制度，改变长期困扰我国国家文化安全管理体制中存在的多头管理，权责不明，或者重复执法，或者相互推诿等结构性矛盾和体制性障碍。通过法律规定国家文化安全管理工作机制，积极预防国家文化安全隐患，及时干预各种文化危机事件，努力把可能造成的对国家文化安全的危害降低到最小的程度。

（4）丰富和发展国家文化安全主体观，建立和扩大政府主导和民间参与的有机统一，提高地方文化安全危机管理决策能力和管理能力。国家文化安全是政府公共文化事务的重要组成部分，维护包括公民文化安全在内的国家文化安全，是政府的一项重要文化职责。政府作为国家文化安全的主体性地位在任何时候都不应该有丝毫的弱化。但是，当国家文化安全只有建立在公民文化安全的基础上才能充分实现的时候，公民文化安全实现的程度也就决定了国家文化安全实现的程度。因此，在国家文化安全管理系统的构建过程中，公民及其组织就不是可有可无的国家文化安全客体。天下兴亡，匹夫有责。确立公民及其组织的国家文化安全主体地位，不仅是实现公民文化安全的需求，同时也是公民履行维护国家安全义务的神圣职责。国家文化安全管理系统的建构，不能只有政府这一个向度，尤其不能只有中央政府这一个向度，而是必须有公民的主动参与和地方政府的授权管理。只有充分地建立起政府主导和民间参与的有机统一体制，建立起中央政府集权和地方政府分权的国家文化安全危机管理能力结构机制，提高地方文化安全危机管理的决策能力和管理能力，建立起在维护国家文化安全问题上的国、民利益共同体，中央利益和地方利益的共同体，才能最大限度地获得国家文化安全危机管理的制度绩效，提高国家文化安全管理系统的整体创新能力。任何一项制度设计只有当它获得整体创新能力的提高，才能产生最大限度的制度绩效，从而通过降低管理成本提高管理效益。新文化安全观只有转化为新的国家文化安全管理机制，才能使政策创新和理论创新转化为整体性的创新能力。而能力创新的实践体现在于国家文化安全管理机制的创新。

第一，要有统筹协调的工作机制，核心是建立一个跨界合作组织，对国家文化安全管理进行统一的规范和协调，克服我国在文化管理上分类管理造成的国家文化安全管理困境和管理盲区，克服和消除在国家文化安全管理上的利益集团力量对国家文化安全构成的危害。通过建立一支跨部门的综合管理力量，合理配置公共文化行政管理资源，实行国家文化安全管理的"属地责任原则"和"公民义务原则。"以公共的文化力量构筑中国国家文化安全管理能力系统。

第二，建立国家文化安全信息动态收集、监测和处理机制。国家文化安全信息涉及的领域非常大，包括主权与非主权、物质与非物质、产业与非产业、意识形态与非意识形态、环境与制度等，需要建立专门的分类系统和指标体系，对所指涉的国家文化安全领域进行动态监测，随即了解，定时汇总，及时反馈和准确预警。克服当前我国文化安全信息的获取和分享渠道不畅，反映不及时，执行标准不一，文化危机判断不准确，处理和安全管理不到位的安全弊端。建立国家文化安全信息各相关部门汇总处理制度，实行相关信息及时互相通报，部门之间建立文化安全信息交流例会或联席会议，对当前国家文化安全形势及时、准确地做出判断，以便最高决策者制定决策之用，最大限度地提高整体创新能力的能值。

第三，建立国家文化安全项目管理机制。项目管理机制是一种在市场经济条件下行之有效的先进管理方法。项目管理强调政府主导、社会合作、公民共同参与。除了涉及国家文化安全核心利益（哪些是核心利益，哪些不是核心利益，需要作专门的研究。包括什么是公民文化安全的核心利益），政府不再负担具体的文化安全事务，实现完全由政府控制的国家文化安全管理逐步向政府主导管理、社会与公民共同参与的制度转变。政府主要通过舆论宣传、制度设计和法律制定等实现国家文化安全管理意志。具体的国家文化安全管理事务，政府可以根据不同时期和不同地区、不同文化领域里的文化安全问题和需求，提出目标和要求，以多种形式通过文化企业、社团和社会公众共同参与国家文化安全管理的实践创新，使维护国家文化安全成为整个社会的自觉行为和共识，形成公共文化合力，克服和消除在国家文化安全管理上的社会认识误区和一定程度上存在的消极思维定势，实现国家文化安全管理的目标。

第四，建立国家文化安全形势评估与交流机制。对国家文化安全形势的不同评估与判断，常常是导致在国家文化安全管理上的政策无能和制度缺失的重要原因，结果不是造成管理上的一刀切，就是形成"管理空洞"，近年来我国出现的互联网色情信息传播泛滥构成严重的国家文化安全问题，就是最为突出的一个案例。因此，必须建立对国家文化安全形势的战略评估机制，尤其是对可能影响我国国家文化安全形势走向、产生新的国家文化安全问题的国际文化产业发展趋势和产业潮流，有一个科学和准确的分析、评估和判断，以评估的结果为依据，适时调整和制定国家文化产业政策和国家文化安全预警机制。而要对国家文化安全形势的判断有一个科学准确的评估，还必须建立相应的政府主导下的国家文化安全形势分析交流机制，设立国家文化安全论坛，通过定期和不定期的国家文化安全论坛，让各种不同的关于国家文化安全形势分析判断的意见得以充分的交流，既高度统一认识，又不搞一刀切，该管的坚决管住，该放的坚决放开，该预警的及时预警，从而把国家文化安全管理建立在一个统一、高效和有序的基础上。在这里，不仅要有国内交流机制，而且还要有国际交流机制。要积极参与国际文化安全对话，充分地与国际同行交流我们对国家文化安全的理解和认识，积极参与国际文化安全机制，参与国际文化安全规则的制定，掌握国家文化安全管理和危机处置的主动权，克服和避免由于信息不通和交流不到位而产生的对于国家文化安全形势判断的决策失误和危及国家文化安全。中国应当通过主动的国际文化安全交流机制，在国际公共文化事务方面发挥影响力，从而为中国国家文化安全的长期健康赢得良好的国际环境。

本章小结

▶ 国家文化安全，是指国家文化生存与发展免于威胁或危险的状态。对这一状态的任何破坏，都构成国家文化安全问题。它既包括客观的存在，反映着一个国家文化的生存与发展免于威胁和危险的状态，又包括主观的心理感受，反映着国家主体对这种状态是否存在的一种价值判断。因此，"国家文化安全"是利益、环境、感觉、理想与实践的统一，是主客观因素合而为一的综合性文化政策概念。

▶ 国家文化安全属于国家总体安全政策范畴，是国家安全的保障，具有总政策的意义。一切文化政策都应当是国家文化安全利益的体现，服从和服务于国家文化安全需求；同时国家文化安全要切实体现和维护社会和国民的文化安全权益，提供文化安全保障。

▶ 经济全球化以及由此而带来的文化全球化是现代世界体系下国家文化安全形成的重要来源之一。全球化使得国家文化主权的主体地位受到挑战；文化形态的变化使得国家文化安全内容发生了变化，媒体革命使得文化形态发生了本质性的转型，构成了文化安全的主要内容。因为它使得文化内容的传播变成无障碍；信息战对国家文化安全的威胁日益突出；文化技术水平的竞争成为国家文化安全较量的新领域；综合国力和软国力的提出，改变了文化的战略地位。文化安全由此而成为国家安全的一部分而成为国家文化政策战略核心。

▶ 国家文化安全政策不是一个消极的文化防御和抵御机制，而是一个积极的国家文化治理体系和治理能力现代化的标志。切实维护国家文化安全，就必须全面推进国家文化创新体系建设，大力发展文化产业，提升国家文化的综合竞争力，从根本上提高国家文化安全能力。

▶ 信息安全是国家文化安全的重要领域。人类社会每一次的科学技术发明在各人类社会提供新的安全能力的同时，也带来了新的安全威胁。网络文化安全是互联网时代最典型的国家文化安全形态。制定国家文化信息技术标准，是国家知识产权战略，是切实维护国家文化安全的重要举措。

▶ 建立国家文化安全预警系统，国家文化安全预警是指一个国家根据本国国家整体利益的需要，而对文化运行状态所可能威胁到它自身以及整个国民经济和社会发展的安全态势进行监测，并在此基础上作出预期性警示评价和对策的国家文化安全的政策过程和反应控制系统，国家文化安全预警系统是它的制度系统。国家文化安全科学管理就是建立在国家文化安全准确、科学的预警基础上的。

思考题

1. 怎样认识和理解作为文化政策的国家文化安全？
2. 国家文化安全与其他国家安全的关系是什么？
3. 全球化与现代国家文化安全形成的关系是什么？
4. 进一步提高文化开放水平与切实维护国家文化安全的关系是什么？
5. 怎样实现提高国家文化安全能力的战略目标？

参考书目

1. 胡惠林. 中国国家文化安全论[M]. 第2版. 上海：上海人民出版社，2012.
2. 胡惠林. 国家文化安全研究导论[M]. 上海：上海人民出版社，2013.

后　记

　　本书初版于1999年，由上海交通大学出版社出版。2003年被纳入上海交通大学"985"一期学科建设创新项目"21世纪文化管理系列教材"，由上海文艺出版社出版；后又被山西人民出版社列为"高校文化产业管理专业教材"于2006年再版。前后印数已近2万册。用上海文艺出版社的一位资深编辑赵南荣的话来说，"一本如此严肃的研究性专著居然能卖得这么好，真是没想到"。这是学科建设需求使然，同时也是中国快速发展的文化变革需求使然。文化部政策法规司司长韩永进在读了本书后对我说，"你这本书其实是我国从事文化管理工作的人都应该读一读的。文化体制改革中的那么多问题，你在这本书中都已经谈到了。"这一方面固然是韩司长的勉励之语，同时，也反映出科学地研究文化政策，建立科学的文化政策科学对于当代中国文化建设与发展的重要价值。

　　世纪之交，面对全球化迅速扩张带来的挑战和国家对文化发展在国民经济和社会发展中价值的深刻认识，我国提出要"完善文化产业政策"这一重要文化政策命题，"完善文化产业政策"的提出以及建设覆盖全社会的公共文化服务体系的政策目标提出之后，尽管在中国的文化政策研究领域至今仍有一些需要继续突破的敏感领域，但在总体政策研究的学术环境氛围上，已经从过去比较狭隘的"文艺政策"走向了广阔的"文化政策"领域。文化领域里的"对策研究"已经在中国发展成为一种学术研究"范式"而走向科学，从而使得"文化政策研究"日渐成为一个全新的研究领域而跃然于中国的学术界，一门崭新的学科框架正在我们的面前展开。我国文化政策研究所涉及的对象范围，已经在理论与实践两个方面同时展开了它的丰富性，从而形成了以文化政策理论研究为基础，以文化政策实践为导向的文化政策科学研究格局。在基础研究领域里，比较侧重于文化政策与文化发展、社会进步关系的问题研究；在实践研究领域里，比较侧重于从历史的时间序列出发对中国文化政策发展史——从先秦至中华人民共和国的文化政策研究，横跨两千多年，初步展现了古代中国、现代中国和当代中国一个比较完整的文化政策发展史；在实践研究领域里的另一个重要方面就是关于文化政策发展的国别（地区）研究，横跨亚欧、拉美、大洋洲，主要集中于对欧盟、法国、德国、美国、加拿大、日本、韩国、澳大利亚、英国、苏联—俄罗斯等的文化政策研究等。尤其是在文化产业政策研究领域里，发表的论文和著作之多，是以往任何时候都没有过的。它不仅为促进中国的文化产业发展发挥了极为重要的学术支持作用，而且为科学的文化政策研究提供了极其丰富的素材。虽然，不少大学的"文化产业管理"专业都开设有"文化政策学"或"文化政策与法规"这门课，但是，关于它的基础理论的原理性研究与理论和学科发展对它的要求相比，存在着非常明显的差距。与"公共事业管理"专业的"公共政策学"基础理论的原理性研究的丰富性和成熟性相比，关于"文化政策学"基础理论的原理性研究存在的不足、差距就更大了。然而，这恰恰成为我们努力奋斗的目标：建设科学的中国文化政策科学。

这本《文化政策学》出版至今已经有 15 年了，一直被高校选用作为文化管理类学科的专业教材，对于推动我国文化政策学术研究起到了积极作用。此次清华大学出版社在组织"'十二五'普通高等院校文化产业管理系列规划教材"选题时，又把本书选列其中，使我有机会在第 1 版的基础上又做了一些增补和修改，作为第 2 版，以尽可能地反映我国文化政策在创新体系上的变化。但是，每一次修订都会留下更多的遗憾，因为发现了更多的不足，只好留待今后的努力。

胡惠林

2014 年 5 月 1 日劳动节于上海